国家社会科学基金项目
"乡村振兴战略视阈下农村妇女事业发展研究"（项目编号:18BKS126）成果

乡村振兴战略视阈下
农村妇女事业发展研究

廖和平 等 著

人民出版社

目　录

前　言

　　2015 年 9 月 27 日，习近平总书记在全球妇女峰会上明确指出："发展离不开妇女"，"中国实践证明，推动妇女参加社会和经济活动，能有效提高妇女地位，也能极大提升社会生产力和经济活力"。① 同时，还强调"特别是要关注农村妇女"。② 2020 年 10 月 1 日，习近平总书记在联合国大会纪念北京世界妇女大会 25 周年高级别会议上的讲话中着重强调："妇女是人类文明的开创者、社会进步的推动者，在各行各业书写着不平凡的成就。"③

　　农村妇女作为我国妇女群体的重要组成部分，为我国革命、建设和改革的伟大事业作出了积极贡献。革命战争年代，在中国共产党的动员和领导下，多数农村妇女积极参军参战、参加生产，为新民主主义革命的胜利流血流汗。新中国成立后，她们在社会主义革命和建设中大显身手，发挥了妇女的"半边天"作用。特别是改革开放以来，随着农村以男性为主的青壮年劳动力不断向城市转移，曾经作为"半边天"的农村妇女托起了农业农村的大半壁江山，成为推动农村经济社会发展的主力军，在农村事务的决策和运行中具有"超半"的社会功能和社会影响力，产生了明显的"超

---

① 中共中央党史和文献研究院编：《习近平关于尊重和保障人权论述摘编》，中央文献出版社 2021 年版，第 120 页。
② 中共中央党史和文献研究院编：《习近平关于尊重和保障人权论述摘编》，中央文献出版社 2021 年版，第 121 页。
③ 《习近平外交演讲集》第二卷，中央文献出版社 2022 年版，第 268 页。

半效应"①，展现了中国农村妇女的"飒爽英姿"。

党的十九大首次提出"实施乡村振兴战略"，为党做好新时代"三农"工作指明了前进方向。在党中央的坚强领导和全国各族人民共同努力下，我国脱贫攻坚战取得了全面胜利，全面建成小康社会这一百年奋斗目标顺利实现。党的二十大进一步发出了"全面推进乡村振兴"的号召。立足新时代新征程，如何把"农村妇女事业的大力发展"与"乡村振兴战略的全面实施"紧密融合在一起，既使农村妇女事业在乡村振兴战略实施中得到长足发展，又使农村妇女在乡村振兴战略实施中继续充分发挥"超半效应"，这不仅是一个重要的理论问题，也是一个重大的现实问题。

本书依据马克思主义人的全面发展理论和妇女发展理论，基于改革开放新时期农村妇女在农村经济社会发展进程中，由新中国成立初期所彰显的"半边天"作用向"超半效应"转化这一"新景观"，探讨在实施乡村振兴战略这一"新任务"中，如何有效而充分地彰显农村妇女在新时代的"超半效应"，以极大提升社会生产力和经济活力，以及如何在这一进程中通过提振妇女精神、提升妇女素养、提高妇女地位来促进农村妇女事业的发展，探寻这一进程中必然会出现的新标准、新途径、新举措、新平台、新舆论、新政策，从而丰富和深化中国特色社会主义妇女理论研究和乡村振兴理论研究。本书探讨农村妇女事业发展的理论问题，但更多的是为现实服务，可为各级党政部门制定促进农村妇女事业发展的政策措施提供参考，即为农村妇女事业发展搭建现代平台、夯实智力支撑、强化精神支持、彰显个性特色、完善保障措施等，促进农村妇女事业实现由封闭型向开放型发展，由主妇型、低能型、保守型向知识型、技能型、创新型发展，由"精神贫困"型向精神丰富型发展，由柔弱劳累型向幸福快乐型发展，由依附型、普通型向独立型、独特型发展，从而推进乡村振兴战略的全面实施。

---

① 廖和平、朱有志：《试论新时期与新时代农村妇女的"超半效应"》，《湘潭大学学报（哲学社会科学版）》2021 年第 2 期。

第一章　乡村振兴战略视阈下农村妇女
事业发展的相关理论

自党的十九大首次作出"实施乡村振兴战略"① 的重大决策部署以来，每年的中央一号文件均对如何推进乡村振兴战略实施作出了具体安排，党的二十大又郑重发出"全面推进乡村振兴"② 的伟大号召，深刻表明党中央对"三农"工作的高度重视。乡村振兴战略为亿万农民描绘了一幅"产业兴旺、生态宜居、乡风文明、治理有效、生活富裕"③ 的美丽乡村现代图景，让农业成为有奔头的产业、让农民成为有吸引力的职业、让农村成为安居乐业的美丽家园等美好愿景，使曾经一度被人们轻视的农业重新焕发生机，使曾经不以务农为荣的农民憧憬着农民职业的魅力，使曾经一度衰落的农村重新燃起了振兴的希望。

第一节　乡村振兴战略的理论概述

一、乡村振兴战略的时代意义

农业是我国国民经济的基础，农村占全国土地面积的大半，农民占

---

① 《中国共产党第十九次全国代表大会文件汇编》，人民出版社 2017 年版，第 25 页。

② 习近平：《高举中国特色社会主义伟大旗帜　为全面建设社会主义现代化国家而团结奋斗——在中国共产党第二十次全国代表大会上的报告》，人民出版社 2022 年版，第 30 页。

③ 《中国共产党第十九次全国代表大会文件汇编》，人民出版社 2017 年版，第 25—26 页。

全国人口的大多数，"三农"问题是关系国计民生的根本性问题，建设富强、民主、文明、和谐、美丽的社会主义现代化强国，实现中华民族伟大复兴的梦想，不能缺了农村的板块，不能少了农民的力量，不能让农业拖后腿。农业强不强，农村美不美，农民富不富，决定着社会主义现代化的质量。

（一）实施乡村振兴战略是新时代推进农业农村现代化的重要举措

党的十九大报告明确提出了"建立健全城乡融合发展体制机制和政策体系，加快推进农业农村现代化"[①] 的目标。加快农业农村现代化是乡村振兴战略的重要任务，是推进"产业兴旺"和"生活富裕"的根本途径。农业现代化是指由传统农业转变为现代农业，把农业建立在现代科学的基础上，就是在传统农业基础上，"坚持质量兴农、品牌强农，深化农业供给侧结构性改革，构建现代农业产业体系、生产体系、经营体系，推动农业发展质量变革、效率变革、动力变革，持续提高农业创新力、竞争力和全要素生产率"[②]。农村现代化，不仅要有"农业现代化"，还需要有"农民现代化""经济现代化""社会现代化"和"制度现代化"等。[③]

新时代实施乡村振兴战略有利于加快推进农业农村现代化。一是有利于推进农业现代化。在"科学技术是第一生产力""创新是引领发展的第一动力"的当下，《中共中央国务院关于实施乡村振兴战略的意见》（以下简称《意见》）主张"深入实施藏粮于地、藏粮于技战略""加快建设国家农业科技创新体系"以及"推进我国农机装备产业转型升级"等，[④] 对于

---

① 《中国共产党第十九次全国代表大会文件汇编》，人民出版社 2017 年版，第 26 页。
② 张勇：《〈乡村振兴战略规划（2018—2022 年）〉辅导读本》，中国计划出版社 2018 年版，第 28 页。
③ 王淑贤、郝云宏：《农村现代化的基本含义和主要特征》，《延安大学学报（社会科学版）》1999 年第 4 期。
④ 《中共中央国务院关于实施乡村振兴战略的意见》，人民出版社 2018 年版，第 9 页。

提升农业机械化、信息化、智能化水平将产生直接影响，对于把传统种植农业快速改造为商品化、产业化、技术化、社会化、生态化、国际化的现代大农业将产生促进作用。二是有利于推进农民现代化。农民是农业农村的主体，"农业农村现代化关键在于提升农民的现代性"①。《意见》提出"优先发展农村教育事业"，高度重视农村义务教育，加强职业教育，努力"使绝大多数农村新增劳动力接受高中阶段教育、更多接受高等教育"②，对于提高农民的受教育程度，提振农民精神风貌，提升农民的科学文化素质，拓展农民的社会交往空间，提高农民的政治参与度，促进农民由低能型、保守型向"知识型、技能型、创新型"发展等意义重大。三是有利于推进经济现代化。经济是基础，经济现代化是农村现代化的主要内容和重要体现。《意见》号召提高农业科技创新能力，"实施质量兴农战略""构建农村一二三产业融合发展体系""构建农业对外开放新格局"等，③对于促进传统农村经济转换为市场化、工业化、城市化、持续化的现代市场经济将产生积极推动作用。四是有利于推进社会现代化。乡村振兴战略倡议"建立健全党委领导、政府负责、社会协同、公众参与、法治保障的现代乡村社会治理体制"④，通过深化村民自治实践，加强法治乡村、平安乡村建设，强化道德教化作用，促进乡村治理有效，无疑有利于推进实现农村社会民主化、法治化、文明化、稳定化，确保乡村社会充满活力、和谐有序。五是有利于推进制度现代化。制度是规矩，制度是管理，制度是文化。《意见》强调"发挥自治章程、村规民约的积极作用"⑤，有利于形成一些"听起来顺耳，说起来顺口，做起来顺手，用起来顺心"的理念、规

---

① 何光全：《现代化视野下的我国农民教育问题》，《现代远程教育研究》2018年第1期。
② 《中共中央国务院关于实施乡村振兴战略的意见》，人民出版社2018年版，第24页。
③ 《中共中央国务院关于实施乡村振兴战略的意见》，人民出版社2018年版，第10—13页。
④ 《中共中央国务院关于实施乡村振兴战略的意见》，人民出版社2018年版，第19页。
⑤ 《中共中央国务院关于实施乡村振兴战略的意见》，人民出版社2018年版，第21页。

定和制度，为农村现代化提供导向机制和动力机制。

（二）实施乡村振兴战略是解决新时代我国社会主要矛盾的迫切需要

党的十九大报告明确指出："中国特色社会主义进入新时代，我国社会主要矛盾已经转化为人民日益增长的美好生活需要和不平衡不充分的发展之间的矛盾。"[①] 这是党中央与时俱进作出的重要论断。改革开放以来，我国经济社会发展迅速，但城乡在资源分配、收入分配、生态环境、文化生活、就业条件、医疗保险、社会保障等方面存在的不平衡，使得农村发展不充分的问题依然比较突出。

20 世纪 90 年以来，我国农村经历了一场激烈的变化，尤其是西部地区，乡村逐渐衰落成为一个毋庸讳言的事实。随着农村家庭联产承包责任制的施行以及城市化进程的加快，农村许多青壮年劳动力进城务工，以往"主内"的农村妇女成为推动农村经济社会发展的主力军，承担着生产经营、乡村治理、哺育孩子、侍候老人的主体责任。农民在减少，村庄也在减少，据住建部《全国村庄调查报告》显示：1978—2012 年，中国行政村总数从 69 万个减少到 58.8 万个，自然村总数从 1984 年的 420 万个减少到 267 万个，年均减少 5.5 万个。[②] 乡村人民的生产生活与"幼有所育、学有所教、劳有所得、病有所医、老有所养、住有所居、弱有所扶"[③] 的民生目标有较大差距，城乡差距拉大，影响了乡村人民美好生活需要的实现。

就乡村社会而言，农业农村经济自身发展不平衡不充分的问题很多，例如，农村男女劳动力发展不平衡，农业女性化现象严重，农业科技利用不充分；农产品品种多而不优、杂而不亮，农业的质量发展不充分；农业

---

① 《中国共产党第十九次全国代表大会文件汇编》，人民出版社 2017 年版，第 9 页。

② 范建华：《乡村振兴战略的时代意义》，《行政管理改革》2018 年第 2 期。

③ 《中国共产党第十九次全国代表大会文件汇编》，人民出版社 2017 年版，第 19 页。

产业大而不强，农业的效益实现不充分；农业生产资源长期透支，农业生态系统退化，农业的生态功能发挥不充分；农业的国内外市场、国内外资源利用不平衡，国外市场和资源利用不充分；各类经营主体发展不平衡，小农户分享农业现代化成果不充分，乡村成了实现美好生活需要的短板。如果农村这些问题不能有效解决，社会主义现代化强国建设进程就会受到制约。

"三农"兴衰与国家强弱密切相关。习近平总书记在 2013 年中央农村工作会议上高瞻远瞩地提出了"中国要强，农业必须强；中国要美，农村必须美；中国要富，农民必须富"的精辟论断，深谋远略地指出"小康不小康，关键看老乡"。[①] 他心系农村、心系农业、心系农民，特别强调"任何时候都不能忽视农业、忘记农民、淡漠农村"[②]。党的十九大报告提出乡村振兴战略，主张充分调动广大农民积极性、主动性、创造性，"把广大农民对美好生活的向往化为推动乡村振兴的动力"[③]，把维护好实现好发展好广大农民根本利益、促进广大农民共同富裕作为出发点和落脚点，以解决新时代我国社会的主要矛盾，满足广大农民的美好生活需要。

（三）实施乡村振兴战略是激发农村活力和实现中国梦的必然要求

近代以来，无数仁人志士为了争取民族独立、人民解放和实现国家富强、人民富裕的中华民族伟大复兴中国梦进行了艰苦卓绝的探索，在探索征途上，农业、农村、农民都彰显了巨大的潜力。在争取民族独立、人民解放的过程中，中国共产党把马克思主义基本原理同中国革命实际相结合，充分利用农村地域广阔的特点，充分挖掘当时农村经济自给自足的优

---

① 《中央农村工作会议在北京举行》，《人民日报》2013 年 12 月 25 日。

② 《习近平在吉林调研时强调　保持战略定力增强发展自信　坚持变中求新变中求进变中突破》，《人民日报》2015 年 7 月 19 日。

③ 习近平：《论"三农"工作》，中央文献出版社 2022 年版，第 270 页。

势，充分发挥农民革命主力军作用，开辟了一条农村包围城市、武装夺取政权的中国革命新道路，领导中国新民主主义革命取得胜利，实现了民族独立和人民解放。"农村包围城市"道路作为中国革命史上伟大、壮观、神奇的道路似乎已经成为过去，但是这条道路中所蕴含的坚持党的领导、立足中国实际、注重创新思维、发挥"三农"优势等丰富内涵在中国这一神秘、神奇而又神圣的国土上，在中国特色社会主义现代化建设大业中，又放射出新的时代光彩，彰显出新的时代活力。

在工业化、城镇化的过程中，城市和工业的发展明显快于农村和农业，但城市和工业的快速发展是以农村、农业和农民的支持与奉献为前提的。主要体现在：一是农村"供给"城市。尽管我国城市化进程日益加快，城市已经成为政治、经济、文化、商业的中心，但是活动在这些"中心"的主体的基本物质生存条件——食粮是由农村供给的。二是农村"奉献"城市。新中国成立后到改革开放前，独立工业体系的建立和城市的发展是以农村和农民提供廉价的原材料、廉价的劳动力抑或免费的原材料和免费的劳动力为前提的；改革开放以来，大量的农民工进城务工，他们活跃在建筑业、电子电器业、制衣制鞋业、酒店餐饮业、商务服务业等艰辛的工作岗位上，为城市的建设和发展默默付出。三是农村"牵引"城市。中国经济体制改革使中国经济快速腾飞，中国经济体制改革是在农村率先进行的，进而"鞭策"和"推动"着城市改革。四是农村"支撑"城市。一方面，农村能为一些有远见、有胆识、有魄力的城市企业家提供建功立业的天地；另一方面，农村能为城市企业提供丰富的原材料和广阔的产品销售市场，促进城市企业的发展。五是农村"拓展"城市。中国的现代化，无疑包含着农村、农业和农民的现代化，"没有农业农村的现代化，就没有国家的现代化"[①]。而要实现农村、农业和农民的现代化，在终极意义上讲，就须使农村城镇化、农业工业化、农民市民化。在这一"现

[①] 《中共中央国务院关于实施乡村振兴战略的意见》，人民出版社 2018 年版，第 2 页。

代化"的进程中，农村的土地自然资源可以"延展"城市区域，扩大城市容量，农村还可以聚集大量资金，开放广阔市场，兴建农村小城镇，使城市得以拓展。

由上可见，农业农村农民对城市和工业的发展作出了不可磨灭的贡献。然而，不可忽视的事实是：随着农业和农村的土地、资金、劳动力等资源迅速向工业和城市的流动、聚集，城乡发展出现了严重的不平衡，不仅对农村经济社会发展敲响了警钟，而且无疑在方方面面制约着我国经济社会的发展，影响着中国特色社会主义现代化国家的建设进程。基于此，在我国经过改革开放 40 多年发展已经具备了支撑城乡一体化条件的前提下，党中央高瞻远瞩地提出了乡村振兴战略，并出台了实施乡村振兴战略的意见、规划等，将发展的目光投向农村，将宝贵的资金投向农村，将优秀的人才引向农村，以加快农业农村的现代化，促进城乡融合发展，推进中国梦的实现。

二、乡村振兴战略的逻辑体系

"产业兴旺、生态宜居、乡风文明、治理有效、生活富裕"[①]是实施乡村振兴战略的总体要求，也是推进乡村振兴的根本任务，五者之间相互联系，相互促进，形成了严密的逻辑体系。

（一）产业兴旺是乡村振兴的重点

新时代推动农业农村发展的核心是实现农村产业发展，这是加快推进农业农村现代化的必然选择，"产业发展是实现乡村全面振兴的基石"[②]，

---

① 《中共中央国务院关于实施乡村振兴战略的意见》，人民出版社 2018 年版，第 4 页。
② 李云清：《实施乡村振兴战略要以产业振兴为根本》，《中国县域经济报》2021 年 3 月 4 日。

7

新时代不仅要求"发展乡村特色产业，拓宽农民增收致富渠道"[①]，而且要求通过提高农业从业者队伍素质、增强农业科技创新能力、实施质量兴农战略、构建农村一二三产业融合发展体系、提升农产品国际竞争力等举措来实现产业兴旺的目标，从而让农村产业发展"从过去单纯追求产量向追求质量转变、从粗放型经营向精细型经营转变、从不可持续发展向可持续发展转变、从低端供给向高端供给转变"[②]。只有产业兴旺了，实现农民生活富裕的目标才有可靠的前提，实现农村生态宜居、乡风文明、治理有效的目标才有得力的保障，农业农村现代化的实现才有坚实的物质基础，因此，党的十九大将产业兴旺作为乡村振兴战略的第一要求。

（二）生态宜居是乡村振兴的关键

乡村振兴战略是包括生态振兴在内的综合性战略，党的十九大报告将"生态宜居"作为乡村振兴战略的五个总要求之一，党的二十大将扎实推动乡村生态振兴作为"全面推进乡村振兴"的一大举措。中国农村地大物博，"良好生态环境是农村最大优势和宝贵财富"[③]。农村美，中国美，要把农村建成安居乐业的美丽家园，就必须加强生态文明建设。探索"生产、生活、生态"一体的内生性低碳经济发展方式，统筹山水林田湖草沙保护建设，改变农村传统单一的产业发展模式，充分利用自然资源，创新发展"生态＋产业"的模式，如"生态旅游业""生态农业""生态文体产业"等，实现资源变资产，促进农村产业兴旺和农民生活富裕。加强农村资源环境建设，大力改善水电路气房信等基础设施建设，提升乡村建设规划，整治乡村环境卫生，加强美丽庭院建设，严禁乱砍滥伐树木，惩处乱捕野生动

---

① 习近平：《高举中国特色社会主义伟大旗帜　为全面建设社会主义现代化国家而团结奋斗——在中国共产党第二十次全国代表大会上的报告》，人民出版社 2022 年版，第31页。

② 马华、马池春：《乡村振兴战略的逻辑体系及其时代意义》，《国家治理》2018 年第 3 期。

③ 《中共中央国务院关于实施乡村振兴战略的意见》，人民出版社 2018 年版，第 13 页。

物，通过乡村生态治理和生态建设，发挥好农村良好生态的优势，保护好绿水青山和清新清净的田园风光，留住特有的乡土味道和乡村风貌，从而推进乡风文明和治理有效。总之，打造生态宜居的美丽乡村既能丰富农村产业业态，又能满足人们的美好生态需要；既是乡风文明的重要体现，又是实现乡村治理有效的重要举措。

（三）乡风文明是乡村振兴的保障

文明乡村根在文明乡风，乡风文明是文明中国优良风貌的重要体现。乡风文明作为乡村振兴战略五个总要求之一，就其内容而言，"是人们在日常的物质生活和精神生活中形成的传统美德和良好的文明习惯"[1]。它是乡村振兴的"动力源""安全阀"和"创意源"，[2] 是乡村振兴的灵魂，在乡村振兴过程中发挥着保障功能。一是乡风文明建设能为产业兴旺提供不竭动力。乡风正，文化盛，乡村振兴不能丢掉乡土文化这个魂。乡村文化产业作为乡村产业的重要形式之一，它的发展与乡风文明建设息息相关。乡土文化作为乡村文化产业发展的沃土，能为乡村文化产业固本培元提供新动能。乡村传统工艺与现代艺术创意结合、乡村农业生产生活方式与现代服务业的有机融合、乡村演艺娱乐文化与现代流行文化的交流互鉴，有助于因地制宜打造乡村文化产业"特色"，提升产业文化价值，实现产业融合发展，延长乡村产业链。二是乡风文明建设能为生态宜居提供智慧源泉。孕育在乡村社会内部的生态文明体系"涵盖了生产方式、生活方式、社会关系以及包括信仰、习俗在内的乡村文化等各个方面"[3]。例如，"天人合一"思想构成人与自然和谐共生的哲学基础，可为乡村生态宜居建设注入源源不断的智慧活水。农耕文明中因时制宜、因地制宜、顺应自然、

---

[1]　朱启臻：《新农村：乡风文明》，中国农业大学出版社 2007 年版，第 3 页。

[2]　王楚鑫、丁立江、姜健伟：《乡风文明建设在乡村振兴发展中的保障作用研究》，《经济研究导刊》2020 年第 14 期。

[3]　朱启臻：《乡村振兴中的生态文明智慧》，《智慧中国》2018 年第 Z1 期。

崇尚和谐等生态文明理念的合理内核，可在引导和规范村民保护乡村生态环境、维护乡村生物多样性、改善乡村人居环境等方面提供重要智力支持。三是乡风文明建设能为治理有效提供有力保障。"在乡村治理中，伦理文化始终是引导乡村风气和凝聚乡民人心的重要内在力量。"①儒家五常"仁、义、礼、智、信"等乡村自治传统伦理文化，在新时代乡村社会治理中仍有借鉴意义。"仁"即仁爱之心；"义"即公平正义；"礼"即社会公德；"智"即明是非辨善恶；"信"即诚实守信。诸如此类的传统伦理文化的规劝和教化功能，有利于村民将传统伦理中的道德规范内化为个人的道德信念，外化为个人的道德行为。我国乡村长期形成的村规民约、家风家训，尊老爱幼、孝老善亲、守望相助的传统乡村文化理念，都对乡村良善治理起着促进作用。四是乡风文明建设能为生活富裕充实丰富内涵。习近平总书记说："实施乡村振兴战略不能光看农民口袋里票子有多少，更要看农民精神风貌怎么样。"②加强乡风文明建设能有效提振农民的精神风貌，满足农民对精神世界富足的更深层次追求，促进农民物质生活和精神生活的共同富裕。

（四）治理有效是乡村振兴的基础

安定团结、稳定有序的乡村社会环境是实施乡村振兴战略的前提和基础。改革开放的总设计师邓小平曾经反复强调安定团结的重要性，一再提醒人们："没有一个安定团结的政治局面，就不可能搞建设。"③"没有安定团结的政治环境，没有稳定的社会秩序，什么事也干不成。"④实现乡村有效治理是推动农村稳定发展的基本保障，乡村有效治理是对产业兴旺、生

---

① 范建华、秦会朵：《关于乡村文化振兴的若干思考》，《思想战线》2019 年第 4 期。
② 吕晓勋：《把文化种子播入精神土壤——关于乡村振兴的思考（下）》，《人民日报》2017 年 12 月 18 日。
③ 《邓小平文选》第三卷，人民出版社 1993 年版，第 182 页。
④ 《邓小平文选》第三卷，人民出版社 1993 年版，第 331 页。

态宜居、乡风文明和生活富裕的秩序支持。

实现乡村有效治理，必须多措并举。一是乡村治理离不开党的领导。习近平总书记强调"坚持党管农村工作"，要"扎实推进抓党建促乡村振兴，突出政治功能，提升组织力"。① 着力发挥农村基层党组织对"三农"工作的引领作用，强化农村党员干部实施乡村振兴战略的执行力和领导力，充分发挥农村党员干部在宣传党的富民政策、了解农民诉求和期盼、带领农民增收致富、化解农村社会矛盾、引领农村社会风尚等方面的先锋模范作用。二是创新乡村治理机制。将村民自治制度、国家法律法规内嵌于村规民约、乡规民俗之中，使自治、法治、德治深度融合、高度契合，健全和完善自治、法治、德治相结合的乡村治理体系。深化村民自治实践，规范村级选举工作，强化村民议事会、红白理事会、禁赌禁毒会等村民自治组织建设，激发村民参与公共事务的内在活力，营造风清气正的乡村政治生态。强化法治对乡村治理的保障功能，坚持依法治村的底线思维，加强乡村普法教育，依法惩处乡村违法违纪违规行为，大力开展"平安家庭""平安村庄""和谐家庭"创建活动，健全邻里联防、院落联防机制，营造良好的乡村社会治安环境。强化乡村道德教化作用，创造性地继承和运用家规家训、村规村约、古训古约、牌匾楹联等德治文化资源，开展村民议事、乡贤论理、众人帮教的道德评议会，夯实乡村德治文化，使之与自治、法治在推进乡村有效治理中相得益彰、交相辉映。

（五）生活富裕是乡村振兴的根本

生活富裕的本质要求共同富裕。共同富裕是千百年来中国人民的美好愿望和不懈追求，也是中国式现代化的重要特征之一，广大农民为之付出了努力和艰辛。中国共产党在农村开展土地革命，进行武装斗争，建立根据地，走出了一条农村包围城市、武装夺取政权的中国革命新道

---

① 《中共中央国务院关于实施乡村振兴战略的意见》，人民出版社 2018 年版，第 6、19 页。

路，把黑暗中苦难深重的中国人民引向了光明，广大农民也由此走上了社会主义的康庄大道。改革开放以来，随着农村家庭联产承包责任制的实行、党的强农惠农富农政策的实施以及脱贫攻坚举措的强力推进，农村经济社会发生了历史性的变化，农民的温饱问题彻底解决，生活水平蒸蒸日上。然而，广大农村地区发展不平衡不充分的问题也依然存在，农民的获得感、幸福感和安全感整体不足，这与中国共产党造福人民、共同富裕的目标不尽相符，也与广大农民期待的生活富裕目标不尽一致。邓小平说过："社会主义的本质，是解放生产力，发展生产力，消灭剥削，消除两极分化，最终达到共同富裕。"[1] 习近平总书记也强调："我们追求的发展是造福人民的发展，我们追求的富裕是全体人民的共同富裕。"[2] 党的十九大提出"乡村振兴战略"，党的二十大号召"全面推进乡村振兴"，旨在解决城乡发展不平衡问题，意欲通过乡村振兴实现农民的生活富裕。新时代农民对美好生活的向往日益强烈，不仅对物质文化生活提出了更高要求，而且在政治参与、民主自由、公平正义、主体意识、人格尊严、权益维护、教育科技、身心健康、安全环保等方面的要求也日益增长，促进产业兴旺，优化生态环境，强化乡风文明，推进治理有效等是实现农民生活富裕的主要路径，也是满足农民的美好生活需要的有力举措。

三、乡村振兴战略的基本特征

具有中国特色的乡村振兴战略及其实施意见、规划等，深刻阐释了为何振兴乡村、何以振兴乡村、由谁振兴乡村、为谁振兴乡村等一系列重大理论和实践问题，呈现出一系列基本特征。

---

① 《邓小平文选》第三卷，人民出版社 1993 年版，第 373 页。
② 《中共中央召开党外人士座谈会》，《人民日报》2015 年 10 月 31 日。

（一）振兴力量的多元性

乡村是农民的立足之基、生活之本，农民是农业农村发展的主体，也是实施乡村振兴战略的主体，因此，要"充分尊重农民的意愿，切实发挥农民在乡村振兴中的主体作用，调动亿万农民的积极性、主动性、创造性"①。要相信农民、关爱农民、发动农民、依靠农民，激发农民的内生动力，凭借农民群众的集体智慧和磅礴力量推进乡村振兴，促进农民共同富裕，提升农民的获得感、幸福感、安全感。实施乡村振兴战略，光靠农民的力量还不行，还需要多方人士共同努力。一要"培养造就一支懂农业、爱农村、爱农民的'三农'工作队伍"②，加强农村领导班子和干部队伍建设，为乡村振兴提供组织保障。二要激励农民工、大中专毕业生和退伍军人回乡开展农业创业，将他们的智力、技术和管理带入农村，增强农业农村的人力资源活力。三要鼓励社会各界投身乡村建设，通过优化激励保障机制，借助乡情乡愁纽带，吸引支持企业家、党政干部、专家学者、医生教师、规划师、建筑师、律师、技能人才等，以各自的优势特长服务乡村振兴事业，为乡村振兴提供资金、科技和管理支撑。四要发挥工会、共青团、妇联、科协等群团组织的优势与力量，发挥各民主党派、工商联、无党派人士的积极作用，使之为乡村振兴奔走呼号，献策献力。

（二）振兴对象的优先性

乡村振兴的对象是农业农村农民。党的十八大以来，以习近平同志为核心的党中央统揽中国经济社会发展大局，深入分析农业农村现代化与国家现代化的密切关系，深刻阐发农业强、农村美、农民富与中国

---

① 《中共中央国务院关于实施乡村振兴战略的意见》，人民出版社 2018 年版，第 7 页。

② 《中国共产党第十九次全国代表大会文件汇编》，人民出版社 2017 年版，第 26 页。

强、中国美、中国富的密切关联，强调"三农"问题关系国计民生，必须始终把解决好"三农"问题作为全党工作的重中之重，乡村振兴战略提出"坚持农业农村优先发展"①的主张，把农业农村发展摆到了前所未有的重要位置。多年来，中央一以贯之地坚持"三农"优先，每年的中央一号文件基本都是有关"三农"问题的内容，推动公共资源向农业农村优先配置。"在干部配备上优先考虑，在要素配置上优先满足，在资金投入上优先保障，在公共服务上优先安排"②，以加快补齐农业农村短板，推进农业农村现代化，激活农业农村发展活力，实现乡村全面振兴目标。

（三）振兴内容的全面性

乡村振兴战略不是主张乡村某一方面的振兴，而是坚持乡村全面振兴。一是总要求体现了全面性。"产业兴旺、生态宜居、乡风文明、治理有效、生活富裕"的总要求涉及经济建设、政治建设、文化建设、社会建设、生态文明建设等多方面内容。习近平总书记强调："乡村振兴是包括产业振兴、人才振兴、文化振兴、生态振兴、组织振兴的全面振兴，是'五位一体'总体布局、'四个全面'战略布局在'三农'工作的体现。"③由此可见，乡村振兴是一个有机统一的整体。二是组织领导体现了全面性。党的领导是我们最大的政治优势。稳步有序地推进乡村振兴，关键在于加强组织领导。2017年中央农村工作会议明确提出要建立实施乡村振兴战略领导责任制，"实行中央统筹、省负总责、市县抓落实的工作机制。党委和政府一把手是第一责任人，五级书记抓乡村振兴"④。省市县乡村五级书记抓乡村振兴，既体现了党中央对乡村振兴工作的高度重视，又反映

---

① 《中国共产党第十九次全国代表大会文件汇编》，人民出版社2017年版，第25页。
② 《中共中央国务院关于实施乡村振兴战略的意见》，人民出版社2018年版，第6—7页。
③ 《习近平谈治国理政》第三卷，外文出版社2020年版，第259页。
④ 习近平：《论"三农"工作》，中央文献出版社2022年版，第262页。

了推进乡村振兴战略中组织领导的全面性。

（四）振兴路径的融合性

实施乡村振兴战略是一项长期的系统工程，涉及农村经济、政治、文化、社会、生态文明建设和党的建设，需要统筹谋划，协调推进，融合发展。一是促进城乡发展资源融合。《意见》主张改革城乡二元制度，打通城乡资源合理流动的渠道，鼓励社会各界投身乡村建设，推进人才、技术、管理、资本、资金等资源向农村流动，为乡村振兴提供人力物力方面的有力支撑。二是促进乡村产业发展融合。主张"构建农村一二三产业融合发展体系"[①]，做大做强高效绿色种养业、农副产品加工业、休闲农业、创意农业、乡村旅游业、乡村服务业、乡村特色文化产业、乡村信息产业等，以激发农业农村发展活力。三是促进不同农业经营主体融合。改革开放以来，培育了许多农民专业合作社、家庭农场、牧场、种植业和养殖业大户、龙头企业等新型农业经营主体，成为农业农村生产经营的新生力量，在农业农村生产经营中发挥了提质增效的引领作用，但我国古老的小农经济也顺应现代市场发展要求并释放出巨大生命力，因此，党的十九大报告提出要发挥新型农业经营主体对小农户的带动作用，"实现小农户和现代农业发展有机衔接"[②]，让小农经济与现代化大规模生产经营各美其美，美美与共。四是促进乡风文明内涵融合。既坚持物质文明与精神文明一起抓，又注重文明乡风、良好家风、淳朴民风的培育；既立足乡村文明，又吸纳城市文明与外来文化优秀成果，使之在融合中创新发展，充满丰富的时代内涵。五是坚持乡村治理手段融合。乡村振兴战略在强调党对农村治理领导的同时，主张构建自治、法治、德治相融合的乡村治理体系，以自治作为乡村治理的基础，以法治作为乡村治理的保障，以德治作

---

① 《中共中央国务院关于实施乡村振兴战略的意见》，人民出版社 2018 年版，第 11 页。
② 《中国共产党第十九次全国代表大会文件汇编》，人民出版社 2017 年版，第 26 页。

为乡村治理的支撑，即"坚持自治、法治、德治相结合，确保乡村社会充满活力、和谐有序"①。

（五）振兴目标的提质性

实施乡村振兴战略，旨在改变农业农村农民的落后面貌，"推动农业全面升级、农村全面进步、农民全面发展，谱写新时代乡村全面振兴新篇章"②。就推动农业全面升级而言，要深入推进农业供给侧结构性改革，在构建农业对外开放新格局中，发挥市场主导作用，让农民根据国内外市场供需优化调节自己的生产。发展精品农业、高端农业、功能农业、绿色生态农业和农产品加工业、互联网＋、观光旅游休闲、体验式农业等，提高农业生物技术、装备技术、信息技术，提升科技对农业发展的贡献率，促进农业科技化、机械化、信息化、智能化和精细化的进步，实现农业提质增效，使我国农业逐步成为强势农业。从推动农村全面进步来说，要顺应农村发展新要求，全面推进乡村振兴，按照实施乡村振兴战略的总要求，"扎实推动乡村产业、人才、文化、生态、组织振兴"③，使农村生活更加美好。就推动农民全面发展而论，要切实落实农村九年制义务教育，推进农村普及高中阶段教育，加强职业教育，提高农民的文化素质；加强农村思想道德建设，提振农民的精神风貌；加强农民职业技能培训，提升农民的科技素质；加强职业农民培育，优化农业从业者结构，促进农民从低能型、体力型、保守型向"知识型、技能型、创新型"④发展，使广大农民发展成为思想素质高、精神风貌好、眼界视野广、道德品质优、业务能力

---

① 《中共中央国务院关于实施乡村振兴战略的意见》，人民出版社 2018 年版，第 19 页。

② 《中共中央国务院关于实施乡村振兴战略的意见》，人民出版社 2018 年版，第 3—4 页。

③ 习近平：《高举中国特色社会主义伟大旗帜 为全面建设社会主义现代化国家而团结奋斗——在中国共产党第二十次全国代表大会上的报告》，人民出版社 2022 年版，第 31 页。

④ 《中共中央国务院关于实施乡村振兴战略的意见》，人民出版社 2018 年版，第 10 页。

强的新时代新型农民。

（六）振兴特色的乡土性

乡村具有城市难得的自然景观和人文景观，乡土、乡景、乡情、乡愁、乡音、乡邻、乡德等构成了中国乡土文化，并成为中华优秀传统文化的基本内核。坚持城乡融合发展，推进乡村全面振兴，不能脱离乡村实际，不能忽视乡村历史、文化、生态的乡土特色，更不能在乡村大拆大建，搞成千村一面，把乡村建成缩小版的城市，而是要"遵循乡村自身发展规律，充分体现农村特点，注重乡土味道，保留乡村风貌，留得住青山绿水，记得住乡愁"[1]。因此，在实施乡村振兴战略的过程中，要"注意保留乡村原始风貌，慎砍树、不填湖、少拆房，尽可能在原有村庄形态上改善居民生活条件"[2]。充分挖掘具有农耕特质、民族特色的乡土文化遗产，让乡土文化遗产中的历史与文化价值、科学与艺术价值在新时代的乡村重焕魅力。统筹山水林田湖草沙一体化保护和系统治理，保护好绿水青山和清新清净的田园风光，让绿水青山如同金山银山般在新时代的乡村熠熠发光，让人们望得见山，看得见水，记得住乡愁，使振兴的乡村彰显出与城市不同的乡土风情、乡土魅力。

第二节　农村妇女事业发展的概念分析

农村妇女事业发展是本研究的核心概念。本节要回答的问题是农村妇女具体所指是什么？农村妇女有什么特点？农村妇女事业发展的主要内涵是什么？

---

[1]　张孝德：《习近平总书记的乡村本位新论》，《人民论坛》2015年第30期。
[2]　《中央城镇化会议在北京召开》，《小城镇建设》2013年第12期。

一、农村妇女概念的内涵与特点

（一）农村妇女概念的基本内涵

"妇女"，在官方辞典中是成年女子的通称，不单纯指已婚妇女，在司法解释中将14岁以上的女性定义为妇女，未满14岁的男女称为儿童。"女"，指未婚女子；"妇"，指已婚女子，故"妇女"泛指女性。

关于什么是农村妇女，学者们对其内涵的阐释有多种。有的认为"农村妇女是指具有农村户籍的全体年龄段妇女"[1]。有的认为农村妇女"是指户籍在农村的女性，她们是一群长期生活并居住在农村的群体"[2]。有的依据国际上一般把16—65岁列为劳动年龄人口的规定，结合我国农村65岁的农民仍旧从事生产经营活动的实际，突破我国女性劳动力年龄人口为16—55周岁人群的说法，界定农村妇女为16—65岁具有农村户口和劳动能力且从事农业生产经营的女性。[3] 有的认为农村妇女是"长期生活在农村、年龄在25—55岁之间的已婚妇女"[4]。有的提出"农村妇女在一定意义上讲是具备农村户口、年满18周岁的女性"[5]。

上述关于"农村妇女"内涵的说法，强调了以下几层意思：一是强调社会身份，即持有"农村户口"的女性；二是强调职业性质，即从事农业生产经营的女性；三是强调居住地，即以农村为主要生产生活依托的女

---

[1] 朱佳佳：《农村妇女继承权保护问题研究》，硕士学位论文，中国人民公安大学，2019年，第1页。

[2] 席飞燕：《村委会选举中的农村妇女参政研究——基于西安市四个自然村的实例调查》，硕士学位论文，西北大学，2010年，第7页。

[3] 李秋蓉：《家庭禀赋对农村妇女就业方式选择的影响研究》，硕士学位论文，中南财经政法大学，2018年，第15页。

[4] 张欣入：《河北省农村妇女孝道研究》，硕士学位论文，河北大学，2017年，第9页。

[5] 乔田语：《当代农村妇女精神生活研究——以山西阳城县为例》，硕士学位论文，山西农业大学，2018年，第9页。

性；四是强调了年龄，有的认为年满 14 岁的农村女性可视为农村妇女，有的认为 16—65 岁的农村女性可视为农村妇女，有的认为年满 18 岁的农村女性可视为农村妇女。上述说法无疑都是正确的，但未必是精当的，对农村妇女概念的内涵做进一步界定也是必要的。

根据本课题组对农村妇女生产生活的调查，认为讨论农村妇女概念的内涵时，还要考虑几个方面：一是农村妇女身份类型的多样性。有留守妇女、非留守妇女、进城务工妇女、季节性外出打工妇女、老年妇女等类型。二是农村妇女工作类型的复杂性。有的从事种植养殖，有的在家照顾老人、小孩，有的经营家庭农场，有的创办和经营农业企业，有的从事农业生产经营兼顾家里老人和小孩，有的农忙时从事农田耕种、农闲时从事家庭手工艺品制作或外出务工，有的农忙时从事农田耕种、农闲时从事第三产业（乡村旅游、乡村餐饮、乡村养老院、幼儿园、交通运输等）。三是农村妇女劳动年龄的间距性。当下农村普遍实施了九年制义务教育，农村的重男轻女思想相对淡化，农村年轻女性大多上了高中或职业中专，高中或职高毕业后一般在 18 岁左右，如果她们没有继续升学或进城务工，而选择在农村生产生活，那么她们劳动年龄的起点大约为 18 岁左右。一般来说，60 岁及以上的农村妇女的工作重心偏向家务，但我们不能忽视也有不少 60 岁以上的农村妇女仍然在从事农业生产经营的事实。

基于上述关于农村妇女概念内涵的各种说法，结合课题组对当下农村妇女情况的调研了解，根据本研究"农村妇女事业发展状况"的需要，本书所提及的"农村妇女"主要指持有农村户口、年龄在 18 岁及以上、具有劳动能力、以农村为主要生产生活或服务经营依托的留守妇女、非留守妇女、外出季节性务工妇女及返乡女性"新农人"。

（二）农村妇女的主要特点

20 世纪 90 年代以来，尽管学者们开始从不同维度研究农村妇女尤其是留守妇女的生存状况，但对农村妇女到底具有哪些与众不同的特点，具体说，她们与男性农民有何异同，与进城务工妇女有何不同，这些不同又如何影响其发展，诸如此类问题有待我们进一步探讨。我们认为，正确认识农村妇女的基本特点，是本研究得以展开的前提和基础。

1. 农村妇女是一个具有特殊生育使命的群体

相较于男性农民来讲，农村妇女具有特殊的生育使命似乎人所共知，但关于女性特殊生育使命的社会意义及其对农村妇女的影响，人们的认识不一定客观全面。生育通常是农村妇女人生重要发展阶段遇到的第一个独特的问题，它具有重要的个人价值和社会价值。人和动物不同，人不仅是个体的人，还是社会的人，生育不仅是个人和家庭传宗接代的需要，而且是社会人口扩大再生产和人类长期繁衍的需要，妇女在人口再生产中功不可没，因此，"不应当简单地只把女人当作从事劳动的人。因为她的生殖功能和她的生产功能同样重要，无论是从社会经济角度来看，还是从个人生活角度来看，都是如此"。"在某些时候，生育后代的确比犁地更为有用。"①

在传宗接代、男尊女卑观念深厚的农村，妇女的生育被看得相当重要，人们视生儿育女为女性的天职，妇女们也认为，生育不仅能传宗接代、老有所养，而且还能巩固自己在家庭中的地位，用她们的话说，"不生孩子人家还娶你干什么，不生孩子自己都在婆婆家待不下去了"②。可见，生育在农村被看得何等神圣。生育给农村妇女带来了喜悦和希望，但在崇尚"男主外，女主内"观念的农村，负责抚育孩子的辛劳也给她们的身体和事业发展带来了困扰。长期以来，重男轻女、多子多福的观念左右着农民的生育思维，无论是严格实行计划生育的时期，还是如今实施"三孩"政策的年代，农村独生子女家庭都相对较少，不生男孩誓不罢休的妇

---

① ［法］西蒙娜·德·波伏娃：《第二性》，陶铁柱译，中国书籍出版社 1998 年版，第 63—64 页。
② 刘彩清：《婚姻、家庭、生育与妇女地位——以黔东南一个侗族村寨为例》，博士学位论文，中央民族大学，2012 年，第 92 页。

女大有人在，2—3 个孩子的家庭也随处可见，宋丹丹和黄宏表演的小品《超生游击队》真实地反映出 20 世纪 80 年代的农村生育状态。21 世纪以来，农村多子多福观念有所淡化，但 2 个孩子的家庭普遍存在。生育孩子本就耗费了农村妇女相比男性更多的时间和精力，养育孩子使文化水平普遍偏低、家庭经济状况普遍不富的农村妇女更是烦恼，加上改革开放以来，农村主要男性劳动力大量外流，使得农村妇女在承担农业生产经营任务的同时，还要负责孩子的养育责任，这不仅使她们辛苦劳累，而且还挤占着她们谋求事业发展的时间和空间。正如波伏娃所说，不能"完全将妊娠等同于一项任务，一件工作，或服兵役之类的服务"，生育"给女人生活所带来的干扰，比调整公民职业所带来的干扰更为严重"，它"所涉及的不仅是女人的时间和体力，还有她的基本价值"。① 电影《找到你》中关于"女人有了孩子之后，无论选择什么都是错"的台词，讲的就是现代母亲们面临的养育孩子与事业发展的矛盾。

2. 农村妇女是一个具有特殊生理特征的群体

从生理上说，农村妇女承担着生育的使命，使她们在生存和发展过程中必须面对与经历"五期"（经期、孕期、产期、哺乳期、更年期）这一有别于男性的特殊问题。农村妇女农活家务繁重，生活环境相对艰苦，医疗卫生条件比较落后，农村妇女在经历上述"五期"时获得的休息时间不够充足、医疗条件不够优良。在社会性别意识缺乏的农村，多数女性在经期照样下地劳动；集体化时期，农村妇女"怀孕的时候照样啥事都干，挺个大肚子照样下地干活，一直到马上要生了才回家生娃"②。农村妇女没有产假福利，有的在产期也做家务，只是不下地而已；在哺乳期、更年期也难得到应有的休息和心理调适。

① ［法］西蒙娜·德·波伏娃：《第二性》，陶铁柱译，中国书籍出版社 1998 年版，第 64 页。
② 陈海儒、李巧宁：《倾听乡土的声音——陕西农村妇女日常生活访谈实录（1949—1965）》，当代中国出版社 2018 年版，第 396 页。

"五期"期间农村妇女相应休息时间的缺少使她们中的不少人落下了妇科病。相关数据显示：农村妇女妇科疾病的发病率较高，"约有一半的妇女患有妇科疾病，妇科疾病已成为农村妇女面临的最大的疾病"①。农村妇女的生理特征和善良、体贴、细致、精心等性格特征，使她们在大量农村劳动力进城务工时上放不下父母、下放不下儿女，加上担心自身科学文化素质偏低且社会仍然存在就业性别歧视，她们不得不把进城务工的机会让给了丈夫，自己则在照顾家庭的同时，在乡村寻求事业的发展。并且，农村留守妇女由于夫妻聚少离多，生理需求得不到满足，有的由此引发心理疾病。特殊的生理特征和生育使命使得农村妇女事业发展的步履比农村男性艰难得多。波伏娃深刻揭示了男女发展差异的主要缘由："由于做人的使命与做男性的使命之间没有矛盾，相对来说，年轻男人的生命历程比较容易完成……通过独立和自由方面的自我表现，他获得了社会价值，同时获得了他的男性威望……而女性的情况则相反，她作为一个真正的人的地位和她做女性的使命之间存在深刻矛盾：她必须放弃自己的主权。"②

3. 农村妇女是一个发展相对滞后的群体

农村妇女在农村的生产经营、庭院建设、家庭教育、家风熏陶、生态治理、第三产业中发挥着独特作用，但她们的发展总体还是相对迟缓。也就是说，"尽管农村妇女作出了巨大的贡献，但据多项全球性别和发展指标统计显示，其仍落后于农村男子和城市妇女，受贫穷及社会排斥等负面影响"③。近些年来，随着党和国家对"三农"工作和妇女工作的重视，我

---

① 田凌云：《我国农村妇女妇科病发病情况与防治措施》，《实用妇科内分泌电子杂志》2020 年第 2 期。

② ［法］西蒙娜·德·波伏娃：《第二性》，陶铁柱译，中国书籍出版社 1998 年版，第387 页。

③ 张瀚之、李英桃：《农村妇女：实现全球可持续发展的关键要素》，《中国妇女报》2020年 1 月 14 日。

国农村妇女的能力素质和社会地位不断提升，但是相对于新时代乡村振兴战略的要求来说，她们还是一个发展相对滞后的群体。

从政治地位来看，她们的参政意识和参政能力不强。参与政治的主动性和自觉性较弱，普遍对在外抛头露面心存不安，关心和领悟国家的大政方针不够，对马克思主义理论和习近平新时代中国特色社会主义思想学习不深，加入党组织的比例较小，参与乡村基层管理的比例不高。农村女干部相对较少，相关资料显示："2018 年，村委会成员中女性所占比重为24%"①，"2022 年 5 月，全国 49.1 万个村班子顺利完成换届……妇女比例占 28.1%"②。农村妇女在村"两委"班子中占比逐年提高，的确是十分令人欣喜的事实，但距达到《中国妇女发展纲要（2021—2030 年）》"村委会成员中女性比例达到 30%以上"③ 的目标仍存在差距。

就经济地位而言，农村妇女由于因婚姻而流动、农村"养儿防老"观念较强、农业女性化以及自身科学文化素质较低和就业不畅等原因，其经济地位也不尽如人意。相关调查结果显示，"农村男女两性的经济地位还是存在一定的差异，妇女的土地权益保障、非农就业类型和经济收入还是相对不如男性"④。尤其是农村留守妇女的家务劳动带来的不是更多的现金收入，而只是对家庭的隐形贡献，"从而与外出就业的丈夫创造的相对较多的显性收益形成巨大反差"⑤，由此她们的经济地位更有下降趋势。经济基础决定上层建筑，农村妇女相对较低的经济地位制约着其政治参与能

---

① 李秀萍：《2018 年村委会成员女性占比 24%》，《农民日报》2019 年 12 月 12 日。
② 《全国村"两委"换届完成，妇女在村班子中占 28.1%，提高 7.1 个百分点，每个村班子至少有 1 名妇女成员》，《中国妇女报》2023 年 2 月 21 日。
③ 《国务院关于印发中国妇女发展纲要和中国儿童发展纲要的通知》，《中华人民共和国国务院公报》2021 年第 29 期。
④ 陈莎莎：《苏南农村妇女经济地位实证研究——以张家港为例》，《辽宁农业科学》2013 年第 4 期。
⑤ 罗树杰：《妇女撑起半边天——妇女参与少数民族地区社会主义新农村建设研究》，知识产权出版社 2017 年版，第 156 页。

力、生产经营能力、科技应用能力、家庭决策能力、健康养生能力以及婚姻保护能力的提升，阻碍其自身的全面发展。

就文化地位来说，农村妇女受教育程度普遍偏低，相关资料显示：以2010年12月1日为时点，"18—64岁女性的平均受教育年限为8.8年，其中城镇女性为10.1年，农村女性为7.1年。青年女性受教育年限明显高于中老年女性"①。可见，当时农村女性受教育程度比城镇女性平均低了3年。2021年的第四期中国妇女社会地位调查主要数据情况显示："西部农村女性平均受教育年限为7.44年，比2010年增长2.04年，与东部农村女性平均受教育年限的差距由2010年的0.9年缩短为0.61年。"② 说明当下农村妇女平均受教育年限也只是处在7.44—8.05年之间，尚未达到九年制义务教育的水平。农村妇女较低的科学文化素质使得她们难免在事业发展方面与农村男性和城市女性拉开差距。

4. 农村妇女是一个具有双重价值取向的群体

在一般人看来，似乎农村妇女无所谓事业，她们只会生育孩子、照顾老人、料理家务等，其实不然。习近平总书记早在20世纪90年代初就驳斥了关于"农村妇女离不开锅台，上不了讲台，登不了舞台"③的错误论调，以大量无可辩驳的事实证明在社会主义革命和建设时期广大农村妇女离开了锅台，走出了家庭，步入了社会，开创了事业。的确，农村妇女的家庭意识较深，女性温柔、细腻、善解人意的心理特征使她们成为家庭稳定的重要保障者、家庭教育的主要承担者和实施者、家庭成员情感的呵护者和抚慰者。她们为了照顾家人、维系家庭辛劳付出，任劳任怨，同时她们也在社会大舞台上展现英姿。集体化时期，"妇女干的是跟男的一样的

---

① 第三期中国妇女社会地位调查课题组：《第三期中国妇女社会地位调查主要数据报告》，《妇女研究论丛》2011年第6期。

② 《第四期中国妇女社会地位调查主要数据情况》，《中国妇女报》2021年12月27日。

③ 任佳晖、谢忱：《温暖而有力量！习近平与"半边天"的故事》，2020年3月7日，见http://baijiahao.baidu.com/s?id=1660602934427395892&wfr=spider&for=pc。

活路，自己屋里还有家务活要干，比男的还辛苦"①。改革开放以来，随着农村男性劳动力大量外移，众多妇女不得不忍受与丈夫分离之苦，留守在农村照顾家庭的同时开拓自己的事业。调查发现：近七成农村妇女主体意识较强，希望跳出家庭的狭小圈子，脚踏实地地发展自己的事业，实现自己的人生价值。调查对象中对于"男人以社会为主，女人以家庭为主"的说法持"不赞同"态度的达 69.36%，持"赞同"态度的仅为 30.64%。②她们在主持家务之外，还承担起农业生产经营的主要责任，并且积极参与乡村治理，有的成为乡村女干部，有的成为科技致富女能手，有的成为新型农业经营主体，有的经营农业企业，有的经营乡村旅游、乡村医院、乡村养老院、乡村幼儿园、乡村交通运输、乡村电子商务等，在推进社会主义新农村建设和乡村振兴战略实践中放飞自己的梦想，拓展自己的事业。

二、农村妇女形象的变迁

农村妇女的形象反映时代的风貌，是社会现实的真实写照。我国农村妇女不同时期的形象呈现了她们在不同社会状态下的思想观念、生活方式、伦理道德、精神风貌、事业状况的变化。其形象变迁过程大致如下。

（一）五四运动前："麻木顺从"形象

在君主专制长期统治的中国社会里，封建政权、族权、神权、夫权，成为牢牢束缚广大妇女的精神枷锁，桎梏着妇女们的成长和发展。农村妇女更是深受其害，她们大多遵循着"三从四德"的封建伦理，履行着"善

---

① 陈海儒、李巧宁：《倾听乡土的声音——陕西农村妇女日常生活访谈实录（1949—1965）》，当代中国出版社 2018 年版，第 390 页。

② 本课题组对 28 个省（自治区、直辖市）的 118 个行政村的 3309 名农村妇女的调查数据。

事父母""传宗接代""相夫教子""祭祀祖先"的孝道，① 顺从着"在家从父，出嫁从夫，老来从子"的传统性别规制。在"父为子纲""夫为妻纲"的约束下，她们缺乏主体独立性，无法表达自己的思想和主张，更不许做出反对和对抗男性、长辈决定的"大逆不道"行为，只得绝对服从男性或长辈的旨意，出嫁前不许忤逆父母，出嫁后不得违抗丈夫，更不准顶撞公婆。正如陈独秀先生所言："夫为妻纲，则妻于夫为附属品，而无独立之人格矣。"② 她们少有机会走出家门，走向社会，大多时间就是围着家人和灶台转，没有自己的事业可言，缺乏经济独立，过着辛劳、俭朴、麻木、顺从的生活，用她们的话来形容是："看不见太阳，看不见天，数不清的日月，数不清的年，做不尽的牛马，受不尽的苦。"③ 鲁迅在作品《明天》中塑造的单四嫂子的麻木、顺从、无反抗力的农村妇女形象，在作品《祝福》中塑造的被封建政权、族权、神权、夫权、绳索捆绑的祥林嫂形象，既深刻揭示了封建制度对农村妇女的精神枷锁和精神摧残，也真实反映了当时农村妇女的思想观念、价值取向和生存状态。

（二）五四运动至新中国成立："觉醒抗争"形象

新文化运动以及随之而来的五四运动是前所未有的思想解放运动，新文化运动的倡导者提出了"破除迷信"的口号，号召人们"冲决过去历史之网罗，破坏陈腐学说之囹圄，勿令僵尸枯骨，束缚现在活泼泼地之我"④。他们呼吁反对旧道德，提倡新道德，激发着被封建伦理道德束缚千年的中国妇女追求民主、自由的思想波澜，向警予、蔡畅、邓颖超等许多

---

① 张欣入：《河北省农村妇女孝道研究》，硕士学位论文，河北大学，2017 年，第 9—10 页。
② 陈独秀：《陈独秀文章选编》上卷，生活·读书·新知三联书店 1984 年版，第 103 页。
③ 陈海儒、李巧宁：《倾听乡土的声音——陕西农村妇女日常生活访谈实录（1949—1965）》，当代中国出版社 2018 年版，第 27 页。
④ 中国李大钊研究会编注：《李大钊全集》第一卷，人民出版社 2006 年版，第 191 页。

知识妇女走在反封建伦理道德的前列，组织妇女团体，出版妇女刊物，大声疾呼要反对封建礼教对妇女的戕害。她们的奔走呼号对广大农村妇女产生了积极的引导作用，一些农村妇女也对束缚妇女的封建礼教发起了挑战。例如，鲁迅作品《离婚》中塑造的与夫权抗争但最后妥协的农村妇女爱姑的悲剧形象，既反映了农村妇女主体意识的觉醒，也说明在半殖民地半封建的中国，"被压迫妇女要想解放，只靠一己之力反抗夫权是不够的"①。因为夫权具有深厚的封建思想文化基础，只有推翻封建统治，实现社会制度的变革，才能使妇女真正彻底地解放，从而真正地成为生活的主人。

中国共产党在成立之初，就把争取妇女解放作为反封建斗争的一项重要内容，并把组织和领导妇女运动列为党的一项重要工作。毛泽东一针见血地指出了代表全部封建宗法思想和制度的政权、族权、神权、夫权使中国妇女深受四重压迫。李汉俊深刻分析了私有制是导致妇女受压迫的根源，强调"女子要得到经济独立，非打破这社会私有制的经济制度不可"②。李大钊进一步明确指出彻底解决妇女问题的根本方法，即"一方面要合妇人全体的力量，去打破那男子专断的社会制度；一方面还要合世界无产阶级妇人的力量，去打破那有产阶级（包括男女）专断的社会制度"③。号召广大妇女投入到反帝反封建的革命事业中来，并且主张加强党对农村妇女工作的领导。1925 年 1 月，中国共产党第四次全国代表大会通过的《对于妇女运动之决议案》就提到："此后凡本党开始农民运动之地方，即宜注意做农村妇女运动的准备工作。"④在中国共产党的组织领导下，广大农村妇女积极投身于反帝反封建的革命洪流，纷纷送郎参军，送

---

① 康宏东：《鲁迅笔下农村妇女形象的深层解读——以〈离婚〉中的爱姑为例》，《语文教学通讯》2019 年第 1 期。

② 中华全国妇女联合会妇女运动历史研究室：《五四时期妇女问题文选》，生活・读书・新知三联书店 1981 年版，第 307 页。

③ 中国李大钊研究会编注：《李大钊全集》第二卷，人民出版社 2006 年版，第 299 页。

④ 李蓉、叶成林：《中共四大轶事》，人民出版社 2015 版，第 194 页。

子参战，做军鞋，运军粮，烧茶送水，收集情报，救护伤员，彰显了巾帼不让须眉的风采，成为"进行革命抗争，谋求解放进步的群体"①。她们的形象由过去的"麻木顺从"逐步变得"生动活泼"起来，她们在参与反帝反封建斗争中逐步实现经济、政治、文化和婚姻地位的转变。

（三）新中国成立到改革开放前："劳动本色"形象

新中国的成立，迎来了妇女解放的春天，曾经深受封建"四权"压迫的农村妇女获得了独立的人格，能够安全地进入非家庭领域，为经济作贡献并参与政治，她们深感"新社会真正好，男男女女平等了"②。她们满怀着新中国男女平等的自豪，洋溢着新中国主人的热情，响应毛主席关于"时代不同了，男女都一样。男同志能办到的事情，女同志也能办得到"③的号召，积极参与社会主义革命和建设实践，在生产生活中争当模范，提升自己，发展事业。一是全职参加生产劳动。在讲究劳动光荣的集体化时期，农村妇女扛起了社会主义农村建设的"半边天"，成为农村经济建设的重要力量。那时，农村"妇女和男的一样，担、挖、收、种，可以说是男的干啥、女的就干啥"④。她们和男同志一样，起早贪黑、争分夺秒地下地劳动，早上六点半出工，晚上六点半收工，即使兴修水利、大炼钢铁也当仁不让。有的农村妇女刻苦钻研农业生产技术，成为操作农具的能手，"她们不管在炎热的夏日，或是寒冷的冬夜，整天操纵着机器，练习发动、转弯、倒退以及耕地、耙地、播种、收割等操作技术"⑤。她们还经常进行

---

① 代智林：《农村妇女形象的建构与变迁——以〈人民日报〉（1946—2018 年）为例》，《今传媒》2020 年第 1 期。

② 陈海儒、李巧宁：《倾听乡土的声音——陕西农村妇女日常生活访谈实录（1949—1965）》，当代中国出版社 2018 年版，第 28 页。

③ 《毛主席刘主席畅游十三陵水库》，《人民日报》1965 年 5 月 27 日。

④ 陈海儒、李巧宁：《倾听乡土的声音——陕西农村妇女日常生活访谈实录（1949—1965）》，当代中国出版社 2018 年版，第 338 页。

⑤ 秀珍：《京郊五里店国营农场的女拖拉机队》，《人民日报》1952 年 3 月 8 日。

劳动竞赛，相互学习生产技术，在生产劳动中不断提升自己的经济地位。二是主要承担家务劳动。农村妇女在生产队里干着跟男人一样的农活，回家还主要承担了家务劳动，抚育孩子、侍候老人、洗衣做饭、喂猪养鸡、纺纱织布、缝衣做鞋，经常熬到深夜，第二天照常参加集体劳动。她们机智地把一些家务活悄悄渗入按工分决定收入的工作日中，"上工前先把猪一喂，放工回来给猪再捎一把草，回来先给娃奶一吃，就赶紧做饭"①。她们在紧张的劳动中任劳任怨地贡献自己的智慧和力量，彰显着农村妇女的"劳动本色"。

（四）改革开放迄今："自立自强"形象

改革开放以来，随着农村家庭联产承包责任制的实施，农村出现了大量富余劳动力，城市化快速发展，农村众多男性劳动力和少量女性劳动力进城务工，留守在农村的主要是一支"386199部队"（妇女、小孩和老人），农业出现了女性化现象，农村妇女成为推动农村经济社会发展的主力军。她们以自己柔弱的肩膀，承担了耕种农田、料理家务、哺养孩子、侍候老人、建设庭院、治理乡村的主体责任。在党和政府的关心关爱下，她们积极参加职业技能培训，学习运用农业科技，依靠党的强农惠农富农政策，凭借自己的聪明才智，不断推进乡村的经济建设、政治建设、文化建设、社会建设和生态文明建设。她们中的许多人在农村经济社会发展的主战场上展现了"飒爽英姿"，成为脱贫攻坚的"领头雁"、科技致富的"女能手"、农业企业的"女能人"、教书育人的"女教师"、治病救人的"女医生"、尊老爱幼的"女模范"、最美家庭的"女主人"、懂农业爱农村的"新农人"，在推动社会主义新农村建设和乡村振兴中呈现出新时期和新时代农村妇女自强不息、自主奋斗的精神风貌。

---

① ［美］贺萧：《记忆的性别：农村妇女和中国集体化历史》，张赟译，人民出版社2017年版，第274页。

三、农村妇女事业发展的内涵

要把握好农村妇女事业发展的内涵，有必要先弄清楚三个基本概念，即什么是人的发展，什么是农民的发展，什么是农村妇女的发展。因为农村妇女是"人的属性""农民的属性"与"女性的属性"三者的集合。农村妇女的发展既包括作为"人"的一般属性的发展，又包括其作为农民的职业属性的发展，还包括其作为女性的性别属性的发展。

（一）人的发展

马克思认为，人是劳动存在物、社会存在物、有意识的存在物，人具有个性。因而一般意义上人的全面发展包括人的需要的发展、人的劳动能力的发展、人的社会关系的发展以及个性的发展等四个方面。具体如下。

1. 人的多种需要的全面发展

马克思认为，需要是人的本性，也是人一切实践活动的内在动力。人的需要包括许多方面，既有最基本的衣、食、住、行等生存的物质需要，又有在这些基本需要之上的精神以及社会需要，人只有在满足生存需要的情况下才能有机会去追求其他的发展。他说："为了生活，首先就需要吃喝住穿以及其他一些东西。因此第一个历史活动就是生产满足这些需要的资料，即生产物质生活本身"①。人的需要满足程度水平的高低与社会生产力水平的高低密切相关，人的多方面的需要只有在生产力高度发达的共产主义社会里才能获得最大限度的满足，从而实现人的全面发展。人的需要也是促进人的全面发展的内在动力。人为了满足需要就会进行相应的实践活动，伴随着实践活动的发展过程，人自身能力的多方面发展就得以逐步实现。马克思深刻阐述了人通过实践活动满足需要从而获得全面发展的逻辑关系，他明确指出："任何人如果不同时为了自己的某种需要和为了这

---

① 《马克思恩格斯选集》第一卷，人民出版社 2012 年版，第 158 页。

种需要的器官而做事，他就什么也不能做"①。由此自身得不到发展就在所难免。随着物质生产力的发展，精神层面的满足将成为人们追求的重要目标，并且马克思认为，唯有物质需要与精神需要都得到满足的时候，人才算是得到了全面的发展。

2. 人的劳动能力的全面发展

既然人通过实践活动满足需要从而获得全面发展，那么，人的实践活动能力也必须得到全面发展。人的实践活动能力在现实中具体表现为人的劳动能力，马克思认为劳动或实践是人的本质，在《1844年经济学哲学手稿》中指出了"自由自觉的劳动"是人类的特性，是人区别于动物的根本所在。动物的生产是片面的，动物只生产自己，只会按照自己的内在规律与本质来进行活动；人的生产是全面的，人则生产整个自然界，人会抓住一切物的内在规律来完成活动。人在劳动中既改造着客观世界，也改造着主观世界，从而达到了人的全面的自由自觉的发展。因此可以说，人的发展就是人的劳动的发展，或者说人的劳动能力的发展。实践活动的多样性决定了人的劳动能力是多方面的。劳动能力可以分为个体能力和集体能力、自然能力和社会能力、体力和智力。马克思这样论述劳动能力与体力、智力的关系，他说："我们把劳动力或劳动能力，理解为人的身体即活的人体中存在的、每当人生产某种使用价值时就运用的体力和智力的总和。"②

3. 人的社会关系的全面发展

人是社会中的人，社会性是人的本质属性。马克思在《关于费尔巴哈的提纲》中提出："人的本质不是单个人所固有的抽象物。在其现实性上，它是一切社会关系的总和。"③ 马克思恩格斯在《德意志意识形态》一文中首次指出社会关系是"许多个人的共同活动"④ 形成的结果。社会关系是人们在

---

① 《马克思恩格斯全集》第三卷，人民出版社1960年版，第286页。
② 《马克思恩格斯全集》第二十三卷，人民出版社1972年版，第190页。
③ 《马克思恩格斯选集》第一卷，人民出版社2012年版，第135页。
④ 《马克思恩格斯选集》第一卷，人民出版社2012年版，第160页。

实践活动的基础上所呈现出来的人与人之间的关系，社会关系的丰富与否和生产力发展水平的高低密切相关。丰富的社会关系可以满足人的各种需要，增添人的信息、资源和能量，培养人的健全人格，促进人的身心健康，推动人的全面发展，在他们看来，"社会关系实际上决定着一个人能够发展到什么程度"①。所以，人的全面发展势必要求人的社会关系的全面发展。

4.人的自由个性的全面发展

马克思所说的人的全面发展中的人，指的是现实社会中的人，而现实社会中的每一个人都是一个独立的个体，都具有体现自身有别于他人发展特征的身心面貌，亦即个性。它主要包括个人的身体各部骨骼的发育和成熟特征，视力、听力、速度、灵敏性、力量、运动机能等方面的独特发展水平，个人的需要动机、理想信念、价值观念、内外形象、道德水平、精神状态、社会角色、外在气质、内在性格以及自身所具有的知识经验、智力能力等。人的全面发展也指每个人的个性的全面发展。总的来说，人的个性的全面发展主要是指每个人的身体得以正常发育，生理机能得以健康发展，需要能够得以满足，理想信念、价值观念能够得到实现，体力和智力得到充分发展，道德品质、外在气质、内在性格、社会角色更加完美，各种个性的要素能够彼此交融与和谐发展。

总而言之，人的发展就是通过社会实践，使其自然素质、社会素质和心理素质得到全面发展。共产主义则是"以每个人的全面而自由的发展为基本原则的社会形式"②。

（二）农民的发展

在以往人们的心目中，中国农民是一个政治、经济、文化、社会地位较低的群体，他们面朝黄土背朝天，整日为生计而奔波，文化素质低，政

---

① 《马克思恩格斯全集》第三卷，人民出版社1960年版，第295页。
② 《马克思恩格斯全集》第二十三卷，人民出版社1972年版，第649页。

治参与少，眼界视野窄。其实，农民和其他人一样，也有发展需求和发展能力。对于农民占人口大多数的中国而言，农民发展程度是标志中国人发展水平的重要尺度①。农民是农业农村的主体，农民发展是农村经济社会发展的前提和基础。在新时代我国社会主要矛盾转化为人民日益增长的美好生活需要和不平衡不充分的发展之间的矛盾背景下，2018 年中央一号文件明确提出，必须立足国情农情，"推动农业全面升级、农村全面进步、农民全面发展"②，谱写新时代乡村全面振兴新篇章。可见，推动农民全面发展成为乡村振兴的重要内容之一。2019 年 8 月 19 日开始施行的《中国共产党农村工作条例》也为推动农民全面发展指明了方向，特别强调：要"培养一支有文化、懂技术、善经营、会管理的高素质农民队伍，造就更多乡土人才"③。

关于农民发展的内涵，许多学者基于马克思主义人的全面发展理论视角对之进行界定。有的从农民科学技术文化知识及能力的提高、农民健康素质的提高、农民文化修养的提高和农民参政意识、参政能力的提高四个方面阐述了农民发展的内涵。④ 有的从农民需要的发展、农民实践活动及其能力的发展、农民社会交往的发展、农民个性的发展⑤四个方面分析农民发展内涵。有的根据马克思主义人的全面发展理论，结合农民生产生活实际，"从劳动能力、经济条件、精神满足、社会关系、个性发展以及人居环境 6 个维度构建评价农民发展的相应指标"⑥。有的依据"五位一体"

---

① 赵宇霞：《我国农民发展的若干问题研究：基于马克思主义人学研究视阈》，中国社会科学出版社 2012 年版，第 19 页。

② 《中共中央国务院关于实施乡村振兴战略的意见》，人民出版社 2018 年版，第 3 页。

③ 《中国共产党农村工作条例》，人民出版社 2019 年版，第 9 页。

④ 李克强：《农民发展论》，《河北学刊》2007 年第 3 期。

⑤ 王晓丽、赵宇霞：《基于 AHP 法的农民发展评价体系建构》，《重庆大学学报（社会科学版）》2013 年第 4 期。

⑥ 孙飞、陈玉萍：《中国农民发展水平模糊评价》，《华南农业大学学报（社会科学版）》2019 年第 5 期。

总体布局，从农民的经济发展指数、政治发展指数、文化发展指数、社会发展指数、生态文明发展指数五大方面构建起测度农民发展总指数的指标体系。①

尽管对于农民发展的内涵界定众说纷纭，但万变不离其宗，都与马克思主义人的全面发展理论存在密切关系。本书认为，农民首先是"人"。用马克思主义关于人的全面发展理论来关照农民发展，作为"人"的农民的发展理应包括其需要的发展、劳动能力的发展、社会关系的发展、个性的丰富等四个方面。诚然，农民也是具体的人，具体之处是身为农民，因此农民的发展又具有其特殊性。

1. 多种需要的发展是农民发展的内生动力

农民的生存权是其最基本的权利，衣食住行是其最基本的需要，在解决温饱问题的基础上，他们也追求衣着时尚、食品安全、生态宜居、出行方便。他们希望人身安全、劳动安全、职业安全，向往劳有所得、病有所医、住有所居、老有所养。他们渴望受到社会尊重，愿意通过自己的努力增收致富，通过提升精神风貌和职业能力，改变社会上一些人瞧不起农民的看法，憧憬"农民成为有吸引力的职业"。在生活富裕、充实之后，他们追求精神愉悦，希望发展学习、休闲、娱乐等精神生活。他们具有参政议政的愿望，希望表达自己对社会的看法和对乡村治理的见解，期待把自己的一些想法和见解融入乡村治理之中。对美好生活的向往成为他们的奋斗目标和前进动力。

2. 劳动能力的发展是农民发展的必要前提

劳动能力是农民的立身之本。改革开放前，农民从事的主要是农业体力劳动，改革开放后，一部分农民进城务工，由于他们科学文化素质偏低，他们在城里从事的大多还是劳动强度大的体力劳动。无论是在农村从

---

① 龙飞、祁慧博：《中国农民发展评价的指标体系构建与历史差异比较》，《生产力研究》2017 年第 10 期。

事农业的农民，还是进城务工的农民，他们深感提升劳动能力的必要。身体是劳动的本钱，他们需要不断增强体力。科学技术是第一生产力，实施"藏粮于地、藏粮于技"战略，运用农业科技，使用农机装备，销售农副产品，优化农村生态等，需要他们提升智力。同时，小农户需要增强个体劳动能力，新型农业经营主体需要提升集体劳动能力。农民的体力和智力水平不仅直接决定了其劳动强度的大小、劳动报酬的高低，也直接影响他们的发展质量和水平，故此，劳动能力的发展对于农民发展来说特别重要。

3. 社会关系的发展是农民发展的重要内容

在我国传统的农业社会中，自给自足的自然经济占主导地位，农民过着分散、孤立、封闭的生活，他们以土地为生产中心，以家庭为生活中心，以村庄为交往空间。如今，经济全球化、信息网络化、农业工业化、农民城市化打开了曾经处在"封闭"状态下的农村闸门，便利的交通和发达的网络将封闭的农民与外部世界连接起来，使得他们迅速地突破村庄交往空间，进入一个宏大广阔的交往世界，因此，他们"面对的不再是一个静止不变的'熟人社会'，而是一个充满机遇和挑战的'陌生人社会'"[①]。所以，他们需要发展社会交往，超越原来以地缘、血缘为纽带的交往方式，重构交往秩序，以新的交往理念、交往方式、交往艺术适应农业产业化、农村市场化、农民市民化的需要。

4. 个性的日益丰富是农民发展的终极关怀

个性的发展是"指以人的主体性为核心的，包括人的独立性、独特性的个体心理的综合发展"[②]。农民长期生活在农村广袤的土地上，受独特的村落文化的影响，形成了勤劳、朴实、憨厚、执着、保守等个性特点。改

---

① 陈浩天：《交往社会化：农民交往世界的变迁与秩序重构——以豫东林楼村为例》，博士学位论文，华中师范大学，2012年，第1页。

② 禹旭才：《社会性别视角下的高校女教师发展研究》，博士学位论文，湖南师范大学，2009年，第53页。

革开放以来，随着农村经济社会的变化，农民的个性出现了新的特点：一是由封闭保守型逐渐向开放型发展。他们不再纯粹生产生活在农村，许多人走出村庄进城务工；他们不再思想禁锢保守，而是愿意接受新生事物；他们不再单一耕种农田，而是农林牧副渔五业并存；他们的衣食住行不再显得土里土气，而是逐渐融入了时尚元素。二是由依附型逐渐向独立型发展。他们不再像计划经济年代一切听从集体统一规定，而是开始独立自主闯市场，生产什么，经营什么，怎样生产，怎样经营，基本由他们自己说了算。三是由低能型逐渐向技能型发展。他们不再是大字不识几个的大老粗，而是知识技能不断提高。他们不再靠天吃饭，而是逐渐靠现代农业科技、现代经营理念致富。四是由低层次需要型逐渐向高层次需要型发展。他们在解决温饱问题的基础上，对科学、文化、艺术的需求越来越迫切。

总之，从人的发展高度，从生命的整体性出发，以上四个方面的发展都是农民作为整体的人、作为渴望生命有价值的人的内在要求。

（三）农村妇女的发展

基于前面对人的发展与农民的发展的理解，农村妇女的发展，简言之，就是以人的全面发展、生命的整体发展为价值取向，以农民职业的本质要求为重点，从自身特点出发，不断摆脱外在束缚和内在羁绊，朝向自由、主动、全面、充分发展的自我实现和超越的过程。具体来说，农村妇女的发展包括四层含义。

1. 农村妇女的发展是以人的全面发展为价值取向

农村妇女作为人的存在，她们是自然存在、社会存在、精神存在的统一体。从内容上看，农村妇女的发展是其需要发展、劳动能力发展、社会交往发展、个性发展的有机统一。从实质上看，"妇女解放的实质也在于把人的世界和人的关系还给妇女，即女性从两性不平等的社会关系和社会地位中解放出来，恢复妇女作为人的尊严和独立人格，达到自由而全面的发展"①。从目标上看，农村妇女的发展最终是实现其自身的自主、全面、充分的发展。

2.农村妇女的发展是以生命的整体发展为价值追求

1919年7月28日，毛泽东在《民众的大联合》一文中疾呼："诸君，我们是女子。我们更沉沦在苦海！我们都是人，为甚么不许我们参政？我们都是人，为甚么不许我们交际？……我们于今醒了！我们要进行我们女子的联合！要扫荡一般强奸我们破坏我们身体精神的自由的恶魔！"②他动员鼓励妇女获取人的多方面的需要，争取生命的整体发展。农村妇女的生命存在是整体的，因此，其生存与发展的需要也是多方面、多层次的，即生理需要、安全需要、社交需要、尊重需要、自我实现的需要等贯穿于其生命存在的整体之中。

3.农村妇女的发展是符合女性自身特点的发展

农村妇女不是抽象的人，是在一定历史条件下形成的、具有社会性别身份的群体。作为有性别的人，农村妇女发展具有不同于男性农民发展的特点。由于历史和生理的原因，女性的确在许多方面存在与男性不同的心理特征和生理特征，"若一味地强调整体性、同一性，很可能会抹杀妇女相对于男性的差异，平等就演化成一种绝对的平等"③。像农业集体化时期的"铁姑娘"、改革开放新时期的农业女性化等，体现出所谓的男女平等，使农村妇女表现出与男人同样的体能和智力，彰显了巾帼不让须眉的景象，但实际上也给她们的身心健康带来了不同程度的危害。因此，农村妇女的发展不能忽视其作为女性的生理上、心理上、文化上以及社会历史中形成的不同于男性的特点。

① 李静之：《论妇女解放、妇女发展和妇女运动》，《妇女研究论丛》2003年第6期。
② 毛泽东：《民众的大联合》，《湘江评论》1919年第3期。
③ 石红梅：《马克思主义妇女观和中国特色女权主义实践》，中国社会科学出版社2017年版，第9页。

4.农村妇女的发展是发挥女性优势特长的发展

农村妇女具有许许多多的优点，网络上流行的一首农村小伙夸农村媳妇的歌曲《农村媳妇十三好》，比较客观全面地描述了农村媳妇勤劳俭朴、憨厚本分、吃苦耐劳、能干肯干、性情温和、外柔内刚、心地善良、待人诚恳、孝敬老人、关爱丈夫、爱护孩子、友爱邻居等优良品格和优势特长。这些优良品格和优势特长与新时代乡村振兴战略有机结合，将会有力地激发农村妇女的内在潜力，充分展现农村妇女独特的优良品质，使其女性特征得到自由发展，既推动乡村振兴战略的实施，又促进农村妇女的事业发展。

农村妇女发展四个层次的含义是相辅相成、不可分割的。一方面，农村妇女发展必须以人的全面发展与生命的整体发展为价值目标和价值取向；另一方面，农村妇女发展必须从女性的特点出发，才能突出她们发展的特殊性，有针对性地消除束缚她们发展的特殊障碍，真正实现男女平等发展。同时，也只有从农村妇女的特点出发，才能将社会性别主流化意识贯穿于她们的发展之中，从而真正实现农村妇女的自主、全面、充分的发展。

（四）农村妇女事业发展

关于"事业"的内涵，《现代汉语词典》解释为："人所从事的，具有一定目标、规模和系统而对社会发展有影响的经常活动。"①"事业"一词可以指个人的成就，也可以指家庭的幸福。学者陈升从多角度、多方位、多层面概述了事业的特点：一是社会性。事业是对社会发展有影响的活动，是惠及天下之民的行为。二是目标性。从事事业不是盲目的、短暂的行为，是人"根据自己的兴趣，给自己选定一个目标，为实现这个目标去奋斗"。三是开创性。凡是称得上事业的行为，不是照搬照抄、一成不

---

① 中国社会科学院语言研究所词典编辑室编：《现代汉语词典》第7版，商务印书馆2016年版，第1194页。

变，而是推陈出新、标新立异，"必须研究新问题，找到解决新问题的理论、方法"，必须有坚韧不拔的毅力和艰苦奋斗的精神，吃得苦，耐得烦，霸得蛮，甚至不怕死。四是无限性。从时间来看，事业只有开始，没有终结；就空间而言，事业的深度和广度无穷无尽。五是理想性。"事业中有自己的最高理想，有自己的信念与信仰，有自己的兴趣，有自己的生命追求，有一种促使人超越自己的召唤与力量。"六是永恒性。"人是为事业而生存的，事业是生命的归属。"①事业是每个人自立自强的基石和幸福快乐的源泉，男人应以事业为重，女人同样要有自己的事业。有人说，女人的"魅力源于事业"②。一个女人要获得真正的快乐，靠天求人不如依靠自己，事业会使女性经济独立、能力独立、思想独立、人格独立，彰显自身价值，活出真正自我。

关于"妇女事业"的内涵，学者们从不同视角进行了阐释。有的基于经济独立是妇女解放的先决条件，认为事业发展与职业发展紧密相关，"职业，赋予生命的尊严"③。认为女人应该走出家庭，走向社会，找准职业优势，提高职业技能，突破人际藩篱，自行就业创业，在经济社会发展中发光发热，实现经济独立。有的认为女性爱情、婚姻的好坏关系到她一辈子的幸福，在她们看来，"爱情是女人的事业"④，"经营婚姻是女人一辈子的事业"⑤。有的认为女人不仅要钟情于职场，更要钟爱自己的家庭，职场只是女人积累经验和财富的平台，而家庭才是女人幸福快乐的港湾，因此，"女人的归宿是家庭，最好的事业是主妇"⑥。有的领悟到做一个幸福

---

① 陈升：《论事业道德》，《湖南师范大学社会科学学报》2007 年第 6 期。
② 金淑丽：《魅力源于事业：话说女性创业》，清华大学出版社 2009 年版，封面。
③ 英杜：《女人的事业自己争取》，中国纺织出版社 2005 年，第 1 页。
④ [法] 纳迪娜·德·罗思柴尔德：《爱情是女人的事业》，刘莉译，商务印书馆 2003 年版，封面。
⑤ 邓琼芳：《经营婚姻是女人一辈子的事业》，北京工业大学出版社 2012 年版，第 2 页。
⑥ 主妇潇潇：《女人最好的事业叫主妇》，广东省出版集团、广东经济出版社 2011 年版，封面。

的女人必须具备理家、理财、理婚姻、理事业的四大智慧，取得事业成功要"靠意志、靠能力，也靠身体"①。有的主张女人在追求事业成功的同时，要压抑住浮躁、急功近利以及一味追求完美的倾向，注重自我心志、品性、智慧、能力、体能等方面的修炼，努力做一个"或温婉而知性""或智慧而善良""或宽容而自信""或妩媚而执着"的魅力女人。② 有的认为参政议政是妇女事业发展的重要表现，"妇女参与决策和管理是衡量妇女地位和社会文明进步的尺度，是实现男女平等、保障妇女政治权利的重要内容，也是体现妇女生存与发展状况的重要指标"③。2019年由人民出版社出版的《平等发展共享：新中国70年妇女事业的发展与进步》一书主要谈及了以下内容：（1）中国高度重视并积极推进妇女事业的发展；（2）保障妇女权益的法治体系不断完善；（3）妇女在经济社会发展中的"半边天"作用日益彰显；（4）妇女政治地位显著提高；（5）妇女受教育程度显著提升；（6）妇女健康状况极大改善；（7）妇女社会保障水平不断提高；（8）妇女在家庭文明建设中发挥独特作用；（9）妇女参与国际交流与合作日益广泛。④ 上述关于"妇女事业"的说法涉及妇女的文化程度、职业发展、政治参与、爱情婚姻、家庭经营、社会交往、个人修养、身心素质、权益保障等内容。

根据人们对"事业""妇女事业"内涵的基本理解，结合农村妇女发展的特点和内容，本书认为，所谓农村妇女事业发展，即指农村妇女为了实现经济独立、思想独立、能力独立、人格独立，而从事的具有一定规模和系统的、对推动经济社会发展具有积极影响的经济、政治、文化、社

---

① 李歌、王宇：《幸福女人的四大智慧》，西藏人民出版社2006年版，第1—9页。

② 马鸿展：《第N项修炼：从事业女人到魅力女人》，清华大学出版社2007年版，第7—20页。

③ 乔虹：《女界之声更加响亮——党的十八大以来妇女参政议政成就综述》，《中国妇女报》2017年9月29日。

④ 中华人民共和国国务院新闻办公室：《平等发展共享：新中国70年妇女事业的发展与进步》，人民出版社2019年版，目录。

会、生态活动的状态。她们在追求事业发展的过程中，既需要确立自己的理想信念、意志毅力、价值追求，也需要她们脚踏实地、真抓实干、开拓创新、坚持不懈地实现自己的理想和目标。她们的事业发展既能促进她们实现经济独立、思想独立、能力独立、人格独立，又能推动经济社会的发展。可见，她们的事业发展同样具有社会性、目标性、开创性、理想性、无限性和永恒性等特征。

第三节　农村妇女事业发展的作用定位

一、革命年代和社会主义建设时期农村妇女的"半边天"作用

（一）毛泽东历来高度重视农村妇女的作用

民间长期流传"妇女能顶半边天"口号是由毛泽东首先提出，但有学者考证"尚未发现毛泽东与'妇女能顶半边天'发生交集的权威史料"①。尽管如此，毛泽东重视妇女在革命和建设中的作用是有口皆碑的。在他看来，"妇女的力量是伟大的，世界上什么事情，没有妇女参加就不能成功"②。他尤其关注农村妇女的生产和生活，把农村妇女参加生产劳动、农村妇女解放与革命胜利、国家现代化建设紧密联系在一起。土地革命时期，他先后在中央苏区所在地江西的吉安、寻乌、兴国、长冈乡及福建的才溪乡等地进行了广泛调查，充分肯定了苏区广大妇女为建立和巩固新生的苏维埃政权展现的历史价值和伟大作用，认为妇女参加劳动是推动革命发展的重要前提之一，"有组织地调剂劳动力和推动妇女参加生产，是

---

① 耿化敏、张蕾蕾：《"妇女能顶半边天"的考证》，《北京观察》2015 年第 3 期。
② 中共中央文献研究室编：《毛泽东年谱（1893—1949）（修订本）》中册，中央文献出版社 2013 年版，第 180 页。

我们农业生产方面的最基本的任务"①。抗日战争时期，他将妇女参战视为抗战胜利的支撑力量，断言"全国妇女起来之日，就是中国革命胜利之时"②，特别强调了农村妇女在农业生产发展中的重要性，1943年2月，中共中央在关于妇女工作的决定中强调："广大的农村妇女能够和应该特别努力参加的就是生产，广大妇女的努力生产与壮丁上前线，同样是战斗的光荣的任务。"③解放战争时期，在保障农村妇女土地所有权的前提下，党中央将农村妇女参加生产劳动和农村妇女的各方面权利保障紧密联系，《中国共产党中央委员会关于目前解放区农村妇女工作的决定》指出："只有妇女积极起来劳动，逐渐做到在经济上能够独立并不依靠别人，才会被公婆丈夫和社会上所敬重，才会更增加家庭的和睦与团结，才会更容易提高和巩固妇女们在社会上和政治上的地位，也才会使男女平等的各项法律有充分实现的强固基础。"④新中国成立后，特别是农业合作化、"大跃进"和人民公社化运动时期，毛泽东更是注重开发农村妇女人力资源，让农村妇女彰显巾帼不让须眉的风采，农村妇女在农村工作中发挥了"半边天"作用。

（二）关于"妇女能顶半边天"说法的考证

关于"妇女能顶半边天"这句革命话语的来历，学者们的考证说法不一。

1."妇女能顶半边天"一说源于贵阳息烽县

"妇女能顶半边天"这句激励妇女奋发进取的话语从何而来？"答案就

---

① 《毛泽东选集》第一卷，人民出版社1991年版，第132页。

② 中华人民共和国全国妇女联合会编：《毛泽东主席论妇女》，人民出版社1978年版，第10页。

③ 中共中央文献研究室、中央档案馆编：《建党以来重要文献选编（1921—1949）》第二十册，中央文献出版社2011年版，第127页。

④ 中共中央文献研究室、中央档案馆编：《建党以来重要文献选编（1921—1949）》第二十五册，中央文献出版社2011年版，第729页。

在贵阳息烽县的养龙司乡堡子村"①。理论依据是:20世纪50年代的农业大生产热潮时期,贵阳息烽县的养龙司乡堡子村于1954年成立了农业生产合作社。但由于当时当地重男轻女思想严重,不鼓励妇女下地干活,男女社员之间存在严重的同工不同酬现象,男女社员工分比为7:2.5,大大挫伤了女社员的劳动积极性,严重影响了农业生产效率。对此,当时的农业生产合作社妇女主任易华灿为女社员据理力争,她义正词严地说:"毛主席都说男女平等了,女社员也应该出工,并且工分要和男社员一样多。"这样,既击退了轻视妇女能力的论调,又调动了妇女参加生产的积极性和主动性,使农作物产量增加了三成。由此,堡子村成了全国实行男女同工同酬的典范,此模式得到了毛主席建议在各乡各社推广的亲自批示,并在全国逐渐普及。之后,毛主席提出"妇女能顶半边天"的口号,迅速传遍全国各地。

2."妇女能顶半边天"一说源于江西省修水县

认为"妇女能顶半边天"最早由江西省修水县妇女提出于1958年开展的"千菊万牡"劳动竞赛活动中。② 说是该劳动竞赛中提出的"妇女力量大无边,生产能顶半边天"崭新口号,在1958年8月召开的全国妇女工作会议上得到了当时的团中央书记胡耀邦的高度赞扬,他将此口号进一步发挥和深化,提出"妇女不仅是生产战线的半边天,应是整个社会活动的半边天"。第二天,《人民日报》和《中国妇女报》特别报道了始于修水县的"妇女半边天"的口号,不久毛主席引用了这句话,因而"妇女能顶半边天"口号迅速响彻大江南北。但有学者考证,此说法中的会议"时间有误",胡耀邦参加这次会议的记录和毛泽东引用该语的出处不详,"疑为当事人的记忆错误所致"③。

---

① 周渝:《"妇女能顶半边天"一说源于息烽》,《贵阳文史》2012年第3期。
② 马社香:《一个女革命者的历史见证》,中共党史出版社2003年版,第318页。
③ 耿化敏、张蕾蕾:《"妇女能顶半边天"的考证》,《北京观察》2015年第3期。

3."妇女能顶半边天"一说源于湖南农村

认为最早将"妇女"与"半边天"联系在一起的是于 1956 年 5 月 16 日在《人民日报》上发表的《保护农村妇女儿童的健康》一文,文中提及湖南农村民间有句"妇女是半边天"的俗语,"这是见于《人民日报》的以'半边天'指代'妇女'的最早记录"①。"大跃进"兴起后,1958 年 10 月 9 日《人民日报》发表的《不可忽视的生力军》,报道了湖南妇女在大炼钢铁中提出的"妇女半边天,事事要争先"的口号,该口号得到了时任中共中央农村工作部副部长、国务院农林办公室副主任陈正人的高度赞扬和大力推广,由此广为流传。

4."妇女能顶半边天"一说源于浙西山区建德县千鹤村

浙西山区建德县是一个重男轻女理念比较严重的地方,新中国成立初期,建德境内流传着"妇女下田,无米过年"的论调,民间甚至有"妇女踩过的田不长庄稼"等荒诞说法,以致农民家庭分了地而劳动力严重不足。故此建德县委委派县妇联主任胡采薇到千鹤村蹲点,她想方设法动员妇女们走出家庭,鼓励她们下地干活,合理安排男女农活,推行男女同工同酬政策,创办村幼儿班减轻妇女家务负担……这些政策措施极大地调动了妇女们的劳动积极性和主动性,解决了千鹤村农业生产中劳动力不足的问题。为此,胡采薇把调动千鹤村妇女投入农业生产的做法写成报告上报县委,县委对此高度重视,并将之上报建德地委、浙江省委。1955 年 5 月 24 日,《浙江农村工作通讯》刊发了这份调查报告,1955 年下半年,该文被中共中央办公厅编入《中国农村社会主义的高潮》一书中。毛泽东看了这篇题为《建德县千鹤农业生产合作社发动妇女投入生产,解决了劳动力不足的困难》的调查报告后颇受震撼,对报告中的经验做法十分欣赏,于是为此写下了长达 512 字的按语:"中国的妇女是一种伟大的人力资源。必须发掘这种资源,为了建设一个伟大的社会主义国

---

① 耿化敏、张蕾蕾:《"妇女能顶半边天"的考证》,《北京观察》2015 年第 3 期。

家而奋斗。要发动妇女参加劳动，必须实行男女同工同酬的原则……"[1]并将文章标题改为《发动妇女投入生产，解决了劳动力不足的困难》，充分肯定建德县千鹤村发动妇女投入农业生产的做法，由此千鹤妇女成为全国妇女学习的楷模，"千鹤村也成为毛主席'妇女能顶半边天'重要思想的萌发地"[2]。

总之，"妇女能顶半边天"是新中国成立后家喻户晓、激励人心的革命话语之一，"半边天"作为激励女性的革命话语，在彰显妇女的政治、经济地位相较封建社会发生巨大变化的同时，'通过强调妇女为社会主义建设贡献力量来说明中国妇女在社会、文化和公共领域中的地位发生了重大改变——女性被（教育）告知，她们和男人一样，可以顶起半边天"[3]。它激励着广大妇女认真审视自身的价值，努力发展自己的事业。当年农村妇女也受到了莫大的激励，积极投身于社会主义建设的洪流之中，在农村发挥着"半边天"作用。

（三）改革开放前顶着"半边天"的农村妇女

新中国成立后，随着男女平等国策的提倡，远去深受政权、族权、神权、夫权四大枷锁束缚的农村妇女得到了前所未有的解放，她们不仅分到了田地，获得了人身自由，而且更重要的是获得了走出家庭参加生产劳动自食其力的机会，她们的精神面貌焕然一新，充满着对美好前途的无限憧憬，洋溢着新中国妇女的热情和自豪，深切赞同男女平等政策并决心为贯彻落实这一政策而努力拼搏。她们理解的男女平等是："男女平等，你男的做到的我也能做到。你能担水，我也能担水，你能担土，我也能担土，

---

① 《毛泽东文集》第六卷，人民出版社 1999 年版，第 458 页。

② 王庚鑫：《"妇女能顶半边天"重要思想在这里萌发——千鹤妇女精神溯源》，《今日建德》2020 年 5 月 26 日。

③ 钟雪萍、任明：《"妇女能顶半边天"：一个有四种说法的故事》，《南开学报（哲学社会科学版）》2009 年第 4 期。

你能抬石头，我也能抬石头。"① 因此，在农业合作化、"大跃进"和人民公社化运动中，她们自觉发挥着"半边天"作用。农业生产、农村建设的各条战线中到处都有妇女们矫健的身影，在农田耕种方面，"妇女顶半边天，啥活都干，抬粪、挖地、锄地……，男女做的是一个活儿"②。特别在没有家务负担的男子和妇女去参加工程建设时，农耕成了在村"所有妇女包括那些孩子尚且年幼并且之前未曾被动员去田里劳作的妇女的任务"③，农村一度出现了"农业的女性化"现象。在兴修水利方面，"(修水库的)工地上女人多得很，主要是用架子车在大坝上拉土"④，还有妇女们"用扁担挑污泥，成群结队地夯土"⑤。在大炼钢铁之时，"女人们参加炼铁，主要是向炉子里填煤、看火，运转废铁"⑥。还有少数积极分子"妇女加入'女子高炉''女子工厂'、女子采矿和钢铁运输队为钢铁工业服务"⑦。在参加生产劳动之外，妇女们还要"看管孩子、照顾老人、做饭、磨面，屋里一家子人穿的衣服都是自己用纺车纺的线，自己织的布"⑧。

妇女们的积极作为和突出表现，引起了党和国家领导人的密切关注和

① [美]贺萧：《记忆的性别：农村妇女和中国集体化历史》，张赟译，人民出版社 2017 年版，第 339 页。
② 陈海儒、李巧宁：《倾听乡土的声音——陕西农村妇女日常生活访谈实录（1949—1965)》，当代中国出版社 2018 年版，第 58 页。
③ [美]贺萧：《记忆的性别：农村妇女和中国集体化历史》，张赟译，人民出版社 2017 年版，第 348 页。
④ 陈海儒、李巧宁：《倾听乡土的声音——陕西农村妇女日常生活访谈实录（1949—1965)》，当代中国出版社 2018 年版，第 270 页。
⑤ [美]贺萧：《记忆的性别：农村妇女和中国集体化历史》，张赟译，人民出版社 2017 年版，第 345 页。
⑥ 陈海儒、李巧宁：《倾听乡土的声音——陕西农村妇女日常生活访谈实录（1949—1965)》，当代中国出版社 2018 年版，第 270 页。
⑦ [美]贺萧：《记忆的性别：农村妇女和中国集体化历史》，张赟译，人民出版社 2017 年版，第 342 页。
⑧ 陈海儒、李巧宁：《倾听乡土的声音——陕西农村妇女日常生活访谈实录（1949—1965)》，当代中国出版社 2018 年版，第 271 页。

高度赞赏，他们热情赞扬妇女们的潜力能力，充分肯定妇女们的作用地位。例如，"妇女快马再加鞭，顶着跃进半边天""妇女力量大无边，顶住跃进半边天""顶着整个伟大事业的半边天""顶住生产半边天""顶住半边天"等一些溢美之词频频出现在全国性报纸《人民日报》上，这凝聚着广大妇女特别是农村妇女的成就和梦想，饱含着全社会对广大妇女的关怀和期待，寄托着党和政府对广大妇女作用地位的褒扬和肯定。

二、改革开放新时期农村妇女的"超半效应"

改革开放以来，随着农村以男性为主的劳动力向城市的转移，曾经作为"半边天"的农村妇女已经成为推动农村经济社会发展的主力军，其作用远远超过了"半边天"，产生了明显的"超半效应"。所谓"超半效应"，即在经济社会发展进入城市化、市场化和农业准现代化时代，农村妇女在农村事务的决策与运行中，具有"超半"的社会功能和社会影响力的农村社会现象。

（一）农村妇女在农村常住人口中的影响超半

在农村劳动力向城市大量转移的过程中，由于我国城乡二元结构的限制以及农村劳动力文化素质整体偏低，转移到城市的大多是从事体力劳动的男性劳动力和少量的女性劳动力。妇女生儿育女的性别特长、体力不如男的性别特征、家庭意识较浓的性别心理和侍候老人细心耐心的性别优势，使她们大多留守在农村，传统的"男耕女织"生产模式逐渐演变成"男工女耕"的格局，由此，农村的人员结构发生了前所未有的变化，居住在农村的人员主要是妇女、儿童和老人，农村妇女成为农村老人、儿童的主要依靠，她们在农村生产生活中起着举足轻重的作用。一方面，她们成为农村事务的主要决策者。村里的政治风气、生产内容、文明程度、卫生标准等，大多取决于她们的态度。另一方面，她们成为农村事务的主要执行者。农村事务繁多，首要事务是农业生产，"从 20 世纪 90 年代开始，妇女在农业劳动中的比例就超过了一半"①，有的省份这一比例甚至高达 70%。有的村子一度根本找不出一个青壮年男性劳动力，完全变成了"女人的村庄"。尽管农村中存在着一定数量的非留守妇女或季节性外出打工妇女，但留守妇女是农村妇女中的主体，她们大多过着"空巢"生活，凭着女性的韧劲，挑起从事农耕、照顾家庭、优化乡风、治理乡村等重担，成为农业、农村、农民的主体，成为农业生产、乡村建设和家庭生活的支撑。"乡村是一个携带着中华民族五千年文明基因，且集生活与生产、社会与文化、历史与政治多元要素为一体的人类文明体。"②正是农村妇女在乡村的坚守，使乡村的生产与生活得以维持，乡村的历史与文化没有断根，乡村的政治与社会相对稳定。

（二）农村妇女在农业生产经营中的责任超半

随着我国农村多数家庭"男工女耕"分工模式的出现，农村妇女承担了农业生产经营的主要事务，她们成为发展农村经济、提高农业生产力的主力军。2006 年"第二次全国农业普查"的数据显示：中国农村农户中实际农业从业者为 34246.4 万人。其中女性农业从业者占总农户从业人员的 53.16%，为 18205.1 万人。女性数量超过男性的有 24 个省（市、区），占总数的 77.4%。③农村出现了农业生产越来越多地由妇女承担和完成的"农业女性化"现象，农村妇女在农业生产经营中发挥着超"半边天"作用。一是耕种农田。为了保证农作物丰收，她们翻地、播种、插秧、灌溉、施肥、洒农药、收割等重活、粗活、脏活、累活样样都干，承担了以前多由

---

① 金一虹：《农业女性化：影响及前景》，《中国社会科学报》2010 年 7 月 6 日。
② 张孝德、丁立江：《面向新时代乡村振兴战略的六个新思维》，《行政管理改革》2018 年第 7 期。
③ 国务院第二次全国农业普查领导小组办公室、中华人民共和国国家统计局编：《中国第 2 次全国农业普查资料汇编（农业卷）》，中国统计出版社 2009 年版，第 6 页。

男性劳动力完成的农田耕种事务。二是从事家庭副业。在耕种农田之余，她们还饲养牲畜家禽，种植果、菜、茶等，以增加家庭收入，丰富农产品市场。据统计，"我国农产品中肉、蛋、畜类等产品的 80%—90% 都是由农村妇女经营的"①。三是创办或参与新型农业经营主体。例如，有的"女能人""女致富能手"注册成立专业合作社，从事种植业、养殖业、手工编制、手工艺品加工等，既给自身创造可观的经济收益，也辐射带动周边农户共同发展。有的农村妇女作为农场主，注册成立巾帼家庭农场，或经营种植业、养殖业，或发展有机种植、生态观光农业等。有的妇女与丈夫及家庭成员共同创办家庭农场，在家庭农场的经营管理中发挥着举足轻重的作用。有的"紧跟时代潮流，把握'互联网＋农业'的潮流"②，让农业生产经营插上信息技术的翅膀。可见，农村妇女扛起了农业生产经营的主要责任，托起了农业生产的大半壁江山，在推动农村经济发展中发挥了"超半效应"。尽管农业女性化现象对女性的影响以及对农业生产的影响众说纷纭，但不管怎样，农业女性化为农村妇女提供了展示自我的舞台，体现了她们在现代经济生活中的价值，提振了她们的自信心，强化了她们的责任担当，这是不可否认的事实。正是农村妇女在农业生产经营中的担当作为，"随着农业女性化现象的凸显，中国农业部门在生产效率和产量上依然保持着持续的提升"③。

（三）农村妇女在农村家庭建设中的担当超半

中华民族历来重视家庭和家风建设。家庭是社会的细胞，家庭和睦与

---

① 任凤琴：《妇女在社会主义新农村建设中的角色和作用》，《科技经济市场》2014 年第 4 期。

② 王国华：《推动农村妇女参与新型农业经营主体建设的思考》，《产业与科技论坛》2017 年第 9 期。

③ 张治霆、刘华、朱烈夫：《农业女性化：发展趋势、问题与影响》，《农学学报》2017 年第 6 期。

社会安定、社会祥和、社会文明息息相关，妇女的温柔、善良、细心在家庭、家风建设中作用独特。故此，习近平总书记强调："要注重发挥妇女在弘扬中华民族家庭美德、树立良好家风方面的独特作用，这关系到家庭和睦，关系到社会和谐，关系到下一代健康成长。"①改革开放新时期，随着农村男性劳动力向城市的大量转移，农村妇女尤其是留守妇女在家庭建设中起着"顶梁柱"的作用。一是照顾老人。尊老是中华民族的优良传统，农村妇女承担了照顾老人的主体责任，既努力满足老人的经济需要，使老人有获得感，又尽量满足老人的起居需要，使老人有依赖感，既积极满足老人的情感需要，使老人无孤独感，又极力满足老人求医的需要，使老人保持健康。二是养育小孩。孩子的成长离不开家人的营养给予、方向指引、言传身教，改革开放以来农村小孩的家庭培育责任大多落在妇女身上，她们不仅为孩子的身体健康提供良好的饮食起居和安全保障，而且为孩子的学习辅导煞费苦心，为孩子的思想进步言传身教。三是建设庭院。为了给家人的学习、工作、生活、休闲营造安全、舒适、温馨的环境，她们积极进行美丽庭院建设，修缮和装饰房屋，在房前屋后铺修道路、扎实篱笆、种植果树、养植花草、钻井引水、打扫卫生等，担起一般由男人负责的庭院建设职责。四是增收节支。从家庭经济学的视角看，农村妇女支持男人外出务工，自己承担"女耕"的角色，促进了家庭多元化的发展，使家庭在获取土地及副业经济收益的同时，还获得了男人进城务工带来的经济收入，节省了照顾老人和小孩的成本，实现了家庭利益最大化，增强了家庭经济实力，为建设和谐家庭奠定了良好的物质基础。

（四）农村妇女在乡村社会治理中的贡献超半

农村治，则社会稳。在农村主要青壮年男性劳动力背井离乡进城务工

---

① 《习近平在同全国妇联新一届领导班子集体谈话时强调　坚持男女平等基本国策　发挥我国妇女伟大作用》，《人民日报》2013 年 11 月 1 日。

的情况下，农村妇女自然成为乡村治理的参与主体，她们"积极参与乡村治理，化解村庄矛盾和纠纷"①，在实现自身价值的同时，为乡村的自治、法治、德治积极作为。一是开展议事活动。在农村基层妇联的组织下，妇女们围绕村内选举、环境治理、扶贫济困、权益维护、安全防护、家庭矛盾、邻里关系、老人赡养、儿童照料等主题进行磋商，为这些公共事务的协调、处理各抒己见，贡献智慧。二是参与村、组管理。在村"两委"班子中至少有一位女性干部，参与村级决策和管理；在组级管理人员中，一般都有一位妇女组长，参与村民小组的决策和管理。多数妇女对村"两委"班子的选举行使表决权，大多数留守妇女代表家庭成员参与村公共事务的决策与执行。有的妇女骨干参与了村级财务管理监督、村干部民主评议等，为村民自治贡献力量。三是宣传和践行村规民约、法律法规。绝大多数农村妇女自觉以村规民约规范自己和家人的言行举止，协助村"两委"对少数村民有悖村规民约的不良行为进行教育、调解、疏导和规正。有的农村妇女组成文艺宣传队，将村规民约、法律法规融入文艺节目，让村民在喜闻乐见的文艺活动中接受教育。四是传承孝德文化。农村妇女注重家庭、注重家教、注重家风，争当好媳妇，争相比孝顺、比贤惠、比品行，营造家庭和谐、邻里和睦的良好氛围，使崇德向善、孝老爱亲的优良道德传统代际相传。

总之，改革开放新时期，农村妇女在大量男性劳动力非农转移的情况下，勇敢地承担了农村生产、生活、生态、乡风、治理建设的重任，"可谓是农村'半边天'苦撑一片天"②。她们不仅实现了政治意义上"男女平等"的"半边天"，获得了自身独立人格的发展，而且在推动农村经济社会发展中发挥了"超半效应"，极大地提升了自己的家庭地位、社会声望和自我评价。

① 张嘉凌、董江爱：《乡村振兴视角下农村妇女参与乡村治理路径研究——以运城雷家坡村孝德文化建设为例》，《中共福建省委党校学报》2019年第2期。
② 张士杰、胡静波等编著：《如何保护自己——写给农村留守妇女》，中国财政经济出版社2013年版，第3页。

三、新时代农村妇女具有发挥"超半效应"的更好条件

中国特色社会主义进入新时代，特别是党的十九大决定实施乡村振兴战略以来，以习近平同志为核心的党中央持续加大强农惠农富农政策力度，吸引了部分农民工返乡，但农业从业者中女性比例仍居高不下，2015年的《中国性别平等与妇女发展》白皮书显示："农村妇女约占农业劳动力的70%。"[①]并且，新时代农村妇女受教育程度的普遍提高、城市化进程的快速发展、农业机械化的大力推进、科学种养技术的广泛推广，为农村妇女发挥"超半效应"提供了更加有利的条件。

（一）义务教育在农村的普遍实施、素质培训在农村的广泛推广，为农村妇女发挥"超半效应"注入了文化基因

众所周知，教育改变命运，知识点亮人生。农业现代化的推进对农业从业者的科学文化素质提出了更高要求。我国实施的男女平等基本国策和"科教兴国"战略给农村妇女文化素质的提高带来了良机，也为农村妇女在新时代继续发挥"超半效应"注入了良好的文化基因。随着义务教育的全面实施和大中专院校的扩招，农村女性受教育的机会越来越多。相关资料显示：以2000年12月1日为时点，"2000年，女性平均上学年数为6.1年，比1990年提高了1.4年……30岁以下女性的平均上学年数，城镇为10.4年，仅比男性少0.3年；农村为7.0年，与男性的差距从农村总体的1.7年降到了0.9年"[②]。十年后，以2010年12月1日为时点，"18—64岁女性的平均受教育年限为8.8年，其中城镇女性10.1年，农村女性7.1年。

---

① 中华人民共和国国务院新闻办公室：《中国性别平等与妇女发展》，人民出版社2015年版，第7页。

② 第二期中国妇女社会地位调查课题组：《第二期中国妇女社会地位抽样调查主要数据报告》，《妇女研究论丛》2001年第5期。

青年女性受教育年限明显高于中老年女性"①。2021年的第四期中国妇女社会地位调查主要数据情况显示："西部农村女性平均受教育年限为7.44年，比2010年增长2.04年，与东部农村女性平均受教育年限的差距由2010年的0.9年缩短为0.61年。"② 目前，撇开多数进城就业的农村女性大中专毕业生不说，在农村的中青年女性基本接受了九年制义务教育或更高层次的教育。随着乡村振兴战略的实施，吸引着城里人等各类人才到农村创新创业，一支"懂农业、爱农民、爱农村"的"三农"工作队伍正在逐步形成，一批批具有科学文化素质、掌握现代农业生产技能、具备一定经营管理能力的"新农人"不断出现，智力、技术、管理下乡通道逐步畅通，由此农业生产从业女性人员中专、本科生乃至硕士、博士也不乏其人，进而为普通农村妇女学习科学文化知识创造了便利条件。

农村女性除接受正规的义务教育外，还能不断地获得教育培训和素质提升的机会。改革开放新时期，全国妇联就高度重视农村妇女的教育培训工作，在广大农村妇女中开展了"学文化、学技术、比成绩、比贡献"竞赛活动。新时代特别是实施乡村振兴战略以来，全国妇联开展了"乡村振兴巾帼行动"，提出实施"农村妇女素质提升计划"，号召广大农村妇女克服困难，利用普惠性政策资源，积极参加素质培训，努力提升自身的综合素质，以适应乡村振兴的需要。部分农村妇女骨干、基层妇联干部、女农民工群体等接受了现代农业实用技术、电子商务、乡村旅游、手工制作、美丽庭院建设、创业就业等示范培训，她们适应生产力发展和市场竞争的能力日益增强。现代科学技术在农业生产中的广泛推广，"互联网+"理念对农村、农业、农民的不断渗透，现代经营理念在农村的不断传播，可以成倍地提高农业劳动生产率，"劳动者的性别、体力、经验不再是决定农业发展的核心要素，与之相对，劳动力的生产技能、经营理念、科学素

---

① 第三期中国妇女社会地位调查课题组：《第三期中国妇女社会地位调查主要数据报告》，《妇女研究论丛》2011年第6期。

② 《第四期中国妇女社会地位调查主要数据情况》，《中国妇女报》2021年12月27日。

养、政策水平、互联网思维将对农业发展产生更大的作用"①。这就意味着农业劳动者科学文化素质的高低与农业生产力水平的高低紧密相联，农业劳动力正在从过去的体力参与转向智力参与，男性劳动者的体力优势在农业生产力发展中逐步减弱，女性劳动者的体力弱势和生理特点不再成为她们从事农业生产经营的不利条件，农村妇女受教育程度的普遍提高契合了农业发展对劳动者智力素质的需求，为她们在新时代农村经济社会发展中彰显"超半效应"植入了文化基因，提供了内生动力。

（二）城市化快速发展，劳动力大量向城市流动，为农村妇女发挥"超半效应"提供了特别的时空条件

所谓城市化，是指人口向城市或城市地带集中的现象或过程。如前所述，改革开放新时期，农村许多富余的青壮年劳动力怀着对城市美好生活的向往和对事业发展的追求，作为"农民工"进城向城市转移。进入新时代后，农民工数量仍在不断增长。据国家统计局的相关统计数据显示：2017 年农民工总量达到 28652 万人，比上年增加 481 万人。在全部农民工中，男性占 65.6%，女性占 34.4%。②2024 年全国农民工总量为 29973 万人，比上年增长 0.7%。③ 在城市化快速发展的过程中，进城务工的农民工作出了不可磨灭的贡献。新时代，在农村男性劳动力进城务工热情不减的情况下，农村妇女仍然承担着农村经济社会发展的主要事务，"男工女耕"依然是农村一道特殊的风景。尽管这种分工模式一度给农村留守妇女带来了独自生产经营的劳累、扶老携幼的艰辛、情感的孤独以及安全感

---

① 蔡弘、陈思、黄鹂：《"男工女耕"下务农妇女生活满意度研究——基于安徽省 1367 个女性样本的分析》，《农林经济管理学报》2019 年第 2 期。

② 中华人民共和国国家统计局：《2017 年农民工监测调查报告》，《中国信息报》2018 年 4 月 28 日。

③ 国家统计局：《中华人民共和国 2024 年国民经济和社会发展统计公报》，《人民日报》2025 年 3 月 1 日。

的缺失，但她们还是认为这种分工模式能够开阔全家人的视野，增进家庭与城市文明的联系，学习借鉴外地发展经验，使家人获取更多的发展机会，给家庭带来更多的经济收入和立业立家本领。恩格斯说过："妇女解放的第一个先决条件就是一切女性重新回到公共的事业中去。"[1]这种分工模式对农村妇女的意义更在于：它打破了"男主外，女主内"的传统家庭分工范式，提升了她们在家庭生活、生产经营中的决策权，赋予了她们参与乡村治理的各种权利，更重要的是让她们有更多机会依靠自己的劳动创造社会价值，在发展自身事业的同时，提升了自身的社会地位和社会影响力。

新时代，令农村妇女欣喜的是：她们的生产生活条件不断改善，互联网等信息技术在农村的普及密切了她们与外出丈夫们的情感联系，缓解了她们的情感孤独，拓展了她们的交往视野，拓宽了她们获取信息、技术和资源的渠道；农业机械化程度的快速提高，减轻了她们农耕的劳动强度；农村妇女实用技术的培训，提高了她们从事农业生产经营的水平；经济收入的增加优化了她们的物质生活和精神生活；参与民主管理机会的增多提升了她们的政治地位，于是，"她们中的大部分似乎已经认可、接受甚至渴望'男工女耕'的分工模式，对于当前生活状态普遍感到满意或非常满意"[2]。显然，农村男性劳动力大量向城市流动为农村妇女在农村广阔天地里大显身手提供了特别的时空条件。党的十九大提出乡村振兴战略后，紧接着颁布了《中共中央国务院关于实施乡村振兴战略的意见》《乡村振兴战略规划（2018—2022年）》等系列加强"三农"工作的政策文件，党的二十大号召"全面推进乡村振兴"，为农村妇女事业发展、发挥"超半效应"创造了更加广阔的前景。

---

[1] 《马克思恩格斯选集》第四卷，人民出版社2012年版，第85页。

[2] 蔡弘、陈思、黄鹂：《"男工女耕"下务农妇女生活满意度研究——基于安徽省1367个女性样本的分析》，《农林经济管理学报》2019年第2期。

（三）农业机械化的快速推进、科学种养技术的广泛推广，为农村妇女发挥"超半效应"提供了科学支撑

农业机械化是农业现代化的重要标志，我国政府先后制定与颁布了《中华人民共和国农业机械化促进法》《国务院关于促进农业机械化和农机工业又好又快发展的意见》等一系列支持促进农业机械化发展的政策举措，特别是实施乡村振兴战略以来，政府更加注重进一步发挥农业机械化对农业现代化和农民增收的支撑作用。2018 年 12 月 12 日，李克强同志主持召开国务院常务会议，部署加快推进农业机械化和农机装备产业升级，助力乡村振兴和"三农"发展。在政府的大力推动下，广大农民购机、用机的热情高涨，全国农业机械化持续快速推进。随着信息技术的发展，"互联网＋农机"逐步融合，传统农业作业领域的数字化、智能化、精准化正在加速推进。中国农机院研发的"农业全程机械化云管理服务平台"开始实现我国农业生产由机械化向智能化、精准化的突破，农业全过程无人作业试验等已经开始，生产智慧化已见雏形，科技对农业的贡献不断提升。过去我国农业的生产和增产主要以资源、劳动力等投入为主，如今一多半是基于科技。相关资料显示："我国农业科技进步贡献率从 2012 年的 54.5％提高到 2021 年的 61.5％"[1]。"十三五"以来，"农作物耕种收综合机械化率达 71.25％"[2]。农业机械化的快速推进和科学技术的不断进步大大解放了农业生产力，让农业劳动者从繁重的体力劳动中逐步解放出来，使农业生产经营对智力的要求愈来愈高，这就为体力处于弱势但科学文化素质不断提升的农村妇女提供了更为广阔的发展空间。

新时代是一个接续前行的时代，随着乡村振兴战略的提出，党和政府将提高农业从业者的科学文化素质提到了前所未有的高度，明确要求

---

[1] 张曦文：《给农业插上科技的"翅膀"》，《中国财经报》2022 年 9 月 1 日。

[2] 《加快推进农业机械化向高质量迈进——农业农村部农业机械化管理司负责人就〈"十四五"全国农业机械化发展规划〉答记者问》，《中国农机化导报》2022 年 1 月 10 日。

"优化农业从业者结构，加快建设知识型、技能型、创新型农业经营者队伍"①。提升作为农业从业者主力军的农村妇女的农业科技素质成为新时代提高农业生产力的一个重要课题。在党和政府的关怀下，各级妇联及相关部门采用不同方式搭建农村妇女学习应用农业科技的"素质提升平台""指导服务平台""示范引带平台"和"资金保障平台"②，为农村妇女学习应用农业科技创造优良条件。一是面向农村妇女干部、农村科技致富女能手、女性职业农民等开展涉农专业高等学历教育和远程网络教育，对普通农村妇女进行粮食生产、畜牧养殖、绿色食品耕种与制作等技术培训，以提升她们学习应用农业科技的基本素质。二是依托农业科研机构、农技推广部门、涉农经济实体指导农村妇女精选作物品种、农田水利灌溉、操作农业机械、合理使用化肥、科学预防农作物病虫害等，以实现科农对接。三是发挥巾帼科技示范基地、巾帼专业合作社、巾帼家庭农场、巾帼农业企业、农村科技致富女能手的榜样激励功能，调动农村妇女学习应用农业科技的自觉性。四是通过放宽贴息贷款、降低申贷门槛、提高申贷额度等方式，为农村妇女发展科技含量较高的高效种植和特色养殖等产业提供政策倾斜和资金支持。上述引领农村妇女学习应用农业科技的系列举措，为农村妇女不断提高科学种养水平提供了多种路径，也为她们继续发挥"超半效应"提供了智力支撑。

---

① 《中共中央国务院关于实施乡村振兴战略的意见》，人民出版社 2018 年版，第 10 页。
② 黑龙江省委政研室、黑龙江省妇联联合调查组：《引领妇女学习应用农业科技助推农村经济更好更快发展——黑龙江省各级妇联组织推动农村妇女以科技促增收情况的调查》，《中国妇运》2014 年第 2 期。

第二章　乡村振兴战略实施与农村妇女事业发展的互动关系

乡村振兴战略实施与农村妇女事业发展存在着相辅相成的关系，乡村振兴战略实施对农村妇女自身发展提出了新的要求，同时为农村妇女事业发展提供了新的契机，反过来农村妇女事业发展有利于促进乡村振兴战略的实施。

第一节　乡村振兴战略实施对农村妇女自身发展提出了新的要求

党的十九大为亿万农民描绘了一幅美丽乡村的现代图景，党的二十大又吹响了"全面推进乡村振兴"的号角，美好蓝图的实现必须在党的领导下，"坚持农民主体地位。充分尊重农民意愿，切实发挥农民在乡村振兴中的主体作用"①，通过广大农民的不懈努力来实现。如前所述，改革开放以来，农村妇女成为推动农村经济社会发展的主力军，产生了令人瞩目的"超半效应"，因此，乡村振兴离不开农村妇女的努力和奋斗，新时代的乡村振兴战略对农村妇女自身发展提出了新的要求。

---

① 《中共中央国务院关于实施乡村振兴战略的意见》，人民出版社 2018 年版，第 7 页。

一、具有良好的综合素质

乡村振兴战略实施的效果与农村妇女素质的高低紧密相关。它要求农村妇女不仅要有良好的思想政治素质、思想道德素质，而且要有良好的科学文化素质和身体心理素质等。

（一）良好的思想政治素质

思想是行动的指南，是发展的引领。农村妇女只有具备良好的思想政治素质，才能使自己的事业发展与时代发展同步、与祖国发展同行。在新时代实施乡村振兴战略的背景下，一是要求农村妇女深入学习领会习近平新时代中国特色社会主义思想，始终在思想上政治上行动上同以习近平同志为核心的党中央保持高度一致，摆脱农村封建迷信思想、循规保守思想和传统性别观念的束缚，增强"四个意识"、坚定"四个自信"、做到"两个维护"，认真听党的话，诚心跟着党走，以高昂的士气向着新时代乡村振兴的目标进发。二是要求农村妇女自觉地把个人的前途命运与祖国的前途命运紧密结合起来，把个人对美好生活的向往植根于乡村振兴和中国梦的追求之中，自觉摒弃"男主外，女主内"的陈旧观念，跳出家庭的狭小天地，胸怀远大理想，立足乡村大地，以时不我待、只争朝夕的紧迫感，以巾帼不让须眉的毅力和韧劲，在乡村振兴和中国梦的实践中放飞梦想，发展事业。三是要求农村妇女积极弘扬自尊、自信、自立、自强精神，以乐观的人生态度、昂扬的精神状态，致力于乡村振兴的伟大事业，学有专长，精于特长，增强参政意识，提高参政能力，将自己的专长、特长与乡村振兴目标结合起来，继续在农村经济社会发展中发挥"超半效应"，让自己的事业在乡村振兴中得到长足发展。

（二）良好的思想道德素质

道德建设是实现乡村振兴的重要战略抓手，没有农民道德素养的提升就算不上乡村全面振兴。农村妇女思想道德素质的高低直接关乎乡风文明建设的好坏。乡村振兴战略对农村妇女的思想道德素质提出了更高要求：一是要求农村妇女弘扬家庭美德，把爱家与爱村结合起来，自觉践行社会主义核心价值观，关爱丈夫、钟爱子女、关爱老人，培育良好家风，为文明乡风建设添砖加瓦。尤其是农村留守妇女在与进城务工丈夫聚少离多的情况下，应加强与丈夫的情感交流。二是要求农村妇女遵守生态道德。党的二十大报告明确指出：人与自然是生命共同体，"尊重自然、顺应自然、保护自然，是全面建设社会主义现代化国家的内在要求"[①]。农村妇女在生产生活中，应牢固树立和践行生态文明理念，切忌乱砍滥伐、乱拆乱建、过度开发，谨防水土流失、土地沙化、环境恶化；切忌滥捕乱食野生动物，保持生态平衡，谨防来自野生动物的病毒传播；切忌家庭室内室外环境的脏、乱、差，注重家庭环境和公共环境的卫生，谨防病菌传染。三是要求农村妇女遵守职业道德。农村妇女种植的粮食、蔬菜、水果，喂养的牲畜、家禽质量的好坏直接影响人民身体健康，因此，应该自觉抵制不当经济利益的巨大诱惑，抛弃急功近利思想和坑蒙拐骗手法，诚信经营，合理使用地膜、农药、化肥，切忌使用农产品生长激素，谨防水土污染和农作物、果蔬污染，以免危害人民身体健康。四是要求农村妇女遵守公共道德。自觉按照村规民约规范自己行为，友善邻里关系，热爱集体，热心公益活动，讲究公共卫生，远离黄、赌、毒，做文明礼貌的社会公民。

（三）良好的科学文化素质

所谓农村妇女的科学文化素质，"特指她们具备的科学文化知识状态和专业技能水平，运用所拥有的知识和技能，发展经济、增加收入、改善

---

① 习近平：《高举中国特色社会主义伟大旗帜 为全面建设社会主义现代化国家而团结奋斗——在中国共产党第二十次全国代表大会上的报告》，人民出版社 2022 年版，第 49—50 页。

生活条件的能力"①。科学技术是第一生产力，乡村振兴战略的实施对作为农村经济社会发展主力军的农村妇女的科学文化素质也提出了更高要求，希望她们成为有文化、讲科学、懂技术、会经营的新型女农民，为乡村振兴贡献聪明才智。一是要求她们要有较高的文化程度。这是提升她们脱贫致富能力的前提，也是促进乡村产业兴旺、生态宜居、乡风文明、治理有效、生活富裕的基础，因为"女性教育对一国经济增长具有显著的正向促进作用"②。二是要求她们要有较强的科技意识。科学技术是第一生产力，因此，农村妇女应该高度认同科学技术对农村生产生活的巨大作用，在致富、家庭、教育、卫生等方面产生强烈的科技心理需求，积极主动地学科学、用科学，知道用科学技术和方法解决农业生产和农村生活中的相关问题。例如，死猪死鸡不能随意处理，农药瓶子不能乱丢乱弃，废水污水不能随意乱排等。三是要求她们要有宽广的科技信息资源。现在的农村早已不再是封闭状态，在经济全球化、信息网络化的当下，农村妇女应该结合当地农业生产经营的实际，广泛获取新的农业科技信息，将之应用到当地的农业生产经营中，提高农业生产经营效率。四是要求她们要有较好的科技实践技能。无论是种植养殖，还是农业机械化、信息化、智能化，无论是农产品的电子商务营销，还是农村第二、第三产业的拓展，都要求农村妇女有运用科技解决实践问题的能力。

（四）良好的身体心理素质

毛泽东早就说过，身体是革命的本钱。习近平总书记反复强调："没有全民健康，就没有全面小康。"③健康的身体心理素质是农村妇女在乡村

---

① 蔡秋红：《农村妇女的科技文化素质与教育实证研究》，《中国妇运》2007 年第 11 期。

② 赖敏：《女性教育与一国经济增长——来自 98 个国家的跨国经验数据》，《市场论坛》2023 年第 12 期。

③ 中共中央党史和文献研究院编：《习近平新时代中国特色社会主义思想学习论丛》第三辑，中央文献出版社 2020 年版，第 90 页。

振兴中干事创业的重要保障。乡村振兴战略对农村妇女的身体心理素质提出了更高要求。在推动农村经济社会发展中，农村妇女既承担着农业生产经营的主体任务，又担当着家庭建设的主体责任，还承担着乡村治理的相关工作，劳动强度大，这就需要良好的身体心理素质作支撑。农村妇女应该努力提高科学文化素质，运用科学技术减轻生产劳动强度和家务劳动强度，提高生产和家务工作效率，同时挤出时间参加广场舞、健身操等强身健体活动，减少因劳动强度过大而引发的系列疾病。经常保持与家人、邻里的情感沟通，经常参与村里、乡里的文体活动、学习交流活动，获取健康向上的信息和情感，排除心中的消极负面情绪，愉悦自身心情，以求事业有成。

二、拥有良好的能力体系

农村妇女作为农业生产经营的主力军、家庭事务的承担者、乡村治理的参与者，应该拥有良好的能力体系。

（一）良好的农业生产经营能力

农村妇女作为农业生产的主力军，应该深入贯彻"藏粮于地、藏粮于技"战略，不断提高自身的农业生产经营能力：一要提高资源综合利用的能力。依据因地制宜的原则，结合当地山水林田湖草沙等自然资源进行整体规划和深度开发，充分挖掘当地自然资源的特色和潜力。结合当地的历史文化、民族风情、古老建筑、农耕文物、传统工艺等人文资源，讲好乡村故事，彰显乡土文化魅力。二要提高学习应用农业科技的能力。积极参加农民职业技能培训，认真学习科学种养技术，努力掌握农业机械使用技术和农业信息运用技术，提高科技对农业发展的贡献率，为农业生产腾飞插上科技翅膀。三要提高打造农产品品牌的能力。坚持质量兴农、绿色兴农、品牌兴农原则，让农产品质量优、品牌响、卖得好；根据当地农产品的特色，积极学习农产品的加工技术，提高农产品的附加值。四要提高产品市场开拓能力。学习市场营销技巧，运用电子商务技术，开拓农产品销售市场，让原来在当地市场卖不掉的农产品畅销全国乃至世界各地，推动乡村产业兴旺，促进乡村生活富裕。

（二）良好的家庭和谐建设能力

家庭和谐是乡风文明的重要体现，在农村主要男性劳动力进城务工的情况下，农村妇女尤其是留守妇女是农村家庭生活的顶梁柱，是维系家庭和谐关系的润滑剂。乡风文明要求农村妇女具有良好的和谐家庭建设能力：一要建立和谐的夫妻关系。夫妻之间应多为对方着想，多付出，少索取，坚持"违而不犯，和而不同""刚柔相济"[1] 等和平互敬的原则，相互尊重，相互信任。二要建立和谐的（公）婆媳关系。（公）婆媳关系难处似乎是一个长久的难题，但随着农村经济社会的快速发展，这道难题变得相对易解。进入 21 世纪后，"这一阶段婆媳关系的特点是婆婆开始讨好媳妇，老人学会做老人，媳妇学会做媳妇"[2]。因此，农村媳妇也应尊重和孝敬公婆，遇事多与他们商量，处事大度包容，多多关心他们的身体状况和心理需求，建立融洽的（公）婆媳关系。三要建立和谐的母子（女）关系。农村妇女尽管农活家务繁重，但也要积极关注孩子的成长，了解他们的兴趣爱好、学习成绩和心理困惑等，树立慈祥善良、柔中带刚、智慧美丽的母亲形象，让孩子在浓浓的母爱中健康成长。

（三）良好的决策参与能力

治理有效是乡村振兴战略的重要内容，它对农村妇女提出了更高要求：一要具有良好的村级管理参与能力。在实施乡村振兴战略的背景下，

---

[1]　周秀芹：《夫妻关系走向和谐的主要因素分析》，《哈尔滨市委党校学报》2017 年第 3 期。
[2]　杨华：《隐藏的世界：农村妇女的人生归属与生命意义》，中国政法大学出版社 2012 年版，第 267 页。

农村妇女更应立足乡村，放眼世界，增强政治自觉性和自主性，关心国家大事，关注国际动态，提高政治参与能力，积极参与村民会议、村民代表会议、村民议事会、村民理事会、村民监事会等，创造条件参与村"两委"干部竞选，在村级治理中表达女性主张，彰显妇女智慧，在推动村级治理有效中促进自身事业发展。二要具有良好的家庭事务决策参与能力。农村妇女随着自身在经济生活和家庭事务中作用的提升，应该充分争取参与家庭决策的权利，"包括家庭重大经济生产事务、家庭日常生活事务的决策、家庭人情往来的决策，等等"①。家人事业如何发展、老人如何赡养、孩子如何培养、家庭如何理财、庭院如何建设、家庭危机如何处理、人情如何往来等，妇女们应该有权利、有能力参与决策或主持决策。

三、形成广泛的社会关系

乡村振兴战略实施意见明确提出要"构建农业对外开放新格局"②，这就要求广大农民走出乡村，走向全国，面向世界，作为从事农业生产经营主体的农村妇女更应如此。为此，农村妇女应该努力建立广泛的人际关系，以获得人际资源，赢得支持帮助，拓展事业领域，助力乡村振兴。

（一）深化血缘关系

血缘关系是以生育或婚姻为联结纽带而产生的关系，包括父母、子女、兄弟姐妹以及由此而派生的其他亲属关系。血缘关系人之间的交往具有情感性、持久性、稳定性、频繁性、包容性、互惠性等特点。农村已婚妇女"从夫居"的传统，使得她们婚后进入一个陌生的人际关系空间，由

---

① 龚继红、范成杰：《农村妇女的家庭地位是如何逆转的——实践视角下的妇女家庭纵向地位变迁》，《华中科技大学学报（社会科学版）》2016年第3期。

② 《中共中央国务院关于实施乡村振兴战略的意见》，人民出版社2018年版，第12页。

此，"妇女个人的奋斗需要娘家做后盾，把丈夫发展为同盟，把子女置于自己的影响之下，在'娘家—婆家'的关系结构中成功地搭建起令自身感到惬意和舒展的妇女亲属关系"①。在农村男性主要劳动力外出务工的情况下，面对乡村振兴工作如火如荼的形势，农村妇女应该尽力维系、追求、发展和巩固这种血缘亲属关系网络，获得来自娘家—婆家亲属关系中情感、劳力、经济、信息等方面的帮助。"打仗亲兄弟，上阵父子兵"，血缘关系人是农村妇女"靠得住""信得过"的支持力量，是其自身事业发展的坚强后盾。

（二）强化地缘关系

地缘关系以土地或地理位置为联结纽带，是指因在一定的地理范围内共同生活而产生的关系。在乡土社会中，地缘关系具有先赋性、亲近性，能给人一种归属感、安全感、信任感，其在个人社会生活中的意义也相当重要。边界明确的有限的地理范围不仅为生活于其中的所有人提供了共同活动的场景，而且为生活于其中的人营造了相互亲近的氛围。共同的风俗习惯、共同的生活依托使得彼此形成了你中有我、我中有你的地缘关系，"老乡遇老乡，两眼泪汪汪"就是地缘亲情的生动体现。"地缘关系的优势还在于在社会生活的突发事件中能够给予关系人最及时的帮助和支持"②。"远水解不了近渴""远亲不如近邻"就是这个道理。因此，农村妇女要建立和睦的邻里关系、融洽的同乡关系、和谐的街方关系。例如，在农忙季节时互相换工，在种养技术上互相交流，在干事创业上互相合作，在信息资源上互通有无，在参政竞选时互相支持，在情感困惑时互相慰藉等，面对困难时同舟共济，为自己的事业发展建立良好的地缘关系。

---

① 李霞:《娘家与婆家:华北农村妇女的生活空间和后台权力》,社会科学文献出版社2010年版,第6—7页。

② 李汉宗:《血缘、地缘、业缘:新市民的社会关系转型》,《深圳大学学报（人文社会科学版）》2013年版第4期。

（三）拓展业缘关系

业缘关系是人们以职业为纽带共同进行职业活动而形成的关系，如同事、同行、下属以及同僚、生意伙伴等。"内行看门道，外行看热闹。"说明各行各业都有专门的知识技能，这种以职业为桥梁纽带的业缘关系在现代社会的分化交往中重要性越来越明显。在如今实施乡村振兴战略的背景下，无论是个体小农户中的妇女，还是新型农业经营主体中的妇女，为了促进自身事业的发展，都有必要拓展业缘关系，其中参加"产业型"妇女组织就是农村妇女拓展业缘关系的一条有效途径。例如，荆门市以妇代会为基础，"通过'村妇代会＋基地＋经济合作组织（专业合作社或协会）＋女专业大户'等形式建立'产业型'妇女组织，培育了一批合作社女带头人"①。"产业型"妇女组织实施"女性素质提升工程"，开展"双学双比"竞赛，举办农村妇女农业实用技术培训，大力培植女专业大户，组织农村妇女积极发展特色经济，努力发展带"妇"字号的农村经济合作组织，对于促进农村妇女扩展业缘关系、提升职业技能、助力乡村振兴起到了积极的推动作用。

（四）优化网缘关系

"网缘关系是指人际之间以互联网为技术基础和交往媒介，在网络空间通过一定的信息交流而相识、相知、结缘的一种新型人际关系。"②它具有虚拟性、平等性、趣缘性、无组织性、弱联系性等特点。当前互联网已经覆盖了绝大多数农村地区，农村妇女大多通过手机、电脑与网络结下了不解之缘，网缘关系为农村妇女提供了与网民平等交流、开放交流的平

---

① 张翠娥：《性别之网：社会转型中的农村妇女组织》，中国社会科学出版社 2014 年版，第 42 页。

② 王丽、杨永志：《网缘关系的再思考》，《重庆邮电大学学报（社会科学版）》2016 年第 4 期。

台，农村妇女有的通过网络获取信息和资源，有的通过网络学习农业实用技术，有的通过网络销售农副产品，有的通过网络结识了许多朋友，等等，无不显示着网缘关系的优越性，网络已经成为农村妇女与社会联系的一种重要纽带。但是，网缘关系的虚拟性也常给网民交往带来诚信危机，还易使网民产生网络依赖，有的农村妇女由于文化水平不高，防范意识不强，可能在网络交往中上当受骗。因此，农村妇女在发展网缘关系时，要强化防范意识，注重法律规范，增强辨识能力，优化网缘关系，充分利用网缘关系的积极因素，努力排除网缘关系的消极影响，让网缘关系成为自己事业发展的"助推器"，成为乡村振兴的"加速器"。

四、坚持全新的发展理念

2015 年 10 月，习近平总书记在《中共中央关于制定国民经济和社会发展第十三个五年规划的建议》的说明中指出："发展理念是发展行动的先导，是管全局、管根本、管方向、管长远的东西，是发展思路、发展方向、发展着力点的集中体现。"[1] 党的十九大报告明确强调："必须坚定不移地贯彻创新、协调、绿色、开放、共享的发展理念。"[2] 实施乡村振兴战略的指导思想也特别重申要"牢固树立新发展理念，落实高质量发展的要求"[3]。农村妇女作为农业农村的主体，势必要将新发展理念作为自身工作的内在灵魂，在推进乡村振兴中促进自身事业的发展。

（一）坚持创新发展理念，促进农业发展方式的优化

党的十九大报告明确指出："创新是引领发展的第一动力，是建设现

---

[1] 《中共中央关于制定国民经济和社会发展第十三个五年规划的建议》，人民出版社 2015 年版，第 48 页。

[2] 《中国共产党第十九次全国代表大会文件汇编》，人民出版社 2017 年版，第 17 页。

[3] 《中共中央国务院关于实施乡村振兴战略的意见》，人民出版社 2018 年版，第 4 页。

代化经济体系的战略支撑。"①显然，创新在国家经济社会发展中具有特别重要的地位和作用。对于农村妇女来说，创新的意义也非同一般，创新会使她们思想有亮点、工作有特色，也会使她们的竞争力极大增强。因此，应该坚持创新发展理念，立足农村创新创业。

一要创新农业生产方式。针对自身科学文化素质偏低的现实，积极参加职业技能培训，学习运用农业实用技术，提高科学种养能力和农业机械操作能力，探索创新适合当地水土和气候的农作物种植技术和动植物养殖技术，并将"互联网＋"、物联网等现代信息技术和各种文化创意引入农业生产中，促进农业生产与"创新、创意、创业"的有机结合，提升科技创新对农业发展的贡献率，将自身从繁重的农业生产劳动中解放出来，提高农业劳动效率。

二要创新农业经营方式。突破传统农业经营囿于种植水稻、高粱、玉米、小麦等农作物或养殖猪牛羊马等牲畜的局限，根据民众休闲娱乐、田园欣赏、食品安全、特色口味、营养功能的需要，结合当地自然资源、人文资源、气候特点、果蔬特色等，创新和丰富农业经营方式，发展乡村旅游、特色农业、生态农业、休闲农业、创意农业，拓展增收渠道。突破小农经营的局限，扩大农业经营规模，积极创办或参加农民专业合作社、家庭农场、家庭牧场、农业企业等，提升农业经营效率。突破传统的市场营销手段，利用微信、微博、直播等社交媒体和淘宝等电商平台，创新性地销售各类特色农产品，增强农业经营的生机和活力。

（二）坚持协调发展理念，促进生产生活品质的提升

协调发展是新发展理念的重要内容之一，它是调整经济社会整体结构的重要手段和目标，其作用至关重要。习近平总书记在谈到"十三五"时期的发展时说道："下好'十三五'时期发展的全国一盘棋，协调发展是

---

① 《中国共产党第十九次全国代表大会文件汇编》，人民出版社 2017 年版，第 25 页。

制胜要诀。"[①] 对于农村妇女来说，坚持协调发展也很关键。

一要协调职业发展与家庭建设的关系。有人说，"职业发展与家庭建设，在女性面前，是事关幸福的两件分不开的事"[②]。改革开放以来，随着农村主要男性劳动力外移，农村妇女在农村生产经营中担当超半，事业得到了前所未有的发展，经济地位、社会地位和家庭地位相应提升，但她们也时常为家庭建设而烦恼，特别是留守妇女更为与丈夫分居、子女教育、老人照料、家务劳动而发愁。众所周知，人在生命历程中需要事业安身立命，需要家庭获得归属，这就要求农村妇女凭借自己的智慧和力量，处理好事业与家庭的矛盾，平衡好事业与家庭的关系，使事业发展与家庭建设相辅相成，相得益彰，获得事业与家庭的双丰收，做幸福、骄傲的新时代农村女性。

二要调优调强职业发展结构。农村妇女应突破耕种农田的单一职业结构模式，根据自己的文化素质、兴趣爱好、优势特长、家务轻重等情况，结合当地的自然资源、人文资源特色和民众的需求，在以农业生产为依托的前提下，开发或参与农产品加工、手工制作、来料加工、幼儿园、养老院、乡村旅游、餐饮服务、交通运输等项目，为自己的事业发展拓展广阔空间。

三要协调工作与休闲的关系。众所周知，农村妇女农活家务繁重，闲暇时间较少，常常感到身心疲惫，因此，通过适当的休闲方式调节自己的身心很有必要。马克思曾经说过，随着生产力的发展，衡量财富的价值尺度将由劳动时间变为自由时间。农村妇女拥有闲暇时间的多少，是体现乡村振兴目标中"生活富裕"的重要标志。农村妇女应该在繁忙的工作之余，抽出一定的时间，采取良好的方式进行休闲，锻炼身体，愉悦心情。摒弃

[①] 中共中央文献研究室编：《习近平关于社会主义经济建设论述摘编》，中央文献出版社 2017 年版，第 36 页。

[②] 金沙曼：《一种能力：女性职业发展与幸福家庭建设——来自陕西的报告》，《山东女子学院学报》2013 年第 3 期。

打牌、赌博等不良休闲方式，进行健康、文明的休闲活动，如养鱼、养花；观赏电视电影、文艺表演；读书看报、交流心得；跑步散步、唱歌跳舞等，这"不仅有益于身心健康和生活质量的提高，也有益于个人社会价值的实现"①。

（三）坚持绿色发展理念，促进农业农村的可持续发展

生态宜居是乡村振兴战略总要求的五大内容之一。随着中国特色社会主义进入新时代，人民群众由过去"盼温饱"转向现在"盼环保"，由过去"求生存"转向现在"盼生态"。习近平总书记用"绿水青山就是金山银山"的比喻生动阐述了经济增长与生态环境保护之间相辅相成的关系，农村妇女应适应广大人民群众日益增长的优美生态环境需要，坚持绿色发展理念，为农业农村的可持续发展作出积极贡献。

一要注重农产品质量安全。随着经济社会的发展和人民生活水平的提高，消费需求不断升级，民众对农产品的需求也提出了新的要求。人们不再满足于吃饱喝足，还要吃得安全、吃得放心、吃得健康，渴望能够买到更多绿色、有机的农产品。农村妇女作为农产品的主要生产者，应该坚持社会主义核心价值观，不断提高思想道德水平和科学文化素质，讲究农民职业道德，深刻认识农产品安全对人民群众身体健康的重要意义，本着"诚信友善"的原则，摒弃"经济利益至上"的利己思想，在农产品的生产过程中，力争做到"诚实做人，诚信生产，不掺假，不造假，讲信用"。② 无论是在农牧产品前期的农药、化肥、兽药等农用化学品的投入环节，还是在产后环节的分级、加工、包装、储藏、运输、销售中，都要按照科学的规程进行，谨防安全隐患，严防职业道德失范。

---

① 文东升：《广西农村妇女闲暇生活现状、趋向与提升——基于广西部分村屯的调查分析》，《广西社会科学》2017 年第 7 期。

② 王润鸿、邱启照：《农产品质量安全视域下农民职业道德与农产品监管的契合研究——基于海南省 S 市农产品质量安全调查》，《太原学院学报（社会科学版）》2016 年第 2 期。

二要注重农村环境卫生。2020 年新冠病毒已确定的传播途径是近距离呼吸道飞沫传播和接触传播、气溶胶传播，①同时还有疑似的粪口传播，②这无疑给农村的卫生工作敲响了警钟。它警示村民要改变一些不良生产和生活习惯，重视保洁工作，讲究个人卫生和公共卫生。基于此，农村妇女可以在做好家庭保洁上下功夫：第一，搞好家庭环境卫生。牵头进行家里的门窗通风、房间消毒、卫生清扫、衣服清洗，打造清洁卫生、温馨舒适的家庭环境。第二，注重房前屋后卫生。组织家人清理垃圾柴草，不乱堆乱放；清理污水污物，不乱排乱倒；圈养牲畜家禽，严禁禽畜乱跑等，防止细菌滋生和病毒传染。第三，讲究餐饮卫生。劝告老人不要用嘴咬碎食物再吐出来喂养婴幼儿；提醒生病的家人使用公筷用餐；尽量少吃剩饭剩菜，及时对餐具清洗、消毒，防止唾液传染疾病。第四，注意食物、饮水卫生。尽量不用或少用化肥农药，培植绿色食品；改变随意到水塘、水坝中洗漱、淘米、洗菜的不良习惯，至少使用井水、自来水烧水做饭；如果家庭条件允许，购置净水设备对饮用水进行处理，防止病从口入。

三要严把禁食野生动物关。农村，特别是丛林茂密的山村，野生动物较多。专家研究发现："当今人类新发传染病 78% 与野生动物有关，或者来源于野生动物。"③滥吃野生动物对人类传染病毒的风险极大，农村妇女应该劝告家人不捕捉、不贩卖、不食用野生动物。

（四）坚持开放发展理念，为农业农村发展注入活力

物理学、化学和生物学的相关原理告诉人们：任何一个系统，只有在

---

① 《新型冠状病毒传播途径与预防指南》，2020 年 1 月 27 日，见 http://www.nhc.gov.cn/xcs/yqfkdt/202001/9e73060017d744aeafff8834fc0389f4.shtml。

② 杨乔、黄钰、席莉莉：《新型冠状病毒可能粪口传播？专家提醒关注厕所消毒》，2020 年 2 月 2 日，见 https://baijiahao.baidu.com/s?id=1657400462269082404&wfr=spider&for=pc。

③ 《专家：新冠病毒可能存在多个中间宿主》，2020 年 2 月 9 日，见 https://www.chinanews.com.cn/m/sh/2020-02-09/9084942.shtml。

开放的环境下，不断地与外界交换能量、物质、信息，才能健康地发展壮大。在经济全球化的背景下，实施乡村振兴战略，不能就农村谈农村，也不能就农业论农业，更不能仅靠乡村的积累达到目标。作为推动农村经济社会发展主体的农村妇女理应立足乡村，放眼世界，树立开放发展理念，在开放中积极告别传统农业农村封闭的生产和生活方式，不断拓展发展空间，为农业农村发展注入新的发展活力。

一要强化开放理念。当今是开放的时代，当代农民（包括农村妇女）只有树立开放发展理念，才能在实施乡村振兴战略中与时俱进，适应国际国内政治经济的深刻变化，应对乡村振兴战略实施中所面临的困难和挑战，否则，就有可能"身体已进入 21 世纪，而脑袋还停留在过去"①。难以获得振兴乡村的信息、资源和活力，难免在激烈的竞争中被淘汰。

二要拓展开放思维。在世界多极化、经济全球化的背景下，农业农村发展同样面对国际国内两个市场和国际国内两种资源，因此，农村妇女应牢记习近平总书记的教导："要树立战略思维和全球视野，站在国内国际两个大局相互联系的高度，审视我国和世界的发展，把我国对外开放事业不断推向前进。"②突破传统的封闭思维定式和狭隘眼界，从多角度、全方位思考乡村振兴问题，以开放包容、互学互鉴的理念应对经济发展的挑战，以积极主动的姿态解决乡村振兴过程中的难题，充分利用好国际国内两个市场和两种资源。通过"走出去"的方式，考察、学习、引进国际国内先进的农业新品种、新技术和新经验，大胆学习和借鉴国际国内先进的农业生产经营管理经验；通过"请进来"的方式，聘请专家学者、农技专员、工商人士、农技干部等来村传授农业生产经营技术和经验，积极运用先进的农业科技成果，增强科技对农业增产增收的贡献率。根据当地农产品的营养、口感、功能特点，结合当地文化资源，创建农产品特色品牌，

---

① 《习近平谈治国理政》第一卷，外文出版社 2018 年版，第 273 页。
② 《习近平谈治国理政》第二卷，外文出版社 2017 年版，第 101 页。

塑造农产品的良好形象，提高农产品的知名度和美誉度，增强品牌农产品的对外开放竞争力。

三要提升开放能力。针对自身科学文化素质偏低的弱点，不断学习，及时充电，为开放思维积蓄能量。积极参加职业技能培训，提升自身的农业生产经营能力，提供深受国际国内市场欢迎的特色品牌农产品；积极主动向来村就业创业的大学生、驻村干部、科技人员、工商人士、城镇居民等虚心求教，广泛了解农业科技信息和农产品市场行情，不断提高对农业信息资源的获取能力；努力学习市场营销策略，把握市场的基本规则与规律，通过城乡集贸市场、农产品批发市场、农产品超市、农产品电商、农产品自媒体销售等农产品营销方式，提升自身面向国际国内市场销售农产品的能力。

（五）坚持共享发展理念，促进自身获得感的提升

乡村振兴，生活富裕是根本。农村妇女作为推动农村经济社会发展的主体，理应共享经济社会发展的成果，"沐浴在幸福安宁的阳光里"①。

一要男女共享社会权益。妇女权益是基本的人权，我国把保障妇女权益纳入法律法规，上升为国家意志，不断强化男女平等的法治保障。农村妇女作为社会中的弱势群体，应该自觉学习和领会国家维护妇女权益的法律法规，依法维护自身权益，努力争取与男性平等享有政治权利、文化教育权益、土地权益、劳动和社会保障权益、财产权益、人身权益、婚姻家庭权益、医疗卫生权益等。

二要充分利用共享平台。近些年来，政府搭建了一系列促进农村妇女发展的共享平台，农村妇女应该充分利用这些共享平台，促进自身事业发展。借助各级各类农村妇女教育培训网络，努力学习运用农业科技和经营

---

① 习近平：《促进妇女全面发展　共建共享美好世界——在全球妇女峰会上的讲话》，《人民日报》2015 年 9 月 28 日。

方略，为自身事业发展强化技术支撑。充分利用农业信息共享平台，如通过全国农业信息门户网站——农村网，了解农业惠民政策新闻、各类养殖技术和种植技术、农民致富经验以及蔬菜水果每日价格行情；通过综合农产品信息发布平台——土农网，了解中国农产品价格行情，进行农产品交易和农产品推广；通过农业行业综合信息化平台——农业网，了解农业企业、农业供求、农产品价格、农业资讯、农业商务等信息，为自身事业发展提供信息支撑。

三要充分利用公共资源。利用农家书屋，借助村庄附近的博物馆、图书馆、科技馆、高等院校的科技文化资源，学习农业实用技术，提升自身科学文化素质；利用公共文体设施，进行强身健体活动和娱乐休闲活动，促进身心健康；利用网络基本覆盖农村的公共资源，进行网络学习和网络营销，提升自己的生产经营能力。

第二节　乡村振兴战略实施为农村妇女
事业发展提供新的契机

乡村振兴战略给农业农村带来了新气象，给广大农民群众带来了新希望，也给农村妇女事业发展带来了人生出彩和梦想成真的新契机。

一、多样的职业教育培训：农村妇女能力素质提升的有益平台

农村妇女作为推动农村经济社会发展的主力军，其能力素质的高低直接影响乡村振兴战略实施的进程。农村妇女教育培训既关系到农村妇女能力素质的提升、农村妇女事业的发展，又关乎农村人才的培养和农业农村的全面发展。改革开放以来，全国妇联始终高度重视农村妇女的教育培训

工作，通过 1978—1988 年间举办的扫盲识字班和生产服务等专业学习班、1989—1999 年间发起的"双学双比"（即全国农村妇女学文化学技术、比成绩比贡献）活动、2000—2017 年间开展的农村妇女实用技能、转移就业和创业创新培训等，[①] 农村妇女教育培训工作不断发展，特别是 2010 年 1 月 20 日《教育部全国妇联关于做好农村妇女职业教育和技能培训工作的意见》（教职成〔2010〕2 号）的发布，推动着农村妇女教育培训工作快速向前迈进。自 2017 年党的十九大提出乡村振兴战略以来，全国妇联发起开展"巾帼脱贫行动""乡村振兴巾帼行动""创业创新巾帼行动""巾帼健康行动"四大行动。其中的"乡村振兴巾帼行动"方案提出了实施"农村妇女素质提升计划"，财政、农业、科技、教育、林业、妇联、科协等部门纷纷响应，发挥各自优势，整合资源，通力协作，加大对农村妇女的培训力度，共同推进农村妇女教育培训工作。《中国妇女发展纲要（2021—2030 年)》把"妇女平等享有受教育权利，素质能力持续提高"[②] 作为总体目标的重要内容。每年的中央一号文件均对农民职业教育培训加以强调和重申，特别是 2021 年 2 月中共中央办公厅、国务院办公厅颁布的《关于加快推进乡村人才振兴的意见》、2021 年 6 月 1 日施行的《中华人民共和国乡村振兴促进法》、2022 年 5 月修订施行的《中华人民共和国职业教育法》以及党的二十大等关于扎实推动乡村人才振兴的举措，为农村妇女能力素质提升和事业发展搭建了有益舞台。

（一）开展农村妇女科学素质培训

各级妇联和政府部门积极搭建农村妇女教育培训的平台，形成了"以基层妇联之家为基础，以全国妇联培训基地为龙头，以巾帼农业科技示范

---

① 全国妇联妇女发展部：《与时代同行与改革同步——农村妇女培训工作的探索与实践》，《中国妇运》2018 年第 12 期。

② 《国务院关于印发中国妇女发展纲要和中国儿童发展纲要的通知》，《中华人民共和国国务院公报》2021 年第 29 期。

基地为重点，以各级科技服务网站、职业技能学校、农村党员远程教育中心为补充的农村妇女教育培训网络"[1]，大力开展农村妇女线上线下教育培训。通过开展"智爱妈妈"活动、举办农村妇女科技素质专题培训等形式，广泛开展农业实用技术、农产品加工、电子商务、休闲农业、手工制作、乡村旅游、美丽庭院建设、生态文明建设、家政服务、妇女维权等系列培训，旨在引导农村妇女树立新发展理念，提升科学文化素质，意欲促进农村妇女事业发展，进一步彰显其在农业农村现代化建设中的"超半效应"，增强乡村振兴的巾帼力量。例如，天津市妇联创新推出的"新农学堂"，2018 年至 2023 年间围绕健康宣讲、技能培训、家政培训、手工培训和电商直播五大板块，"5 年来共开展培训 1000 余场，农村妇女参训 64 余万人次"[2]，有力地提升了农村妇女的科学文化素质和生产生活技能。

（二）开展农村妇女涉农学历教育

《农业农村部 2020 年人才工作要点》强调："统筹中高等涉农职业院校、农广校等教育资源，大力推进百万高素质农民学历提升行动计划。开展百所重点院校创建行动，推动职业院校涉农专业改革，大力推行高素质农民定制培养。"[3]这为应届、往届初高中毕业生，或具有同等学力的农村适龄女青年、进城务工妇女依托农广校系统通过"半农半读"、弹性学制等方式，就地就近接受中等职业教育提供了机遇；给农业女状元、女能人、女经纪人、女性青年农场主和新型农业经营主体女性带头人等接受大专学历教育提供了良好契机。为加快新农科建设，2022 年 8 月 31 日，

---

① 耿兴敏：《全国妇联积极开展农村妇女培训：当好新型职业女农民成长"推进器"》，《中国妇女报》2018 年 11 月 14 日。

② 李柏彦：《全域科普之新农学堂 市妇联出手 带农村妇女走进农业科技》，《求贤》2023 年第 9 期。

③ 《农业农村部办公厅关于印发〈农业农村部 2020 年人才工作要点〉的通知》，《中华人民共和国农业农村部公报》2020 年第 3 期。

教育部办公厅印发了《新农科人才培养引导性专业指南》的通知①（教高厅函〔2022〕23 号），围绕粮食安全、生态文明、智慧农业、营养与健康、乡村发展等五大领域共设置了 12 个新农科人才培养引导性专业，也为致力农业农村发展的农村女性提供了更高的专业化学历教育平台。农村妇女学历层次和技能水平的提升为她们事业发展提供了科学文化素质的支撑。

（三）开展农村妇女就业转移培训

自 2005 年中华全国妇女联合会、农业部《关于加强农村妇女富余劳动力转移培训工作的意见》（妇字〔2005〕22 号）颁布以来，党中央关于"三农"工作的文件都反复强调加强农民职业教育和培训，为农村妇女参加就业转移培训提供了政策支持。各级政府和妇联根据城乡融合发展的需要，大力开发适合农村妇女就业的服务业和社区公益岗位，政府出资金、供场地、给补贴，妇联发动社会力量办学，着力开展适合妇女就业的服装裁剪、餐饮服务、家居保洁、育婴护老、保健按摩、美容美发等方面的就业转移培训，努力提高农村妇女的就业转移能力。在一手抓技能培训的同时，一手抓就业对接。例如，江苏省南京市六合区妇联针对农村妇女推出"'妇联培你去上岗'育婴员培训计划"②，组织协调村（社区）妇联、街道妇联、区妇联为参加育婴员培训的学员提供培训、考证、推荐就业一条龙服务，深受农村妇女欢迎。南京市妇联统筹实施的"'宁姐'家政服务提升行动"③，开展"宁姐月嫂"技能培训，同时组织育婴师培训考证，在外来务工市场建立"宁姐"工作站，成立巾帼家庭服务联盟，有效推进了培训工作与市场供需的对接。

---

① 《教育部办公厅关于印发〈新农科人才培养引导性专业指南〉的通知》，《中华人民共和国教育部公报》2022 年第 11 期。

② 陶正萍：《妇联"培"你去上岗》，《中国妇运》2019 年第 7 期。

③ 江苏省南京市妇联：《激发乡村振兴"她"力量》，《中国妇运》2019 年第 11 期。

（四）开展农村妇女创新创业培训

自 2010 年《教育部全国妇联关于做好农村妇女教育和技能培训工作的意见》颁布以来，尤其是实施乡村振兴战略以来，教育部、科技部、农业农村部和妇联推动地方加强农村创新创业服务平台载体建设，支持发展女性双创基地、众创空间，建设了一批农村创新创业孵化实训基地，为农村女性创业创新提供综合服务。根据中共中央、国务院关于"突出抓好家庭农场经营者、农民合作社带头人培育""培育农村创业创新带头人"[1] 的指示精神，依据部分地区土地征收或流转后出现规模经营和部分打工妹返乡的情况，积极组织女能人、女科技带头人、有创业意愿和能力的返乡妇女等进行创业培训，主要开展市场意识、生产技能、经营管理能力的培训，着力提高她们的创新创业能力。深入实施农村创新创业带头人培育行动，加大农产品加工业、休闲农业和农业产业化龙头企业经营管理与技术人才培训力度。例如，山东省科技厅、山东省妇联在全省联合实施的"巾帼星火创业培训计划""巾帼星火创业助你行"[2] 活动，多管齐下、多路并进，大力开展星火科技人才培训，为当地农村意欲创业的妇女搭建了一个实现梦想的平台。贵州省妇联、省扶贫办和省人力资源和社会保障厅开展的"雨露计划·三女培育"项目[3]，围绕贵州省脱贫攻坚和产业发展需要，以"三女"（锦绣女、家政女、持家女）培训为重点，培养一批农村妇女创业骨干、能手，旨在发挥妇女在农村脱贫攻坚中的重要作用。宁波市妇联组织开展的乡村厨娘农家乐、巾帼民宿（客栈）负责人经营管理、女性

---

[1] 《中共中央办公厅、国务院办公厅印发〈关于加快推进乡村人才振兴的意见〉》，新华社 2021 年 2 月 23 日电。

[2] 孙敬国：《巾帼星火科技培训：为农村妇女搭建创业平台》，《中国农村科技》2012 年第 4 期。

[3] 侯雪慧：《"雨露计划"专题培训促进农村妇女创业就业》，2018 年 8 月 9 日，见 http://www.qdnrbs.cn。

电商创业等为主题的相关培训，为当地农村妇女创业提供了积极支持。

二、多维的产业发展举措：农村妇女经济地位提升的立体路径

乡村振兴战略实施以来，各级政府和妇联联合相关部门立足农村妇女工作实际，大力实施乡村振兴巾帼行动，多措并举开发乡村产业，立体化开拓农村妇女增收致富途径，为农村妇女事业发展提供了新的机遇。

（一）搭建农村妇女产业发展平台

农村妇女是农业生产经营的主力军，乡村产业振兴是其事业发展的重要标志。地方政府与妇联针对当地的产业实际，依据农村妇女的优势特长，积极发挥引领、服务、联系职能，为农村妇女搭建产业振兴平台。一是搭建政策扶持平台。一方面，对巾帼现代农业科技基地、农村巾帼示范合作社、巾帼创业创新示范基地、农村女性居家就业、农村妇女技能培训及创业就业培训等给予资金扶持。例如，由政府鼓励支持发展起来的、以农产品初加工、手工业为主的"扶贫车间"[1]，低技能要求的生产加工活动契合了农村妇女的素质现实，为农村妇女就地就业提供了机遇。另一方面，根据农村信用社联合社网点多、渠道广的特点，设计与农村妇女创业就业相匹配的金融产品，"在信贷规模、息率定价、贷款期限、业务创新等方面给予妇女倾斜与优惠"[2]。二是搭建资源共享平台。例如，山东省荣成市基层妇联自主搭建的"巾帼创客联盟"[3]，开发了巾帼特色网站，搭建了创业服务平台，孵化了妇女创业企业等，为农村妇女了解创业创新最新

---

① 吴惠芳、王宇霞：《加快农业农村现代化背景下妇女发展的机遇与挑战——面向"十四五"规划的讨论》，《妇女研究论丛》2020 年第 6 期。

② 福建省妇联：《"巧妇贷"引领农村妇女投身乡村振兴》，《中国妇运》2019 年第 5 期。

③ 郭珊珊、陈国申：《基层妇联在乡村产业振兴中的作用研究》，《领导科学论坛》2019 年第 21 期。

动态、把握农产品市场行情、降低创业前期投入和风险、弥补创业知识技能匮乏的缺陷、减少创业发展弯路等提供了有力支持。三是搭建发展服务平台。例如，江苏省南京市六合区妇联充分发挥"联"字优势，为农村妇女"外联一张资源网""内联一张微信网"①。通过与教育、科技、人社、民政、农业等部门的联系，为农村妇女技能培训、产业指导、资金扶持、创业就业编织了一张广泛的人际资源服务网；通过建立"妇联就在我身边"的微信群，妇联干部与农村妇女面对面加群，适时发布各类创业就业信息，为农村妇女产业发展编织了一张难得的微信服务网。

（二）提高农村妇女产业发展能力

农村产业发展水平与农村妇女的生产技能和经营管理能力息息相关。为提高农村妇女的产业发展能力，地方政府和妇联着力实施"农村妇女素质提升计划"，组织农村妇女生产技能、管理手段的培训，提高她们参与乡村产业振兴的能力。一是组织"开展农村女经纪人培养工程"②，对农村有能力有意愿带领他人脱贫致富的妇女进行经纪人业务培训，让她们成为专业经纪人。二是开展农业农村实用技术培训。对农村妇女推广应用新品种，传授测土配方施肥技术、水稻超高产栽培技术、水稻病虫害综合防治及安全用药技术、室内蔬菜病害防治关键技术、沼气利用及生态家园建设关键技术等。三是开展农村妇女生产经营示范培训。面向农村妇女骨干、基层妇联干部和返乡下乡创业女大学生、女农民工群体，开展现代农业实用技术、电子商务、乡村旅游、手工制作等示范培训，帮助农村妇女提高生产经营能力。四是开展新型职业女农民培训。组织巾帼脱贫示范基地负责人、巾帼农庄负责人、巾帼家庭农场经营者、巾帼农业专业合作社带头人、巾帼电商带头人、创业女能人、女大学生村官、示范带动性强的村妇

---

① 江苏省南京市妇联：《妇联"培"你去上岗》，《中国妇运》2019 年第 7 期。

② 陈莹：《乡村振兴瓷都巾帼行动》，《中国妇运》2018 年第 7 期。

联主席等女农民，学习农业相关政策、农业创业理念、电子商务、实用农业技术，经营管理方略、法律法规知识、农业职业道德、心理压力疏导、女性健康保护、创业风险防控等知识，帮助她们成为爱农业、"有文化、懂技术、善经营、重健康、明法制、优品格"①的新型职业女农民。

（三）拓展农村妇女产业发展路径

农村妇女蕴含着无限的产业发展潜力，也具有投身于产业振兴的巨大热情，但有的人却苦于找不到适合自己的产业发展门路，基于此，各地妇联在拓展农村妇女产业发展路径上做文章：一是调研农村妇女参与产业振兴的优势特长。通过问卷调查、入户座谈，了解农村妇女个体的文化基础、技能特长、健康状态、家庭情况、择业愿望等，推荐、指导她们参与契合自身情况的产业发展项目，为她们增收致富指点迷津。二是就地开发农村妇女产业发展项目。深入村庄考察调研，疏理村庄资源，因地制宜地指导妇女开发产业发展项目，让当地妇女就近就地找到致富门路。例如，2018 年初，福建省福州市妇联组织实施"姐妹乡伴"——福州市基层妇女组织助力乡村振兴发展计划公益项目，针对连江县江南乡梅洋村地处高山、梅花烂漫、留守妇女众多的特点，"帮助梅洋村'姐妹乡伴'团队确立了以梅花为媒介发展乡村休闲旅游的思路"②，指导她们策划旅游节、培训乡村旅游导游、成立合作社、研发"梅花"为主题的旅游产品，使当地以梅花为媒介、以妇女为主体的休闲旅游产业迅速开展得有声有色。再如，四川省成都市温江区妇联根据当地桂花文化、蜀绣文化、熊猫文化的特色，打造手工制作、植物编艺、桂花制品等特色文创产品，吸纳农村妇女参与当地乡村旅游项目，"推进文创产品加工业与乡村旅游深度融合发

---

① 巢小丽：《沿海发达地区农村妇女人力资源开发研究》，浙江大学出版社 2013 年版，第 73 页。

② 福建省福州市妇联：《姐妹乡伴让妇女成为乡村振兴的主力军》，《中国妇运》2019 年第 7 期。

展"①，带动农村妇女广泛增收。

三、多元的乡村治理主体：农村妇女政治地位提升的良好机遇

乡村治，则社会稳。乡村治理作为国家治理的重要组成部分，治理有效成为乡村振兴战略的五大内容之一，农村妇女能否在推进乡村治理有效中积极作为，关乎其政治地位的高低，也关乎乡村治理的成败。以往农村妇女在乡村治理中参与程度较低，《中共中央国务院关于实施乡村振兴战略的意见》主张建立健全党委领导、政府负责、社会协同、公众参与、法治保障的现代乡村社会治理体制，这就为作为推动农村经济社会发展主力军的农村妇女参与乡村治理提供了广阔空间。

（一）农村妇联组织积极推动农村妇女参与乡村治理

村级妇联是代表妇女参与村务决策、发挥民主参与、民主管理、民主监督的农村基层组织。中共中央办公厅、国务院办公厅《关于加强和改进乡村治理的指导意见》明确提出要支持妇联等多方主体参与乡村治理，"充分发挥其联系群众、团结群众、组织群众参与民主管理和民主监督的作用"②。村级妇联作为乡村治理的多元主体之一，为推动农村妇女参与乡村治理积极作为。

一是推动农村妇女参与村民自治实践。村民委员会是村民自我管理、自我教育、自我服务的基层群众性自治组织，村党支部是中国共产党在农村的基层组织，农村妇女在村"两委"中的参与比例直接体现农村女性组织化参与村庄治理程度的高低。《中华人民共和国村民委员会组织法》规

---

① 四川省成都市妇联：《实施乡村振兴，巾帼在行动》，《中国妇运》2019年第3期。

② 新华社：《中共中央办公厅、国务院办公厅关于印发〈关于加强和改进乡村治理的指导意见〉》，《农村工作通讯》2019年第14期。

定，"妇女村民代表应当占村民代表会议的三分之一以上"。2019 年 1 月中共中央印发的《中国共产党农村基层组织工作条例》特别强调要"注意吸收妇女入党"①。《中国妇女发展纲要（2021—2030 年）》规定："村党组织成员、村党组织书记中女性比例逐步提高。村委会成员中女性比例达到30% 以上，村委会主任中女性比例逐步提高。"②上述要求和规定为农村妇女参与村级治理提供了组织保障。村妇联据此组织、教育和引导本村妇女正确行使民主权利，鼓励她们中思想好、作风正、有文化、有本领、声望高、肯干事、能干事、办实事的妇女参与村"两委"班子的竞选，向村党支部委员会推荐优秀女性农民加入党组织并推荐女性村支书候选人，从而为农村妇女参与村民自治创造了良好条件，为她们参与乡村治理奠定了良好基础。

　　二是组织农村妇女开展议事协商活动。基层妇联依据《关于加强和改进乡村治理的指导意见》中关于"鼓励农村开展村民说事、民情恳谈、百姓议事、妇女议事等各类协商活动"③的主张，结合乡村治理的目标要求，组织妇女开展议事协商活动，调动妇女民主参与、民主议事的积极性，吸纳妇女治理智慧，引领妇女参与乡村治理。有的就农村人居环境整治、厕所革命、健身活动和乡风文明建设等议题进行交流座谈；有的就如何"做新时代'四好女性'（即好女儿、好妈妈、好媳妇、好同事）"主题展开议事活动；有的就村规民约的督促落实、家庭矛盾的调解、"平安家庭""最美家庭""三清洁"示范户的创建评选等议题展开讨论④，以促进乡风文明和乡村社会的和谐稳定。

① 新华社：《中共中央印发〈中国共产党农村基层组织工作条例〉》，《农村工作通讯》2019 年第 2 期。
② 《国务院关于印发中国妇女发展纲要和中国儿童发展纲要的通知》，《中华人民共和国国务院公报》2021 年第 29 期。
③ 新华社：《中共中央办公厅、国务院办公厅关于印发〈关于加强和改进乡村治理的指导意见〉》，《农村工作通讯》2019 年第 14 期。
④ 周玉林：《妇女议事会为乡村治理注入新活力》，《中国妇女报》2019 年 11 月 19 日。

（二）农村女性经济精英在村庄治理中放飞梦想

经济基础决定上层建筑，有学者研究发现："经济地位的提高是引导农村妇女参与乡村治理的重要突破口，也是冲破传统性别文化束缚、改善不平等性别权力结构的关键。"①部分农村妇女在党的强农惠农富农政策的感召下，冲破"男外女内"观念的束缚，凭借自己较高的科学文化素质、吃苦耐劳的精神、坚韧不拔的毅力、较强的生产经营能力等，积累了丰厚的经济资本，成为农村中的女性经济精英，在乡村振兴战略要求实现产业兴旺的背景下，农村女性经济精英的生产经营业绩广受当地村民和县乡妇联的关注，其知名度和美誉度不断提升，人际关系网络大大突破了地缘与血缘关系范围，在村庄里获得的信任和在社会上的声望不断攀升。县乡妇联希望以女性经济精英为榜样，提振农村妇女的精神风貌，增强她们的自尊、自信、自立、自强意识，调动她们振兴乡村的积极性、主动性和创造性，引领她们积极投身于"乡村振兴巾帼行动"之中，彰显新时代巾帼担当作为的风采。于是，农村基层妇联和地方民政局大力推荐农村女性经济精英参加村"两委"选举或女性村支书、村委会主任的竞选，为她们参与村庄治理牵线搭桥。

在实施乡村振兴战略的背景下，农村女性经济精英较强的主体意识具有传导效应，普通农村妇女看到女性经济精英经济实力增强了，社会地位提高了，她们从女性经济精英身上获得巨大的精神激励，但是，她们中的许多人苦于文化素质低下、职业技能缺乏、人际关系不广、经营方略欠缺等，对自己脱贫致富之路感到迷茫，于是期待女性经济精英带领她们脱贫致富，依托乡村振兴的大好机遇发展自己的事业。一些女性经济精英对普通农村妇女给予了耐心帮扶和精心指导，带领她们在脱贫攻坚的道路上昂

---

① 海莉娟：《从经济精英到治理精英：农村妇女参与村庄治理的路径》，《西北农林科技大学学报（社会科学版）》2019 年第 5 期。

首阔步，赢得了妇女们的拥护和爱戴，因此，普通妇女对女性经济精英格外信任，这样为女性经济精英当选村干部、进入村级治理核心奠定了较好的群众基础，也为她们任职村干部顺利开展工作提供了广泛的人际资源。女性经济精英们作为经济生活的主导者、道德伦理的重要影响者，凭着女性以柔克刚、敏感细腻、耐心细致、体贴入微的情感特质，在乡村治理中大放异彩。例如，全国脱贫攻坚奖奋进奖获得者——"当代女愚公"邓迎香，作为贵州省罗甸县沫阳镇麻怀村的一位女性党支部书记，"率领村民劈山凿洞，修筑道路，发展产业，助学支教，带领大家走上了脱贫奔小康的道路"①。在此基础上，她凭着在村民中的威望和麻怀村巨大的发展潜力，晓之以理、动之以情地动员村里外出的"能人"和不少外出务工青年回乡创业，2016 年，该村外出务工人员由 2015 年的 270 多人减到不足100 人，既促进了村里产业的发展，又有效解决了村里许多老人、妇女和儿童的留守问题，为村庄治理作出了积极贡献。

（三）农村妇女组织在乡村治理中获得发展

农村妇女组织有正式组织和非正式组织之分，乡村治理的内在需求为农村妇女的组织化参与提供了广阔的发展空间。推进乡村治理体系和治理能力的现代化，需要"支持多元主体参与乡村治理""积极发挥服务性、公益性、互助性社区社会组织作用"②。据此，农村妇女组织在参与乡村治理中获得发展。前文已述及基层妇联如何在乡村治理中担当作为，下面只谈谈其他农村妇女组织在乡村治理中获得发展的情况。

一是农村妇女专业合作社的发展。农村妇女专业合作社是农村妇女组

---

① 脱贫攻坚先锋系列图书编辑委员会编：《脱贫攻坚先锋：2016 年全国脱贫攻坚奖获奖者事迹》，中国劳动社会保障出版社、中国人事出版社 2018 年版，第 23—28 页。

② 新华社：《中共中央办公厅、国务院办公厅关于印发〈关于加强和改进乡村治理的指导意见〉》，《农村工作通讯》2019 年第 14 期。

织中的一种重要类别，其组建和生成的目的在于鼓励和支持农村妇女创业，引导农村妇女有组织地进入市场，发展农村经济，在参与乡村治理的同时促进农村妇女事业发展。例如，"村妇代会牵头创办型"农村妇女专业合作社可以借助村委会的行政管理功能，推广农业生产新技术，引导土地承包经营权流转，调整产业结构，形成区域产业格局，促进农村妇女增收致富。[1]"龙头企业领办型"农村妇女专业合作社，创建的"企业＋专业合作社＋农户＋基地"的农业产业化运作模式，"通过专业合作社，把妇女和企业连接起来，实现产、供、销一体化"[2]，促进了小农户与大市场的对接，防止了参加专业合作社的妇女生产经营中出现产、供、销脱节的混乱现象。

二是农村留守妇女互助组的发展。随着农村男性劳动力的大量外移，农村呈现出人口女性化、老龄化和村落空心化等特征，农村留守妇女面临农活繁重、家务繁忙、情感孤独、安全缺失等问题，据此，2011 年 4 月，全国妇联开展了农村留守妇女互助组工作，各级妇联动员留守妇女基于自愿原则组织起来，结成互助组，在生产上互相扶持，在子女教育上互相帮助，在生活上互相关心，在情感上互相抚慰，在农闲时互相娱乐，在安全上互相关照，在关系上互相协调，有效缓解了农村留守妇女生产生活中的问题，加快了创业致富，促进了乡风文明，增进了农村和谐。加入互助组的农村留守妇女在自我教育、自我管理、自我服务中实现了自我发展，逐步实现了"四个转变"[3]，即由"看家妇"转变成"带头人"，由"管自家"转变成"帮大家"，由"半边天"转变成"顶梁柱"，由"旁观者"转变成"参加者"，在生产经营、家庭建设、生态文明、乡村治理中彰显"超半效应"。乡村振兴战略实施以来，农村留守妇女互助组获得了新的动力，成为适应

---

① 黄翠：《当代中国妇女组织发展的制度创新研究》，人民出版社 2016 年版，第 125 页。

② 张翠娥：《性别之网：社会转型中的农村妇女组织》，中国社会科学出版社 2014 年版，第 129 页。

③ 陈强：《建好留守妇女互助组 培养农村建设主力军》，《中国妇运》2011 年第 5 期。

当下农村妇女事业发展的一种新模式。各地妇联纷纷组织农村留守妇女互助组进行"双学双比"技能竞赛，助推留守妇女创新创业，展示她们自尊、自信、自立、自强的精神风貌。

三是农村妇女非正式组织的发展。近些年来，农村妇女根据自己独特的优势，成立了广场舞队、妇女文艺宣传队、巾帼志愿者服务队、乡村女子表演队、乡村妇女护卫队、铁娘子护水队等，这些组织成员通过组织的力量反映共同的利益诉求，表现共同的兴趣和爱好。例如，有的自愿为老年人量血压，关心空巢老人的饮食起居；有的在农村红白喜事时忙里忙外，帮助主人把事情办得妥妥当当；有的帮助村庄保洁清扫垃圾，改善村容村貌；有的轮流值日关注村庄的治安动态；有的在节假日期间为村民免费表演文艺节目等，既缓解了空巢老人起居无依问题、留守妇女情感孤独问题、村庄安全问题和环境污染问题等，又增强了农村妇女的主体意识、集体意识、生态意识、和谐意识，提升了她们的团队精神、协作精神和组织管理能力。一项基于皖北某县的田野调查显示，该县成立"村嫂"志愿服务组织，通过"七查七看"① 工作机制，有效发挥了农村妇女在乡村治理中的作用。②

四、独特的妇女作用发挥：农村妇女家庭地位提升的良好条件

2018 年 11 月 2 日，习近平总书记在同全国妇联新一届领导班子集体谈话时强调："做好家庭工作，发挥妇女在社会生活和家庭生活中的独特

---

① "七查七看"为"看生活氛围，查家庭和谐；看着装得体，查举止文明；看房前屋后，查庭院整洁；看居室摆设，查安全规范；看厨房环境，查通风换气；看厕所卫生，查无味无蝇；看畜禽饲养，查圈舍管理"。

② 杨海莉、刘丰华：《乡村振兴视域下"她力量"参与乡村治理研究——基于皖北 Y 县"村嫂"志愿服务组织的考察》，《新乡学院学报》2023 年第 10 期。

作用，是妇联组织服务大局、服务妇女的重要着力点。"① 各级妇联为发挥农村妇女在家庭文明建设中的独特作用出谋划策，牵线搭桥，排忧解难，从而为农村妇女家庭地位的提升提供了良好条件。

（一）"美丽家园"建设唤醒了农村妇女的家庭环保意识

家园美丽是乡村生态宜居的重要体现，美丽家园建设水平的高低事关农民家庭生活环境的好坏，事关美丽乡村建设的快慢。为落实《中共中央国务院关于实施乡村振兴战略的意见》，全国妇联明确提出了开展"乡村振兴巾帼行动"，并把"美丽家园"建设作为"乡村振兴巾帼行动"的一项重点任务。各地妇联团结带领、广泛动员农村妇女参与到"美丽家园"建设中去，开展"美在农家"系列活动，强化人居环境整治，在乡村生态振兴中彰显巾帼之美。例如，宁波市妇联以净化、绿化、美化、文化为着力点，引导农村妇女"深入开展'清洁庭院''美丽庭院''乡愁庭院'创建，以美丽庭院的'小美'助力美丽乡村的'大美'"②。贵州省妇联和各市妇联扎实开展"百万妇女携手·共建美丽家园"环境卫生整治、"新农屋新庭院新生活清洁行动"等活动，教育引导农村妇女及家庭改变生活陋习，爱清洁、讲卫生，营造温馨美丽家园。景德镇市妇联以"绿色生活·清洁家庭"为主题，带领农村妇女"积极参与农村生活垃圾清理、生活污水处理和厕所革命"③，引导她们植树造林、栽花种草，努力把以往简陋荒凉的家园建设成生机盎然的美丽家园。各地妇联关于美丽家园的建设方案、教育引导、行动引领、激励措施等，唤醒了农村妇女的生态环保意识，激活了她们追求家园生态美的潜能，强化了她们在乡村的社会地位和家庭地

---

① 《习近平在同全国妇联新一届领导班子成员集体谈话时强调 坚持中国特色社会主义妇女发展道路 组织动员妇女走在时代前列建功立业》，《人民日报》2018 年 11 月 3 日。

② 宁波市妇联：《凝聚巾帼力量奏响农村发展"三部曲"》，《宁波通讯》2019 年第 5 期。

③ 陈莹：《乡村振兴瓷都巾帼行动》，《中国妇运》2018 年第 7 期。

位，为她们的事业发展拓宽了道路。

（二）家庭教育指导提升了农村妇女的子女教育能力

母亲的言行举止潜移默化地影响着孩子的成长成才，母亲在孩子的家庭教育中起着举足轻重的作用。古人有"母教为天下太平之源"的说法，德国教育家福禄培尔将母亲教育与民族兴衰、社会和谐紧密联系起来，在他看来，"国民的命运，与其说是操纵在掌权者的手中，倒不如说是掌握在母亲手中"[①]。新时代，母亲在家庭家风家教中的独特作用更是引起了习近平总书记的高度关注，他特别强调："要注重发挥妇女在弘扬中华民族家庭美德、树立良好家风方面的独特作用，这关系到家庭和睦，关系到社会和谐，关系到下一代健康成长。"[②]

在当今农村主要男性劳动力外移的情况下，许多农村妇女独自承担了教育子女的责任，如何提升文化素质偏低的农村妇女的家庭教育能力，为乡村振兴提供源源不断的高素质劳动力资源，是乡村振兴战略实施中面临的一个不可回避的现实课题。为此，各级妇联为提升农村妇女的家庭教育能力积极行动。一是推动创建乡镇家长学校，开展形式多样的家庭教育活动，引导农村妇女更新家庭教育理念，摒弃"棍棒底下出孝子"的错误观念，倾听孩子心声，关注孩子精神需要，增进与孩子的情感共鸣，以遵纪守法、勤俭持家、尊老爱幼、诚信友善、乐观向上等行为和品质影响孩子的人格养成。敦促留守妇女主动与孩子的班主任沟通交流，共同商讨教育孩子的策略与技巧。二是着力"送家庭教育进农村、建设农村家庭教育中心户"[③]，开展家庭教育社区大巡讲活动，打造"家庭教育指导和服务进社

[①]　转引自杨润梅：《国家命运掌握在母亲手中》，《新作文（教育教学研究）》2008 年第9 期。

[②]　《习近平在同全国妇联新一届领导班子集体谈话时强调　坚持男女平等基本国策　发挥我国妇女伟大作用》，《人民日报》2013 年 11 月 1 日。

[③]　江苏省南京市妇联：《激发乡村振兴"她"力量》，《中国妇运》2019 年第 11 期。

区进乡村"①活动品牌，认定省级家庭教育指导中心，建立家庭教育专家团，为包括农村妇女在内的家庭教育需求提供有的放矢的指导服务，引导农村妇女学做智慧母亲，培育卓越孩子。三是开展"亲子阅读进农村"主题活动，通过"好爸好妈故事团"、家庭教育讲师团、亲子阅读基地等载体推进亲子阅读主题活动进农村、进家庭。农村亲子阅读活动的大力推进，对于提高孩子的阅读兴趣、增进母子（父子）的情感共鸣、优化农村妇女的家教能力等，都发挥着积极影响。

（三）最美家庭建设激发了农村妇女的崇德向善动力

在我国地广人多的乡村，家庭文明是乡风文明的重要体现，农村妇女在家庭建设中责任超半，对培育和弘扬良好家风起着至关重要的作用。全国妇联《关于开展"乡村振兴巾帼行动"的实施意见》中，"最美家庭"建设活动成为其中的一项重要内容，各级妇联为推进以文明家风促进乡风文明建设工作，就充分发挥农村妇女在"最美家庭"建设中的独特作用开展了系列工作。一是拓展"最美家庭"活动内涵。围绕培育和践行社会主义核心价值观，从"孝老爱亲""夫妻和睦""教子有方""勤学笃行""文明新风""邻里互助""勤劳致富""热心公益""勤俭持家""绿色环保""遵纪守法""廉洁持家""书香之家"等多方位、多角度、多层面进行"最美家庭"建设，让农村妇女在"最美家庭"建设中提高素质，增强能力，修养品德，提升品位，陶冶情操。二是强化"最美家庭"活动宣传。以农村"妇女之家"为平台，面向农村妇女开设女性大讲堂、道德讲堂、最美家庭故事巡讲等，引导她们深刻领会做好家庭工作对国家、对社会、对乡风、对自身的重大意义。组织农村妇女收看报道全国、省、市、县表彰的"五好家庭""最美家庭"先进事迹的电视节目，让她们领悟女性自尊、自

---

① 王海红：《注重发挥妇女独特作用　引领家庭工作不断创新发展》，《青海党的生活》2019年第1期。

信、自立、自强的价值，领略"最美家庭"中女主人关爱丈夫、孝老爱亲、科学教子、勤劳致富、勤俭持家、友善邻里、关心公益的美丽风采。三是深化"最美家庭"创评活动。组织农村妇女研讨"最美家庭"评选标准，明确家庭努力方向，树立家庭美好追求，推选家庭生活美、居室环境美、心灵健康美、公益慈善美、道德风尚美的家庭入选"最美家庭"，让"最美家庭"的优良家规家训、家教家风成为引领乡风文明的风景线，激发农村妇女崇德向善、爱美求美的内生动力，在为推动形成爱国爱家、相亲相爱、向上向善、共建共享的社会主义家庭文明新风尚贡献力量过程中，提升家庭地位，获得事业发展，推进乡村振兴。

第三节　农村妇女事业发展促进乡村振兴战略的实施

农村是农民的立足之基、生活之本，农民是农业农村发展的主体，实施乡村振兴战略，必须坚持农民主体地位。"中国是一个农业大国，农村妇女约占农业劳动力的 70%。"[①] 在这种现实背景下，农村妇女成为实质性的农民主体，她们在乡村振兴中的积极性、主动性和创造性的主体性发挥，不仅能够促进她们事业的发展，而且能对乡村振兴战略的实施发挥至关重要的作用。

一、农村妇女事业发展有利于推动乡村产业兴旺

乡村振兴，产业兴旺是重点。产业兴旺是乡村振兴的中心环节和首要任务，也是实现乡村振兴其他目标的前提和基础，生活富裕是乡村振兴的

---

① 中华人民共和国国务院新闻办公室：《中国性别平等与妇女发展》，人民出版社 2015 年版，第 7 页。

目的，也是衡量乡村振兴战略实施成效的标尺。农村妇女作为推动农村经济社会发展的主力军，首要任务就是大力发展农村生产力，着力提高农业科技水平，促进农村经济快速发展，切实增加家庭收入，真正实现自身持续性脱贫致富。

（一）农村妇女在彰显主体作用过程中推动乡村产业多元化

中国法律保障农村妇女享有与男子平等的劳动权利。新中国成立后，农村妇女从未脱离过农业生产，在互助组、合作社和人民公社的集体化生产中，到处可以看见她们与男人们一起挥洒汗水劳动的身影，共同推动农村经济的发展。改革开放以来，农村妇女把握时代赋予的良好机遇，积极参与当地经济建设，努力克服农村男性劳动力缺少的困难，承担了粮、棉、油、果、菜、茶等主导产业的大部分生产任务，在种植业、养殖业、农副产品加工业和第三产业中大显身手。她们中涌现了一大批农业生产典范人物，女种养大户、女科技致富能手、女农民企业家、女流通大户等层出不穷。正是她们的奋发努力，使男性劳动力缺少的农村产业经济不断发展。如今，农村高效绿色种养业、农产品加工流通业、休闲农业、乡村旅游业、乡村服务业、乡村特色产业、乡村信息产业的兴起和发展，都离不开农村妇女的聪明才智和辛勤耕耘。例如，山东省招远市金岭镇大户陈家村早在 2014 年就以"绿水青山就是金山银山"为指导，以农村妇女为主体，征服荒山荒坡，建设了一个占地12000 亩，"以现代种植业为主导、集农产品加工、现代物流、特色采摘、科普会展、文化传承、养生度假、休闲娱乐于一体的智慧农业田园综合体"[①]。

---

① 郭珊珊、陈国申：《基层妇联在乡村产业振兴中的作用研究》，《领导科学论坛》2019 年第 21 期。

（二）农村妇女在提升科学素质过程中推动乡村产业科技化

2006 年 12 月 12 日，全国妇联、中国科协发布《关于深入开展农村妇女科学素质教育工作的意见》后，广大农村妇女在参与"双学双比"（学文化、学技术、比成绩、比贡献）活动中接受科学素质教育，进而将之融入乡村产业生产经营之中。2010 年 1 月 20 日，教育部、全国妇联颁布《关于做好农村妇女职业教育和技能培训的意见》后，一批农村妇女接受中等职业教育和技能培训，尤其是一些女状元、女能手、女经纪人接受大专学历教育，努力将自己塑造成有文化、懂技术、会经营的新型女农民。2018 年 2 月，全国妇联《关于开展"乡村振兴巾帼行动"的实施意见》，特别列出了实施"农村妇女素质提升计划"，由此，一大批农村妇女接受了现代农业实用技术、电子商务、乡村旅游、手工制作等示范培训，参与乡村振兴的素质和能力不断增强。2019 年 1 月 17 日，中国科协、农业农村部颁发《乡村振兴农民科学素质提升行动实施方案（2019—2022 年)》，特别提出要"开展农村妇女科学素质培训"，强调大力开展农村妇女线上线下教育培训，因此，农村妇女的科学文化素质和科学致富能力不断提升。截至 2018 年，据不完全统计，全国妇联积极开展农村妇女培训，"妇联组织共帮助 2000 多万农村妇女脱盲，引导近亿名妇女参加农业新技术、新品种培训，帮助 150 万名妇女分别获得农业技术员职称和绿色证书"①。社会主义新农村建设和乡村振兴战略实施以来，参加职业技能培训的妇女不计其数，仅以人社部和山西省重点打造的劳务品牌——"天镇保姆"项目为例，"10 年间累计培训 3 万人，带动两万余人就业"②。随着农村妇女科学文化素质的普遍提高以及学科学、用科学的热情高涨，她们结合当地自然优势，运用农业实用技术，在农村一二三产业中发挥所长，成为科技致

---

① 耿兴敏：《全国妇联积极开展农村妇女培训：当好新型职业女农民成长"推进器"》，《中国妇女报》2018 年 11 月 14 日。

② 付明丽：《本领过硬，增收稳定》，《人民日报》2021 年 8 月 10 日。

富理念的传播者，新技术、新品种的推广者，推动农村一二三产业深度融合发展，唱响了"土里栽树子""四季卖果子""家里开馆子""就地进厂子""外出挣票子""青山变金子"的"六子致富经"①。

（三）农村妇女在追求经济效益过程中推动乡村产业规模化

一批农村妇女为了提高农业生产经营效益，突破以往农业生产小打小闹的经营模式，她们善创业、闯市场、下商海，为实现乡村产业规模化经营作出了诸多有益探索。

一是以专业合作社方式推动乡村产业规模化经营。一批农村女能人、专业女大户和龙头企业以优势产业和特色产业为依托，依靠政府引导、支持和服务，创办农村妇女专业合作社，以实现小农户小生产方式与大市场的对接，推进农业产业化、科技化、规模化经营。例如，2008年9月，最初由5个农家姐妹创办的"北京益农缘生态农业专业合作社"，2018年时已经发展为有350户成员的国家农民合作社示范社，该专业合作社以"妇字号"为引领，采用农村土地托管、农民培训基地和农村电商等经营模式，充分调动广大农村妇女姐妹的积极性，推动乡村产业规模化经营，争当脱贫攻坚巾帼标兵，在农村妇女中产生了良好的典型示范效应，先后获得"全国巾帼现代农业科技示范基地""全国巾帼建功先进集体"荣誉②。

二是以农业企业方式推动乡村产业规模化经营。一批农村妇女领办农业企业，以大手笔谋求大发展。例如，从农村走出来的鲁曼，在大学毕业后怀揣创业梦想回到农村养起火鸡，和丈夫携手创办江苏军曼农业科技有限公司，通过采取"龙头企业＋合作社＋家庭农场＋养殖大户"的运作模式，

---

① 《2018年度全国农民专业合作社发展典型十大案例》，《中国农民合作社》2019年第2期。

② 《2018年度全国农民专业合作社发展典型十大案例》，《中国农民合作社》2019年第2期。

形成集种植养殖、互联网销售、加工、研发、休闲观光为一体的田园综合体，累计带动周边 2000 多农户加入电商、养殖、种植、加工、手工艺品等产业链，促进农民年增收 1000 多万元，被人们称为"乡旮旯"里的致富状元。① 四川省阿坝藏族自治州小金县达维镇冒水村党支部书记陈望慧，依据当地的水土和气候，在玫瑰种植和深加工上下功夫，创办了清多香玫瑰专业合作社和夹金山清多香野生资源有限公司，采用"公司＋合作社＋农户＋基地"的绿色产业发展模式，带领全县近 3200 户农民种植玫瑰面积达 12560 亩……先后带动近 1100 户贫困户、276 户残疾人家庭实现脱贫增收，获评"全国脱贫攻坚奖奋进奖"②。

　　三是以电子商务方式推动乡村产业规模化经营。随着网络在农村的广泛普及，电子商务给农村农业生产经营带来了极大的便利，它不仅有利于农产品市场资源的优化配置，改变农村生产经营模式，节约生产及销售成本，而且有利于提高农村经营者的市场竞争力，提高农村地区人民的生活质量，更是为农村妇女就近就地创业就业提供了便利条件，成为农村妇女推动农业产业规模化经营的新路径。上至耄耋之年的农村老奶奶，下至豆蔻年华的农村女青年，都有机会凭借电商脱贫致富，推进乡村产业兴旺。例如，"全国脱贫攻坚奖奋进奖"获得者岳桂玲，领头成立莫旗鑫鑫源种植专业合作社，通过建立"合作社＋贫困户＋基地"的发展模式，打造绿色大豆深加工全产业链，构建"线上销售、线下加工"的产业销售平台，带动 500 多名妇女增收致富③。

---

① 《江苏省 4 人入选全国"巾帼新农人"创业典型案例》，2022 年 1 月 26 日，见 https://mp.weixin.qq.com/s/olgNj00uJT0WDtjRO-HPQQ。

② 国务院扶贫开发领导小组办公室、脱贫攻坚先锋系列图书编辑委员会编：《脱贫攻坚先锋：2019 年全国脱贫攻坚奖获奖先进个人事迹》，中国劳动社会保障出版社、中国人事出版社 2019 年版，第 95—100 页。

③ 国务院扶贫开发领导小组办公室、脱贫攻坚先锋系列图书编辑委员会编：《脱贫攻坚先锋：2019 年全国脱贫攻坚奖获奖先进个人事迹》，中国劳动社会保障出版社、中国人事出版社 2019 年版，第 107—112 页。

二、农村妇女事业发展有利于推进乡村生态宜居

乡村振兴，生态宜居是关键。以往农村基础设施普遍落后、生态环境普遍不佳是一个不可否认的事实，实施农村人居环境整治，"坚持山水林田湖草沙一体化保护和系统治理"[1]，打造生态宜居的美丽家园，是推进乡村振兴的重要抓手，是满足农民美好生活需要的重要一环。如今农村妇女积极参与农村人居整治行动，推动着乡村的生态宜居建设。

（一）农村妇女积极助力美丽家园建设

从社会主义新农村建设到乡村振兴战略实施，无论是"村容整洁"要求还是"生态宜居"要求，都与美丽家园建设息息相关。在各级妇联和政府相关部门的呼唤和引领下，农村妇女的爱美情愫得以激发，逐步转变在院墙周边随意堆放柴草、随意乱排污水、随意倾倒生活垃圾、随意放养牲畜家禽、随意施放农药化肥等不良生产生活习惯。许多妇女积极与村"两委"签订门前"五包"（即包净化、包绿化、包亮化、包美化、包秩序）责任书，自觉维护房前屋后的环境卫生，管护花草树木，营造整洁、美丽、舒适的乡村生活环境。例如，福建省南坪市政和县石屯镇石圳村的妇女们自发组织"巾帼美丽家园"建设理事会，自筹资金，自出劳力，挖掘当地得天独厚的水乡文化、女神文化、古商埠文化、市井文化、女性文化、民俗文化和绿色食品等特色，凭借自己的聪明智慧和勤劳双手将本村打造成"一山、二水、三殿、四巷、五坂"[2]集观光、休闲、采摘为一体的旅游村寨，成为"省级巾帼美丽家园"示范村，妇女们由此享有美丽家

---

[1] 习近平:《高举中国特色社会主义伟大旗帜　为全面建设社会主义现代化国家而团结奋斗——在中国共产党第二十次全国代表大会上的报告》，人民出版社 2022 年版，第50 页。

[2] 《美丽家园的巾帼建设者》，2014 年 3 月 28 日，见 http：//women.fjsen.com/2014-03/28/content_13774526.htm。

园守望者和建设者的赞誉。

（二）农村妇女积极进行美丽庭院建设

农村妇女长期生活在农村，对自家庭院寄托着美好希望。在上级关于"美丽家园建设"的号召和指引下，"美丽庭院"建设成为农村妇女参与乡村振兴活动的重要内容，村妇联主席和妇女小组长以身作则，带领妇女们纷纷开展布置家居、清洁家园、装饰美化、垃圾分类等活动，追求文明健康的生活方式。有的妇女小组长每月组织"在全村范围内进行一次'清洁家庭'评选"，"每月会组织起来帮助孤寡老人打扫一次家庭卫生"①，使庭院清洁工作落到实处。许多地方的农村妇女按照"四美""五净""五无""五有"标准建设"美丽庭院"示范户，以庭院美、居室美、厨厕美、家风美"四美"作为美丽庭院建设目标，积极按照室内"五净"（门窗净、地面净、床铺净、厨房净、厕所净）、院内"五无"（无柴堆、无粪土、无垃圾、无污水、无散养）、家中"五有"（有合理布局、有花草树木、有文化氛围、有家风家教、有生活品位）的标准进行美丽庭院建设，清扫垃圾，清除污水，清洁庭院，栽种树木，培植花草，设计建筑，装饰家居，努力让农家小院变成美丽温馨、舒适清新、乡愁浓厚、品位高雅的生活家园。

（三）农村妇女积极开展巾帼治水行动

我国仅拥有世界 6% 的淡水资源，是世界上 13 个贫水国之一，并且"江河湖泊整体污染严重""局部海域污染严重"，②地表水污染、地下水过度开采，不仅严重影响我国农业安全，而且严重危害人民的身体健康，防

---

① 陈义媛、李永萍：《农村妇女骨干的组织化与公共参与——以"美丽家园"建设为例》，《妇女研究论丛》2020 年第 1 期。

② 《2019 年我国水资源现状及污染状况》，2019 年 2 月 26 日，见 https://www.xianji-china.com/news/details_101069.html。

治水资源污染势在必行，农村妇女也积极参与。各地妇联开展"巾帼护河"行动，纷纷设立"巾帼治水岗"，组建"巾帼护河队""巾帼治水义务监督队""巾帼治水文明劝导队"等，充分发挥妇女们在治水、护水方面的智慧和力量，鼓励她们参与河道清淤、垃圾清理、河道保洁等工作，以实现水清、河畅目标，助力乡村振兴。例如，宁波市妇联组织开展"姐妹齐携手，清水护家园"[①]助力剿劣行动，农村妇女们组成河嫂观察团、剿灭劣V类水铁娘子队、老妈护水队、微家护水队等巾帼护水志愿者队伍，为建设天蓝、地绿、水清的生态宜居环境担当作为。

三、农村妇女事业发展有利于促进乡风文明和谐

乡村振兴，乡风文明是保障。在中国城市化快速发展、农村男性劳动力大量进城务工的背景下，广大农村妇女凭借其特有的勤劳、智慧和创新，在家庭和乡村社会中发挥着特殊的作用，成为乡风文明建设的主要依托和主导力量。

（一）农村妇女是乡土文化的守护者

文化是一个国家、一个民族的灵魂。党的二十大报告明确强调要"加强城乡建设中历史文化保护传承"[②]。农村是我国传统文明的发源地，乡村振兴不能丢掉乡土文化这个魂，否则，农村就会成为荒芜的农村、失魂的农村、记忆中的故园。乡土文化即指乡村带有浓厚地方色彩的物质文明和精神文明的总和，它表现为乡村特定地域里的历史地理、自然景观、古建遗存、民俗风情、语言文化、交往礼仪、传说故事、文物古迹、名人轶

---

① 宁波市妇联：《凝聚巾帼力量奏响农村发展"三部曲"》，《宁波通讯》2019年第5期。

② 习近平：《高举中国特色社会主义伟大旗帜　为全面建设社会主义现代化国家而团结奋斗——在中国共产党第二十次全国代表大会上的报告》，人民出版社2022年版，第45页。

事、村规民约、家族家谱、传统技艺、服饰建筑、古树古木等物质或非物质的形式，是教育后人、了解历史、凝聚人心、陶冶情操、净化灵魂的重要载体，是乡风文明的重要组成部分。改革开放以来，随着农村以男性为主体的劳动力外移，农村妇女成为维系农村生产生活的主体力量，正是她们在乡村的坚守，才使乡村的生产生活得以为继；正是她们通过祭祀祖先、规约劝诫、谨遵禁忌、待人接物、耕种劳动、技艺传授、歌曲舞蹈、节日庆典、婚丧嫁娶、梳妆打扮、餐饮制作等生动活泼的方式①，潜移默化地传承着乡村的历史与文化，才使乡土文化没有断根，才使乡村没有失魂，才使乡村以泥土般的厚重、自然、淳朴而又不乏温情的生存姿态在祖国大地显露勃勃生机。

（二）农村妇女是文明村镇的创建者

随着社会主义核心价值观对乡村精神文明建设的引领，农村妇女深受教育，她们以创建文明村镇为载体，纷纷为优化民风乡风、美化生态环境、活跃文化生活出谋划策，不断推动乡村从"一处美"向"一片美"、从"环境美"向"生活美"、从"外在美"向"内在美"进发。有的农村妇女集体讨论、认定一些说起来顺口、听起来悦耳、做起来顺心的村规民约，将社会主义核心价值观融入其中，使之成为大家反复实施、长期坚持、自觉遵循的文明意识和行为规范，涵养了文明乡风。例如，"赣南新妇女运动"充分调动了广大农村妇女的积极性，发挥了赣南妇女的主体作用，采取三句半、小品、歌舞等群众喜闻乐见的形式，形成了"清洁家园、夫妻和睦、孝敬老人、厚养薄葬、婚事俭办、科学教子、勤劳致富、勤俭持家、团结邻里、热心公益"②的良好风尚，为强化乡风文明和实现乡村全面振兴贡献着巾帼力量。再如，电视剧《女人的村庄》的主题曲《好一

---

① 兰东兴：《乡风文明是重要内涵》，《光明日报》2015 年 9 月 26 日。
② 陈义媛、李永萍：《农村妇女骨干的组织化与公共参与——以"美丽家园"建设为例》，《妇女研究论丛》2020 年第 1 期。

个女人家》中的歌词："男人不在家呀，愁坏了女人家，柴米油盐酱醋茶，坑上一把地一把""男人不在家呀，难不倒女人家，春雨秋风冬和夏，泥巴一把汗一把""双手撑起天，脚下遍地花""家里家外都是家，你家我家大国家，好一个女人家。"① 展现了农村妇女靠自己流汗、靠自己吃饭的自立自强精神，呈现了农村妇女勤劳、朴实的美德，体现了农村妇女邻里相助、顾家爱家的文明风貌，展示了农村妇女爱国爱家的家国情怀，是农村妇女助推文明乡风的真实写照。

（三）农村妇女是和谐家庭的营造者

家庭是社会最基本的细胞，农村家庭是乡风文明的重要载体，只有家家户户文明和谐，整个乡村社会才能形成文明风尚。"妇女特有的身心特点、生育和哺乳功能，决定了妇女在增进家庭和睦、科学养育后代、促进社会和谐方面具有天然的、不可替代的独特作用。"② 农村妇女素来对家庭有着深深的依恋和爱护，承担着较多的家庭义务和责任，家庭成为她们发挥独特优势的重要场所，她们利用家庭作为媒介，为营造和谐家庭殚精竭虑，在乡风文明建设中发挥着独特作用。一是关照老人。在社会主义核心价值观的引领下，在中华民族传统家庭美德的熏陶下，农村婆（公）媳关系日益改善，农村妇女大多能精心照料年老体衰公婆的衣食起居，关爱他们的身心健康，满足他们的情感需要，使他们老有所依，老有所乐。二是关爱丈夫。她们与丈夫不仅是生活上的伴侣，也是事业上的同志。农村妇女大多与丈夫同甘共苦、同舟共济、情投意合，共同创造和享受美好的家庭生活。留守妇女凭借手机、网络、通信等经常与丈夫沟通交流，关心他们的工作和生活，缓解彼此聚少离多的孤独感。三是爱护子女。她们承担着养育子女的责任，以和谐、文明的家庭

---

① 卜可：《好一个女人家》，见 http：//www.jianpu.cn/pu/29/292445.htm。
② 宋秀岩：《团结动员广大妇女为实现中国梦而奋斗——学习习近平总书记在同全国妇联新一届领导班子集体谈话时的讲话》，《求是》2014 年第 3 期。

美德陶冶子女的情操，帮助孩子形成美好心灵，使孩子健康成长，以良好家风带动良好乡村社会风气的形成。

四、农村妇女事业发展有利于推进乡村治理有效

乡村振兴，治理有效是基础。乡村治理作为国家治理的重要组成部分，其治理有效度与农村妇女的参与度密切相关，农村妇女对乡村治理的热情参与必将推进乡村治理有效的进程。

（一）农村妇女是农村民主管理的参与者

农村妇女是一个人员数量多、劳动强度较大、文化素质和政治参与偏低的特殊群体，她们中不仅蕴含着潜力无限的人力资源，而且蕴含着不可低估的政治智慧。基于此，做好农村妇女工作意义重大，但也绝非轻而易举之事。早在 1999 年 5 月，全国省、自治区、直辖市妇联主席工作会议就特别强调："我国妇女工作的重点在农村，难点也在农村，尤其是贫困地区……没有农村妇女的彻底解放，就没有全国妇女的彻底解放。"① 推动她们参与乡村治理成为促进农村妇女解放的重要内容，这不仅体现农村妇女解放的程度，而且能反映农村妇女这一群体的特殊利益和诉求，促进村级决策和管理的民主化和科学化。在民政部和全国妇联的一系列政策文件、讲话强调、典型示范、政策试验和项目推广等措施的有力推动下，农村妇女参与村级管理的工作取得了明显进展。

一是妇女积极参加村"两委"选举。一份关于闽西农村妇女参政议政的调研数据显示：在村"两委"换届选举之前，79.3%的女性会提前了解候选人情况；在村"两委"换届选举之时，83.6%的女性会认真参加选举

---

① 《艰苦奋斗，开拓创新，努力提高农村妇女工作的水平——彭珮云在全国省、自治区、直辖市妇联主席工作会议上的讲话（摘要）》，《中国妇运》1999 年第 7 期。

投票。① 可见多数农村妇女的民主选举意识较强，她们希望把德才兼备的村民选进村"两委"班子，为加强村级管理选好领头人。二是农村妇女进村委的比例逐步上升。据民政部基层政权和社区建设司的统计（经四舍五入处理）显示：2000 年全国村委会委员中女性的比例仅为 15.7%。2002年以前，农村村委会中的女主任比例一直在 1%左右徘徊。② 而"2018 年村委会成员女性所占比重为 24%"，"村委会主任中女性占比为 11.1%"。③最新数据显示："2022 年 5 月，全国 49.1 万个村班子顺利完成换届……妇女比例占 28.1%。"④ 她们以女性的智慧和力量在村级管理中发挥着不可或缺的作用，她们的温柔体贴、细致入微、谦和平顺、善解人意、说服力强等优势特长，有利于缓解矛盾、化解难题、友善关系，促进村民团结、乡村和谐。三是农村妇女纷纷开展议事活动。妇女议事作为村民议事协商的一种形式，在村妇联的指导下，妇女议事会有的"围绕村内家庭矛盾、邻里关系、老人赡养以及儿童照护等进行协调和处理"⑤，有的还就村内选举、低保户认定、环境治理、扶贫济困、权益维护、安全防护等进行讨论，彰显着妇女们的治理智慧。总之，无论是农村妇女积极参加村"两委"的选举或竞选进入村"两委"，还是进行妇女议事活动，都表明了男女平等观念在农村逐步深入人心，"男主外，女主内"的封建性别意识在农村明显淡化，农村妇女的民主管理意识在不断增强，农村妇女的管理潜能在不断显露，这些行为自然推进乡村治理有效。

---

① 张毅、陈阿卿：《闽西农村妇女参政议政现状及对策研究》，《龙岩学院学报》2019 年第 1 期。

② 李琴：《农村妇女参与村级治理的政策运行机制研究——基于奥斯特罗姆的 IAD 框架》，中国社会科学出版社 2015 年版，第 45 页。

③ 李秀萍：《2018 年村委会成员女性占比 24%》，《农民日报》2019 年 12 月 12 日。

④ 《全国村"两委"换届完成，妇女在村班子中占 28.1%，提高 7.1 个百分点，每个村班子至少有 1 名妇女成员》，《中国妇女报》2023 年 2 月 21 日。

⑤ 杨宝强、钟曼丽：《乡村公共空间中妇女的参与、话语与权力——基于鄂北桥村的跟踪调查》，《西北人口》2020 年第 1 期。

（二）农村妇女是法治乡村建设的推动者

推进法治乡村建设是加强和改进乡村治理的重要任务。改革开放以来，随着我国普法工作的广泛开展，农村的法治宣传教育逐步推进，农村妇女由此深受教育，尊法学法守法用法的自觉性不断增强。

一是一批农村妇女"法律明白人"活跃在农村。农村妇女是农村中的弱势群体，她们的土地权益、婚姻权益、财产权益、劳动报酬、人身安全等易受到侵犯。"法律进乡村""妇女法律宣讲进基层"等活动使她们的法律意识萌生，各地妇联组织开展的"做法律明白人"培训，让她们迎来了依法维权的春天。许多妇女参加了当地妇联组织的"做法律明白人"培训，自觉学习法律法规知识，领悟重点法律案例，请教解答疑难问题，法治意识和维权能力逐步上升，逐渐成为"法律明白人"。例如，近年来，江西省新余市妇联与司法部门联合，重点针对村妇联主席、执委等村妇联干部以及妇女组长进行法律素质培养，"把 414 名行政村妇联主席培养成'法律明白人'骨干，把 4106 名村妇联干部、妇联执委及渝铃村嫂培养成'法律明白人'"①。农村妇女"法律明白人"活跃在基层，不仅成为基层法律的宣传者，而且成为乡村矛盾的"灭火器"。她们与农村妇女朝夕相处，能够随时进行普法宣传，可以及时化解一些家庭矛盾和邻里纠纷，并且参与村级事务管理，依法维护妇女权益。

二是农村妇女依法维权意识不断增强。以往农村妇女的尊严和权益受到侵犯时，由于自身缺乏法律常识，对于如何维权感到力不从心，大多只得忍气吞声，"维权行为停留在非制度化方式上"②。改革开放以来，随着国家维护妇女权益相关制度的日益完善和普法教育在农村的大力推广，农

---

① 余一法、淦丹丹：《新余市培养妇女"法律明白人"助力法治乡村建设》，《新法制报》2020 年 7 月 22 日。

② 唐云红：《权利意识：转型时期农村妇女权利保护的支点》，《江西社会科学》2010 年第 2 期。

村妇女的依法维权意识不断增强。早在 2006 年，全国妇联进行的"全国农村妇女权益状况和维权需求调查"结果显示：农村妇女当权益受到侵害时，采用"直接找他说理"方式维权的达 50.9%，采取"向法院起诉或申请仲裁"方式维权的达 25.9%。① 如今，农村妇女的依法维权意识更加明朗。电影《秋菊打官司》和《我不是潘金莲》就展示了两位农村妇女倔强执着依法"讨说法"维权的情景，反映了农村妇女维权意识和维权能力的提升，对于净化农村社会性别环境，促进农村男女平等，推进村民学法用法，加强乡村法治建设等均有启示和促进作用。

（三）农村妇女是平安乡村建设的推进者

推进平安乡村建设、增强农民的安全感也是加强和改善乡村治理的重要任务，"大力推进农村社会治安防控体系建设，推动社会治安防控力量下沉"②，是推进平安乡村建设的重要举措。在平安乡村建设中，农村妇女发挥着不可忽视的作用。一是农村妇女经济地位的提升减少了矛盾纠纷。经济独立是妇女解放的先决条件。改革开放以来，农村妇女在农村经济社会发展中"超半效应"的彰显，有效提升了她们的经济地位、家庭地位和社会地位，夫妻因家庭经济原因争吵、打架或离婚的明显减少，邻里在经济上斤斤计较现象也明显减少，家庭和谐、邻里和睦日益增强，为乡村社会的平安和谐奠定了基础。二是农村妇女积极净化乡村社会风气。农村一度流行的黄、赌、毒使许多家庭深受其害，妇女们对之深恶痛绝；农村一度盛行的婚丧嫁娶大操大办，也使妇女们不堪重负。因此，她们特别支持政府对农村的扫黄、禁赌、禁毒行动，有的凭借自己对所在村庄黄、赌、毒窝点的熟悉和了解，积极为政府有针对性地进行打击献计献策。有的妇女参与村里的红白理事会，对简办红白事、抵制高价彩礼等提出倡议，对

---

① 杨维汉：《全国妇联调查显示：农村妇女维权意识进一步增强》，2006 年 11 月 21 日，见 http：//www.gov.cn/jrzg/2006-11/21/content_449532.htm。

② 《中共中央国务院关于实施乡村振兴战略的意见》，人民出版社 2018 年版，第 23 页。

红白事乱放烟花爆竹严加制止，对大吃大喝予以反对，为平安乡村建设默默奉献。三是农村妇女积极防治森林火灾。有的妇女自发组成"女子护林队"，喊出了"森林防火常年抓，保护森林靠大家"的宣传口号，打出了"不冒一股烟，不放一把火，不烧一棵树"的宣传横幅，为保护绿水青山摇旗呐喊。

第三章　乡村振兴战略视阈下农村妇女事业发展的现状探析

新时代实施乡村振兴战略，为农村妇女事业发展提供了新的契机和平台，也对她们的事业发展提出了更高的内在需求。那么，乡村振兴战略视阈下的农村妇女事业发展现状究竟如何？这是本章所要讨论和回答的重要问题。

第一节　乡村振兴战略视阈下农村妇女事业发展的调查概况

为了深化乡村振兴战略视阈下农村妇女事业发展问题研究，本课题组自 2018 年 7 月至 2021 年 8 月，通过问卷调查、实地访谈、资料搜集等形式对 28 个省（自治区、直辖市）的 118 个行政村部分农村妇女的事业发展与生活状况进行了调查，并将调查所得的原始数据及资料加以整理、分类、筛选，采用理论研究与实证研究相结合、案例分析与数据分析相结合、动态分析与静态分析相结合的"三结合"论证模式，力求全面客观地反映我国农村妇女生产生活与事业发展的现实状况。

一、调查地区

鉴于我国地大物博、幅员辽阔的实际状况，不同地区不同乡村的经济水平、民族风貌、风俗习惯、自然资源、文化底蕴等情况千差万别，课题组采取了分层抽样的方法，在 28 个省（自治区、直辖市）进行了抽样调查，分别是北京市、天津市、黑龙江省、吉林省、辽宁省、内蒙古自治区、山东省、山西省、河北省、河南省、安徽省、江苏省、上海市、浙江省、福建省、江西省、湖北省、湖南省、广东省、广西壮族自治区、海南省、重庆市、四川省、云南省、贵州省、陕西省、青海省、甘肃省。调查范围基本涵盖了全国的东部、西部、北部、南部和中部地区，能够客观地反映在经济发达、经济较发达、经济欠发达地区的农村妇女事业发展的实际状况，更有利于探寻不同地区农村妇女事业发展的共性与个性规律，从而更好地为乡村振兴战略视阈下农村妇女事业发展出谋划策。

二、调查内容

基于"乡村振兴战略视阈下农村妇女事业发展研究"的实际需要，本课题组在已有文献资料分析、实地走访调查、咨询相关专家的基础上拟定了问卷初稿。2018 年 7 月，课题组负责人指寻湖南科技大学"助力精准扶贫·服务乡村振兴"首届博士调研团及课题组部分成员，前往湖南省湘西土家族苗族自治州永顺县的部分村镇开展预调研。经过预调研检验，在听取各级妇联组织负责人、妇女研究领域的柜关专家学者、部分农村妇女代表的意见和建议的基础上，对调查问卷作了进一步修改，并确定了《农村妇女事业发展和生活状况调查问卷表》终稿，为课题研究的实地调查奠定了良好基础。

《农村妇女事业发展和生活状况调查问卷表》主要涉及 6 个维度：其一，个人、家庭情况。主要了解农村妇女的家庭地址、年龄、文化程度、子女数量、经济水平、自主学习、技能培训、政治面貌等内容。其二，性别、价值观念。基于社会性别视角，主要了解农村妇女对"男主外，女主内"、

"四自"意识、"独特作用"等性别文化的认知状况以及其家庭地位状况。其三，生产、家务状况。主要了解农村妇女从事行业类型、使用农业机械水平、承担家务农活、辅导子女水平、谋求工作难度等方面内容。其四，参政、权益情况。主要了解农村妇女的时政了解程度、政治参与状况、土地权益保护、自我保护意识等方面状况。其五，身体、情感状况。主要了解农村妇女的身体素质、妇科疾病、精神生活、夫妻关系、公婆关系、社会交往、业余活动等方面内容。其六，政府及妇联支持情况。主要了解各个调研地区政府及妇联组织对农村妇女事业发展支持力度、技能培训、政策优惠、制度安排等方面内容。

综上所述，本课题组关于农村妇女事业发展和生活状况调查的问卷设计，基本体现了新时代实施乡村振兴战略背景下农村妇女事业发展所面临的实际问题，更凸显了满足农村妇女对美好生活向往的价值旨归。经过 Stata 17.0 对该问卷的检验分析，结果表明：该问卷信度的内部一致性系数（即 kappa 系数）为 0.85，大于 0.75，该问卷信度很好，问卷设计科学合理，能够进行后续的分析与研究。

三、调查方法

一是问卷调查法。基于农村妇女科学文化水平、阅读理解能力参差不齐的情况，课题组成员在问卷调查时主要采取了自填式问卷调查法和访问式问卷调查法。针对科学文化素质较高、阅读理解能力较强的农村妇女，直接将调查问卷发至个人手中，待填写完成后收回。针对科学文化素质较低、阅读理解能力较弱的农村妇女，则通过"一问一答"的访问形式，根据被调查农村妇女的回答进行问卷填写。

二是访谈调查法。为了进一步搜集农村妇女事业发展的研究资料，课题组成员通过实地走访的形式对湖南省湘西土家族苗族自治州永顺县车坪乡、芙蓉镇、首车镇，湖南省宁乡市煤炭坝镇、双江口镇，湖南省韶山市杨林乡、清溪镇，甘肃省白银市会宁县头寨镇，重庆市梁平区新盛镇、文化镇、龙门镇，重庆市武隆区双河镇等地的女致富能手、村支部女书记、村妇女主任等农村妇女代表，围绕农村妇女生产经营、政治参与、就业创业、技能培训、精神生活、"三孩"生育等情况进行了访谈，以期深入了解农村妇女事业发展的现状。

三是实地考察法。通过实地考察湖南省湘西土家族苗族自治州永顺县车坪乡丰穗家庭农场、芙蓉镇小青柑创业项目，韶山市杨林乡桑葚种植基地，宁乡市煤炭坝镇"老菜农"巾帼现代农业科技示范基地、双江口镇稻虾养殖基地、历经铺街道南太湖社区童牧谷乡村振兴项目等，了解农村妇女事业发展的特色与优势、问题与困境，强化课题原始资料的实证分析与研究，进一步增强课题研究的客观性、科学性、实践性。

四、调查过程

第一，调查准备阶段。该阶段主要是搜集、查阅农村妇女事业发展的相关文献资料，拟定问卷初稿、抽样方案、调查规划等，对课题组调查人员进行培训。2018 年 7 月，课题组成员前往湖南省湘西土家族苗族自治州永顺县的部分村镇开展预调查，根据预调查结果进一步修改调查问卷。

第二，正式调查阶段。2018 年 12 月至 2021 年 8 月（其中 2020 年 1—6 月因疫情影响未外出调查），课题组成员及近 30 名在读本科生、硕士生、博士生利用寒暑假时间通过入户调查、集中调查、走访调查等方式对农村妇女事业发展及生活状况进行实地调查，同时课题组委托了 10 余位乡镇村干部、扶贫干部在当地协助调查。调查范围涉及国内 28 个省（自治区、直辖市）的 118 个行政村，共计发放《农村妇女事业发展和生活状况调查问卷表》4000 份，收回有效问卷 3309 份，有效问卷回收率为 82.73%。

调查期间，课题组调查员每天核实调查问卷，以便及时发现、处理问题，开展补充调查。

第三，资料整理阶段。为保证研究资料和数据的真实性、可靠性，将在各地调查所得的资料均统一回收。课题组负责人在数据整理前对编码和录入工作进行了系统培训，充分强调了数据整理工作应加倍仔细，切忌马虎。课题资料由课题组成员集中编码和录入，整理工作有条不紊，层层递进，确保录入工作万无一失。

第四，数据统计分析。课题组成员利用 Stata 17.0 统计分析软件，通过单变量描述统计、单因方差分析、双变量相关分析、因子分析、多元回归分析等多种分析方法，意欲建立农村妇女事业发展影响因素的实证研究模型，使课题研究结果更加科学合理，进而探寻农村妇女事业发展的制约因素，以期有针对性地提出乡村振兴战略视阈下农村妇女事业发展的新路径，为各级政府制定相关政策提供一定的理论支持和实践支撑。

第二节　乡村振兴战略视阈下农村妇女事业发展的现状考察

新时代实施乡村振兴战略，农村妇女迎来了事业发展的良好机遇。为了解她们的生产生活及事业发展的现实状况，课题组成员在通过发放《农村妇女事业发展和生活状况调查问卷表》进行调查研究的基础上，运用频数分析方法对农村妇女的个人、家庭情况，性别、价值观念，生产、家务情况，参政、权益情况，身体、情感状况，政府与妇联支持状况进行描述性统计分析，力求客观地呈现当下农村妇女生产生活和事业发展的现实状况。

一、农村妇女的个人与家庭实际状况

农村妇女事业发展的程度既与农村妇女的个人状况紧密相关，又与农村妇女的家庭状况密切相连。因此，了解农村妇女事业发展的实际状况，首要了解的是农村妇女的个人与家庭实际状况。关于这一问题，课题组主要围绕农村妇女的年龄、文化程度、孩子数量、公婆在世状况、丈夫工作状况、接受技能培训情况、每周学习和培训时间状况、家庭经济状况、留守农村的原因和家中拥有党员或者村干部任职状况展开调查，受访农村妇女的个人与家庭状况调查结果详见表 3-2-1：

表 3-2-1 农村妇女的个人、家庭情况（N=3309）

变量	取值	人数（人）	百分比（%）
年龄	18—30 岁	548	16.56
	31—40 岁	883	26.68
	41—55 岁	1349	40.77
	56—60 岁	529	15.99
文化程度	没有读过书	66	1.99
	小学	864	26.11
	初中	1229	37.15
	高中或职业中专	675	20.40
	大专	242	7.31
	本科	227	6.86
	研究生	6	0.18
孩子数量	暂无	322	9.73
	1 个	968	29.25
	2 个	1446	43.70
	3 个	405	12.24
	3 个以上	168	5.08

续表

变量	取值		人数（人）	百分比（%）
公婆在世状况	公公婆婆都在世		1559	47.11
	只有公公在世		377	11.39
	只有婆婆在世		713	21.55
	公公婆婆均不在世		660	19.95
丈夫工作状况	长期外出打工		1055	31.88
	在家务农		932	28.17
	白天外出打工晚上回家休息		1119	33.82
	不务正业，游手好闲		203	6.13
接受技能培训情况	从未接受过		1384	41.83
	1种		1055	31.88
	2种		554	16.74
	3种及以上		316	9.55
每周学习和培训时间状况	几乎没有时间学习		1609	48.63
	1—2小时		641	19.37
	3—4小时		415	12.54
	5—7小时		419	12.66
	8小时及以上		225	6.80
家庭经济状况	比较富裕		457	13.81
	略有结余		1230	37.17
	收支平衡		1250	37.78
	入不敷出		372	11.24
留守农村的原因	文化水平低进城难以找到工作	是	2273	68.69
		否	1036	31.31
	自愿与丈夫相守在农村	是	974	29.43
		否	2335	70.57
	丈夫外出，我在家既能照顾老人和小孩，又能从事农业生产经营	是	1236	37.35
		否	2073	62.65
	我愿意在农村干事创业	是	602	18.19
		否	2707	81.81
家中是否有党员或村干部	有		836	25.26
	无		2473	74.74

二、农村妇女的性别与价值观念状况

农村妇女的性别与价值观念是她们主体意识的具体体现，更直接反映她们追求事业发展、创造美好生活的精神状态。针对"农村妇女的性别与价值观念状况"，课题组主要了解了农村妇女对"男人应以社会为主，女人应以家庭为主""村民自治是男人的事，与妇女没有多大关系""作为一名农村女性，您是否想干事创业""男女在农村经济社会发展中的作用""农村妇女在家庭建设中的独特作用""家中的生产生活以及公共事务参与、人情往来由谁做主"等问题的观点和看法。受访农村妇女的性别与价值观念状况调查结果详见表3-2-2：

表 3-2-2　农村妇女的性别、价值观念（N=3309）

变量	取值	人数（人）	百分比（%）
是否赞同"男人应以社会为主，女人应以家庭为主"的说法	赞同	1014	30.64
	不赞同	2295	69.36
是否赞同"村民自治是男人的事，与妇女没有多大关系"的观点	十分赞同	267	8.07
	比较赞同	630	19.04
	不赞同	1948	58.87
	无所谓	464	14.02
作为一名农村女性，您是否想干事创业	农村女人也应该自尊、自信、自立、自强，走出家庭，开创自己的事业	1625	49.11
	农村女人的能力素质并不比男人差，应在乡村振兴中彰显巾帼不让须眉的风采	867	26.20
	农村女人做好相夫教子、侍候老人的事情就行了，挣钱养家主要是男人的事情	621	18.77
	"嫁汉嫁汉，穿衣吃饭"，女人依靠男人生活就行了	196	5.92

变量	取值		人数（人）	百分比（%）
男女在农村经济社会发展中的作用	妇女的作用大大低于男人		299	9.04
	妇女的作用略低于男人		966	29.19
	妇女能顶"半边天"		1846	55.79
	妇女的作用超过了男人		198	5.98
农村妇女在家庭建设中的独特作用	家务管理	是	1241	37.50
		否	2068	62.50
	教育子女	是	2321	70.14
		否	988	29.86
	侍候老人	是	1275	38.53
		否	2034	61.47
	协调亲朋好友关系	是	822	24.84
		否	2487	75.16
	培育良好家风	是	1264	38.20
		否	2045	61.80
	庭院建设	是	780	23.57
		否	2529	76.43
您家中的生产生活以及公共事务参与、人情往来由谁做主？	由我做主		220	6.65
	由丈夫做主		528	15.96
	我和丈夫共同做主		2561	77.39

三、农村妇女的生产与家务劳动状况

农村妇女的生产与家务劳动情况直接反映了她们在实施乡村振兴战略的背景下参与经济生活、承担家务劳动的现状，侧面反映了她们在"事业—家庭"中的现实表现。为了解这一情况，课题组主要围绕农村妇女所在村庄的农业机械化状况、承担的家务农活状况、在周边乡镇找工作的难易程度、农业生产经营状况、农闲之时的兼职状况、付出劳动是否获得了应有报酬、教育辅导孩子能力状况、操持农活家务的身心状况展开调查。受访农村妇女的生产与家务劳动状况的调查结果详见表3-2-3：

表 3-2-3　农村妇女的生产、家务情况（N=3309）

变量	取值		人数（人）	百分比（%）
所在村庄的农业机械化状况	耕田器	是	1492	45.01
		否	1817	54.91
	收割机	是	1648	49.80
		否	1661	50.20
	插秧机	是	871	26.32
		否	2438	73.68
承担的家务农活状况	耕种农田	是	1368	41.34
		否	1941	58.66
	侍候老人	是	1806	54.58
		否	1503	45.42
	管教孩子	是	2144	64.79
		否	1165	35.21
	喂养家禽（鸡鸭鹅等）	是	1154	34.87
		否	2155	65.13
	喂养牲畜（猪牛羊等）	是	778	23.51
		否	2531	76.49
	庭院建设	是	743	22.45
		否	2566	77.55
在周边乡镇找工作的难易程度	很容易		805	24.33
	比较容易		1035	31.28
	比较难		990	29.92
	很难		479	14.47

变量	取值		人数（人）	百分比（%）
农业生产经营状况	参加了农民专业合作社	是	534	16.14
		否	2775	83.86
	参与或经营了家庭农场	是	915	27.65
		否	2394	72.35
	参与或经营了家庭牧场	是	309	9.34
		否	3000	90.66
	经营了大规模种植业	是	367	11.09
		否	2942	88.91
	经营了大规模养殖业	是	190	5.74
		否	3119	94.26
	经营了农业企业	是	297	8.98
		否	3012	91.02
农闲之时的兼职状况	乡村旅游服务业	是	499	15.08
		否	2810	84.91
	乡村餐饮服务业	是	854	25.81
		否	2455	74.19
	幼儿园	是	446	13.48
		否	2863	86.52
	养老院	是	195	5.89
		否	3114	94.11
	周边企业打工	是	430	12.99
		否	2879	87.01
	开网店或做工艺品	是	392	11.85
		否	2917	88.15
付出劳动是否获得了应有报酬	劳动报酬对等		1144	34.57
	劳动报酬低廉		916	27.68
	少有劳动报酬		588	17.77
	没有劳动报酬		661	19.98

变量	取值	人数（人）	百分比（%）
教育辅导孩子能力状况	教育辅导孩子能力较好	683	20.64
	教育辅导孩子能力一般	1227	37.08
	教育辅导孩子能力较差	1399	42.28
操持农活家务的身心状况	身体舒适，心情愉快	722	21.82
	心情还好，身体较累	1539	46.50
	身体还好，心情较差	613	18.53
	身体疲惫，心情很差	435	13.15

四、农村妇女的参政与权益保障状况

新时代加强农村妇女政治参与和权益保障是推进农村基层治理体系和治理能力现代化建设的一项重要内容，也是衡量农村妇女事业发展程度的重要指标之一。为了解农村妇女的政治参与和权益保障状况，课题组主要围绕农村妇女对国家大事和村庄事务的关注情况、民主参与行为、村庄体现妇女地位的制度安排、土地承包经营和宅基地权登记情况、家庭安全状况、个人维权意识展开调查，真实地反映农村妇女在乡村振兴战略实施中的民主选举、民主决策、民主管理、民主监督的政治参与和权益保障的客观情况。受访农村妇女的参政与权益保障状况调查结果详见表3-2-4：

表3-2-4　农村妇女的参政、权益情况（N=3309）

变量	取值	人数（人）	百分比（%）
您对国家大事和所在村庄、乡镇的工作状况关注吗？	非常关注	491	14.84
	比较关注	1400	42.31
	偶尔关注	1062	32.09
	毫无兴趣	356	10.76

变量	取值		人数（人）	百分比（%）
您是否有以下民主参与行为？	民主选举	是	1857	56.12
		否	1452	43.88
	民主管理（村民议事会等）	是	727	21.97
		否	2582	78.03
	民主监督	是	613	18.53
		否	2696	81.47
	社会公益活动（捐款、无偿献血等）	是	820	24.78
		否	2489	75.22
	社会组织	是	386	11.67
		否	2923	88.33
您所在村庄有哪些体现妇女地位作用的制度性安排？	村党支部、村委会里至少有1名女干部	是	1420	42.91
		否	1889	57.09
	每个村民小组里至少有1名妇女组长	是	843	25.48
		否	2466	74.52
	丈夫不在家时，村里有事可由妻子表态	是	1161	35.09
		否	2148	64.91
	村委会每年至少召开1次妇女座谈会	是	683	20.64
		否	2626	79.36
	村妇联每年组织1次以上的妇女联谊活动	是	509	15.38
		否	2800	84.62
您所在村组是否将妇女的姓名加入土地承包经营、宅基地权证共有人栏目？	是		1628	49.20
	否		1681	50.80
当您的丈夫不在家时，您家的安全状况是？	很安全		1374	41.52
	比较安全		1715	51.83
	常遭外人偷盗		119	3.60
	家人常受到流氓地痞威胁		101	3.05

变量	取值	人数（人）	百分比（%）
当您的权益受到侵犯时，您的态度是?	依法维权	1711	51.71
	找村委会维权	1176	35.54
	找族人维权	231	6.98
	默不作声	191	5.77

五、农村妇女的情感与身体素质状况

俗话说，身体是革命的本钱。农村妇女的身心素质是其事业发展的重要保证。农村妇女如果没有良好的身心健康素质，其事业发展也将无从谈起。针对农村妇女的情感与身体素质状况，课题组主要围绕农村妇女的身体状况、患病状况、情感状况和夫妻关系状况、（公）婆媳关系状况、与外出务工的丈夫（视频）电话联系状况和相聚状况以及人际交往范围、人际交往关系、业余娱乐活动状况展开调查。受访农村妇女的情感与身体素质状况调查结果详见表 3-2-5：

表 3-2-5　农村妇女的身体、情感情况（N=3309）

变量	取值		人数（人）	百分比（%）
您的身体状况	非常健康		786	23.76
	比较健康		1155	34.90
	不太健康		1231	37.20
	疾病缠身		137	4.14
您是否患有下列疾病?	妇科病	是	1382	41.76
		否	1927	58.24
	肩周炎	是	767	23.18
		否	2542	76.82
	高血压	是	507	15.32
		否	2802	84.68

续表

变量	取值		人数（人）	百分比（%）
您是否患有下列疾病？	低血糖	是	392	11.85
		否	2917	88.15
	腰酸腿痛	是	1087	32.85
		否	2222	67.15
	心烦意乱	是	663	20.04
		否	2646	79.96
您的情感状况	非常孤独		290	8.76
	比较孤独		1017	30.74
	比较丰富		1102	33.30
	非常丰富		900	27.20
您与丈夫的关系状况	情投意合，关系和谐		1685	50.92
	相安无事，关系一般		1210	36.57
	各行其是，关系冷淡		280	8.46
	争吵不休，关系恶劣		134	4.05
您与公婆的关系状况	非常和谐		1228	37.11
	比较和谐		1465	44.28
	比较紧张		461	13.93
	非常紧张		155	4.68
您与在外务工的丈夫（视频）电话联系的频率	每天1次		1277	38.59
	2—3天1次		727	21.97
	4—5天1次		414	12.51
	1周联系1次		396	11.97
	2周联系1次		175	5.29
	基本不联系		320	9.67
您与在外务工的丈夫见面团聚的频率	1周1次		971	29.34
	半个月1次		506	15.29
	1个月1次		489	14.78
	2—3个月1次		387	11.70
	4—5个月1次		307	9.28
	半年及以上1次		649	19.61

变量	取值		人数（人）	百分比（%）
您的人际交往范围如何	很广，在省外有些朋友		239	7.22
	较广，在县内外有些朋友		937	28.32
	一般，在乡镇有些朋友		1118	33.79
	较窄，在村里有些朋友		783	23.66
	很窄，仅与亲戚和邻居来往		232	7.01
您的人际交往关系如何	关系文明和谐，交往密切，互相帮助		1720	51.98
	关系比较一般，有点交往，相安无事		1190	35.96
	关系相对冷淡，既不关心，也不帮助		282	8.52
	关系十分紧张，时有争吵，相互攻击		117	3.54
您经常参加的业余娱乐活动主要是?	跳广场舞	是	1104	33.36
		否	2205	66.64
	欣赏音乐或戏曲表演	是	960	29.01
		否	2349	70.99
	上网消遣	是	919	27.77
		否	2390	72.23
	打麻将或玩扑克牌	是	1048	31.67
		否	2261	68.33
	看电视	是	1029	31.10
		否	2280	68.90
	与人聊天	是	1489	45.00
		否	1820	55.00

六、政府及妇联组织的支持帮助状况

农村妇女事业发展离不开党和政府的大力支持，也离不开妇联等群团组织的得力引导。为了解政府及妇联组织对受访农村妇女事业发展的支持状况，课题组主要围绕县、乡镇政府对农村妇女个人创业的支持力度、妇联组织对农村妇女事业发展的支持情况、农村妇女享受相关优惠政策情况、妇联组织农村妇女开展活动情况等展开调查。政府及妇联组织对受访农村妇女事业发展的支持状况调查结果详见表3-2-6：

表 3-2-6　政府对农村妇女事业的支持状况（N=3309）

变量	取值		人数（人）	百分比（%）
您所在县、乡镇政府对妇女个人创业支持吗？	非常支持		831	25.11
	比较支持		1115	33.70
	基本没支持		723	21.85
	无任何支持		640	19.34
您所在乡镇的妇联为妇女事业发展做过哪些工作？	组织技能培训	是	979	29.59
		否	2330	70.41
	组织文体活动	是	1144	34.57
		否	2165	65.43
	组织妇科体检	是	1520	45.94
		否	1789	54.06
	组织心理疏导	是	418	12.63
		否	2891	87.37
	联系就业岗位	是	527	15.93
		否	2782	84.07
	维护妇女权益	是	771	23.30
		否	2538	76.70
您所在乡镇的妇女是否享受了以下政策支持？	劳动力转移培训政策	是	765	23.12
		否	2544	76.88
	创业贷款优惠政策	是	930	28.11
		否	2379	71.89
	新型农村合作医疗政策	是	1806	54.58
		否	1503	45.42
	最低生活保障政策	是	1256	37.96
		否	2053	62.04

续表

变量	取值		人数（人）	百分比（%）
您所在乡镇的妇女是否享受了以下政策支持？	住院分娩补助政策	是	870	26.29
		否	2439	73.71
	计生"两扶"奖励政策	是	1328	40.13
		否	1981	59.87
您所在乡镇村妇联组织农村妇女开展过下列哪些活动？	政治理论学习活动	是	1001	30.25
		否	2308	69.75
	"巾帼心向党，建功新时代"主题教育活动	是	1110	33.54
		否	2199	66.46
	"我与中国梦"主题教育活动	是	658	19.89
		否	2651	80.11
	优秀成功女性进农村巡讲活动	是	326	9.85
		否	2983	90.15
	"法律明白人"讲座活动	是	566	17.10
		否	2743	82.90
	"最美家庭"或"好媳妇""好妻子"评比活动	是	1526	46.12
		否	1783	53.88
	"送文化下乡"活动	是	1087	32.85
		否	2222	67.15

第三节　乡村振兴战略视阈下农村妇女事业发展的现实困难

调查结果显示：当前我国农村妇女事业发展较之过去整体呈现良好发展态势，她们的主体意识不断增强，政治地位不断提高，受教育程度不断提升，健康状况不断改善，社会保障水平不断提升，在推动农村经济社会发展中发挥着"超半效应"，在庭院建设、家庭教育、家风熏陶、舆情引领、氛围营造、第三产业等方面发挥了重要作用。尽管如此，当下她们也还不同程度地面临着文化水平、职业技能、身心素质、生产经营、就业创业、家庭建设、政治参与、人际交往、精神生活等方面的诸多现实问题，制约着她们发展事业的步伐和振兴乡村的进程。本节从新时代乡村振兴战略视角审视农村妇女事业发展的现实困难，从而探寻"农村妇女事业发展"与"乡村振兴战略实施"相互融合、共同发展的有效机制。

一、文化素质偏低，知识技能缺乏

2018 年中央一号文件《中共中央国务院关于实施乡村振兴战略的意见》明确指出："实施乡村振兴战略，必须破解人才瓶颈制约。要把人力资本开发放在首要位置。"[①] 党的二十大再次重申推动乡村人才振兴，并将其作为加快建设农业强国、全面推进乡村振兴的一大举措。教育改变命运，知识点亮人生。人才开发，根在教育。随着我国男女平等基本国策的提倡与贯彻，女性拥有与男性同等受教育的权利，保障女性受教育权成为保障女性平等权益的重要内容，保障女性受教育权具有"对新生人口身体素质的促进、对子女科学文化素质的促进、对女性职业地位与收入提升的促进、对社会经济增长的促进"[②] 等重要意义。农村妇女作为推动农村经济社会发展的主力军，承担了生产经营、家庭建设、乡村治理、文化传承、生态治理等主体责任，她们的受教育程度关系到自身职业地位的高低、子女教育的好坏、农村经济发展的快慢以及个人收入的多少，因此，提高农村妇女的受教育程度对于开发农村人力资源至为重要，对于推进乡村振兴战略实施意义重大。纵观农村妇女的科学文化素质状况，其情形不容乐观。

（一）科学文化素质偏低

长期以来，由于农村经济发展水平相对落后，加之农村"重男轻女"

---

① 《中共中央国务院关于实施乡村振兴战略的意见》，人民出版社 2018 年版，第 35 页。

② 林策：《保障我国女性受教育权的当代意义》，《理论观察》2019 年第 3 期。

思想比较严重，农村妇女受教育机会相对较少。毋庸置疑，近些年来随着义务教育在农村的逐步普及和大中专院校的扩招，农村女性受教育机会逐渐增多，受教育程度普遍提高，但一个不可忽视的事实是：文化程度较高的农村年轻女性大多向往城市生活，具有本专科及以上学历的农村女性大多在城市就业，具有高中、职业中专学历的农村年轻女性部分进城务工，驻守在农村的妇女整体文化水平仍不理想。本次调研数据显示：仅有小学文化的占 26.11%，初中文化的占 37.15%，高中及职业中专的占 20.40%，拥有大专学历者为数不多，仅为 7.31%，拥有本科学历者寥寥无几，仅为 6.86%，拥有研究生学历者则凤毛麟角，仅占 0.18%。（见表 3-2-1）

（二）技能培训程度较低

由于家务农活等烦琐冗杂的体力劳动占据了她们绝大部分时间，她们业余学习时间相对较少，加之其终身学习意识淡薄，自学能力较为欠缺，受访农村妇女中"每周用于参加培训和自主学习的时间"在 8 小时及以上的仅有 6.80%，5—7 小时的为 12.66%，3—4 小时的为 12.54%，1—2 小时的为 19.37%，几乎没有学习时间的高达 48.63%。不仅如此，她们接受专业技能培训的机会也不够，接受过一种技能培训的为 31.88%；接受过 2 种技能培训的为 16.74%；接受过 3 种及以上技能培训的仅有 9.55%，从未接受过技能培训者达 41.83%。（见表 3-2-1）

显然，当下农村妇女科学文化素质偏低，知识技能较为缺乏的现实困难既与"培养有文化、懂技术、会经营的新型农民"[1] 的乡村振兴人才建设目标不够协调，也难以为她们自身发展事业提供可持续的智力支撑。

---

[1] 习近平：《论"三农"工作》，中央文献出版社 2022 年版，第 96 页。

二、政治参与欠缺，政治权益弱化

妇女参政是我国妇女翻身解放的重要标志。农村妇女参政是我国农村社会进步的基本标志。农村妇女通过合法的方式或渠道直接或间接地参与村庄管理，依照宪法规定的政治权利而享有政治参与权、政治监督权、政治表达权等，不仅有利于促进农村民主政治的完善与发展，而且有利于她们凭借参政议政的舞台展示自我，发挥女性的聪明才智，使村民自治更能体现妇女群体的利益，使农村妇女的权益得到更好的保护，使她们的社会地位得到相应提升，这也是她们事业发展的重要体现。近些年来，各级政府出台了不少保障农村妇女政治参与权益的法律文件和政策措施，并取得了一定的成效，但政策措施的完善及执行不尽如人意，农村妇女参政仍存困难。

（一）农村妇女政治参与较为欠缺

一方面，受访农村妇女政治参与意识较为薄弱。调查对象中对"村民自治是男人的事，与妇女没有多大关系"观点尽管有 58.87% 的持"不赞同"态度，但对此持"十分赞同""比较赞同"和"无所谓"态度的高达41.13%。（见表 3-2-2）对国家大事和所在村庄、乡镇工作状况"非常关注"的仅为 14.84%，"比较关注"的为 42.31%，只是"偶尔关注"的达32.09%，还有 10.76% 的对此"毫无兴趣"。另一方面，受访农村妇女参与民主选举、管理及监督的比例不高。调研对象中参与"民主选举"的占56.12%，参与"民主管理（村民议事会等）"和"民主监督"的分别仅占21.97% 和 18.53%。（见表 3-2-4）可见，当下多数农村妇女还游离于民主管理、民主监督等政治参与行为之外。

（二）农村女性党员数量低于男性

新时代农村基层党组织建设关键在人，但农村女性党员的发展工作却并未得到足够重视。据《中国乡村振兴综合调查研究报告（2021）》相关数据显示：当前我国农村平均女性党员比例为19.18%。① 这既不利于优化农村基层党组织人才队伍、性别结构、领导班子等方面建设，还制约着农村基层党支部对农村妇女事业发展引领作用的有效发挥。在课题组调查过程中，不少受访农村妇女表示村党支部、妇联极少组织她们进行政治理论学习，她们主要是通过电视、手机等媒介了解国家大事。同时，农村基层党组织也不太注重从农村妇女中发展党员。因此，农村女性党员比例明显低于男性，这给基层女性领导干部的培养和选拔造成了一定的障碍。

（三）农村基层妇女干部比例偏低

由于我国广大农村地区长期受到"男尊女卑""男强女弱""男外女内""男主女从"等传统性别观念的影响以及女性党员人数较少等原因，使得农村妇女在村干部选举中获胜者较少。据《中国乡村振兴综合调查研究报告（2021）》相关数据显示：从地区划分来看，东部地区女性村支书占比为5.43%，中部地区为8.33%，西部地区为4.03%；从全国范围来看，男性担任村支书的比例高达94.77%，而女性仅占5.23%。② 可见，当前全国范围内农村基层党支部担任村支书的绝大部分仍是男性，农村政治话语权的掌握仍以男性为主导，农村妇女政治话语权弱化及政治地位边缘化现象仍较突出。尽管最新数据显示：截至2022年5月，"全国49.1万个村班子顺利完成换届……妇女比例占28.1%"③，但当下与《中国妇女发展纲

---

① 魏后凯、苑鹏、王术坤：《中国乡村振兴综合调查研究报告（2021）》，中国社会科学出版社2022年版，第306页。

② 魏后凯、苑鹏、王术坤：《中国乡村振兴综合调查研究报告（2021）》，中国社会科学出版社2022年版，第309—310页。

③ 《全国村"两委"换届完成，妇女在村班子中占28.1%，提高7.1个百分点，每个村班子至少有1名妇女成员》，《中国妇女报》2023年2月21日。

要（2021—2030 年)》中"村委会成员中女性比例达到 30%以上，村委会主任中女性比例逐步提高"① 的相关规定仍有差距。

（四）体现农村妇女地位作用的制度性安排不够完善

良好的制度安排可为农村妇女事业发展保驾护航。但是，只有35.09%的受访农村妇女表示"丈夫不在家时，村里有事可由妻子代表家里表态"；20.64%表示"村委会每年召开了 1 次及以上的妇女座谈会，听取妇女对村里建设的意见建议"；15.38%表示"村妇联每年三八妇女节、五一劳动节等节日期间组织了 1 次以上的妇女联谊活动"。（见表 3-2-4）可见，村里少有听取妇女的意见与建议，对农村妇女生活状况及其事业发展的关心关爱不够。

总之，当下农村妇女政治参与的欠缺、政治权益的弱化，制约着她们参政水平的提高，既不利于为农村妇女事业发展提供重要保障，也不利于乡村振兴战略中"治理有效"目标的实现。

三、经济权益受阻，就业创业碰壁

拓宽农村妇女就业渠道，搭建农村妇女创业平台，保障农村妇女经济权益，促进农村妇女增收致富，既是推动农村妇女事业发展的题中之义，又是带动农村妇女参与乡村振兴的内在要求；既是促进农村妇女实现共同富裕的重要手段，又是贯彻男女平等基本国策的必然选择。当前，随着我国脱贫攻坚取得全面胜利，农村妇女的经济权益状况整体呈现良好态势。但是，基于乡村振兴视角，仍还不同程度地面临着一些困难。

---

① 《国务院关于印发中国妇女发展纲要和中国儿童发展纲要的通知》，《中华人民共和国国务院公报》2021 年第 29 期。

（一）农村妇女土地承包经营权益保障不够到位

2018 年修订的农村土地承包法明确规定，"农户内家庭成员依法平等享有承包土地的各项权益，确保农村妇女平等享有土地承包经营权"①。这既是对农村妇女平等享有土地承包经营权的法律确认，也是对她们经济地位和社会地位的尊重。纵然如此，农村歧视、侵犯妇女合法土地权益的现象时有发生，待嫁女的土地承包经营权因农村"重男轻女"陋习而时常被削弱甚至取消，出嫁女的土地承包经营权时常因出嫁而得不到保障，离婚女的土地承包经营权时常因离婚而出现夫家、娘家"两头空"的情形，妇女在征地补偿款分配权以及集体福利享受权方面时常被打折扣。当问及调查对象"您所在村组是否将妇女的姓名加入土地承包经营、宅基地权证共有人栏目"时，只有 49.20％持肯定态度，另有 50.80％持否定态度。（见表 3-2-4）

（二）农村妇女劳动报酬低廉

劳动收入是农村家庭收入的最重要来源，且家庭男女两性劳动收入的多少与自身的经济地位、家庭地位与社会地位等密切相关。改革开放以来，农村妇女在农村经济社会发展中发挥了"超半效应"，然而，家庭联产承包责任制的家庭农业经营特点是统一核算家庭收入、统一进行收入分配，家庭内部少有按照个人贡献核算劳动报酬，家庭收入一般由男性家长掌管和支配，农村妇女尽管承担着劳作时间长、劳动强度大等农业生产、家庭副业的主体责任，但由于我国农户大多缺乏"家庭经营协议"②，她们的劳动时间、劳动付出及劳动价值难以得到明确体现，其劳动价值隐没在家庭总体收入之中。由于"家务劳动私人化""家务劳动边缘化""家

---

① 中华人民共和国国务院新闻办公室：《平等　发展　共享：新中国 70 年妇女事业的发展与进步》，人民出版社 2019 年版，第 17—18 页。
② 王国华：《日本农村妇女经济地位的实证分析》，《山东女子学院学报》2011 年第 3 期。

务劳动价值隐蔽化"，① 使得农村妇女所从事的生儿育女、侍候老人、庭院建设等家务劳动价值只是作为一种无处体现的隐形存在，致使其劳动获得感不足。当问及"您认为您付出的劳动是否获得了应有报酬"时，调查对象中只有 34.57% 认为"付出的劳动与获得的报酬对等"，65.43% 认为自身"劳动报酬低廉""家务劳动少有报酬体现""家务劳动根本没有报酬体现"。（见表 3-2-3）俗话说，万事开头难。农村妇女事业发展之初需要足够的经济支持，但农村家庭收入状况总体不佳，能够提供的经济支持较为乏力。课题组调查数据显示：受访农村妇女中家庭"比较富裕"的仅有 13.81%，"家庭收入支出后略有结余"或"经济收入勉强能维持家庭开支"的达 74.95%，还有 11.24%"经济收入不能维持家庭开支"。（见表 3-2-1）可见，农村妇女家庭收入较低与个人劳动报酬低廉的双重困境难免制约其事业发展。

（三）农村妇女就业创业渠道不够顺畅

一方面，就业机会较少。为了增加家庭收入，农村妇女在农闲之余、孩子上学之时，千方百计地就近寻找就业机会，但她们的求职之路相当艰难。当调查问及"您所在乡镇的妇女想在周边找工作的难易程度如何"时，24.33% 的农村妇女表示"周边企业较多，妇女找工作容易"；31.28% 表示"周边拥有为数不多的企业，有一定文化程度的妇女找工作比较容易"，这意味着文化程度较低的妇女找工作比较困难；44.39% 表示"周边的企业较少或很少，妇女找工作比较难或很难"。（见表 3-2-3）另一方面，创业渠道不畅。大多数农村妇女具备吃苦耐劳、踏实肯干的优良品质，能够主观上克服创业中遇到的艰难困苦，但是她们创业所需要的资金资助、技能培训、营销指导等客观外部资源的获取则异常艰难。尽管 58.81% 的受访对

---

① 焦雯雯：《马克思恩格斯的家务劳动社会化思想研究》，硕士学位论文，南华大学，2015 年，第 39—41 页。

象表示所在县、乡镇政府对妇女创业"非常支持或比较支持，给予了较多或一定的技能培训、资金资助、营销指导"，但仍有 21.85% 表示"基本没有支持，只是号召妇女创业，但没有实际支持的行动"，还有 19.34% 表示"没有听说过支持妇女创业的号召，更没有获得过任何创业支持"，并且只有 28.11% 表示所在县、乡镇为妇女提供了"创业贷款优惠政策"。（见表 3-2-6）

显然，农村妇女经济权益受阻，就业机会缺乏，创业之路艰难以及县、乡镇政府对农村妇女事业发展支持乏力的现状与乡村振兴战略中关于"加强扶持引导服务，实施乡村就业创业促进行动"[①] 的要求步调不够一致。

四、家务农活繁重，家庭事业冲突

农村妇女作为一个独立且特殊的女性群体，尽管科学文化水平总体不高，但经过改革开放新时期"男工女耕"分工模式的淬炼，加之深受"巾帼心向党，建功新时代"号召的鼓舞，在"乡村振兴巾帼行动"的引领下，也逐步确立起对个人事业的追求和美好生活的向往等人生目标。同时，女性天然的柔性思维和顾家情怀使她们仍然兼具较浓的家庭意识，难免面对多重角色交织冲突，陷入"家庭—事业"难以兼顾的窘境。

（一）角色身份冲突

当下，不少农村妇女希望跳出家庭的狭小圈子，脚踏实地、意气风发地发展自身事业，实现人生价值。调查对象中对于"男人应以社会为主，女人应以家庭为主"的说法持"不赞同"态度的达 69.36%，持"赞同"态度的仍有 30.64%。同时，49.11% 的受访对象认为"农村女人也应

[①] 《中共中央国务院关于实施乡村振兴战略的意见》，人民出版社 2018 年版，第 25 页。

该自尊、自信、自立、自强，走出家庭，开创自己的事业"，在乡村振兴中奋发有为，但也有 18.77% 持有"男主外，女主内"的观念，认为"农村女人做好相夫教子、侍候老人的事情就行了，挣钱养家主要是男人的事情"，还有 5.92% 抱定"嫁汉嫁汉，穿衣吃饭，女人依靠男人生活就行了"的观念，显露出较强的依附意识。多数受访对象充分肯定了自身价值，61.77% 认定在推动农村经济社会发展中"妇女能顶半边天"或"妇女的作用超过男人"，认为"妇女的作用大大低于男人"或"妇女的作用略低于男人"的只有 38.23%。（见表 3-2-2）与此同时，她们具有较浓的家庭利益价值取向，调查问及她们在农村主要劳动力向城市大量转移的背景下为何选择留在农村时，除少数人表示是因为"丈夫在村务农，自己愿与丈夫相守在农村"或"自己文化程度低，进城难找到工作"外，55.54% 是因为"既能照顾老人和小孩，又能从事农业生产及副业获取收入"和"愿意在农村干事创业"。（见表 3-2-1）基于农村妇女的事业观念调查，审视其多重身份角色，可见，目前她们一方面努力在推动农村经济社会发展中争做事业发展的"实干家"，另一方面，也仍然无法摆脱儿媳、妻子、母亲、女儿、妯娌等家庭角色的牵绊。

（二）家务农活繁重

在新时代城乡融合发展步伐加快的现实背景下，农村以男性为主的劳动力仍然向城市大量转移，农村"男工女耕"仍然是一道特殊的风景线，由此，"从夫居"的农村妇女仍然承担着农业生产、照顾子女、侍候老人等主体责任。调查数据表明：受访对象中，公公婆婆均在世的占 47.11%，公公婆婆一方在世的占 32.94%，公公婆婆均不在世的占 19.95%，她们之中 54.58% 表示要竭尽所能地"侍候老人"。家中只有 1 个孩子的占 29.25%，有 2—3 个孩子的达 55.94%，有 3 个及以上孩子的达 17.32%，她们之中高达 64.79% 表示主要由自己"管教孩子"。此外，41.34% 还在"耕种农田"，34.87% 还在"喂养家禽（鸡鸭鹅等）"，23.51% 还在"喂养牲畜

（猪牛羊等）"，22.45%承担了"庭院建设"的责任。管窥她们所在村庄的农业机械化状况，使用"耕田器"的占45.01%，使用"收割机"的占49.80%，使用"插秧机"的占26.32%。可见，农村妇女是一个劳动时间长、劳动强度高、劳动压力大的特殊女性群体。她们操持家务农活时，感觉"身体舒适，心情愉快"的仅为21.82%，感觉"心情还好，身体较累"的为46.50%，感觉"身体还好，心情较差"的占18.53%，感觉"身体疲惫，心情不好"的占13.15%，这与中共中央"提升农民群众获得感、幸福感、安全感"①的工作目标还有差距。（见表3-2-1、表3-2-3）

（三）家庭事业冲突

前已述及，农村妇女对自身事业有着强烈追求，许多人不满足于耕种几亩农田、喂养几只家禽等，逐步探索着由"小农经营模式"向"新型农业经营主体"转变。受访对象中16.14%参与了"农民专业合作社"，27.65%参与或经营了"家庭农场"，9.34%参与或经营了"家庭牧场"，16.83%经营了"大规模种植业或养殖业"，8.98%经营了"农业企业"。此外，许多农村妇女充分利用农闲之余从事一些季节性或短期性工作。例如，受访农村妇女中15.08%从事过"乡村旅游服务业"，25.81%从事过"乡村餐饮服务业"，19.37%从事过"乡村幼儿园或养老院"的某些工作（洗衣做饭、端茶送水等），12.99%会短期性到"周边企业打工"，11.85%从事过"开网店或做工艺品"等工作。（见表3-2-3）尽管如此，烦琐的家务劳动，沉重的农事活动已然耗费了她们大量的精力，加之农闲之余还要从事"兼职"劳动，难免会使她们力不从心，分身乏术，进而陷入"家庭—事业"的两难境地。

---

① 《中共中央国务院关于抓好"三农"领域重点工作确保如期实现全面小康的意见》，人民出版社2020年版，第2页。

五、文体活动贫乏，身心常存困扰

身体是革命的本钱，健康是快乐的基础。组织农村妇女开展丰富多彩的文体活动，有利于强健她们的身体、愉悦她们的心情、涵养她们的素质。可是由于农村公共文体项目投入不够、乡镇村妇联组织不力、农村妇女家务农活繁重等原因，事实上农村妇女的文体活动和身心健康情况并不理想。调研对象中只有34.57%表示乡镇、村妇联组织过妇女文体活动。（见表3-2-6）

（一）农村地区文体活动设施简陋寒碜

尽管多数农村地区设有新时代文明实践中心，并着意添置了一些健身和娱乐设备，但大多是老年人在娱乐休闲，健身设备也为数不多。有的农村虽然设有农家书屋，但书刊、报纸等种类为数甚少。当下，农村真正能够促进妇女强身健体、涵养精神的体育场馆、图书室、健身公园、歌舞剧场等基础设施建设还较为滞缓。

（二）农村妇女参加体育锻炼活动较少

一项关于1400户农村妇女体育发展现状的调查结果显示：32.6%的受访者表示每周参加体育活动的时间保持在30分钟到1小时之间，另有67.4%的表示每周参加2小时以上的体育运动。① 由于农村妇女农活家务繁忙、运动技能缺乏等原因，她们"最热衷的运动项目是早餐前或晚饭后散步"②，而农闲之余进行球类运动、田径运动等强度较大的体育锻炼者则寥寥无几，尽管广场舞也是她们锻炼身体的重要活动之一，但参加广场舞者也不到半数，调查对象中利用空余时间跳广场舞者约为33.36%。（见表

---

① 刘瑛：《农村妇女体育的发展困境及优化路径》，《广州体育学院学报》2019年第4期。
② 刘瑛：《农村妇女体育的发展困境及优化路径》，《广州体育学院学报》2019年第4期。

3-2-5）可见，农村妇女当下体育锻炼多呈现不规律、不固定等特点，其体育锻炼效果也不尽如人意。

（三）农村妇女参加高雅文化活动较少

女性身具独特性别优势。农村妇女应该能够在歌舞表演、戏曲表演、民歌吟唱等乡村非物质文化活动中彰显美貌与气质同在、才华与品德兼修的魅力风采。但调查结果显示：受访对象中，利用空余时间进行阅读书籍、唱歌跳舞、欣赏戏曲等与琴棋书画相关的高雅文化活动者较少，而打麻将、玩牌、看电视、扯家常、聊八卦、刷手机等成为她们业余文化活动的主要内容与方式。利用业余时间"欣赏音乐或戏曲表演"的占 29.01％，"上网消遣"的占 27.77％，"打麻将或玩扑克牌"的占 31.67％，"看电视"的占 31.10％，"与人聊天"的占 45.00％。（见表 3-2-5）显然，大多数农村妇女的业余文化生活简单通俗，高雅文化活动较为匮乏。

（四）农村妇女对于落后文化辨识不清

当前，不少农村妇女仍然深受封建、低俗等落后文化影响。有的封建迷信思想严重，建房看风水，生病去拜佛，外出去卜卦，思想笼罩在封建迷雾之中。有的攀比心理严重，尽管家里经济条件不好，红白喜事也要讲排场、摆阔气，生怕被别人瞧不起，哪怕欠债也在所不惜。有的不务正业，痴迷玩牌赌博，做着"不劳而获"的黄粱美梦。有的对网上八卦新闻好奇心重，对不实谣言信以为真，甚至有极少数农村妇女沉迷网络虚拟空间无法自拔。

（五）农村妇女疾病困扰现象较为突出

自 2009 年十一届全国人大二次会议将"在农村妇女中开展妇科疾

病定期检查"① 的规定写进《政府工作报告》以来，乡镇妇联定期组织农村妇女进行妇科病免费检查，对农村妇女妇科病筛查起到了积极的防治作用。即便如此，农村妇女的身心健康状况仍不尽如人意。她们大多处于亚健康状态，受一些常见疾病困扰。调查结果显示：41.76%的受访对象患有"妇科病"，23.18%患有"肩周炎"，15.32%患有"高血压"，11.85%患有"低血糖"，32.85%常常感觉"腰酸腿痛"，20.04%时常觉得"心情烦躁"。（见表3-2-5）可见，农村妇女整体健康状态与"健康乡村建设"② 目标不够协调。由于农村医疗资源相对欠缺，农村妇女医疗常识缺乏，她们尽管"惜命"，但更"惜钱"。因此，很少有人愿意主动自费定期进行常规体检或及时就医，"小病拖成大病、大病拖成重病"等现象屡见不鲜。

六、理想信念模糊，精神生活空虚

农村妇女的精神生活状态既反映了她们的生存生活状态和社会地位状况，又体现了新时代农村妇女的精神风貌，并对她们的事业发展、家庭生活以及乡村振兴产生重要影响。调研发现，农村妇女的整体精神生活状态并不乐观。

（一）人生信仰朦胧，常生迷糊感

农村妇女文化水平偏低，政治意识较弱，加上有的农村基层党组织、乡镇妇联作用发挥不够充分，对她们的思想政治引领不够，致使部分农村妇女对马克思主义理论学习不够，对共产主义理想领悟不深，对"三农"政策、乡村振兴战略等理解不透。一项关于19285名妇女思想

---

① 魏萍：《妇科疾病检查——写进了〈政府工作报告〉》，《中国卫生》2009年第4期。

② 《中共中央国务院关于实施乡村振兴战略的意见》，人民出版社2018年版，第27页。

政治状况的调查数据显示：农村妇女信仰宗教比例为 6.7%。[1] 显然，这既不利于强化农村妇女主体意识，又不利于农村妇女树立干事创业的坚定信念。此外，调查对象中关于农村妇女在家务管理、教育子女、侍候老人、协调亲朋好友关系、培育良好家风、庭院建设等家庭建设中的独特作用各执一词，认为在家庭建设其中之一能够发挥独特作用的高达43.26%，在家庭建设所有方面均能发挥独特作用的仅占 8.25%。可见，她们对"发挥妇女在社会生活和家庭生活中的独特作用"[2] 的认知水平还有待提升。

（二）夫妻聚少离多，常生孤独感

农村妇女特别是留守妇女的丈夫外出务工，使得夫妻常年聚少离多。由于相距甚远、经济拮据、工作繁忙等原因，调研对象中只有 29.34% 1周能与丈夫团聚 1 次，11.70% 2—3 个月与丈夫团聚 1 次，9.28% 4—5个月与丈夫团聚 1 次，还有 19.61% 半年或半年以上才与丈夫团聚 1 次。当前，互联网在农村的快速发展，智能手机在农村的迅速普及，在一定程度上缩短了农村妇女与丈夫的沟通距离，有效缓解了农村妇女的情感孤独状况，60.56%"1—3 天会与丈夫（视频）电话联系 1 次"，交流彼此的工作、生活、思想、家庭情况。但仍有部分农村妇女因为家务农活繁忙、情感交流意识不强以及沟通艺术不佳等原因，与丈夫缺乏有效沟通，17.26% 1—2 周才与丈夫（视频）电话联系 1 次，基本不与丈夫（视频）电话联系者达 9.67%。长时间的两地分居，稀疏的夫妻相聚，疏淡的交流沟通，致使 39.50% 受访农村妇女表示"非常孤独"或"比较孤独"。（见表 3-2-5）

---

[1]　姜耀辉、刘艺：《新时代妇女思想政治状况及其引领对策探讨——基于湖南 19285 名妇女的调查》，《湖南社会科学》2021 年第 2 期。

[2]　中共中央党史和文献研究院编：《习近平关于注重家庭家教家风建设论述摘编》，中央文献出版社 2021 年版，第 5 页。

（三）教育孩子吃力，常生无助感

农村妇女科学文化素质偏低，内心深感学历水平不高、专业技能不强、文化知识不足的谋生之艰辛，于是，殷切希望子女能够通过读书改变命运。"望子成龙，望女成凤""寒门出贵子"等共同愿望成为她们美好生活追求中不可分割的一部分。然而，她们中的绝大部分深感自身的知识储备、答疑能力、学习方法等难以适应当下子女素质教育的现实需要，无力应对变化、发展、创新的教育内容和模式。调查对象中只有 20.64% 表示"教育辅导孩子能力较好"，37.08% 表示"教育辅导孩子能力一般"，高达42.28% 表示"教育辅导孩子能力较差"。（见表 3-2-3）

显然，农村妇女常存迷糊感、孤独感以及无助感等情感心理状况，既不利于为自身事业发展提供足够的精神动力，更与乡村振兴战略中"提升农民精神风貌"① 的目标要求有差距。

七、交际范围较小，资源获取有限

马克思说："人的本质不是单个人所固有的抽象物，在其现实性上，它是一切社会关系的总和。"② 在他看来，人的本质、人的需要、人的发展都与人的交往有着密不可分的联系。交往既是人类自身生存的根本属性，也是维系各种社会关系、满足人自身发展需要的重要手段。纵观农村妇女社会交往状况，其情形仍不理想。

（一）农村妇女社交范围不广

"女性的交往程度决定其发展程度"③，农村妇女作为推动农村经济社

---

① 《中共中央国务院关于实施乡村振兴战略的意见》，人民出版社 2018 年版，第 16 页。
② 《马克思恩格斯选集》第一卷，人民出版社 2012 年版，第 139 页。
③ 金蕾：《交往与女性发展》，硕士学位论文，河南师范大学，2013 年，第 13 页。

会发展的主力军，其事业发展与社会交往紧密相关。"从基层上看去，中国社会是乡土性的。"① 因此，以往农村妇女的人际关系主要基于血缘、地缘而局限于父母公婆、兄弟姐妹、儿子女儿、街坊邻里等范围，进而从中获得相应的情绪价值、情感体验以及支持帮助。新时代，随着她们在农村经济社会发展中作用与地位的不断提高，很有必要突破以往狭小的交往范围，拓展交往领域，走出村庄，走出乡镇，走向全国，面向世界，赢得社会的支持帮助，广泛获得事业发展的资源。环顾农村妇女的人际交往状况，半数妇女交往范围还算正常，但也有部分妇女存在人际交往范围偏窄的情形。调查数据显示：7.22%的受访对象表示"交际范围很广，在省外有些朋友"，28.32%表示"交际范围较广，在县内外有些朋友"，33.79%表示"交际范围一般，在乡镇范围内有不少朋友"，23.66%表示"交际范围较窄，在村里有些朋友"，7.01%表示"交际范围很窄，仅与亲戚和邻居往来"。（见表3-2-5）可见，农村妇女的整体人际交往范围与乡村振兴战略中推动"构建农业对外开放新格局"② 的主张不够合拍。

（二）事业发展资源获取有限

社会交往范围对农村妇女及其事业发展固然重要，但影响更为深刻的则是其社会交往关系的质量以及信息、资金、技术等资源的获取。一方面，家庭关系构成农村妇女主要社会关系的重要维度。随着农村男性劳动力不断向城市转移，留守在农村的主要是妇女、儿童和老人。年老体衰的公婆期待儿媳的关心照顾，家务农活繁重的儿媳需要公婆的支持帮助，并且都希望子孙后代健康成长，由此，婆媳关系由过去的矛盾丛生关系逐渐向合作和谐关系嬗变。调查对象中与公婆"关系非常和谐"和"关系比较和谐"的高达81.39%，这就为她们事业发展营造了一个良好的家庭氛围。

---

① 费孝通：《乡土中国》，人民出版社2008年版，第1页。

② 《中共中央国务院关于实施乡村振兴战略的意见》，人民出版社2018年版，第12页。

当然，也有 18.61％显露出与公婆"关系比较紧张"和"关系非常紧张"，这种婆媳关系则不利于农村妇女事业发展。另一方面，邻里关系构成农村妇女主要社会关系的另一维度。她们与亲戚朋友、邻里乡亲农忙时互相帮助、农闲时互相联系，彼此关系也日益融洽。调查结果显示：51.98％的受访对象表示与亲戚朋友、邻里乡亲"关系文明和谐，交往密切，互相帮助"，35.96％表示"关系比较一般，相互有点交往，相安无事"，8.52％表示"关系相对冷淡，彼此既不关心，也不帮助"，还有 3.54％表示"关系十分紧张，彼此时有争吵，相互攻击"。（见表 3-2-5）不可否认的是当下农村妇女与公婆、亲戚、邻里的社会关系较过去文明和谐许多，能够为她们事业发展营造起良好的氛围。但"巧妇难为无米之炊"，农村妇女及其亲朋好友、街坊四邻毕竟长期囿于农村地区，因此，对于自身事业发展必需的信息、资金、技术、市场等资源获取极其有限。

第四章　乡村振兴战略视阈下农村妇女事业发展的制约因素

《中国妇女发展纲要（2021—2030年）》明确指出："积极发挥妇女在农村一二三产业融合发展和农业农村现代化建设中的作用。"①然而，由于社会、地方政府、家庭、自身等方面因素的影响，农村妇女的事业发展并非一帆风顺，面临着不同程度的发展困境。本章采用定性与定量相结合的分析方法，利用Stata 17.0对课题组调研所得的农村妇女事业发展相关数据进行实证分析②，旨在摸清农村妇女事业发展之"病根"，开出农村妇女事业发展之"良方"。

第一节　制约农村妇女事业发展的社会因素

每个人都生活在现实社会之中，其生存和发展都离不开现实社会，人的思想、观念、情感不可避免地受到社会关系、社会历史条件的影响，这

---

① 《国务院关于印发中国妇女发展纲要和中国儿童发展纲要的通知》，《中华人民共和国国务院公报》2021年第29期。

② 本章数据来源于本课题组2018年7月—2021年8月（其中2020年1—6月因疫情影响未外出调查）对农村妇女事业发展及生活状况进行实地调查所得的数据。并且，对存在破损污渍、模糊不清或数据存在缺失值、不知道、拒绝回答、不适用等现象的问卷进行筛选处理，最终得到用于本章研究的3309个有效样本。

些影响因素既包括促进人的发展的积极因素，也包括制约人的发展的不良因素。就我国农村妇女事业发展而言，其社会制约因素主要涉及传统性别文化、城乡二元结构、乡村社会治理等方面。

一、传统性别文化影响犹深

从社会性别视角来看，"男女有别"作为"传统性别文化"的现实表征，既是传统乡土社会中维持秩序的基点，又使男女之间存有无法逾越的鸿沟，导致男女之间的思想观念和行为方式产生了很大差别。特别是在信息较为闭塞、观念相对落后的农村地区，以"男主外，女主内"为代表的社会分工模式下的传统性别文化对农村妇女产生着较大影响。因此，将"您是否赞同'男人应以社会为主，女人应以家庭为主'的说法"作为该部分研究的核心解释变量（传统性别文化），"不赞同"赋值为0，"赞同"赋值为1。根据本书定义，农村妇女事业发展即农村妇女为了实现经济独立、思想独立、能力独立、人格独立，而从事的具有一定规模和系统的、对推动经济社会发展具有积极影响的经济、政治、文化、社会、生态活动的状态。这种状态是一种动态过程，不仅表现为农村妇女实际从事的具体生产经营活动的实然状态，还表现为她们对自身事业发展有着强烈追求与向往的应然状态。就两者关系而言，农村妇女事业发展的应然状态反映了自身事业发展意愿的强弱，为自身提供从事生产经营活动源源不断的内生动力和精神支撑。因而，将"作为一名农村女性，您是否想干事创业"作为该部分研究的被解释变量（农村妇女事业发展），农村妇女依靠男人生活赋值为1，农村妇女做好分内之事赋值为2，农村妇女素质不比男人差赋值为3，农村妇女走出家庭开创事业赋值为4。

为避免混淆因素对研究结论产生干扰、造成误差，此部分研究还引入农村妇女个人情况、家庭状况等层面可能影响研究结论的控制变量。其中，个人情况层面的控制变量主要包括年龄（18—30岁赋值为1，31—40岁赋值为 2，41—55 岁赋值为 3，56—60 岁赋值为 4。考虑到年龄与农村妇女事业发展可能存在倒 U 形关系，在后续研究中将年龄平方引入研究模型）、文化程度（没有读过书赋值为 1，小学赋值为 2，初中赋值为 3，高中或职业中专赋值为 4，大专赋值为 5，本科赋值为 6，研究生赋值为 7）、技能培训状况（从未接受过技能培训赋值为 1，接受过 1 种技能培训赋值为 2，接受过 2 种技能培训赋值为 3，接受过 3 种及以上技能培训赋值为 4）、每周自主学习时间（几乎没有时间学习赋值为 1，1—2 小时赋值为 2，3—4 小时赋值为 3，5—7 小时赋值为 4，8 小时及以上赋值为 5）、个人报酬状况（家务劳动根本没有报酬体现赋值为 1，所做家务劳动少有报酬体现赋值为 2，农产品销路不好劳动报酬低廉赋值为 3，付出劳动与获得报酬对等赋值为 4）、身体状况（疾病缠身赋值为 1，不太健康赋值为 2，比较健康赋值为 3，非常健康赋值为 4）；家庭状况层面的控制变量主要包括家庭经济状况（经济收入不能维持家庭开支即"入不敷出"赋值为 1，收入与开支基本平衡即"收支平衡"赋值为 2，收入支出家庭开支后略有结余即"略有结余"赋值为 3，比较富裕赋值为 4）、家庭党员和村干部情况（"无"赋值为 0，"有"赋值为 1）。

　　由表 4-1-1 的描述性统计结果可以看出传统性别文化中关于"是否赞同'男人应以社会为主，女人应以家庭为主'的说法？"的均值为 0.306，中位数为 0。可见，当下农村妇女关于"男主外，女主内"的传统观念大多持否定态度，这既与党和国家"男女平等"'妇女能顶半边天"等号召紧密相关，又与农村妇女充分发挥"超半效应"赢得社会和家庭地位密切相联。但也应当看到，仍有少部分农村妇女深陷传统性别观念之圈圈。农村妇女事业发展（创业意愿）均值为 3.185，中位数为 3，说明与过去相比她们对自我能力的认知、对自我地位的肯定有了明显进步，大多数农村妇女期望借乡村振兴战略实施之"东风"，燃起自身事业发展之"熊熊火焰"。年龄的均值为 2.562，中位数为 3，说明大部分农村妇女年龄阶段处于 31 岁至 55 岁青、壮年时期，事业发展意愿转化为事业发展行为的可能性比较大，样本个体的年龄分布合理。

表 4-1-1　传统性别文化与农村妇女事业发展的描述性统计结果

变量	均值	标准差	最小值	最大值	中位数	有效样本量
核心解释变量						
传统性别文化（男外女内）	0.306	0.461	0	1	0	3309
被解释变量						
农村妇女事业发展（创业意愿）	3.185	0.939	1	4	3	3309
控制变量						
年龄	2.562	0.947	1	4	3	3309
年龄（平方）	7.460	4.769	1	16	9	3309
文化程度	3.262	1.190	1	7	3	3309
技能培训状况	1.940	0.982	1	4	2	3309
自主学习时间	2.095	1.312	1	5	2	3309
个人报酬状况	2.769	1.127	1	4	3	3309
身体状况	2.783	0.853	1	4	3	3309
家庭经济状况	2.536	0.866	1	4	3	3309
家庭党员、村干部状况	0.253	0.435	0	1	0	3309

　　由传统性别文化与农村妇女事业发展的实证结果（表 4-1-2）可知，传统性别文化与农村妇女事业发展在 1% 的显著水平下呈负相关，说明农村妇女越认同以"男人应以社会为主，女人应以家庭为主"为代表的传统性别文化则越不利于自身事业发展，反之，则越有利于自身事业发展。从文化程度这一控制变量上看，文化程度与农村妇女事业发展在 1% 的显著水平下呈正相关，说明农村妇女文化程度越高，越有利于自身事业发展。这是因为，受教育程度越高的农村妇女不仅有良好的科学文化知识储备，还有更大的眼界、格局和气魄，这些均会对农村妇女追求事业发展产生重要影响。从中还可以瞥见，越不认同"男尊女卑""男强女弱""男外女内"等传统性别文化的农村妇女的积极性、主动性、创造性等主体意识更强，

对走出家庭、面向社会干事创业的意愿更强。更深层次地看，传统性别文化也会影响农村妇女的受教育程度、政治参与状况以及经济权益保障等，多重因素共同作用于农村妇女事业发展，对农村妇女追求事业进步有着重要影响。传统性别观念对中国农村影响犹深，时至今日，尽管中国特色社会主义已经进入新时代，但"男尊女卑""男强女弱""男外女内"等传统性别文化未在农村彻底根除，对农村妇女事业发展产生着不同程度的负面影响。具体体现在以下方面：

表 4-1-2　传统性别文化与农村妇女事业发展的实证结果

12. 您是否赞同"男人应以社会为主，女人应以家庭为主"的说法？			
被解释变量	农村妇女事业发展		
核心解释变量	回归系数	t 值	p 值	显著性
以不赞同为参考				
赞同	−0.464	−12.79	0.000	***
控制变量				
年龄	0.085	1.02	0.308	—
年龄（平方）	−0.018	−1.11	0.267	—
文化程度	0.142	10.12	0.000	***
技能培训状况	0.004	0.24	0.814	—
自主学习时间	0.016	1.17	0.242	—
家庭经济状况	−0.007	−0.38	0.707	—
家庭党员、村干部状况	0.116	3.36	0.001	***
个人报酬状况	0.055	3.82	0.000	***
身体状况	0.077	3.98	0.000	***
常数项（cons）	2.363	18.25	0.000	***
拟合优度（R-squared）	0.131			
F 统计量	51.48			
样本量	3309			

注：***$p<0.01$，**$p<0.05$，*$p<0.1$。

（一）传统性别文化造成农村妇女的科学文化水平不高

人均受教育年限"是衡量人力资源开发程度的重要指标"①。就农村妇女而言，她们的科学文化水平与受教育程度息息相关，受教育程度的高低既关系到推动农村经济社会发展动力源泉的大小，也关系到自身事业发展的强弱。她们的受教育年限不仅受到父母教育水平、家庭经济收入以及农村户口身份的制约，而且受到传统性别文化的影响。因此，仍然将"您是否赞同'男人应以社会为主，女人应以家庭为主'的说法"作为该部分研究的核心解释变量（传统性别文化），"不赞同"赋值为 0，"赞同"赋值为 1。将"您的文化程度"作为该部分研究的核心被解释变量（农村妇女受教育程度），"没有读过书"赋值为 1，"小学"赋值为 2，"初中"赋值为 3，"高中或职业中专"赋值为 4、"大专"赋值为 5，"本科"赋值为 6，"研究生"赋值为 7。同理，为避免混淆因素对研究结论产生干扰、造成误差，此部分研究引入农村妇女年龄、技能培训状况、自主学习时间、个人报酬状况、家庭经济状况、家庭党员和村干部状况因素作为控制变量（赋值同上）。

由表 4-1-3 的描述性统计结果可以看出农村妇女受教育程度（文化程度）的均值为 3.262，中位数为 3，说明当前农村妇女受教育程度大多停留在初中阶段，样本中个体的受教育程度分布合理。一方面，这与义务教育在农村普遍实施之前大部分农村妇女"大字墨墨黑，小字不认得"的"文盲"情形相比无疑是很大进步；另一方面，也应看到这与实施乡村振兴战略、加快实现农业农村现代化背景下培育知识型、技能型、创新型职业女农民的要求尚存差距。侧面也可以反映出，依靠低水平科学文化素质谋求自身事业发展的时代已成"过去时"，而依靠信息科学技术发

---

① 张海水：《中美劳动人口受教育程度的现状比较与启示》，《复旦教育论坛》2014 年第 1 期。

展数字农业、建设智慧乡村等是当前农村妇女事业发展的"进行时"，这无疑亟须她们加快转变传统观念、提高文化水平的步伐，助自身事业发展一臂之力。

表 4-1-3　传统性别文化与农村妇女受教育程度的描述性统计结果

变量	均值	标准差	最小值	最大值	中位数	有效样本量
核心解释变量						
传统性别文化（男外女内）	0.306	0.461	0	1	0	3309
被解释变量						
农村妇女受教育程度（文化程度）	3.262	1.190	1	7	3	3309
控制变量						
年龄	2.562	0.947	1	4	3	3309
年龄（平方）	7.460	4.769	1	16	9	3309
技能培训状况	1.940	0.982	1	4	2	3309
自主学习时间	2.096	1.312	1	5	2	3309
个人报酬状况	2.769	1.127	1	4	3	3309
家庭经济状况	2.536	0.866	1	4	3	3309
家庭党员、村干部状况	0.253	0.435	0	1	0	3309

由传统性别文化与农村妇女受教育程度的实证结果（表 4-1-4）可知，传统性别文化与农村妇女受教育程度在 1% 的显著水平下呈负相关，说明越赞同以"男人应以社会为主，女人应以家庭为主"为代表的传统性别文化则越不利于农村妇女受教育程度的提高。反之，说明农村妇女越不赞同"男人应以社会为主，女人应以家庭为主"，其受教育机会越大，越有利于提高自身的科学文化水平。但长期以来，在农村经济条件相对落后、农村家庭子女相对较多的背景下，许多农村父母受"嫁出去的女泼出去的水""女子无才便是德"等传统性别观念的影响，更倾向于把不够充足的家庭教育资源给予男性，而对女性的教育投资相对较少，农村女性受教育

机会与男性相比自然就小。这种对儿女教育投资厚此薄彼的现象在 20 世纪 80 年代末严格实行计划生育政策前表现得比较明显，以致农村妇女在家庭教育机会与资源获取上处于弱势地位。相关研究表明："女性的受教育机会更易于受到家庭背景的局限，出身于较差的家庭环境——特别是生长于农村或来自农民家庭——女性的受教育机会明显少于其他人。"[①]

表 4-1-4 传统性别文化与农村妇女受教育程度的实证结果

12. 您是否赞同"男人应以社会为主，女人应以家庭为主"的说法?			
被解释变量	农村妇女受教育程度		
核心解释变量	回归系数	t 值	p 值	显著性
以不赞同为参考				
赞同	−0.325	−8.31	0.000	***
控制变量				
年龄	−0.124	−1.21	0.228	—
年龄（平方）	−0.008	−0.40	0.689	—
技能培训状况	0.224	9.79	0.000	***
自主学习时间	0.159	9.05	0.000	***
家庭经济状况	0.152	6.58	0.000	***
家庭党员、村干部状况	0.282	6.36	0.000	***
个人报酬状况	0.035	2.09	0.037	**
常数项（cons）	2.417	16.69	0.000	***
拟合优度（R-squared）	0.202			
F 统计量	101.70			
样本量	3309			

注：***$p<0.01$，**$p<0.05$，*$p<0.1$。

计划生育政策和改革开放以来农村经济发展水平的不断提高为提升农

---

① 李春玲：《教育地位获得的性别差异——家庭背景对男性和女性教育地位获得的影响》，《妇女研究论丛》2009 年第 1 期。

村女性受教育程度提供了良好契机，近十年来女性受教育年限明显增长也是令人欣喜的事实，但农村女性受教育程度仍明显低于全国女性受教育的平均水平。2021 年发布的第四期中国妇女社会地位调查数据显示："18—64 岁女性受教育年限为 9.41 年……18—24 岁女性的平均受教育年限为 12.81 年……西部农村女性平均受教育年限为 7.44 年，比 2010 年增长 2.04 年，与东部农村女性平均受教育年限的差距由 2010 年的 0.9 年缩短为 0.61 年。"[①] 可见，即使在新时代，农村女性受教育年限也只是在 7.44—8.05 年间，尚未完全达到九年制义务教育的程度。世界银行《1991 年世界发展报告》指出："劳动力受教育的年限平均每增长 1 年，国内生产总值就可增加 9%。"[②] 受教育程度偏低使农村妇女在面对农业科技难关、生产经营难题时难免棘手，对国内生产总值的贡献率也六打折扣，自身的事业发展程度也会受到限制。当前，随着农村男性劳动力向城市的大量转移和农村家庭对子女教育的日益重视，农村妇女"相夫教子"的传统角色分工仍然存在，教育内卷和母职文化促使她们"承担了子女教育的陪伴者、协助者、设计者和执行者等不同角色"[③]，这种繁重且无薪酬的家庭教育劳动无疑挤压着农村妇女的事业发展空间。

（二）传统性别文化致使农村妇女的政治参与状况不佳

"政治参与是指普通公民通过各种合法方式参加政治生活，并影响政治体系的构成、运行方式、运行规则和政策过程的行为。"[④] 通过政治参与，公民能够在一定程度上实现个人的政治目标和政治愿望。总的来看，我国农村妇女的政治参与状况离理想目标尚有一定差距。这一问题的产生

---

① 《第四期中国妇女社会地位调查主要数据情况》，《中国妇女报》2021 年 12 月 27 日。

② 杨清：《读教育事业科学发展的"行军令"》，《大学（学术版）》2012 年第 8 期。

③ 郑新蓉、林玲：《女性教育与社会发展空间》，《山西师大学报（社会科学版）》2020 年第 5 期。

④ 王浦劬：《政治学基础》，北京大学出版社 1995 年版，第 207 页。

有多重原因，传统性别文化是其中的一个重要因素，其具体表现为"男权"社会长期影响而形成的具有"男权"色彩的传统性别文化对农村妇女政治参与造成了巨大影响。因此，将"您对'村民自治是男人的事，与妇女没有多大关系'这一观点持什么态度"作为该部分研究的核心解释变量（传统性别文化），不赞同赋值为 0，赞同（"无所谓""比较赞同""十分赞同"）赋值为 1。政治参与是农村妇女实现人生价值、发展个人事业的重要途径。将"您是否有以下民主参与行为"作为该部分研究的被解释变量（农村妇女政治参与），主要有民主选举投票、民主管理、民主监督、社会公益活动、社会组织五个方面，"否"赋值为 0，"是"赋值为 1，最后进行加权计算。同理，为避免混淆因素对研究结论产生干扰、造成误差，此部分研究引入农村妇女年龄、文化程度、技能培训状况、自主学习时间、家庭经济状况、家庭中党员和村干部状况、时政关注状况、身体状况因素作为控制变量。其中，时政关注状况（对国家大事和所在村庄、乡镇的工作状况"毫无兴趣"赋值为 1、"偶尔关注"赋值为 2、"比较关注"赋值为 3、"非常关注"赋值为 4）。其余控制变量赋值同上。

由表 4-1-5 的描述性统计结果不难发现，传统性别文化中关于"您对'村民自治是男人的事，与妇女没有多大关系'这一观点持什么态度"的均值为 0.411，说明样本中超过一半的农村妇女不赞同村民自治与妇女无关的说法。关于"您是否有以下民主参与行为"的均值为 1.331，中位数为 1，说明绝大部分农村妇女只有过民主选举投票、民主管理、民主监督、社会公益活动、社会组织其中一项的政治参与行为。

表 4-1-5　传统性别文化与农村妇女政治参与的描述性统计结果

变量	均值	标准差	最小值	最大值	中位数	有效样本量
核心解释变量						
传统性别文化 （村民自治与妇女无关）	0.411	0.492	0	1	0	3309

变量	均值	标准差	最小值	最大值	中位数	有效样本量
被解释变量						
农村妇女政治参与（民主参与行为）	1.331	0.980	0	5	1	3309
控制变量						
年龄	2.562	0.947	1	4	3	3309
年龄（平方）	7.460	4.769	1	16	9	3309
文化程度	3.262	1.190	1	7	3	3309
技能培训状况	1.940	0.982	1	4	2	3309
自主学习时间	2.096	1.312	1	5	2	3309
家庭经济状况	2.536	0.866	1	4	3	3309
家庭党员、村干部状况	0.253	0.435	0	1	0	3309
时政关注状况	2.612	0.866	1	4	3	3309
身体状况	2.783	0.853	1	4	3	3309

由传统性别文化与农村妇女政治参与的实证结果（表4-1-6）可知，以不赞同"村民自治是男人的事，与妇女没有多大关系"为参照，表示赞同（"无所谓""比较赞同""十分赞同"）与农村妇女政治参与在1%的显著水平下呈负相关。这充分说明农村妇女越不赞同"村民自治是男人的事，与妇女没有多大关系"等传统性别文化观念，则越有利于自身政治参与。具体来看：

表4-1-6　传统性别文化与农村妇女政治参与的实证结果

13.您对"村民自治是男人的事，与妇女没有多大关系"这一观点持什么态度？				
被解释变量	农村妇女政治参与			
核心解释变量	回归系数	t 值	p 值	显著性
以不赞同为参考				
赞同	−0.193	−6.08	0.000	***
控制变量				

续表

13.您对"村民自治是男人的事，与妇女没有多大关系"这一观点持什么态度？				
年龄	−0.062	−0.71	0.479	—
年龄（平方）	0.009	0.51	0.608	
文化程度	0.058	3.61	0.000	***
技能培训状况	0.070	3.66	0.000	***
自主学习时间	0.013	0.86	0.390	—
家庭经济状况	0.109	5.28	0.000	***
家庭党员、村干部状况	0.069	1.77	0.078	*
时政关注状况	0.146	7.48	0.000	***
身体状况	0.059	3.07	0.002	***
常数项（cons）	0.315	2.41	0.016	***
拟合优度（R-squared）	0.090			
F 统计量	26.28			
样本量	3309			

注：***$p<0.01$，**$p<0.05$，*$p<0.1$。

一是男性本位的性别观念干扰农村妇女的参政氛围。尽管以男性为本位的传统性别文化随着时代的发展在逐渐淡化，但其在文化氛围相对闭塞的农村仍占有一席之地。农村有不少人认为，男性勇敢、大胆、独立，可以顶天立地，女性懦弱、胆怯、顺从，遇事柔软脆弱；男性见多识广，女性视野狭窄。因此，农村地区流传着农村妇女"头发长，见识短"、农村妇女"离不开锅台，上不了讲台，登不上舞台"等性别偏见，给她们的政治参与带来了无形障碍。外界认为农村妇女的参政潜质和参政能力不足，不宜对其委以重任。不少农村妇女自身则认为自己天生不如男性，没有足够的勇气涉足长期由男性主寻的政治事务。二是"男主外，女主内"的性别分工观念压抑着农村妇女的参政潜力。"政治参与的发展有赖于一种公共生活的形成。"[①] 农村地区一直传承着"男主外，女主内"的性别分工模

———————

① 陶东明、陈明明：《当代中国政治参与》，浙江人民出版社1998年版，第164页。

式，男性主要活动于公共领域，从事社会性劳动为主，而女性却以家务性劳动为主，活动范围局限于私人领域。改革开放以来，随着农村男性劳动力大量向城市转移，农村男女的分工模式由以往的"男耕女织"演变为"男工女耕"，农村妇女的活动场域尽管大多从家庭拓展到了村庄及以外，但仍有人认为"农村妇女只适合负责家中的一些事务的管理，并不适合参与政务"①；有的认为农村留守妇女承担着家务农活的双重压力，没有更多时间和精力参政议政。列宁曾指出，"文盲是处在政治之外的"②。因传统性别观念导致的农村妇女受教育程度较低也是影响她们参政能力的因素之一。

（三）传统性别文化导致农村妇女的经济权益保障不足

在家庭场域内，受"男主女从"传统性别文化的影响，集中表现为男性在生产生活、公共事务、人情往来事宜等方面掌握绝对话语权，形成了女性对男性言听计从的家庭"一言堂"现象。因此，将"您家中的生产生活以及公共事务参与、人情往来由谁做主"作为该部分研究的核心解释变量（传统性别文化），"由丈夫做主"赋值为1，"我与丈夫共同决策"赋值为2，"由我做主"赋值为3。传统性别文化不仅影响着农村妇女的受教育程度和政治权益，而且影响着农村妇女的经济权益，主要体现为农村妇女的土地权益、家庭财产权益保障不足。因而，将"您所在村组是否将妇女的姓名加入土地承包经营、宅基地权证共有人栏目"作为该部分研究的被解释变量（农村妇女经济权益），"否"赋值为0，"是"赋值为1。同理，为避免混淆因素对研究结论产生干扰、造成误差，此部分研究引入农村妇女年龄、文化程度、技能培训状况、自主学习时间、家庭经济状况、妇女在农村经济社会发展中的作用、个人报酬状况作为控制变量。其中，妇女

---

① 袁欢：《村民自治视角下农村妇女政治参与问题研究》，硕士学位论文，黑龙江大学，2016年，第34页。

② 《列宁全集》第四十二卷，人民出版社2017年版，第210页。

在农村经济社会发展中的作用（"妇女的作用大大低于男人"赋值为1、"妇女的作用略低于男人"赋值为2、"妇女能顶'半边天'"赋值为3、"妇女的作用超过了男人"赋值为4）。其余控制变量赋值同上。

由表4-1-7的描述性统计结果可以知道"男主女从"传统性别文化影响下关于"您家中的生产生活以及公共事务参与、人情往来由谁做主"的均值为1.906，中位数为2，说明大部分农村妇女能够同丈夫一起参与家庭事务决策，这可能与农村妇女自身主体意识、家庭社会地位提升有关，也可能与农村大量男性劳动力进城务工导致对家庭事务决策缺位有关。关于"您所在村组是否将妇女的姓名加入土地承包经营、宅基地权证共有人栏目"的均值为0.492，说明在课题组的调研对象中，还有半数农村妇女未纳入土地承包经营、宅基地权证共有人栏目，这显然不利于保障农村妇女经济权益，也可能与农村地区盛行已久的"嫁出去的女，泼出去的水"等传统性别观念影响下农村妇女自动放弃财产继承、土地经营等有关。就"妇女在农村经济社会发展中的作用"而言，均值为2.587，中位数为3，说明大部分农村妇女对"妇女能顶'半边天'"持有较大认同，但值得一提的是她们对于在农村经济社会发展中发挥了明显的"超半效应"的自我认识尚不充分，这也是本书深入研究、阐释的关键问题之一。

表4-1-7 传统性别文化与农村妇女经济权益的描述性统计结果

变量	均值	标准差	最小值	最大值	中位数	有效样本量
核心解释变量						
传统性别文化（家庭事务决策）	1.906	0.466	1	3	2	3309
被解释变量						
农村妇女经济权益（土地承包经营等）	0.492	0.500	0	1	0	3309
控制变量						
年龄	2.562	0.947	1	4	3	3309

变量	均值	标准差	最小值	最大值	中位数	有效样本量
年龄（平方）	7.460	4.769	1	16	9	3309
文化程度	3.262	1.190	1	7	3	3309
技能培训状况	1.940	0.982	1	4	2	3309
自主学习时间	2.096	1.312	1	5	2	3309
家庭经济状况	2.536	0.866	1	4	3	3309
妇女在农村经济社会发展中的作用	2.587	0.737	1	4	3	3309
个人报酬状况	2.769	1.127	1	4	3	3309

由传统性别文化与农村妇女经济权益的实证结果（表 4-1-8）可知，传统性别文化与农村妇女经济权益有显著关系。其中，以"家中由丈夫做主"为参照，"家中由夫妻共同做主"与农村妇女经济权益在 1%的显著水平下呈正相关，"家中由农村妇女做主"与农村妇女经济权益在 5%的显著水平下呈正相关。这充分说明越不受"男主女从"传统性别文化影响，则越有利于提升农村妇女的家庭地位，越有利于农村妇女拥有家庭话语权，也越有利于保障农村妇女的经济权益。

表 4-1-8　传统性别文化与农村妇女经济权益的实证结果

17. 您家中的生产生活以及公共事务参与、人情往来由谁做主?			
被解释变量	农村妇女经济权益		
核心解释变量	回归系数	t 值	p 值	显著性
以家中由丈夫做主为参考			
家中由夫妻共同做主	0.076	3.20	0.001	***
家中由农村妇女做主	0.093	2.36	0.018	**
控制变量			
年龄	0.003	0.07	0.947	——
年龄（平方）	0.002	0.21	0.830	——
文化程度	0.011	1.36	0.173	——

17. 您家中的生产生活以及公共事务参与、人情往来由谁做主?				
技能培训状况	0.014	1.37	0.171	—
自主学习时间	−0.005	−0.67	0.502	—
家庭经济状况	0.042	3.98	0.000	***
妇女在农村经济社会发展中的作用	0.033	2.79	0.005	***
个人报酬状况	0.051	6.49	0.000	***
常数项（cons）	0.021	0.30	0.767	—
拟合优度（R-squared）	0.033			
F 统计量	11.73			
样本量	3309			

注：***$p<0.01$，**$p<0.05$，*$p<0.1$。

就农村妇女的土地权益来看，党和政府为保障她们的土地权益出台了相应的法律政策措施，2018 年修订的《中华人民共和国农村土地承包法》规定："土地承包经营权证或者林权证等证书应当将具有土地承包经营权的全部家庭成员列入。"[①]2022 年 10 月 30 日第十三届全国人民代表大会常务委员会第三十七次会议修订的《中华人民共和国妇女权益保障法》规定："妇女在农村集体经济组织成员身份确认、土地承包经营、集体经济组织收益分配、土地征收补偿安置或者征用补偿以及宅基地使用等方面，享有与男子平等的权利。"[②]可见，作为农村人口重要组成部分的农村妇女理应享有与男子平等的土地权益。土地承包权益是农村妇女最为重要的经济权利，并且"从土地承包权利衍生出的集体经济组织收益分配权、土地征用补偿利益等财产权益，也是广大农村妇女的主要经济来源和生活保

① 《中华人民共和国农村土地承包法》，《农村经营管理》2019 年第 2 期。
② 《中华人民共和国妇女权益保障法》，法律出版社 2022 年版，第 15 页。

障"①。然而，农村男尊女卑、父权家长制的传统性别观念根深蒂固，男娶女嫁"从夫居"的传统婚俗观念由来已久，传统惯俗使得部分农村妇女的土地权益难以保障，以往妇女在土地承包经营权证上没有名字的情况司空见惯，出嫁女时常"面临着娘家土地权利被剥夺、夫家土地权利只能完全依赖丈夫的双重损失局面"②，离异、丧偶而改嫁妇女遭受"净身出户"的情形也屡见不鲜。农村妇女土地权益的受损，既制约她们从事农业生产经营活动的积极性，"进而影响农业、农村发展"，又制约她们经济地位、家庭地位、政治地位的提升，"影响社会和谐稳定"。③

从农村妇女的家庭财产权益来看，其权益受损情形仍然存在。一方面，在"养儿防老""好女不念娘家饭""好女不穿娘家衣"等传统性别观念尚未斩草除根的农村，"父系继嗣、父系继承权以及从夫居婚姻"④ 的方式仍比较流行。尽管《中华人民共和国民法典》明文规定，继承权男女平等，但是许多农村家庭在"女儿不必为父母养老"的幌子下，无视女性同样拥有父母财产的继承权，"约定俗成"地将家庭财产或父母遗产交由各个儿子平等继承，少有甚至根本不予考虑女儿的财产分配。另一方面，农村妇女在婆家的财产权益保障也不尽如人意。改革开放以来，越来越多的农村妇女走出家庭的狭小天地，独立从事各式各样的社会职业。但是，许多农村妇女——尤其是留守妇女——仍然承担了农活和家务双重劳动，这种隐蔽在私人领域的劳动价值并未得到社会的直接认可，在缺乏家庭经营协议的情况下，一旦夫妻感情、婚姻破裂，她们则难以获得承担农活和家

---

① 马忆南：《以法律政策的制定和实施促进妇女权益保障》，《妇女研究论丛》2013 年第6 期。

② 夏江皓：《〈民法典〉离婚财产分割和离婚救济制度的法律适用——以保障农村妇女的合法权益为重点》，《华中科技大学学报（社会科学版）》2020 年第 4 期。

③ 刘灵辉：《"三权分置"法律政策下农村妇女土地权益保护研究》，《兰州学刊》2020 年第 5 期。

④ ［加］宝森：《中国妇女与农村发展——云南禄村六十年的变迁》，胡宝坤译，江苏人民出版社 2005 年版，第 256 页。

务劳动报酬的相应补偿。特别是在丈夫去世且没有子嗣的情况下，寡妇对丈夫的财产继承权也难以实现，尤其是寡妇改嫁后，公婆会接手家中财产，她们一份财产也得不到。"巧妇难为无米之炊"，农村妇女家庭财产权益受损，自然给她们的人身保障和事业发展带来羁绊。

二、城乡二元结构持续存在

城乡二元结构是指以城乡户籍制度为核心而造成的城市与乡村经济和社会发展存在显著差异的一种状态。这种差异状态不仅体现在城乡自然空间结构存在差异，也体现在城乡产业结构和经济结构存在差异，还体现在制度设置存在差异。在城乡二元结构的长期影响下，包含农村妇女在内的大量"农民无法平等享受城市市民所享受的经济、政治、社会和文化权利"[1]，从而制约着农村妇女的事业发展。

（一）城乡二元结构制约着农村妇女的就业创业

就业是民生之本，创业是就业之源。改革开放以来，随着农村家庭联产承包责任制的推行和强农、惠农、富农政策的实施，农业生产连年丰收，工农业产品价格和城乡土地价格的剪刀差在不断缩小，农村富余劳动力大量进城务工，农民生活水平日益改善，给城乡二元结构带来了很大冲击，这是不容否认的事实。尽管如此，城乡二元结构仍不同程度地影响着经济社会生活中的诸多领域，对广大农民的生产生活带来制度性障碍，给农村妇女的就业创业带来了诸多困扰。正因如此，不少有文化、有勇气、有胆识的农村妇女告别农家走进都市，由"面朝黄土背朝天"的农村妇女变成城市"打工妹"。不可否认，我国城镇化进程的不断加快，为"打工

---

① 张等文、陈佳：《城乡二元结构下农民的权利贫困及其救济策略》，《东北师大学报（哲学社会科学版）》2014 年第 3 期。

妹"进城务工就业提供了一个更大的平台。但是，城乡二元结构使她们的就业遭受与城镇居民"同工不同酬"的困扰也不容忽视。20世纪80年代由旧的二元体制演化而来的新的二元体制"通过计划与市场两种资源配置方式，以农村支持城市获取收益最大化为目标"①，以户籍身份为标识将城乡劳动力配置于不同的行业和领域，出身农村的"打工妹"大多被配置到工作环境较差、劳动强度较大、社会地位较低的行业，农业人口的社会身份使她们难以平等地享受到城镇居民享受的最低工资、就业培训、失业救济以及各种福利补贴。就改革开放以来农村大量的留守妇女来说，她们并非不愿与丈夫一道进城就业创业，只是城镇对农村女性就业的歧视、对农村小孩上学的排斥、对农民户口迁往城市的限制，无形中给她们进入城镇就业创业设置了层层关卡，加之耕种农田、照顾子女、赡养老人等实际需要，于是她们迫不得已留在农村，过着与丈夫聚少离多的生活，承担着生产经营和家庭建设的主体责任。即使她们想在村庄附近就业，但由于落后的经济水平、稀少的乡村企业、自身文化程度偏低等原因，她们获得就业机会比较困难，撑起一片创业天空更是难上加难。

（二）城乡二元结构制约着农村妇女的精神生活

美好的精神生活是促进人们事业发展的源泉和动力。"精神生活是指在一定物质生活基础上，人们为了满足自身精神需要而进行的精神活动及其精神状态。"②农村妇女的良好精神生活既表现在拥有健康良好、乐观向上的积极心态，又表现在拥有开心快乐、轻松自在的愉悦心情。但在城乡二元结构的影响下，城市妇女相对于农村妇女而言，她们接受教育机会更多、科学文化素质更高、自我排解能力更强、心理疏导服务更全，此

---

① 张雅光：《新时代城乡一体化发展的制度障碍研究》，《理论月刊》2021年第10期。

② 雷石山、廖和平：《乡村振兴战略视域下改善农村妇女精神生活的对策研究》，《湖南科技大学学报（社会科学版）》2021年第5期。

外，她们还可以通过专业健身、艺术鉴赏、公司团建等多种方式排解不良情绪。反观农村，一是农村妇女不能平等地享有教育权利。城乡二元结构使得政府在教育经费投入和教育资源分配上存在城乡差别，教育经费和教育资源优先向城市倾斜，农村教育则处于弱势地位，薄弱的农村教育资源更是倾向男性，农村女性受教育程度偏低的情形在所难免。二是农村留守妇女不能正常地享受夫妻生活。如前所述，农村妇女进城就业创业比较艰难，为改善家庭经济条件，大批农村妇女只得鼓励丈夫进城务工，自己则留守农村，与丈夫过着两地分居、聚少离多的孤独生活，精神孤独与不安全感常伴其身。三是农村妇女不能平等地享受文体生活。我国城乡公共文体服务设施资源供给呈现明显的二元化，政府对城乡文体设施投入不平衡。城市文体场馆比较齐全，而"就农村地区而言，目前其公共文体设施资源供给不足的矛盾日益凸显"①。尽管实施乡村振兴战略以来，乡村中修建了一些"美丽屋场"作为广场舞和简易健身设施场地，但体育馆、运动场、歌舞厅、报告厅等仍然十分稀少，农村妇女缺少像城市居民那样随处可以强身健体、愉悦身心的公共场所。

（三）城乡二元结构制约着农村妇女的社会保障

社会保障"指一切可以增进国民福利的，由政府主导的，以收入再分配为主要形式的社会公共服务政策"②，一般涉及社会保险、社会救济、社会福利、优抚安置和社会互助等内容。社会保障对于保障人们的基本生活和促进社会和谐稳定具有重要作用，也在一定程度上影响着人们的事业发展。在社会保障水平较高的情况下，人们干事创业才会减少后顾之忧。改革开放以来，随着我国经济社会的快速发展，公民社会权利保障日益朝着城乡融合方向发展。但在二元体制的长期影响下，我国城乡居民社会权利

① 姚应祥：《农村公共文体设施"建管用"长效机制建构研究》，《经济研究参考》2020年第23期。
② 张曼、杨燕绥、王巍：《论社会保障内涵》，《学术论坛》2010年第6期。

保障体系并没有完全统一，社会权利保障状况仍存明显差距，女性群体中城市与农村两类人群的社会权利实现程度差距较大。从社会保障资金筹集方式来看，城市的社会保障资金由居民个人、用人单位、国家三方共同承担，而农村社会保障资金的筹集采取"个人缴费为主、集体补助为辅的形式"[1]。农民在社保费用中的承担比例比城市居民高，而农民的收入整体上比城市居民低，这就影响了农民参保的积极性。农村妇女的劳动报酬普遍低廉，其参保力度低就可想而知。从社会保障项目来看，城市已形成了较完善的社会保障制度体系，社会保障项目较为全面，而农村社会保障制度建设仍处于初级阶段，社会保障项目少于城市[2]，如城镇女职工生育后可以带薪休假，而农村妇女则无类似待遇。从养老保障水平来看，城镇女职工退休后享受的退休金远高于农村妇女获得的养老金，例如，"2019 年全国城乡居民基本养老保险的养老金最低为 106 元每月，企业离退休人员月人均养老金在 3000 元左右"[3]。"城镇医疗保障设施较农村更为健全"[4]，农村居民获取优质医疗资源的机会远不如城镇居民。总之，农村的社会权利保障整体上弱于城市，农村妇女实质获得的社会权利保障水平也就总体上低于城市妇女，这会直接影响她们的生活质量和身心健康，进而制约她们的事业发展。

三、乡村社会治理任务犹难

安定有序的乡村社会环境、和谐文明的乡村社会面貌是农村妇女事业

---

① 樊红霞：《城乡统筹视角下社会保障实践路径研究》，《改革与战略》2017 年第 10 期。

② 樊红霞：《城乡统筹视角下社会保障实践路径研究》，《改革与战略》2017 年第 10 期。

③ 蒲新微、王子新：《社会权利视角下女性公民社会保障问题研究》，《吉林师范大学学报（人文社会科学版）》2021 年第 2 期。

④ 陈琼子、夏聪明：《我国社会保障水平城乡差异及统筹思路简析》，《蚌埠学院学报》2019 年第 6 期。

发展的重要条件和保障，而这一切离不开有效的乡村社会治理。"坚持自治、法治、德治相结合"①是实现乡村治理有效的前提和保证。依据民主治理、法治治理、以德治理的现代"善治"治理逻辑，审视我国的乡村社会治理情况，总体来看，治理模式不断完善，治理成效也较明显。即便如此，也还存在不少薄弱环节，在一定程度上对农村妇女的事业发展产生着不利影响。因此，将"您所在村里有哪些体现妇女地位作用的制度性安排"作为此部分研究的核心解释变量（乡村社会治理），主要涉及村党支部、村委会里至少有 1 名女干部；每个村民小组里至少有 1 名妇女组长；丈夫不在家时，村里有事可由妻子代表家里表态；村委会每年至少召开 1 次妇女座谈会，听取妇女对村里建设的意见建议；每年三八妇女节、五一劳动节等节日期间，村妇联都组织了 1 次以上的妇女联谊活动，选择"否"赋值为 0，"是"赋值为 1，最终加权计算。如前所述，将"作为一名农村女性，您是否想干事创业"作为该部分研究的被解释变量（农村妇女事业发展），赋值同上。此外，为避免混淆因素对研究结论产生干扰、造成误差，此部分研究引入农村妇女年龄、文化程度、技能培训状况、自主学习时间、家庭经济状况、家庭中党员和村干部状况、所在村庄农业机械化状况作为控制变量。其中，所在村庄农业机械化状况涉及耕田器、收割机、插秧机，选择"否"赋值为 0，"是"赋值为 1，最终加权计算。其余控制变量赋值同上。

由表 4-1-9 的描述性统计结果可以看出乡村社会治理关于"您所在村里有哪些体现妇女地位作用的制度性安排"的均值为 1.395，中位数为 1，说明大部分农村妇女所在村庄的体现妇女地位的制度性安排为 1 项，完善乡村社会治理、促进妇女事业发展还有较大提升空间。

---

① 《中共中央国务院关于实施乡村振兴战略的意见》，人民出版社 2018 年版，第 19 页。

表 4-1-9　乡村社会治理与农村妇女事业发展的描述性统计结果

变量	均值	标准差	最小值	最大值	中位数	有效样本量
核心解释变量						
乡村社会治理（制度性安排）	1.395	1.019	0	5	1	3308
被解释变量						
农村妇女事业发展（创业意愿）	3.185	0.939	1	4	3	3309
控制变量						
年龄	2.562	0.947	1	4	3	3309
年龄（平方）	7.460	4.769	1	16	9	3309
文化程度	3.262	1.190	1	7	3	3309
技能培训状况	1.940	0.982	1	4	2	3309
自主学习时间	2.096	1.312	1	5	2	3309
家庭经济状况	2.536	0.866	1	4	3	3309
家庭党员、村干部状况	0.253	0.435	0	1	0	3309
所在村庄农业机械化状况	1.212	0.875	0	3	1	3309

　　由乡村社会治理与农村妇女事业发展的实证结果（表 4-1-10）可知，乡村社会治理（制度性安排）与农村妇女事业发展在 1% 的显著水平下呈正相关，说明农村妇女所在村庄体现妇女地位作用的制度性安排越完善，则对农村妇女的生活状况、社会地位等越重视，越有利于促进农村妇女事业发展。然而，纵观当下推进农村社会治理、促进农村妇女事业发展的状况，还有不少问题亟须解决。

表 4-1-10　乡村社会治理与农村妇女事业发展的实证结果

28.您所在村里有哪些体现妇女地位作用的制度性安排？			
被解释变量	农村妇女事业发展		
核心解释变量	回归系数	t 值	p 值	显著性
乡村社会治理（制度性安排）	0.042	2.91	0.004	***

28.您所在村里有哪些体现妇女地位作用的制度性安排?			
控制变量			
年龄	0.111	1.29	0.196	—
年龄（平方）	−0.026	−1.53	0.126	—
文化程度	0.173	12.20	0.000	***
技能培训状况	0.017	0.93	0.354	—
自主学习时间	0.019	1.40	0.163	—
家庭经济状况	0.021	1.05	0.295	—
家庭党员、村干部状况	0.094	2.65	0.008	***
所在村庄农业机械化状况	0.058	3.34	0.001	***
常数项（cons）	2.251	17.94	0.000	***
拟合优度（R-squared）	0.077			
F 统计量	36.49			
样本量	3308			

注：$***p<0.01$，$**p<0.05$，$*p<0.1$。

（一）村民自治不够理想有损农村妇女的政治权益

村民自治制度是广大农民群众直接行使民主权利，依法实行自我管理、自我教育、自我服务的一项基本政治制度，它在乡村治理体系中处于基础性地位，强调发挥农民主体作用，保障农民政治权益。因此，将"您所在村里有哪些体现妇女地位作用的制度性安排"作为此部分研究的核心解释变量，将"您是否有以下民主参与行为"作为该部分研究的被解释变量（农村妇女政治参与），赋值同上。此外，为避免混淆因素对研究结论产生干扰、造成误差，此部分研究引入农村妇女年龄、文化程度、技能培训状况、自主学习时间、家庭经济状况、家庭中党员和村干部状况、所在村庄农业机械化状况作为控制变量，赋值同上。

由表4-1-11的描述性统计结果不难发现体现妇女地位的制度性安排和农村妇女政治参与处于较低水平。尽管农村妇女也属于村民自治中可以参与村务管理的重要主体，然而，由于当下"村民自治存在主体错位、规范缺失、内生动力不足等问题"①，她们的参政权益未能得到有效保障。

表 4-1-11　村民自治与农村妇女政治参与的描述性统计结果

变量	均值	标准差	最小值	最大值	中位数	有效样本量
核心解释变量						
村民自治（制度性安排）	1.395	1.019	0	5	1	3308
被解释变量						
农村妇女政治参与（民主参与行为）	1.331	0.980	0	5	1	3309
控制变量						
年龄	2.562	0.947	1	4	3	3309
年龄（平方）	7.460	4.769	1	16	9	3309
文化程度	3.262	1.190	1	7	3	3309
技能培训状况	1.940	0.982	1	4	2	3309
自主学习时间	2.096	1.312	1	5	2	3309
家庭经济状况	2.536	0.866	1	4	3	3309
家庭党员、村干部状况	0.253	0.435	0	1	0	3309
所在村庄农业机械化状况	1.212	0.875	0	3	1	3309

由村民自治与农村妇女政治参与的实证结果（表 4-1-12）可知，村民自治与农村妇女政治参与总体上呈显著相关，农村妇女所在村庄无论是有 1 项、2 项，或 3 项、4 项、5 项体现妇女地位作用的制度性安排，与农村妇女政治参与在 1% 的显著水平下均呈正相关，也说明村里体现妇女作用的制度越完善，则越重视农村妇女的参政作用，越有利于促进农村妇女参与村庄公共事务管理等政治行为。尽管如此，当前我国农村妇女参政状况仍然堪忧。

---

① 王勇：《村民自治的规范与法理——兼论村民自治规范体系的完善》，《法制与社会发展》2022 年第 4 期。

表 4-1-12　村民自治与农村妇女政治参与的实证结果

28. 您所在村里有哪些体现妇女地位作用的制度性安排？			
被解释变量	农村妇女政治参与		
核心解释变量	回归系数	t 值	p 值	显著性
以一项都没有为参照				
1 项	0.452	9.19	0.000	***
2 项	1.071	15.99	0.000	***
3 项	1.429	14.45	0.000	***
4 项	1.844	15.08	0.000	***
5 项	2.115	13.22	0.000	***
控制变量				
年龄	−0.043	−0.56	0.574	—
年龄（平方）	0.004	0.25	0.806	—
文化程度	0.044	3.29	0.001	***
技能培训状况	0.077	4.68	0.000	***
自主学习时间	0.019	1.57	0.117	—
家庭经济状况	0.094	5.48	0.000	***
家庭党员、村干部状况	0.010	0.30	0.764	—
所在村庄农业机械化状况	0.067	3.23	0.001	***
常数项（cons）	0.098	0.87	0.386	—
拟合优度（R-squared）	0.308			
F 统计量	70.44			
样本量	3308			

注：***$p<0.01$，**$p<0.05$，*$p<0.1$。

一是在村"两委"班子中处于弱势地位。村"两委"班子是村民自治的领头雁，"两委"班子成员中妇女比例的高低与其决策反映妇女诉求和利益的程度高低息息相关。可是，有些村"两委"选举缺乏规范，消极解读有关法律法规，如将《中华人民共和国村民委员会组织法》中的"妇女应占适当名额"曲解为"只有一名女性村委会成员即可"①，加上农村社会环境中"男主外，女主内"的性别分工模式和从夫居的婚姻模式以及妇女文化程度偏低等影响，农村妇女的参政步履艰难，即使她们拥有参与选举的机会平等，也难以达到结果的平等。村"两委"班子成员中妇女的比例长期偏低，农村妇女在参与村级治理方面处于弱势地位，这与占农村人口半数的农村妇女比例不相匹配，也与改革开放以来农村妇女在农村经济社会发展中产生的"超半效应"极不相称。二是对妇女传递村务信息不到位。村务公开是村民自治的重要环节和农村基层民主政治建设的基础。部分村"两委"在村务公开方面措施不力：有的村宣传栏信息更新不及时甚至严重滞后，如多年前张贴的宣传画"画面已失去字迹"②，仍未予以更换；有的村信息传播方式落伍，"仍然采取传统的板报、告示、大喇叭喊话甚至是人传人等方式向村民传递村务信息"③，信息传递效率较低。这些情况都在一定程度上影响着农村妇女对本村自治信息的及时获取，不利于她们参与民主管理和民主监督，从而有损她们的政治权益。

（二）乡村法治较为薄弱威胁农村妇女的人身安全

"法治，是社会治理的支撑和保障。"④ 乡村法治关乎乡村的治理秩序和社会稳定，进而影响着村民的生产生活和事业发展。随着依法治国方略的实施，我国乡村法治建设在不断推进并取得了明显成效，但仍有诸多尚待改进之处：一方面，法治教育力度不够。乡村法治教育活动还存在"教育形式运动式、没有实现常态化，教育内容三重民法、轻行政法与刑法，

---

① 袁欢：《村民自治视角下农村妇女政治参与问题研究》，硕士学位论文，黑龙江大学，2016年，第39页。

② 王自云：《城镇化进程中的乡村自治问题及发展对策》，《现代经济信息》2019年第18期。

③ 王耀辉：《村民自治中农村妇女政治参与问题研究——以深泽县为例》，硕士学位论文，河北农业大学，2020年，第27页。

④ 张文显：《"三治融合"之理》，《治理研究》2020年第6期。

过于重视线下教育、忽视线上教育等问题"①，法治教育的实效性自然不强，从而导致农民群众的法治素养较低，维权意识和维权能力较弱，文化素质偏低、忙于家务农活的农村妇女更是如此。另一方面，对违法犯罪分子的打击力度不够，而这与基层警力不足密切相关。乡镇派出所处于乡村社会治理的前沿阵地，乡镇基层警力应是维护村民人身安全的排头兵，但随着部分乡镇的撤并，有的派出所也随之撤并，战线拉长，警力配备不足。例如，湖北省宜昌市兴山县水月镇"常住人口2.4万余人，但当地派出所只有民警6人，且实际承担工作者仅有4人"。② 因此，有的乡镇基层警力对维护乡镇治安、服务村民安全心有余而力不足，自然给一些违法乱纪分子留下了可乘之机，更易对农村妇女尤其是留守妇女人身安全带来威胁，从而影响她们的身心健康和事业发展。在农村妇女人身安全及合法权益受到侵害时，她们的维权态度不积极、维权意识不强、维权手段单一，从侧面反映出乡村普法教育、维权教育等法治建设还任重道远。

（三）乡村德治状况欠佳影响农村妇女的精神风貌

乡村振兴战略要求建立多元共治、完善有效的自治、法治、德治相结合的乡村治理体系。自治是乡村治理体系的坚实基础，法治是乡村治理体系的刚性保障，德治是乡村治理的柔性支撑。人无德不立，国无德不兴，德治自古至今是我国乡村治理的重要举措。

改革开放以来，乡村德治状况整体向好，但还有待改进。俗语说，"仓廪实而知礼节，衣食足而知荣辱"。一方面，随着农村经济发展水平的不断提高和社会主义核心价值观在乡村的宣传贯彻，广大农民的思想道德素质整体增强，精神风貌不断提升。另一方面，随着农村劳动力大量

---

① 王珺、邵锦秀、肖青山：《乡村振兴战略下"三农"法制教育的问题与对策研究》，《黑龙江工业学院学报（综合版）》2021年第12期。

② 孙豪文：《新乡贤参与乡村治安治理探究》，《江西警察学院学报》2022年第1期。

向城市转移和社会主义市场经济活力的彰显．农村在步入经济发展的快车道后，受市场经济所造成的价值分化影响．乡村文化逐渐被城市文化同质化、庸俗化、扭曲化，"农村乡风失调、农村社会失序等问题"[1]随之出现。天价彩礼、大办丧葬、封建迷信等陈规陋习在一些农村地区依然存在；农村中人情寡淡、不讲诚信等现象有所上升[2]。乡村德治状况不佳，对农村妇女精神风貌产生不同程度的负面影响，不利于其事业发展。

第二节　制约农村妇女事业发展的地方政府因素

农村妇女事业发展离不开政策的大力支持。近些年来，在中央政策指导下，地方政府采取了一系列促进农村妇女事业发展的政策措施，取得了比较明显的成效，但其支持、服务还不能充分满足新时代农村妇女事业发展的需要。

一、搭建农村妇女就业创业平台不力

计划经济体制下农村妇女就业承袭的是中国乡村社会中长期存在的自然就业模式，其特点是职业代代相传，缺乏地域流动，无须教育支撑，不需正规培训。市场经济给她们带来了超越自然就业模式的择业、就业、创业机遇，为其事业发展提供了广阔的空间，同时也对地方政府的公共服务、政策支持提出了更高的要求。因此，将"您所在县、乡镇政府对妇女个人创业支持吗"作为此部分研究的核心解释变量（县、乡镇政府支持态度），"没有"支持赋值为 1，"一般支持"赋值为 2，"比较支持"赋值为

---

① 姜珂：《乡村振兴视域下新型乡村德治建构的若干问题》，《伦理学研究》2021 年第 5 期。

② 李成林：《乡村治理中的德治：问题与路径选择》，《岭南学刊》2020 年第 2 期。

3，"非常支持"赋值为4。将"您所在乡镇的妇女想在周边找工作的难易程度如何"作为该部分研究的被解释变量（农村妇女就业难易程度），"很难"赋值为1，"比较难"赋值为2，"比较容易"赋值为3，"很容易"赋值为4。此外，为避免混淆因素对研究结论产生干扰、造成误差，此部分研究引入农村妇女年龄、文化程度、技能培训状况、自主学习时间、家庭经济状况、家庭党员和村干部状况、所在村庄农业机械化状况、个人劳动报酬状况、个人身体状况作为控制变量，赋值同上。

由表4-2-1的描述性结果不难发现，县、乡镇政府支持态度"您所在县、乡镇政府对妇女个人创业支持吗"的均值为2.646，中位数为3，说明样本中大部分农村妇女所在县、乡镇对其事业发展有所支持，但不同地区经济发展水平不一，支持力度也有所不同。农村妇女就业难易程度"您所在乡镇的妇女想在周边找工作的难易程度如何"的均值为2.655，中位数值为3，说明大部分农村妇女求职、就业、创业还是存在一定难度，这可能与当地乡镇企业多少有关，也可能与自身能力高低相关。

表4-2-1　县、乡镇政府支持态度与农村妇女就业难易程度的描述性统计结果

变量	均值	标准差	最小值	最大值	中位数	有效样本量
核心解释变量						
县、乡镇政府支持态度	2.646	1.057	1	4	3	3309
被解释变量						
农村妇女就业难易程度	2.655	1.001	1	4	3	3309
控制变量						
年龄	2.562	0.947	1	4	3	3309
年龄（平方）	7.460	4.769	1	16	9	3309
文化程度	3.262	1.190	1	7	3	3309
技能培训状况	1.940	0.982	1	4	2	3309
自主学习时间	2.096	1.312	1	5	2	3309
家庭经济状况	2.536	0.866	1	4	3	3309

续表

变量	均值	标准差	最小值	最大值	中位数	有效样本量
家庭党员、村干部状况	0.253	0.435	0	1	0	3309
所在村庄农业机械化状况	1.212	0.875	0	3	1	3309
个人劳动报酬状况	2.769	1.127	1	4	3	3309
个人身体状况	2.783	0.853	1	4	3	3309

　　由县、乡镇政府支持态度与农村妇女就业难易程度的实证结果（表4-2-2）可知，县、乡镇政府支持与农村妇女就业总体上有显著关系。具体来看，以县、乡镇政府没有支持农村妇女就业为参照，一是县、乡镇政府一般支持与农村妇女就业在5%的显著水平下呈正相关；二是县、乡镇政府比较支持与农村妇女就业在1%的显著水平下呈正相关；三是县、乡镇政府非常支持与农村妇女就业在1%的显著水平下呈正相关。这说明，县、乡镇政府采取支持农村妇女就业举措越多，越有利于降低农村妇女就业难度，也越有利于促进农村妇女事业发展。不可否认，地方政府为搭建农村妇女就业创业平台做了许多工作，对促进农村妇女事业发展起了积极推动作用，但离理想状态仍有差距。

表4-2-2　县、乡镇政府支持态度与农村妇女就业难易程度的实证结果

42. 您所在县、乡镇政府对妇女个人创业支持吗？				
被解释变量	农村妇女就业难易程度			
核心解释变量	回归系数	t 值	p 值	显著性
以没有支持为参照				
一般支持	0.096	1.80	0.072	**
比较支持	0.293	5.91	0.000	***
非常支持	0.379	6.86	0.000	***
控制变量				
年龄	-0.024	-0.27	0.784	—

42. 您所在县、乡镇政府对妇女个人创业支持吗？				
年龄（平方）	0.004	0.22	0.830	—
文化程度	0.045	3.04	0.002	***
技能培训状况	0.060	3.05	0.002	***
自主学习时间	0.062	4.26	0.000	***
家庭经济状况	0.091	4.25	0.000	***
家庭党员、村干部状况	0.182	4.78	0.000	***
所在村庄农业机械化状况	0.077	4.11	0.000	***
个人劳动报酬状况	0.093	6.12	0.000	***
个人身体状况	0.055	2.83	0.005	***
常数项（cons）	1.280	9.54	0.000	***
拟合优度（R-squared）	0.130			
F 统计量	42.34			
样本量	3309			

注：***$p<0.01$，**$p<0.05$，*$p<0.1$。

（一）就业创业信息服务不够周全

在当下信息就是金钱、信息就是财富的时代，就业创业信息对农村妇女事业发展至为重要，"详细的创业或就业信息有助于农村妇女了解消费者或用人单位的需求，制定适宜的就业或创业计划"[1]。就业创业信息的及时性、准确性、充分性直接关系到就业创业的质量。信息技术的迅猛发展为农村妇女获取就业创业信息提供了有利条件，但要快速地获得适宜的就业创业信息也并非易事。农村妇女因文化水平整体不高，加之家务农活繁忙，缺乏足够的能力和充分的时间去搜集、整理就业创业信息，需要地方政府或其他社会组织提供相关服务。在当下社会组织相对缺乏的农村，地

---

[1]　陈健、吴惠芳：《连片特困地区农村妇女生计发展的要素测度及政策支持研究》，《人口与发展》2020 年第 2 期。

方政府部门的相关信息服务就显得更为重要。就现状来看，地方政府部门在为农村妇女提供就业创业信息服务方面还不够到位。有的地方政府没有设立"专门明确的机构来负责指导引领农村妇女就业"①，使得农村妇女在就业创业信息获得方面比较迷茫。有的地方政府由于经费不足，就业创业信息平台建设滞后，导致农村妇女"就业信息获取渠道比较狭窄"②，她们主要从亲朋好友或经村民介绍获得就业信息。有的地方政府在推进农村信息化建设方面比较迟缓，"缺少就业信息网络服务平台建设"③，而且对农村妇女如何运用互联网收集就业创业信息缺乏必要的培训和指导，使得她们对网络上鱼龙混杂的就业创业信息难辨真假，错过网络平台上提供的适宜工作岗位。就业创业信息的缺位、错位或失真，增加了农村妇女就业创业的不确定性，制约着她们就业创业行为的实现，影响着她们就业创业的质量。

（二）就业创业政策措施不够健全

完善的就业创业政策是农村妇女就业创业的有力支持和重要保障。改革开放以来，各级政府部门出台了一系列促进就业创业的政策，但也存在着地方政府关于农村妇女就业创业政策不够健全问题：一是小额创业贷款政策还不够合理。"缺少本钱"是制约农村妇女创业的重要问题之一。2009 年财政部、人力资源和社会保障部、中国人民银行、全国妇联联合下发了《关于完善小额担保贷款财政贴息政策推动妇女创业就业工作的通知》，随之全面启动并实施的"妇女创业小额担保财政贴息贷款项目"（以

---

① 孙冬梅：《庄河市鞍子山乡农村妇女就业问题分析》，硕士学位论文，大连理工大学，2014 年，第 24—25 页。

② 陈璐：《广东省梅州市梅江区长沙镇农村妇女非农就业问题研究》，硕士学位论文，华南农业大学，2016 年，第 19 页。

③ 刘璐：《淮安市农村妇女就业问题及对策研究》，硕士学位论文，东华大学，2021 年，第 22 页。

下简称"妇小贷"），为农村妇女创业提供了一定的财力支持，但该政策在地方政府执行的过程中，也存在农村妇女"申请的门槛很高"①、申请手续十分烦琐、"担保条件苛刻、还贷期限短的限制以及金融机构的服务质量问题"②，给部分有创业意愿的农村妇女申请"妇小贷"带来了困扰，影响着她们创业的积极性。二是"关于农村女性就业的相关法律法规缺失"③。《中华人民共和国劳动法》第一章第三条明确规定："劳动者享有平等就业和选择职业的权利、取得劳动报酬的权利、休息休假的权利、获得劳动安全卫生保护的权利、接受职业技能培训的权利、享受社会保险和福利的权利、提请劳动争议处理的权利以及法律规定的其他劳动权利。"然而，由于这些法律条文过于抽象，地方政府对于有悖劳动法精神、侵害妇女就业权益的行为缺乏相应的惩处措施，社会上女性就业中遭受性别歧视的现象屡见不鲜，农村妇女的就业境遇更是一言难尽，她们的劳动报酬、劳动条件时常得不到相应的法律保障。例如，留守妇女耕种农田、操持家务的劳动报酬因缺乏"家庭经营协议"而隐没在家庭经济收入之中；进城从事家政服务业的农村女性大多没有签订劳动合同，缺乏五险一金的保障；"打工妹"因农民身份大多从事劳动强度高、安全条件差的工作，并且怀孕、生育一般难以享受带薪休假待遇，时常面临失业危险，劳动权益得不到应有的保障。

（三）职业技能培训体系不够完善

就业创业离不开一定的职业技能作支撑，农村妇女的就业创业也需要

---

① 郝拥:《多元社会排斥下农村妇女就业困境研究——以 N 市农村妇女为例》，硕士学位论文，南京大学，2017 年，第 57 页。

② 孙晓帆:《韶关市 W 县"妇小贷"支持农村妇女创业研究》，硕士学位论文，仲恺农业工程学院，2020 年，第 27—28 页。

③ 郭丽艳:《新疆少数民族农村妇女就业问题个案研究》，《中共伊犁州委党校学报》2016 年第 2 期。

职业技能作基础。职业技能可以通过学校教育、参加培训、个人自学等多种途径获得。对于农村妇女来说，因文化水平普遍不高、年龄总体偏大，参加培训是她们获得职业技能的适宜途径。在社会组织发展相对滞后的农村，开展职业技能培训主要依靠地方政府。从当前情况来看，地方政府为农村妇女举办了形式多样的职业技能培训，提升了她们的职业技能，推动着她们的就业创业，但是，还不同程度地存在职业技能培训体系不够完善的情形：

一是培训宣传不到位。有学者通过调查发现，部分农村妇女之所以未参加当地政府组织的就业培训，原因之一是"未获知培训信息"①。二是培训人数受限制。多数农村妇女有参加职业技能培训的意愿，但许多人不符合地方政府规定的职业技能参训条件，如有的地方政府将受教育程度、家庭经济状况等作为培训对象推荐依据②。三是培训师资较缺乏。特别是针对农村女性的培训老师匮乏。由于与农村妇女存在语言交流上的障碍，加之薪酬低廉，"很多老师不愿意到农村地区进行培训"③，师资的缺乏使培训质量难以得到保证。四是培训内容模式化。职业技能培训应是一种以市场为导向、以产业作引领、以就业为目标的应用性、实践性很强的教育类型，可是有的培训内容"与生产和服务实际脱节，不能满足就业需要"④，有的培训没有充分考虑到"接受培训人员的特长和爱好"⑤，"培训的内容

①　董红梅：《农村留守妇女就业培训状况的调查研究——以涟水县为例》，硕士学位论文，南京农业大学，2015 年，第 15 页。
②　晏妮娅：《重庆市垫江县农村妇女就业问题及对策研究》，硕士学位论文，重庆三峡学院，2021 年，第 26 页。
③　董红梅：《农村留守妇女就业培训状况的调查研究——以涟水县为例》，硕士学位论文，南京农业大学，2015 年，第 19 页。
④　刘慧娟：《公共政策视角下的失地农村妇女就业现状研究——以成都市双流县为例》，硕士学位论文，西南财经大学，2010 年，第 37 页。
⑤　晏妮娅：《重庆市垫江县农村妇女就业问题及对策研究》，硕士学位论文，重庆三峡学院，2021 年，第 26 页。

程序化、固定化、模式化"①，难以适应农村妇女的就业创业需求。五是培训方法显偏颇。培训运用集中讲解、专家指导、案例分析、实操观摩等方法较多，而分层施教、典型示范、参观考察、经验交流、视频观赏等方法以及创业沙龙、项目对接等互动性、实战式培训开展较弱。六是培训考核欠严格。有的培训只要参训人员不是旷课太多，"培训结束时的结果考核基本上所有的人员都能够通过，并且能够得到培训证书"②。因此，这种培训的含金量不高，培训结果难以反映学员对所学技能的掌握程度，运用于就业创业实践中不一定能产生实效。

二、构建农村留守妇女关爱服务体系不佳

温馨周到的关爱服务是促使农村妇女干事创业的精神动力。党中央、国务院高度重视农村留守妇女关爱服务工作。党的十九大报告明确提出"健全农村留守儿童和妇女、老年人关爱服务体系"③。2019 年 9 月，民政部、公安部、司法部、财政部、人力资源和社会保障部等 13 部门联合印发《关于加强农村留守妇女关爱服务工作的意见》（民发〔2019〕86号），要求根据农村留守妇女在生产生活中面临的一些困难和需求，进一步完善农村留守妇女关爱服务体系、健全工作机制、提升关爱服务能力，充分调动农村留守妇女的工作积极性、主动性和创造性，促进农村留守妇女事业发展。诚然，地方政府部门开展了一系列关爱农村留守妇女的服务活动，推动着农村留守妇女在社会生活和家庭生活中独特作用的发挥，然而，从总体上看，地方政府对农村留守妇女关爱服务工作情况还

---

① 梁润芝：《地方政府激励农村妇女自主创业的公共政策研究——以宿迁市为例》，硕士学位论文，东南大学，2018 年，第 30 页。

② 晏妮娅：《重庆市垫江县农村妇女就业问题及对策研究》，硕士学位论文，重庆三峡学院，2021 年，第 27 页。

③ 《中国共产党第十九次全国代表大会文件汇编》，人民出版社 2017 年版，第 38 页。

不够理想。

（一）对农村留守妇女的家庭照护分担不够

减轻劳动强度是关爱农村妇女的重要举措。新时代，我国农业机械化程度有了明显提升，据 2022 年 9 月 2 日《人民日报》报道："全国农作物耕种收综合机械化率超过 72%"[①]，正向全程化、全面化、高质量发展迈进。地方政府及妇联组织在分担农村妇女的家庭照护负担方面作了许多努力，但还未能缓解她们家庭照护与事业发展的矛盾。尽管农村留守妇女的农田耕种劳作强度大大减轻，但她们的家庭照护负担仍然繁重，对她们身心状态仍会造成诸多影响。因此，将"您所在乡镇政府、妇联为妇女事业发展做过哪些工作"作为此部分研究的核心解释变量（乡镇政府、妇联支持行为），涉及组织技能培训、组织文体活动、组织妇科体检、组织心理疏导、联系就业岗位、维护妇女权益，选择"是"赋值为 1，"否"赋值为 0，最后加权计算。将农村妇女家务劳作感觉"您耕种农田、操持家务，感觉如何"作为此部分研究的被解释变量（农村妇女身心状态），"身体疲惫，心情不好"赋值为 1，"身体还好，心情较差"或"心情还好，身体较累"赋值为 2，"身体舒适，心情愉快"赋值为 3。此外，为避免混淆因素对研究结论产生干扰、造成误差，此部分研究引入农村妇女年龄、文化程度、技能培训状况、自主学习时间、家庭经济状况、家庭党员和村干部状况、所在村庄农业机械化状况、个人劳动报酬状况、个人身体状况作为控制变量，赋值同上。

由表 4-2-3 的描述性统计结果可知"您所在乡镇政府、妇联为妇女事业发展做过哪些工作"（乡镇政府、妇联支持行为）的均值为 1.620，中位数为 1，说明大部分农村妇女所在乡镇政府及妇联组织对促进其事业发展有少量实际行动。"您耕种农田、操持家务，感觉如何"（农村妇女身心状

[①]　常钦、李晓晴：《农机增动力丰收添底气》，《人民日报》2022 年 9 月 2 日。

态）的均值为 2.087，中位数为 2，说明样本中大部分个体的身心状态还好、心情较差，或身体较累、心情还好。

表 4-2-3 乡镇政府、妇联支持行为与农村妇女身心状态的描述性统计结果

变量	均值	标准差	最小值	最大值	中位数	有效样本量
核心解释变量						
乡镇政府、妇联支持行为	1.620	1.304	0	6	1	3309
被解释变量						
农村妇女身心状态	2.087	0.585	1	3	2	3309
控制变量						
年龄	2.562	0.947	1	4	3	3309
年龄（平方）	7.460	4.769	1	16	9	3309
文化程度	3.262	1.190	1	7	3	3309
技能培训状况	1.940	0.982	1	4	2	3309
自主学习时间	2.096	1.312	1	5	2	3309
家庭经济状况	2.536	0.866	1	4	3	3309
家庭党员、村干部状况	0.253	0.435	0	1	0	3309
所在村庄农业机械化状况	1.212	0.875	0	3	1	3309
个人劳动报酬状况	2.769	1.127	1	4	3	3309
个人身体状况	2.783	0.853	1	4	3	3309

由乡镇政府、妇联支持与农村妇女身心状态的实证结果（表 4-2-4）可知，乡镇政府、妇联支持农村妇女事业发展与农村妇女身心状态在 1% 的显著水平下呈正相关，说明乡镇政府、妇联越支持农村妇女事业发展，为农村妇女事业发展提供的技能培训、文体活动、妇科体检、心理疏导、就业帮扶、维护权益等服务越多，越有利于缓解农村妇女就业压力与生存压力，进而有利于缓解农村妇女发展事业、照顾家庭的劳累困顿、身心困扰等。尽管如此，在繁重的农活家务面前，农村妇女发展事业仍然

分身乏术。

表 4-2-4 乡镇政府、妇联支持与农村妇女身心状态的实证结果

43. 您所在乡镇政府、妇联为妇女事业发展做过哪些工作?				
被解释变量	农村妇女身心状态(农耕家务劳作)			
核心解释变量	回归系数	t 值	p 值	显著性
乡镇政府、妇联支持	0.038	5.04	0.000	***
控制变量				
年龄	0.035	0.67	0.504	—
年龄(平方)	−0.004	−0.38	0.708	—
文化程度	0.015	1.58	0.115	—
技能培训状况	0.004	0.32	0.715	—
自主学习时间	0.043	4.66	0.000	***
家庭经济状况	0.063	4.85	0.000	***
家庭党员、村干部状况	0.092	4.02	0.000	***
所在村庄农业机械化状况	0.029	2.62	0.009	***
个人劳动报酬状况	0.059	6.45	0.000	***
个人身体状况	0.094	7.38	0.000	***
常数项(cons)	1.177	15.10	0.000	***
拟合优度(R-squared)	0 107			
F 统计量	35.74			
样本量	3309			

注:***$p<0.01$,**$p<0.05$,*$p<0.1$。

在老人照料方面,乡镇政府创办的一些养老机构主要是承接农村"五保"老人的养老服务,而对其他农村老人的养老需求少有顾及,有的农村地区"很多老年人居住地周边没有养老院,有的村甚至都没有养老机构,

养老机构数量严重稀缺"①，多数老人只能享受由家庭成员供给的居家养老服务，由此农村留守妇女承担了家庭老人照料的主体责任。家庭老人照料是一项耗时、费力且劳心的工作，不同程度地挤占了农村留守妇女的时间和精力，制约着她们的职业技能学习和社会交往活动的开展。相关实证研究表明："家庭老人照料诱发农村妇女照料老人与工作冲突，阻碍农村妇女非农就业决策与行为。"②

在孩子照料方面，乡村幼儿是未来新一代农民与乡村发展的新兴力量，乡村学前教育是乡村人才振兴的重要基础。然而，由于城乡二元结构使得政府对乡村学前教育经费投入不足，乡村自身不充分的经济发展使得对学前教育投入低下，整体来看，当下"乡村学前教育资源匮乏"③。近些年来，各地乡镇政府在所辖区域创办了一些幼儿园，但为数甚少，有的村根本没有幼儿园，并且几乎不收 0—3 岁的婴幼儿。幼儿园一般下午四点半左右要求家长接孩子出园，无法适应农村留守妇女的婴幼儿入托需要，照顾婴幼儿的负担自然就落到她们的身上。在国家全面放开二孩、三孩政策的情况下，她们照料多名婴幼儿的身心劳累辛苦程度可想而知。相关实证研究表明：孩子照料需要显著降低了农村已婚女性非农就业概率，"0—3 岁幼儿每增加一名，已婚女性非农就业的机会降低约6%"④。农村留守妇女不仅承担着对学前孩子的哺育，而且成为孩子家庭教育的主角和孩子学校教育的配角。在政府对城镇教育资源投入优于乡村的情况下，越来越多的农村留守妇女抱着望子（女）成龙（凤）的心愿，

---

① 王卓：《大连市农村养老服务现状调查报告》，硕士学位论文，大连工业大学，2020 年，第 27 页。

② 潘明明、蔡书凯：《家庭老人照料与农村妇女非农就业——农村妇女个体特征的调节模型》，《南方人口》2020 年第 3 期。

③ 杨雄、杨晓萍：《乡村振兴战略下幼有优育的实践逻辑》，《天津师范大学学报（基础教育版）》2022 年第 4 期。

④ 田春晖：《生育放开背景下孩子照料对女性非农就业的影响》，《市场周刊》2021 年第 12 期。

陪孩子到城镇学校上学，当起了"陪读妈妈"。"陪读妈妈被固化在无酬照料劳动中，为劳动力市场所排斥"①，自身价值体现和自身事业发展受到制约。

（二）对农村留守妇女的精神生活关爱不够

丰富的精神生活是农村留守妇女全面发展的内在要求，是激发她们追求个人价值和社会价值的力量源泉，是激励她们献身乡村振兴的内在动力。乡镇政府尽管为丰富农村留守妇女精神生活采取了一些卓有成效的举措，如修建广场舞场地、农家书屋，三八妇女节时组织文体活动等，但尚未充分满足农村留守妇女的美好精神生活需要，具体表现在：

一是对农村留守妇女情感孤独关怀不够。少有利用节假日组织留守妇女开展情感交流活动，未派专人对她们的情感困惑及时疏通排解，更没有对她们进行人际交往指导，因此，部分留守妇女孤独感、婚姻不安全感常伴其身。二是对农村留守妇女的思想政治引领不够。少有组织农村妇女进行政治理论学习，部分留守妇女难以树立坚定的理想信念和正确的世界观、人生观和价值观。三是对农村文体娱乐公共设施投入不够。文体娱乐活动是丰富农村留守妇女精神生活的重要手段，可是，由于"农村文体娱乐公共设施供给过程中政府职能定位不清晰""政府忽视农民对文体娱乐公共设施的需求"②以及农村投入文体娱乐公共设施实力不强等原因，"农村公共文体设施建设落后且分布不合理"③，无法充分满足农村留守妇女强

---

① 吴惠芳、吴云蕊、陈健：《陪读妈妈：性别视角下农村妇女照料劳动的新特点——基于陕西省 Y 县和河南省 G 县的调查》，《妇女研究论丛》2019 年第 4 期。
② 邢天璐：《新时代农村文体娱乐公共设施有效供给研究——以 Y 县 L 镇为例》，硕士学位论文，曲阜师范大学，2020 年，第 18—19 页。
③ 刘慧娟：《公共政策视角下的失地农村妇女就业现状研究——以成都市双流县为例》，硕士学位论文，西南财经大学，2010 年，第 37 页。

身健体、愉悦心情的需要。

（三）对农村留守妇女合法权益的维护不够

农村妇女的发展与维权状况是衡量一个社会进步和文明的重要尺度。我国政府相继出台了一系列维护妇女权益的法律法规，农村妇女也深受其益。农村留守妇女作为特殊的女性群体，其权益受到侵犯的程度比一般妇女更大，地方政府部门依法维护她们合法权益方面还不够到位。

在此以农村妇女经济权益为主进行实证分析。将"您所在乡镇的妇女是否享受了以下政策"作为此部分研究的核心解释变量（政策支持），涉及劳动力转移培训政策、创业贷款优惠政策、新型农村合作医疗政策、最低生活保障政策、住院分娩（生孩子）补助政策等，选择"是"赋值为 1，"否"赋值为 0，最后加权计算。将个人报酬状况"您认为您付出的劳动获得了应有的报酬吗"作为此部分研究的被解释变量(农村妇女经济权益)，赋值同上。此外，为避免混淆因素对研究结论产生干扰、造成误差，此部分研究引入农村妇女年龄、文化程度、技能培训状况、自主学习时间、家庭经济状况、家庭党员和村干部状况、所在村庄农业机械化状况、个人身体状况作为控制变量，赋值同上。

由表 4-2-5 的描述性统计结果可知"您所在乡镇的妇女是否享受了以下政策"（政策支持）的均值为 2.102，中位数为 2，说明样本中个体享受了 2 项政策支持的占大部分，享受 2 项以上政策支持的较少，这可能与有的政策并不是所有个体均能享受有关。农村妇女经济权益中的个人报酬状况"您认为您付出的劳动获得了应有的报酬吗"的均值为 2.769，中位数为 3，说明样本中农村妇女个体劳动报酬存在差异，且认为劳动报酬低廉的占大部分。

表 4-2-5 政策支持与农村妇女经济权益的描述性统计结果

变量	均值	标准差	最小值	最大值	中位数	有效样本量
核心解释变量						
政策支持	2.102	1.324	0	6	2	3309
被解释变量						
农村妇女经济权益（劳动报酬）	2.769	1.127	1	4	3	3309
控制变量						
年龄	2.562	0.947	1	4	3	3309
年龄（平方）	7.460	4.769	1	16	9	3309
文化程度	3.262	1.190	1	7	3	3309
技能培训状况	1.940	0.982	1	4	2	3309
自主学习时间	2.096	1.312	1	5	2	3309
家庭经济状况	2.536	0.866	1	4	3	3309
家庭党员、村干部状况	0.253	0.435	0	1	0	3309
所在村庄农业机械化状况	1.212	0.875	0	3	1	3309
个人身体状况	2.783	0.853	1	4	3	3309

由政策支持与农村妇女经济权益的实证结果（表4-2-6）可知，政策支持与农村妇女经济权益在1%的显著水平下呈正相关，充分说明就农村妇女经济权益保障而言，政府提供的劳动力转移培训政策、创业贷款优惠政策、新型农村合作医疗政策、最低生活保障政策、住院分娩补助政策等越全面，执行越得力，越有利于维护农村妇女的经济权益。前已述及，当前农村妇女经济权益方面的保障执行还不够到位，此外，农村妇女其他合法权益的保障执行力度也不够，具体表现在：

表 4-2-6　政策支持与农村妇女经济权益的实证结果

44. 您所在乡镇的妇女是否享受了以下政策？				
被解释变量	农村妇女经济权益（劳动报酬）			
核心解释变量	回归系数	t 值	p 值	显著性
政策支持	0.089	6.07	0.000	***
控制变量				
年龄	0.042	0.42	0.677	—
年龄（平方）	−0.013	−0.63	0.532	—
文化程度	0.030	1.72	0.086	*
技能培训状况	0.071	3.18	0.001	***
自主学习时间	0.079	4.69	0.000	***
家庭经济状况	0.160	6.86	0.000	***
家庭党员、村干部状况	0.128	2.85	0.004	***
所在村庄农业机械化状况	0.058	2.54	0.011	**
个人身体状况	0.027	1.15	0.251	—
常数项（cons）	1.583	10.33	0.000	***
拟合优度（R-squared）	0.076			
F 统计量	29.00			
样本量	3309			

注：***$p<0.01$，**$p<0.05$，*$p<0.1$。

　　一是对农村留守妇女的婚姻权益维护不够。农村留守妇女因夫妻聚少离多，当夫妻发生感情纠纷，留守妻子向乡镇村反映情况时，部分处于弱势地位的留守妻子的诉求无法得到满足。

　　二是对农村留守妇女的人身权益维护不够。《中华人民共和国反家庭暴力法》实施以来，对预防和制止家庭暴力、维护妇女的人身安全发挥了重要作用，近些年来家暴案件随之减少，但并不意味着家暴现象就此消失。据北京为平妇女权益机构调查的数据显示：从 2016 年 3 月 1 日至 2021 年 2 月 28 日止，"在 525 个监测到的家暴个案中，受害者 85% 为女性"①。农村留守妇女由于夫妻分居两地，感情纽带松懈，更易受到来自丈夫的家暴。而当她们受到家暴侵袭时，地方政府部门对她们的保护和救助显得乏力。例如，我国关于反家庭暴力的立法规定过于笼统，使得司法实践中在预防和制止家庭暴力方面仍显得无所适从。

三是对农村留守妇女的健康权益维护不够。自 2009 年起，全国妇联和卫生部共同推动实施农村妇女"两癌"（宫颈癌和乳腺癌）免费检查项目，在一定程度上提升了农村留守妇女的健康水平，但当下农村留守妇女的健康权益享受还不够充分。例如，她们没能像城镇女职工一样享受每年一次免费体检，一般直到生了大病才会对身体做全面的检查；她们也没能像城镇女职工一样享受带薪休产假，由于丈夫不在身边，有的坐完月子就下地干活，因此她们的腰酸背痛、妇科病发病率较高。

三、发挥基层妇联组织桥梁纽带作用不够

农村基层妇联作为党和政府联系农村妇女群众的桥梁和纽带，长期以来，政府支持其在维护农村妇女儿童合法权益、促进农村妇女事业发展等方面积极作为。基于实证分析之需要，将"您所在乡镇政府、妇联为妇女事业发展做过哪些工作"作为此部分研究的核心解释变量（乡镇政府、妇联支持行为），涉及组织技能培训、组织文体活动、组织妇科体检、组织心理疏导、联系就业岗位、维护妇女权益，选择"是"赋值为 1，"否"赋值为 0，最后加权计算。作为农村妇女事业发展的具体实践，将"您是否有下列生产经营行为"和"农闲之时，您是否参与了下列相关工作"作为此部分研究的被解释变量。其中，"您是否有下列生产经营行为"（农村妇女生产经营）涉及参加农民专业合作社、参与或经营家庭农场、参与或

---

① 为平妇女权益机构（Equality）：《〈反家暴法〉五周年：我们能看到更多反家暴信息吗?》，2021 年 3 月 1 日，见 http://www.equality-beijing.org/newinfo.aspx?ic=83。

经营牧场、经营大规模种植业、经营大规模养殖业、经营农业企业，"否"赋值为 0，"是"赋值为 1，最后加权计算。"农闲之时，您是否参与了下列相关工作"（农村妇女农闲兼职）涉及乡村旅游服务、乡村餐饮服务、幼儿园工作、养老院工作、到周边企业打工、开网店或做工艺品，"否"赋值为 0，"是"赋值为 1，最后加权计算。此外，为避免混淆因素对研究结论产生干扰、造成误差，此部分研究引入农村妇女年龄、文化程度、技能培训状况、自主学习时间、家庭经济状况、家庭中党员和村干部状况、所在村庄农业机械化状况、个人劳动报酬状况、个人身体状况作为控制变量，赋值同上。

由表 4-2-7 的描述性统计结果可以看出，"您是否有下列生产经营行为"（农村妇女生产经营）的均值为 0.789，中位数为 1，说明样本中个体实际从事生产经营行为有限，这可能与长期以来我国农村的小农经济模式有关，农村妇女从事的生产经营行为仍然以自给自足为主，部分多余农产品才用于市场交换；"农闲之时，您是否参与了下列相关工作"（农村妇女农闲兼职）的均值为 0.851，中位数为 1，说明样本中多数个体具有农闲兼职补贴家用的行为，但兼职种类、兼职方式和兼职项目较为单一。

表 4-2-7　乡镇政府、妇联支持行为与农村妇女生产经营、
农闲兼职的描述性统计结果

变量	均值	标准差	最小值	最大值	中位数	有效样本量
核心解释变量						
乡镇政府、妇联支持行为	1.620	1.304	0	6	1	3309
被解释变量						
农村妇女生产经营	0.789	0.875	0	6	1	3309
农村妇女农闲兼职	0.851	0.884	0	6	1	3309
控制变量						
年龄	2.562	0.947	1	4	3	3309
年龄（平方）	7.460	4.769	1	16	9	3309

变量	均值	标准差	最小值	最大值	中位数	有效样本量
文化程度	3.262	1.190	1	7	3	3309
技能培训状况	1.940	0.982	1	4	2	3309
自主学习时间	2.096	1.312	1	5	2	3309
家庭经济状况	2.536	0.866	1	4	3	3309
家庭党员、村干部状况	0.253	0.435	0	1	0	3309
所在村庄农业机械化状况	1.212	0.875	0	3	1	3309
个人劳动报酬状况	2.769	1.127	1	4	3	3309
个人身体状况	2.783	0.853	1	4	3	3309

由乡镇政府、妇联支持行为与农村妇女生产经营、农闲兼职的实证结果（表4-2-8）可知：一方面，从农村妇女生产经营来看，基层妇联支持与农村妇女生产经营总体上有显著关系，以从没做过任何支持工作为参照，无论是做过1项、2项、3项支持工作，抑或4项、5项、6项支持工作，与农村妇女生产经营在1%的显著水平下均呈正相关，充分说明基层妇联提供的技能培训、文体活动、妇科体检、心理疏导、就业岗位、维护权益等支持性服务越全面越有利于农村妇女从事农民专业合作社、家庭农场、家庭牧场、大规模种植业、大规模养殖业、农业企业等生产经营活动，也就越有利于促进农村妇女事业发展。另一方面，从农村妇女农闲兼职来看，基层妇联支持与农村妇女农闲兼职总体上有显著关系，以从没做过任何支持工作为参照，无论是做过1项、2项、3项支持工作，抑或4项、5项、6项支持工作，与农村妇女农闲兼职在1%的显著水平下均呈正相关，充分说明基层妇联提供的支持性服务越全面越有利于农村妇女利用农闲时间从事乡村旅游服务、乡村餐饮服务、幼儿园工作、养老院工作、周边企业务工、开网店或做工艺品等业余兼职，同理，也就越有利于促进农村妇女事业发展。新时代，乡镇党委和政府尽管在激励农村基层妇联推动农村妇女参与"乡村振兴巾帼行动"方面有所作为，但在发挥农村基层妇联职能作用方面还不够充分。具体表现在：

表 4-2-8　乡镇政府、妇联支持行为与农村妇女生产经营、农闲兼职的实证结果

43.您所在乡镇政府、妇联为妇女事业发展做过哪些工作？							
被解释变量	农村妇女生产经营				农村妇女农闲兼职		
核心解释变量	回归系数	t 值	p 值	显著性	回归系数	t 值	p 值	显著性
以从没做过为参照								
1 项	0.336	9.21	0.000	***	0.282	7.20	0.000	***
2 项	0.395	8.74	0.000	***	0.440	9.14	0.000	***
3 项	0.363	5.82	0.000	***	0.399	5.73	0.000	***
4 项	0.324	2.69	0.007	***	0.390	3.35	0.001	***
5 项	1.200	4.36	0.000	***	1.271	5.06	0.000	***
6 项	0.993	4.74	0.000	***	0.941	4.76	0.000	***
核心变量								
年龄	−0.270	−3.33	0.001	***	−0.037	−0.47	0.642	—
年龄（平方）	0.047	2.95	0.003	***	−0.003	−0.20	0.845	—
文化程度	−0.028	−1.91	0.056	*	0.029	1.98	0.048	**
技能培训状况	0.103	5.93	0.000	***	0.112	6.54	0.000	***
自主学习时间	0.051	4.13	0.000	***	0.065	5.03	0.000	***
家庭经济状况	−0.008	−0.42	0.676	—	−0.017	−0.88	0.376	—
家庭党员、村干部状况	−0.074	−2.12	0.034	**	−0.019	−0.58	0.562	
所在村庄农业机械化状况	0.071	3.42	0.001	***	0.035	1.71	0.088	*
个人劳动报酬状况	0.034	2.46	0.014	**	0.053	3.83	0.000	***
个人身体状况	−0.049	−2.77	0.006	***	−0.034	−1.87	0.061	*
常数项（cons）	0.566	4.61	0.000	***	0.139	1.12	0.263	—
拟合优度（R-squared）	0.100				0.129			
F 统计量	19.84				27.99			
样本量	3309				3309			

注：*** $p<0.01$，** $p<0.05$，* $p<0.1$。

（一）对基层妇联职能的模糊定位妨碍其独立地开展工作

农村基层妇联作为群团组织，在乡镇党委和政府的领导下开展工作，它一方面连接政府，另一方面服务农村基层妇女。妇联身份的特殊性，导致农村基层妇联在有些事情上，不能独立于乡镇政府之外开展工作。

一是组织农村妇女活动时依赖乡镇政府的经费给予。作为群团组织，一般来说，工会、团委都有一定比例的会费、团费，而农村基层妇联却没有，"它的主要组织经费都来源于政府部门的财政拨款"[①]，这些经费维持它的日常运行后所剩无几，而要以此经费组织农村妇女开展系列活动则显得捉襟见肘，时常出现缺场地、缺资金等问题。"巧妇难为无米之炊"，政府拨款偏少、筹资渠道单一、活动资金短缺，必然制约农村基层妇联对农村妇女开展思想政治引领、职业技能培训、法律维权宣讲、健康知识讲座、文娱体育活动的成效，进而不利于农村妇女思想政治素质、科学文化素质和身体心理素质的提高。

二是维护农村妇女权益时受制于乡镇政府的态度立场。妇联的职能定位决定了农村基层妇联一般习惯于按照乡镇政府工作安排开展工作，当地政府安排什么，它就做什么，有的地方政府对农村妇女工作不够重视，农村基层妇联对之也无可奈何。

（二）对基层妇联干部素质培养的欠缺制约其有效地开展工作

毛泽东早就说过："政治路线确定之后，干部就是决定的因素。"[②] 农村基层妇联干部直接面向广大农村妇女，是党和政府联系农村妇女群众最直接、最密切的桥梁和纽带，肩负着对农村妇女进行生产生活指导和权益维护等重任，加强她们的素质培养是做好农村妇女工作的基本保证。纵观

[①] 郭姗姗：《基层妇联在乡村振兴中的作用研究——基于山东省多村庄的实证调查》，硕士学位论文，山东农业大学，2020 年，第 35 页。

[②] 《毛泽东选集》第二卷，人民出版社 1991 年版，第 526 页。

农村基层妇联干部队伍素质培养情况，地方政府对其素质培养还存在诸多不尽如人意之处，影响着农村妇女工作的成效。

一是对农村基层妇联干部的妇女情怀培养不够。按理来说，农村基层妇联干部应该坚持以服务农村妇女群众为工作宗旨，深入农村妇女群众之中，体察她们的所思所想和急难愁盼的问题，竭尽全力地为她们排忧解难。然而，部分农村基层妇联干部或因岗位意识不浓，或因身兼数职精力不济，贴近农村妇女思想、情感和实际不够，对妇女群众的亲和力、引领力、凝聚力不强，相关调查显示："34.8%的受访对象认为，妇联干部联系农村妇女不够紧密。"①

二是对农村基层妇联干部的交往艺术培养不够。农村妇女是一个文化程度相对偏低的女性群体，做好她们的工作不仅需要耐心、细心、精心的态度，而且需要一定的交往艺术作支撑。例如，有的在与妇女群众打交道时，不能根据对象、时机、场合选择话题；在争取妇女群众支持时，不能投其所好、动其心弦；在对妇女群众进行思想政治工作时，不能晓之以理、动之以情；在拒绝妇女群众不合理要求时，因不擅长运用直言曲说艺术而伤害对方的感情等，因此妇女工作实效大打折扣。

三是对农村基层妇联干部的能力建设不够。中国特色社会主义进入了新时代，农村妇女工作的新情况、新问题层出不穷，这就要求基层妇联干部的能力水平与时俱进，适应农村妇女的美好生活需要。可是，由于地方政府对基层妇联干部的更新知识、增强能力、提升水平方面赋能不够，她们在做妇女工作时常感力不从心。相关调研显示：在一些农村地区，部分基层妇联干部觉得自己才疏学浅，渴望获得专业性知识，"希望能够增加自己的专业储备"，提升服务农村妇女的政策领悟能力、协调沟通能力、组织管理能力、矛盾调解能力、信息技术运用能力等。同时深感"'心理

---

① 郭珊珊：《基层妇联在乡村振兴中的作用研究——基于山东省多村庄的实证调查》，硕士学位论文，山东农业大学，2020年，第40页。

调节和心理疏导''提高自我心态素养'都是迫切需要解决的问题"①。不言而喻，能力水平与工作需求的不相匹配难免导致她们在服务妇女工作上出现"错位""不到位"或"失位"等现象。

第三节　制约农村妇女事业发展的家庭因素

家庭是社会的细胞，是人们享受亲情、爱情的温馨港湾。和谐、美满、健康的家庭是家庭成员身心愉悦、事业有成的重要保证，对于农村妇女来说，情况也是如此。纵观农村妇女事业发展的现实困难，与家庭制约因素关系密切。

一、老人支持较为乏力

农村妇女面对的老人主要包括公婆、父母，甚至祖父母。在农村"从夫居"婚姻模式背景下，农村已婚妇女一般与公婆一起生活。近些年来，尽管农村核心家庭流行，但她们大多仍与公婆居住相邻，特别是改革开放以来随着农村男性劳动力向城市的大量转移，农村留守妇女大多与公婆相依为命。与此同时，随着农村妇女成为推动农村经济社会发展的主力军，她们的经济地位、家庭地位和社会地位得到显著提高，在赡养公婆的同时也能给予娘家父母相应的支持和照料，农村中出现了很多儿女共同承担父辈养老责任的家庭，不少家庭还出现"儿子出钱、女儿出力"②的赡养方式。老人的思想观念、文化素质、年龄大小、身体状况等

① 李慧波：《基层妇联干部能力发展影响因素和提升路径探析》，《晋阳学刊》2021年第5期。

② 李俏、宋娜：《农村子女养老中的性别差异：需求、功效与变动逻辑》，《社会保障研究》2017年第6期。

不仅直接或间接地影响着农村妇女的生活质量，而且还影响着她们的事业发展。

据课题组走访调查所知，绝大部分农村妇女都是"上有老、下有小"，且家中老人年龄普遍偏大，身体素质偏差，不仅难以为她们事业发展提供帮助和支持，反倒需要她们耗费时间精力赡养。因此，基于实证研究需要，将"您的公婆在世情况"（"都在世"赋值为1，"公公或婆婆一方在世"赋值为2，"都不在世"赋值为3）和"您与公婆的关系状况"（"非常紧张""有点紧张"赋值为0，"比较和谐""非常和谐"赋值为1）作为此部分研究的核心解释变量。同理，将"作为一名农村女性，您是否想干事创业"作为此部分研究的被解释变量（农村妇女事业发展意愿），赋值同上。此外，为避免混淆因素对研究结论产生干扰、造成误差，此部分研究引入农村妇女年龄、文化程度、技能培训状况、自主学习时间、家庭经济状况、家庭党员和村干部状况、所在村庄农业机械化状况、个人劳动报酬状况、个人身体状况作为控制变量，赋值同上。

由表4-3-1的描述性统计结果不难发现"您的公婆在世情况"的均值为1.728，中位数为2，说明样本中个体公婆在世的情况占绝大部分。"您与公婆的关系状况"的均值为0.814，中位数为1，说明样本中个体与公婆关系大体上比较和谐，为农村妇女事业发展提供支持的可能性更大。

表4-3-1　公婆在世状况及关系与农村妇女事业发展的描述性统计结果

变量	均值	标准差	最小值	最大值	中位数	有效样本量
核心解释变量						
公婆在世状况	1.728	0.773	1	3	2	3309
与公婆关系	0.814	0.389	0	1	1	3309
被解释变量						

续表

变量	均值	标准差	最小值	最大值	中位数	有效样本量
农村妇女事业发展（干事创业意愿）	3.185	0.939	1	4	3	3309
控制变量						
年龄	2.562	0.947	1	4	3	3309
年龄（平方）	7.460	4.769	1	16	9	3309
文化程度	3.262	1.190	1	7	3	3309
技能培训状况	1.940	0.982	1	4	2	3309
自主学习时间	2.096	1.312	1	5	2	3309
家庭经济状况	2.536	0.866	1	4	3	3309
家庭党员、村干部状况	0.253	0.435	0	1	0	3309
所在村庄农业机械化状况	1.212	0.875	0	3	1	3309
个人劳动报酬状况	2.769	1.127	1	4	3	3309
个人身体状况	2.783	0.853	1	4	3	3309

　　一方面，由公婆在世状况与农村妇女事业发展的实证结果（表4-3-2）可知，公婆在世状况与农村妇女事业发展总体上有显著关系，以公公婆婆均不在世为参照，无论是公公或婆婆其中一位在世，还是公公婆婆均在世，与农村妇女事业发展在1%的显著水平下均呈负相关，说明公婆在世会制约农村妇女事业发展。这是由于调查对象的公公婆婆大多年老体衰，农村妇女的赡养责任越重，就越容易挤占自身事业发展的时间。另一方面，由农村妇女与公婆关系和自身事业发展的实证结果（表4-3-3）可知，以农村妇女与公婆关系紧张为参照，关系和谐与农村妇女事业发展在1%的显著水平下呈正相关，充分说明与公婆关系越和谐则越有利于促进农村妇女事业发展。这是因为农村妇女与公婆关系越和谐，家庭氛围越和善，越能得到家人的认同和支持，自身干事创业的精神动力夏足，自然有更强大的勇气、底气去面对事业发展的艰难。尽管如此，当下农村家庭老人对农村妇女事业发展支持仍然较为乏力，具体表现在：

表 4-3-2　公婆在世状况与农村妇女事业发展的实证结果

5. 您公婆的在世情况				
被解释变量	农村妇女事业发展			
核心解释变量	回归系数	t 值	p 值	显著性
以公公婆婆均不在世为参照				
公公或婆婆其中一位在世	−0.111	−3.02	0.003	***
公公婆婆均在世	−0.140	−3.07	0.002	***
控制变量				
年龄	0.070	0.82	0.415	—
年龄（平方）	−0.015	−0.88	0.378	—
文化程度	0.157	10.93	0.000	***
技能培训状况	0.011	0.58	0.560	—
自主学习时间	0.013	0.97	0.332	—
家庭经济状况	−0.002	−0.12	0.907	—
家庭党员、村干部状况	0.095	2.72	0.007	***
所在村庄农业机械化状况	0.059	3.46	0.001	***
个人劳动报酬状况	0.060	4.05	0.000	***
个人身体状况	0.070	3.54	0.000	***
常数项（cons）	2.172	15.83	0.000	***
拟合优度（R-squared）	0.088			
F 统计量	31.41			
样本量	3309			

注：***$p<0.01$，**$p<0.05$，*$p<0.1$。

表 4-3-3　农村妇女与公婆关系和自身事业发展的实证结果

36. 您与公婆的关系状况				
被解释变量	农村妇女事业发展			
核心解释变量	回归系数	t 值	p 值	显著性
以紧张为参照				

36. 您与公婆的关系状况				
和谐	0.176	3.89	0.000	***
控制变量				
年龄	0.095	1.1	0.269	—
年龄（平方）	−0.022	−1.30	0.195	—
文化程度	0.164	11.73	0.000	***
技能培训状况	0.013	0.72	0.474	—
自主学习时间	0.017	1.26	0.209	—
家庭经济状况	−0.003	−0.13	0.893	—
家庭党员、村干部状况	0.088	2.51	0.012	**
所在村庄农业机械化状况	0.056	3.27	0.001	***
个人劳动报酬状况	0.058	3.92	0.000	***
个人身体状况	0.066	3.35	0.001	***
常数项（cons）	1.939	14.23	0.000	***
拟合优度（R-squared）	0.089			
F 统计量	33.49			
样本量	3309			

注：$***p<0.01$，$**p<0.05$，$*p<0.1$。

（一）家庭老人日常照料制约农村妇女非农就业

非农就业即指有就业资格的公民从事有报酬或收入的非农职业。非农就业主要表现为他人雇佣和自我雇佣两种形式，农户或通过为他人工作获得非农收入，或通过自我经营的方式（创业）获得非农收入。非农就业是农村妇女发展自身事业的重要途径，她们的非农就业程度与家庭老人支持力度密切相关。

基于实证研究需要，将"您承担的农活、家务主要有哪些"中的"侍候老人"（"是"赋值为 1，"否"赋值为 0）作为此部分研究的核心解释变量（照料老人）。同理，将"作为一名农村女性，您是否想干事创业"作为此部分研究的被解释变量（农村妇女事业发展意愿），赋值同上。此外，为避免混淆因素对研究结论产生干扰、造成误差，此部分研究引入农村妇女年龄、文化程度、技能培训状况、自主学习时间、家庭经济状况、家庭党员和村干部状况、所在村庄农业机械化状况、个人劳动报酬状况、个人身体状况作为控制变量，赋值同上。

由表 4-3-4 的描述性统计结果不难发现核心解释变量照料老人的均值为 0.546，中位数为 1，说明样本中超过半数的个体需要承担照料老人的责任与义务，在一定程度上挤压了她们非农就业的时间和精力，自然也会影响她们的事业发展意愿。

表 4-3-4　照料老人与农村妇女事业发展的描述性统计结果

变量	均值	标准差	最小值	最大值	中位数	有效样本量
核心解释变量						
照料老人	0.546	0.498	0	1	1	3309
被解释变量						
农村妇女事业发展（干事创业意愿）	3.185	0.939	1	4	3	3309
控制变量						
年龄	2.562	0.947	1	4	3	3309
年龄（平方）	7.460	4.769	1	16	9	3309
文化程度	3.262	1.190	1	7	3	3309
技能培训状况	1.940	0.982	1	4	2	3309
自主学习时间	2.096	1.312	1	5	2	3309
家庭经济状况	2.536	0.866	1	4	3	3309
家庭党员、村干部状况	0.253	0.435	0	1	0	3309
所在村庄农业机械化状况	1.212	0.875	0	3	1	3309
个人劳动报酬状况	2.769	1.127	1	4	3	3309
个人身体状况	2.783	0.853	1	4	3	3309

前已述及，公婆在世状况会影响农村妇女发展自身事业。具体来看，

由照料老人与农村妇女事业发展的实证结果（表4-3-5）可知，以没有承担侍候老人家庭责任为参照，需要侍候老人与农村妇女事业发展在1%的显著水平下呈负相关，进一步说明农村妇女照料老人日常起居、担忧老人健康状况、给予老人经济保障、给予老人日常陪伴等赡养责任会耗费大量时间、精力、金钱等，加之丈夫在外、子女照料、农田耕种等牵绊，使她们分身乏术、力不从心，势必会制约自身事业发展。

表 4-3-5 照料老人与农村妇女事业发展的实证结果

19B. 您是否需要侍候老人？				
被解释变量	农村妇女事业发展			
核心解释变量	回归系数	t 值	p 值	显著性
以没有侍候老人为参照				
侍候老人	−0.091	−2.84	0.005	***
控制变量				
年龄	0.094	1.09	0.274	—
年龄（平方）	−0.022	−1.29	0.198	—
文化程度	0.167	11.89	0.000	***
技能培训状况	0.010	0.52	0.600	—
自主学习时间	0.012	0.86	0.389	—
家庭经济状况	0.003	0.16	0.869	—
家庭党员、村干部状况	0.092	2.61	0.009	***
所在村庄农业机械化状况	0.066	3.84	0.000	***
个人劳动报酬状况	0.062	4.22	0.000	***
个人身体状况	0.077	3.86	0.000	***
常数项（cons）	2.070	15.41	0.000	***
拟合优度（R-squared）	0.087			
F 统计量	32.92			
样本量	3309			

注：***$p<0.01$，**$p<0.05$，*$p<0.1$。

年事不高、身心俱佳的老人能帮助儿媳或女儿料理家务、照看孩子，对其非农就业起着支持作用，反之则起着不同程度的羁绊作用。农村已婚年轻女性在年龄较轻公婆（还包括父母）的支持下大多获得非农就业机会，然而，随着已婚女性年龄的增长，她们不得不面临公婆（父母）的老龄化问题，公婆（父母）逐渐年老体衰，有的疾病缠身，情况严重者甚至失能，需要有人陪护照料。在传统文化和家庭观念的影响下，我国广大农村地区的家务劳动和家庭老人照料工作一般由已婚妇女承担。[①]家庭老人照料是一种劳动和时间密集型活动，不同程度地耽误农村妇女非农就业时间，常使她们面临非农工作与老人照料的冲突，有的因此被迫缩短非农工作时间甚至退出劳动力市场。家庭老人照料还挤占农村妇女的业务技能学习和参加社会交往的时间，降低她们在劳动力市场的竞争力和信息资源的获取能力。家庭老人照料使得她们难有相对规律的作息时间，尤其是对失能老人的照料常令她们身心俱疲。她们面临的"照护压力、经济压力以及身体压力"和"心理压力"[②] 等让她们焦头烂额，心力交瘁，不得不降低非农劳动参与率。相关研究发现，"家庭老人照料与农村妇女非农就业间存在显著替代效应"[③]，不同程度地制约农村妇女的非农就业决策和行为。

（二）家庭老人传统观念制约农村妇女政治参与

参与村级治理是农村妇女事业发展的重要标志。她们的参政状况既与她们的能力素质紧密相关，也与家人的支持认可密不可分。在我国一些农村地区，不少老人对儿媳参与村级管理持反对或暧昧态度，主要原因如

---

① 周春芳：《儿童看护、老人照料与农村已婚女性非农就业》，《农业技术经济》2013 年第 11 期。

② 董云飞：《农村失能老人居家照护发展困境及对策》，《热带农业工程》2021 年第 6 期。

③ 潘明明、蔡书凯：《家庭老人照料与农村妇女非农就业——农村妇女个体特征的调节模型》，《南方人口》2020 年第 3 期。

下：一是深受"男主外，女主内"传统性别观念的影响，认为家中男性当村干部是光耀门楣、光宗耀祖，家中女性在外抛头露面有伤大雅，于是不希望儿媳像男人一样在村里的公共事务中扮演重要角色。二是担心自己在任村官的儿媳面前有失尊严，担忧动摇自己在家中的长者权威，同时还忧虑儿子有失"男主外"的体面。三是认为儿媳的分内之事只是照顾好家庭，考虑儿媳一旦当上村官，整天忙于村里公共事务，有可能对家务不管不顾，对孩子的生活无暇过问，无形中加重自己的家务负担，家庭生活难以维系正常运转，因而对于致力村庄管理、家务可能需要家里人做[①]的女性村干部角色难以接受。因此，一些优秀的农村女性本有参政意愿，但因为家中老人的反对而无法参政。可见，家庭老人的阻力也是影响农村妇女参政的原因之一，有的参政妇女深有体会地说，"丈夫及亲人的支持是农村妇女参政的另一个重要条件"[②]。

二、丈夫关爱存在缺失

夫妻关系是建立在爱情基础上而结成的一种男女关系，夫妻双方一般应处于情感相融、携手同行、生活与共的和谐状态。将"您与丈夫的关系状况"（"争吵不休，关系恶劣""各行其是，关系冷淡"赋值为 1，"相安无事，关系一般"赋值为 2，"情投意合，关系和谐"赋值为 3）作为此部分研究的核心解释变量（夫妻关系）。将"作为一名农村女性，您是否想干事创业"作为此部分研究的被解释变量（农村妇女事业发展意愿），赋值同上。此外，为避免混淆因素对研究结论产生干扰、造成误差，此部分研究引入农村妇女年龄、文化程度、技能培训状况、自主学习时间、

---

① 张永英：《权力参与和民主参与：改革开放以来中国妇女政治地位变化研究》，人民日报出版社 2015 年版，第 159 页。

② 宋瑜：《中国农村妇女参政：能动性、权力分配与传承》，《中华女子学院学报》2017 年第 6 期。

家庭经济状况、家庭党员和村干部状况、所在村庄农业机械化状况、个人劳动报酬状况、个人身体状况作为控制变量，赋值同上。

表4-3-6的描述性统计结果显示"您与丈夫的关系状况"的均值为2.384，中位数为3，说明样本中一半左右的个体与丈夫之间的感情较为融洽、和谐，这可能与改革开放以来我国由过去"父母之命、媒妁之言"的传统婚恋观向"恋爱自主、婚姻自由"的新型婚恋观转变有关，农村地区大多数人在婚恋时也会寻求情投意合之人。同时，依旧不能忽视样本中个体近半数的夫妻关系较为一般、冷淡甚至恶劣之现实。

表4-3-6 夫妻关系与农村妇女事业发展的描述性统计结果

变量	均值	标准差	最小值	最大值	中位数	有效样本量
核心解释变量						
夫妻关系	2.384	0.698	1	3	3	3309
被解释变量						
农村妇女事业发展（干事创业意愿）	3.185	0.939	1	4	3	3309
控制变量						
年龄	2.562	0.947	1	4	3	3309
年龄（平方）	7.460	4.769	1	16	9	3309
文化程度	3.262	1.190	1	7	3	3309
技能培训状况	1.940	0.982	1	4	2	3309
自主学习时间	2.096	1.312	1	5	2	3309
家庭经济状况	2.536	0.866	1	4	3	3309
家庭党员、村干部状况	0.253	0.435	0	1	0	3309
所在村庄农业机械化状况	1.212	0.875	0	3	1	3309
个人劳动报酬状况	2.769	1.127	1	4	3	3309
个人身体状况	2.783	0.853	1	4	3	3309

由夫妻关系与农村妇女事业发展的实证结果（表4-3-7）可知，以农村妇女与丈夫关系较差为参照，夫妻关系一般和夫妻关系和谐与农村妇

女事业发展在 1% 的显著水平下均呈正相关，进一步说明夫妻关系越和谐越有利于农村妇女事业发展。这是因为在婚姻生活中，丈夫的关爱是农村妇女的情感慰藉和幸福源泉，也是她们意气风发干事创业的不竭精神动力。然而，纵观我国农村妇女的事业发展状况，来自丈夫的关爱不尽如人意。

表 4-3-7　夫妻关系与农村妇女事业发展的实证结果

35. 您与老公的关系状况				
被解释变量	农村妇女事业发展			
核心解释变量	回归系数	t 值	p 值	显著性
以关系较差为参照				
关系一般	0.225	3.68	0.000	***
关系和谐	0.427	7.20	0.000	***
控制变量				
年龄	0.093	1.10	0.270	—
年龄（平方）	−0.022	−1.33	0.182	—
文化程度	0.154	11.13	0.000	***
技能培训状况	0.015	0.83	0.408	—
自主学习时间	0.019	1.38	0.167	—
家庭经济状况	−0.015	−0.76	0.449	—
家庭党员、村干部状况	0.071	2.06	0.040	**
所在村庄农业机械化状况	0.046	2.71	0.007	***
个人劳动报酬状况	0.049	3.32	0.001	***
个人身体状况	0.050	2.53	0.011	**
常数项（cons）	1.931	14.01	0.000	***
拟合优度（R-squared）	0.107			
F 统计量	36.22			
样本量	3309			

注：***$p<0.01$，**$p<0.05$，*$p<0.1$。

（一）相顾相助缺失

"你耕田来我织布，我挑水来你浇园"，体现了小农经济"男耕女织"的特点，反映了农家夫妻彼此协同合作、同甘共苦的和谐生活。然而，随着改革开放以来"男工女耕"家庭分工模式的出现，农村夫妻彼此分担农活家务的和谐局面被打破，丈夫常年在外务工，留守在农村的妇女缺失了往日丈夫对自己工作和生活的支持、帮助、分担，她们不得已独自承担家里的大小事务，孤独地面对日常生活中遇到的各种麻烦与困难。一方面，由于丈夫与她们天各一方，无法与她们共同研究生产经营技术，无法与她们共同承担体力农活，她们需要克服农业生产经营中的决策和执行困难，独自承担农业生产经营的主体责任，她们的日常生产情形一度是："下田学开农用车，回家又养牛和羊。汗水湿了新衣裳，日头晒黑俏面庞。"[1]在艰辛的劳作中，留守妇女们常感体力不支，特别是地块分散、交通不便的山村留守妇女将紧张收麦的劳累比喻为"不死也得脱层皮"[2]。另一方面，留守妇女还要独自承担抚育小孩、料理家务、照顾老人的主体责任，家庭运行内容的繁杂也常使她们感到孤立无援。

访谈案例：钦铭（化名），女，53岁，初中文化，丈夫在外务工30余年，家中农田耕种基本由她打理，婆婆4年前去世，公公9年前中风，经治疗后勉强能拄着拐棍行走。婆婆健在时可以照顾公公，婆婆去世后，由于丈夫没有兄弟，照料负担全转移到她身上。她的公公脾气不好，稍不如意就对她破口大骂，弄得她心烦意乱。她有1个儿子也在外务工，结婚生下1个女孩后离婚，将小女孩留在家中全由她管教，儿子二婚后又生下1

---

① 刘旦、陈翔等：《留守中国：中国农村留守儿童妇女老人调查》，广东人民出版社2013年版，第91页。

② 刘旦、陈翔等：《留守中国：中国农村留守儿童妇女老人调查》，广东人民出版社2013年版，第81页。

个女孩也送到她这儿照料。她说自己每天围着田地、公公、小孩转，经常手忙脚乱，幸亏 3 年前家里的几亩地流转到了附近的南山牧场分场，减去了自己在田地间劳作的负担，否则情况无法想象。她感叹村中不少妇女在南山牧场分场打工，还有"五险"保障，如果家中没有这么重的照料负担，自己也完全可以去打工。现在自己累得头发泛白、皮肤起褶，哪有时间美容美发，如果说自己 60 岁了，也会有人相信。①

可见，缺乏丈夫帮助、家庭照料负担过重是制约农村妇女事业发展的重要因素。

（二）夫妻情意欠浓

丈夫的关心关爱是促进妻子事业发展的重要力量源泉。然而，在农村家庭的现实生活中，丈夫对妻子的关爱程度不尽一致，有的较为理想，有的则不尽如人意。影响夫妻情意的原因主要如下：一是丈夫性格内向，不善言辞。有的丈夫并非不关心和爱护妻子，但由于文化素质偏低、性格含蓄内向，不能恰如其分地表达自己对妻子的情感。二是丈夫脾气暴躁，喜怒无常。有的丈夫"男尊女卑"意识严重，不会平等友好地对待妻子，只要妻子稍不如他意，就对其大发雷霆，甚至暴力相向，严重伤害夫妻之间的感情。三是丈夫外出务工，情感淡化。这在农村留守妇女中表现得比较明显。近些年来，随着农村互联网和智能手机的普及，一定程度上缓解了农村留守妇女的情感孤独，但仍难以避免夫妻情感淡化。

三、孩子照料负担较重

农村妇女作为照顾子女的"主力军"，要耗费心思辅导子女课业，督

---

① 访谈时间：2022 年 8 月 5 日，访谈人：廖和平、文成豪，访谈对象：钦铭（化名）。

促子女学习，塑造子女品行。将"您教育辅导孩子的能力状况"（教育辅导孩子能力"较差"赋值为1，"一般"赋值为2，"较好"赋值为3）作为此部分研究的核心解释变量（教育辅导孩子能力）。将"作为一名农村女性，您是否想干事创业"作为此部分研究的被解释变量（农村妇女事业发展意愿），赋值同上。此外，为避免混淆因素对研究结论产生干扰、造成误差，此部分研究引入农村妇女年龄、文化程度、技能培训状况、自主学习时间、家庭经济状况、家庭党员和村干部状况、所在村庄农业机械化状况、个人劳动报酬状况、个人身体状况作为控制变量，赋值同上。

据表4-3-8的描述性统计结果显示教育辅导孩子能力的均值为1.784，中位数为2，说明样本中大部分个体的教育辅导子女能力不强且较为吃力，这可能与她们自身受教育程度大多为初中相关。

表4-3-8　教育辅导孩子能力与农村妇女事业发展的描述性统计结果

变量	均值	标准差	最小值	最大值	中位数	有效样本量
核心解释变量						
教育辅导孩子能力	1.784	0.763	1	3	2	3309
被解释变量						
农村妇女事业发展（干事创业意愿）	3.185	0.939	1	4	3	3309
控制变量						
年龄	2.562	0.947	1	4	3	3309
年龄（平方）	7.460	4.769	1	16	9	3309
文化程度	3.262	1.190	1	7	3	3309
技能培训状况	1.940	0.982	1	4	2	3309
自主学习时间	2.096	1.312	1	5	2	3309
家庭经济状况	2.536	0.866	1	4	3	3309
家庭党员、村干部状况	0.253	0.435	0	1	0	3309
所在村庄农业机械化状况	1.212	0.875	0	3	1	3309
个人劳动报酬状况	2.769	1.127	1	4	3	3309
个人身体状况	2.783	0.853	1	4	3	3309

相关研究结果显示："子女数量在 0.1 水平上与农村女性非农就业负相关，子女数量越多，家庭照料责任越重，会挤占女性就业的时间和精力。"[①] 除此之外，由教育辅导孩子能力与农村妇女事业发展的实证结果（表 4-3-9）可知，农村妇女教育辅导孩子的能力与自身事业发展总体上有显著关系，以"教育辅导孩子能力较差"为参照，"教育辅导孩子能力一般"和"教育辅导孩子能力较好"与农村妇女事业发展在 1% 的显著水平下均呈正相关，说明相比于辅导能力较差，辅导能力一般与较好均能够促进农村妇女事业发展。但辅导能力较好的回归系数略低于辅导能力一般的回归系数，可能原因是，辅导能力较好的农村妇女在"家庭—事业"权衡中倾向于家庭，分散了用于事业发展的精力，从而弱化了自身事业发展。此外，教育辅导孩子能力与农村妇女自身科学文化水平息息相关，就控制变量"文化程度"而言，其与农村妇女事业发展在 1% 的显著水平下呈正相关，说明农村妇女文化程度越高，教育辅导孩子能力越强，则越有利于自身事业发展。目前，就我国农村妇女来说，孩子对她们事业发展的制约还体现在以下两个方面。

表 4-3-9　教育辅导孩子能力与农村妇女事业发展的实证结果

24. 您教育辅导孩子的能力状况				
被解释变量	农村妇女事业发展			
核心解释变量	回归系数	t 值	p 值	显著性
以较差为参照				
一般	0.139	3.85	0.000	***
较好	0.137	3.07	0.002	***
控制变量				
年龄	0.090	1.04	0.297	—

---

① 何志扬、吴琼、庞亚威：《互联网为农村女性非农就业带来"数字红利"了吗？——基于 CGSS2017 数据的实证研究》，《中国劳动》2022 年第 3 期。

24. 您教育辅导孩子的能力状况				
年龄（平方）	−0.020	−1.18	0.239	—
文化程度	0.162	11.36	0.000	***
技能培训状况	0.009	0.46	0.643	—
自主学习时间	0.010	0.71	0.479	—
家庭经济状况	−0.004	−0.21	0.836	—
家庭党员、村干部状况	0.090	2.56	0.010	**
所在村庄农业机械化状况	0.057	3.35	0.001	***
个人劳动报酬状况	0.056	3.80	0.000	***
个人身体状况	0.071	3.55	0.000	***
常数项（cons）	2.028	15.15	0.000	***
拟合优度（R-squared）	0.089			
F 统计量	32.02			
样本量	3309			

注：***$p<0.01$，**$p<0.05$，*$p<0.1$。

（一）养育孩子经济负担重

改革开放前，农村受"多子多福"和"养儿防老"观念影响，独生子女家庭较少，多子女家庭较多。改革开放以来，随着城市化进程的加快、计划生育政策的提倡和农村养老保障制度的改善，农民的优生优育观念强化，独生子女家庭逐渐出现，拥有 2 个孩子的夫妇居多，普遍对"三孩"政策响应不够积极，原因在于养育孩子经济负担重。如前所述，课题组调查数据显示：调查对象中只有 1 个小孩的占 29.25%，有 2 个小孩的达 43.70%，有 3 个及 3 个以上孩子的占 17.32%。

当下农村妇女大多吸取自己文化素质偏低就业不畅的教训，努力为孩子健康成长、全面发展提供经济后盾，期望孩子顺利成才，以适应社会发展需要。她们既注重孩子的身体健康，尽可能满足孩子的衣食需要；又尽可能满足孩子的受教育需要，着力培养孩子的综合素质；还拼命挣钱为孩子长大后成家立业、买车买房做准备。因此，家里的孩子越多，养育的负担也越重。农村家庭收入普遍不高，即使丈夫外出务工，因文化和技能有限，收入水平也难丰厚。对于一个普通农村家庭而言，除去赡养老人、人情支出、日常开支外，养育孩子占去了家庭的大部分收入，在这种情况下，农村妇女可用于干事创业的资金十分有限。

（二）养育孩子耗时费力多

在农村，受"男主外，女主内"传统性别观念的影响，妇女在养育孩子方面发挥着主要作用。就非留守妇女而言，丈夫尚能在忙碌之余协助她们养育孩子。对留守妇女来说，孩子的照顾和培养责任基本全落在她们肩上。

从农村妇女面临事业发展与养育孩子的现实冲突来看，孩子学前阶段最为明显，因为哺乳期的孩子需要农村妇女的时刻陪伴；孩子上幼儿园期间这种冲突尽管会有所缓解，但接送和教导孩子等日常照料仍然使其难以分身；孩子上小学之后，养育孩子仍然会耗费她们大量时间和精力，自然限制了其自身的事业发展。孩子上学后，农村妇女除了陪伴孩子，还要辅导孩子的作业。可能晚上睡觉前的时间就基本耗费在作业辅导上了。对于文化水平普遍不高的留守妇女而言，情况更为糟糕。由于丈夫在外不能协助，很多留守妇女在辅导孩子功课方面存在不同程度的困难。调查对象中感觉"教育辅导孩子能力较好"的只有 20.64%，感觉"教育辅导孩子能力一般"的约有 37.08%，感觉"教育辅导孩子能力较差"的约占 42.28%。总而言之，自孩子出生后，农村妇女在相当长一段时间内须将大部分精力花在孩子的日常照料和学习辅导上，难以全心投入自己的事业发展。部分农村妇女抱着"望子成龙，望女成凤"的心理，孩子在哪里上学，自己就陪到哪里，直至孩子考入大学为止。据悉，"近十年来年轻妇女返乡陪读成为中西部农村的普遍现象"①，由此她们的事业发展自然大打折扣。

---

① 齐薇薇：《县域教育"供给—需求"匹配视角下母亲陪读研究》，《中国青年研究》2022年第 1 期。

第四节　制约农村妇女事业发展的自身因素

无论是社会制约因素、地方政府制约因素，还是家庭制约因素，都只是属于影响农村妇女事业发展的外因，而导致农村妇女事业发展困境的内因与她们的自身素质不尽理想息息相关。

一、主体意识不强，维权意识不浓

"主体意识是指主体的自我意识，是人对于自身的主体地位、主体能力和主体价值的一种自觉意识，是人之所以具有主观能动性的重要根据。"① 维权意识是指对维护个人或群体的合法权益的认知。主体意识关系农村妇女干事创业的精神风貌，维权意识关系农村妇女维护自身人格尊严和合法利益的能力水平。纵观农村妇女的主体意识、维权意识状况，其状况不够理想。

（一）主体意识不强

农村妇女作为独立的个体，应该意识到自己才是自身命运的主人，具有独立自主的人格，并充分发挥自己在家庭和社会中的独特作用，为自己事业发展提供动力。因此，将"您怎么看男女在农村经济社会发展中的作用状况"作为此部分研究的核心解释变量（农村妇女自我认知），"妇女的作用低于男人"赋值为 0，"妇女不比男人差"赋值为 1。将"作为一名农村女性，您是否想干事创业"作为此部分研究的被解释变量（农村妇女事业发展意愿），赋值同上。此外，为避免混淆因素对研究结论产生干扰、造成误差，此部分研究引入农村妇女年龄、文化程度、技能培

---

① 王慧娟：《当代中国农民主体意识探析》，《青海社会科学》2018 年第 2 期。

训状况、自主学习时间、家庭经济状况、家庭党员和村干部状况、所在村庄农业机械化状况、个人劳动报酬状况、个人身体状况作为控制变量，赋值同上。

表 4-4-1 的描述性统计结果可知农村妇女自我认知的均值为 0.618，中位数为 1。前已说明样本中超过半数的个体对"妇女能顶'半边天'"持有较大认同，但她们对于自身在农村经济社会发展中发挥"超半效应"的自我认识尚不充分。

表 4-4-1　农村妇女自我认知与自身事业发展的描述性统计结果

变量	均值	标准差	最小值	最大值	中位数	有效样本量
核心解释变量						
农村妇女自我认知（妇女作用）	0.618	0.486	0	1	1	3309
被解释变量						
农村妇女事业发展（干事创业意愿）	3.185	0.939	1	4	3	3309
控制变量						
年龄	2.562	0.947	1	4	3	3309
年龄（平方）	7.460	4.769	1	16	9	3309
文化程度	3.262	1.190	1	7	3	3309
技能培训状况	1.940	0.982	1	4	2	3309
自主学习时间	2.096	1.312	1	5	2	3309
家庭经济状况	2.536	0.866	1	4	3	3309
家庭党员、村干部状况	0.253	0.435	0	1	0	3309
所在村庄农业机械化状况	1.212	0.875	0	3	1	3309
个人劳动报酬状况	2.769	1.127	1	4	3	3309
个人身体状况	2.783	0.853	1	4	3	3309

由农村妇女自我认知与自身事业发展的实证结果（表 4-4-2）可知，

以在推动农村经济社会发展中"妇女的作用低于男人"为参照，农村妇女自我认知"妇女不比男人差"与自身事业发展在1%的显著水平下呈正相关，充分说明：农村妇女自我认知、自我定位越清晰，自我认同、自我肯定越强烈，则自身的主观能动性越强，越有利于追求自身事业发展。

表 4-4-2　农村妇女自我认知与自身事业发展的实证结果

15. 您怎么看男女在农村经济社会发展中的作用状况				
被解释变量	农村妇女事业发展			
核心解释变量	回归系数	t 值	p 值	显著性
以妇女的作用低于男人为参照				
妇女不比男人差	0.450	13.34	0.000	***
控制变量				
年龄	0.087	1.04	0.297	—
年龄（平方）	−0.020	−1.21	0.225	—
文化程度	0.144	10.47	0.000	***
技能培训状况	0.009	0.51	0.610	—
自主学习时间	0.015	1.09	0.277	—
家庭经济状况	−0.003	−0.15	0.883	—
家庭党员、村干部状况	0.100	2.93	0.003	***
所在村庄农业机械化状况	0.046	2.77	0.006	***
个人劳动报酬状况	0.047	3.25	0.001	***
个人身体状况	0.068	3.51	0.000	***
常数项（cons）	1.922	14.86	0.000	***
拟合优度（R-squared）	0.137			
F 统计量	53.27			
样本量	3309			

注：***$p<0.01$，**$p<0.05$，*$p<0.1$。

不可否认，改革开放新时期农村妇女在推动农村经济社会发展中发挥了"超半效应"，一方面与国家号召下她们主体意识不断觉醒有关，另一方面是在当时农村经济条件普遍不佳的情况下，迫于生计，她们不得不鼓励丈夫外出务工改善家庭经济状况，自己则别无选择地承担起生产经营、家庭建设等主体责任。如今，我国已经全面建成了小康社会，在农村经济条件不断改善的情况下，农村妇女能否把握新时代实施乡村振兴战略之良机，继续发扬改革开放时期的奋斗热情和拼命精神，以适应促进农业农村现代化之需要，这不仅与新时代为她们发挥"超半效应"提供的经济基础、文化基因、时空条件等客观条件密切相关，更需要的是她们具有将个人事业发展融入农村经济社会发展的眼界格局、胆识气魄等主体意识、主动精神和内生动力。纵观当下农村妇女主体意识整体状况，激发她们干事创业的主体意识还任重道远。原因如下：

一是依附意识较强、独特作用认知不足阻碍事业发展。有的农村妇女受"男尊女卑""男强女弱"等封建性别观念影响较深，习惯性地将自己与相夫教子、侍候老人、料理家务等联系起来，特别是已婚女性大多将丈夫视为家庭的支柱和依靠，以丈夫和孩子的发展为前提，而对于自身的职业发展考虑位居其次。一项关于妇女思想政治状况的调查数据显示：只有39.2%的农村妇女认为"自己的事业"比"帮助丈夫"更重要①。为了丈夫和孩子的发展，她们宁可压抑自己的生活目标和职业发展，将自己的需要和发展依附在丈夫和孩子身上，这也是改革开放以来部分农村留守妇女缺少职业发展的重要原因。她们"以个性的发展机会的牺牲，换取男性社会价值最大限度的实现和社会最大限度的进步"②。习近平总书记多次强调：要"发挥妇女在社会生活和家庭生活中的独特作用"③。随着男女平等观念

---

① 姜耀辉、刘艺：《新时代妇女思想政治状况及其引领对策探讨——基于湖南 19285 名妇女的调查》，《湖南社会科学》2021 年第 2 期。
② 石红梅：《马克思主义妇女观和中国特色女权主义实践》，中国社会科学出版社 2017 年版，第 210 页。
③ 中共中央党史和文献研究院编：《习近平关于注重家庭家教家风建设论述摘编》，中央文献出版社 2021 年版，第 5 页。

的持久影响和妇女能顶半边天的广泛传播，农村妇女认为"女不如男"的现象较之过去有了明显转变，但当下她们对自身在家庭、社会、事业等方面的独特作用自我认知仍然不足。调查数据显示：认为在家务管理方面能发挥细心缜密、井井有条等独特作用的仅占 37.50%；在教育子女方面能发挥耐心细致、慈母情深等独特作用的比例较高，达 70.14%，从农村妇女对子女教育耗费的时间精力上也可见一二；尽管农村妇女承担了侍候老人的责任，但她们认为自己具有彩衣娱亲、扇枕温衾等独特作用的仅占 38.53%；在协调亲朋好友关系方面能够发挥亲族友邻、热心善良等独特作用的仅占 24.84%；能在培育良好家风方面发挥轨物范世、言传身教等独特作用的仅占 38.20%，这与党中央殷切期望"发挥妇女在弘扬中华民族家庭美德、树立良好家风方面的独特作用"① 尚存差距；在庭院建设能够发挥高雅审美等独特作用的仅占 23.57%。诚然，农村妇女在独特作用认知方面的不足，也会影响自身事业持续有力地发展。

二是竞争意识较弱、安逸享乐心理较强限制事业进步。一方面，有的农村妇女对自己的优势特长认识不清，对自己的能力价值估计不足，认为对男性做出让步或牺牲是理所当然的，不愿与男性平等竞争，时常表现为事不关己，高高挂起。这里仅以村委会选举为例予以说明。有学者通过调查发现：部分农村妇女对村委会选举并不感兴趣，认为那是"男人的事"②，妇女不宜掺和；她们即使参与选举，也是应付式地完成任务，有的连选票都不乐意填写，而是委托他人代为填写；虽然她们被告知自己有被选举权，但仍对此持怀疑态度，不希望有人给自己投赞成票，由此她们的政治参与欠缺、政治权益不足就在所难免。另一方面，有的农村妇女抱有"嫁汉嫁汉，穿衣吃饭""干得好不如嫁得好"等性别观念，缺少人生规划，

① 中共中央党史和文献研究院编：《习近平关于注重家庭家教家风建设论述摘编》，中央文献出版社 2021 年版，第 5 页。
② 何永松：《村委会选举中的妇女角色分析》，《安徽行政学院学报》2018 年第 3 期。

缺少事业追求，恐惧挫折失败，不愿参与职场激烈竞争。特别在农业机械化程度普遍提高、农村部分土地流转、农田耕种负担相应减轻、农村经济水平不断改善的情况下，不少妇女满足小富即安，奉行得过且过，无意学习提高，不主动参加职业技能培训，不积极从事非农就业获取收入，更谈不上去思考创新创业，表现为"等靠要，穷自在，懒快活"①，对事业和个人发展缺乏追求。

（二）维权意识薄弱

农村妇女维权意识的强弱在一定程度上反映了自身在生产生活和事业发展过程中遇到问题、解决问题的方式、态度和能力。基于实证研究的需要，将"当您的权益受到侵犯时，您的态度是"（"默不作声""找族人维权"赋值为1，"找村委会维权"赋值为2，"依法维权"赋值为3）作为此部分研究的核心解释变量。将"作为一名农村女性，您是否想干事创业"作为此部分研究的被解释变量（农村妇女事业发展意愿），赋值同上。此外，为避免混淆因素对研究结论产生干扰、造成误差，此部分研究引入农村妇女年龄、文化程度、技能培训状况、自主学习时间、家庭经济状况、家庭党员和村干部状况、所在村庄农业机械化状况、个人劳动报酬状况、个人身体状况作为控制变量，赋值同上。

表4-4-3的描述性统计结果可以看出农村妇女维权意识的均值为2.389，中位数为3，说明样本中个体绝大部分具有较好的维权意识，且采取的维权手段具有差异性，这可能与个体所在地普法宣传等乡村法治建设有关。一般而言，具有依法维权意识的农村妇女，其了解、学习、运用法律知识的能力较强，则她们的综合素质相对较高，对生产生活和事业发展的权益维护可能性更大。

---

① 张永：《扶志贫困对象内生动力系统论》，《系统科学学报》2021年第2期。

表 4-4-3　农村妇女维权意识与事业发展的描述性统计结果

变量	均值	标准差	最小值	最大值	中位数	有效样本量
核心解释变量						
农村妇女维权意识（被侵权的态度）	2.389	0.702	1	3	3	3309
被解释变量						
农村妇女事业发展（干事创业意愿）	3.185	0.939	1	4	3	3309
控制变量						
年龄	2.552	0.947	1	4	3	3309
年龄（平方）	7.460	4.769	1	16	9	3309
文化程度	3.262	1.190	1	7	3	3309
技能培训状况	1.940	0.982	1	4	2	3309
自主学习时间	2.096	1.312	1	5	2	3309
家庭经济状况	2.536	0.866	1	4	3	3309
家庭党员、村干部状况	0.253	0.435	0	1	0	3309
所在村庄农业机械化状况	1.212	0.875	0	3	1	3309
个人劳动报酬状况	2.769	1.127	1	4	3	3309
个人身体状况	2.783	0.853	1	4	3	3309

由农村妇女维权意识与事业发展的实证结果（表4-4-4）可知，农村妇女维权意识与自身事业发展总体上有显著关系，以农村妇女合法权益受到侵犯时"默不作声"或"找族人维权"为参照，"找村委会维权"与农村妇女事业发展在1%的显著水平下呈正相关，"依法维权"与农村妇女事业发展在1%的显著水平下呈正相关，足以说明农村妇女维权意识越强，尤其是能够采取依法维权手段，越有利于解决自身在事业发展过程中遇到的权益侵犯、利益损害、人身安全等问题，进而为自身事业顺利发展保驾护航。但在当下建设平安乡村、法治乡村的现实背景下，农村妇女维权意识薄弱的"新"问题主要体现在：

表 4-4-4　农村妇女维权意识与事业发展的实证结果

31. 当您的权益受到侵犯时，您的态度是				
被解释变量	农村妇女事业发展			
核心解释变量	回归系数	t 值	p 值	显著性
以默不作声、找族人维权为参照				
找村委会维权	0.217	3.84	0.000	***
依法维权	0.460	8.49	0.000	***
控制变量				
年龄	0.073	0.87	0.382	—
年龄（平方）	−0.018	−1.08	0.279	—
文化程度	0.150	10.76	0.000	***
技能培训状况	0.012	0.67	0.505	—
自主学习时间	0.018	1.35	0.178	—
家庭经济状况	−0.006	−0.27	0.784	—
家庭党员、村干部状况	0.083	2.39	0.017	**
所在村庄农业机械化状况	0.042	2.53	0.012	**
个人劳动报酬状况	0.047	3.23	0.001	***
个人身体状况	0.056	2.85	0.004	***
常数项（cons）	1.922	14.00	0.000	***
拟合优度（R-squared）	0.113			
F 统计量	38.53			
样本量	3309			

注：***p<0.01，**p<0.05，*p<0.1。

一是对土地权益维护的疲软。出嫁女、离婚女、丧偶女等当自身的土地权益受到侵犯时，大多心中不服，有的也会找组里或村里理论一下，但当村组没能解决她们的问题时，真正拿起法律武器来维护自身土地权益者寥寥无几，大多无助且遗憾地放弃有利于自身事业发展的土地权益。

二是对无权继承娘家财产的默认。农村长期存在"嫁出去的女，泼出去的水"的理念，家庭财产实行男性继承制，父母基本不考虑出嫁女的财产分配。农村出嫁女一般也基本默认父母不公平的财产分配方法，即使心存不甘，她们也很少运用法律武器与兄弟争夺父母财产继承权。

三是对丈夫情感出轨的忍耐。部分留守妇女的丈夫因与妻子聚少离多，感情出轨，然而有不少妇女出于对孩子成长的牵挂，或出于对自身谋生技能缺少的考虑，或看到农村离异妇女再婚的不尽如人意，委曲求全地维持着婚姻。

四是对他人性侵行为的遮掩。农村社会治理的薄弱，为社会不良分子对农村留守妇女实施侵犯留下了隐患。而多数受侵犯妇女因面子观念作怪，不是公开依法维权，而是选择忍气吞声，使自己的身心健康和人格尊严受到伤害。

总之，部分农村妇女维权意识的淡薄，使自己的经济权益和身心健康受到侵犯，自身事业发展因此缺乏经济支持和精神支撑。

二、学习热情不高，技能修炼不足

现代社会快速发展，知识更新日新月异，每个人只有与时俱进，努力提高自身知识素养，自觉学习科学文化知识，主动加快知识更新、优化知识结构、拓宽眼界视野，才能增强本领，成就事业。正如毛泽东所说："饭可以一日不吃，觉可以一日不睡，书不可以一日不读。"① 综观农村妇女的学习热情和技能修炼情况，其状况尚不理想：

（一）对政治理论学习不感兴趣

她们一般会通过电视、网络了解社会情况，但是对政治理论学习兴趣不浓，她们大多对"政治理论"比较茫然，对马克思主义理论和习近平新时代中国特色社会主义思想缺乏系统学习，对党的路线、方针、政策缺乏

① 《习近平谈治国理政》第四卷，外文出版社 2022 年版，第 535 页。

全面了解。访谈中,当问及"村上组织妇女进行过政治理论学习吗",她们表示很少组织,自己也不太关心政治是什么,比较关心的是如何提高经济收入水平。当问及"您学习过马克思主义理论吗",部分妇女表示经常听到"马克思主义"这个名词,至于具体是什么内容不清楚。当问及"您了解党和政府的'三农'政策吗",多数妇女能从近些年乡村的变化、农村新型合作医疗以及农村养老保障制度的变化等来谈党的政策好,让农民过上了前所未有的好日子,但对党中央支持农村妇女创新创业的具体政策不够清楚。相关研究结果显示:通过基层妇联"了解党和政府在农村的政策"的农村妇女不到10%[1]。政治理论水平的欠缺致使她们难以运用马克思主义的基本立场、观点和方法解决自身事业发展的问题,制约她们把党的"三农"政策与自身事业发展有机结合起来,不利于她们在乡村振兴中有效发展自己的事业。

(二)对业余自主学习不够主动

学习是农村妇女实现自由解放的重要途径,也是促进农村妇女事业发展的必由之路。因此,将"您每周用于参加培训和自主学习的时间"作为此部分研究的核心解释变量(农村妇女自主学习),"无"赋值为0,"有"赋值为1。将"作为一名农村女性,您是否想干事创业"作为此部分研究的被解释变量(农村妇女事业发展意愿),赋值同上。此外,为避免混淆因素对研究结论产生干扰、造成误差,此部分研究引入农村妇女年龄、文化程度、家庭经济状况、家庭党员和村干部状况、所在村庄农业机械化状况、个人劳动报酬状况、个人身体状况作为控制变量,赋值同上。

根据表4-4-5农村妇女自主学习与事业发展的描述性统计结果可知,农村妇女自主学习的均值为0.514,中位数为1,说明样本中个体自主学

---

[1]　潘勇、李阳、毛梓丞:《河南农村妇女生活状况及期盼调查》,《市场研究》2020年第5期。

习时间差异性较大，近半数的人每周没有进行自主学习，这可能与她们需要耗费大量时间处理农作、家务等日常事务，而留有学习的时间所剩无几有关，也有可能与自身没有自主学习的兴趣和习惯有关。

表 4-4-5　农村妇女自主学习与事业发展的描述性统计结果

变量	均值	标准差	最小值	最大值	中位数	有效样本量
核心解释变量						
农村妇女自主学习（每周学习时间）	0.514	0.500	0	1	1	3309
被解释变量						
农村妇女事业发展（干事创业意愿）	3.185	0.939	1	4	3	3309
控制变量						
年龄	2.562	0.947	1	4	3	3309
年龄（平方）	7.460	4.769	1	16	9	3309
文化程度	3.262	1.190	1	7	3	3309
家庭经济状况	2.536	0.866	1	4	3	3309
家庭党员、村干部状况	0.253	0.435	0	1	0	3309
所在村庄农业机械化状况	1.212	0.875	0	3	1	3309
个人劳动报酬状况	2.769	1.127	1	4	3	3309
个人身体状况	2.783	0.853	1	4	3	3309

由农村妇女自主学习与事业发展的实证结果（表 4-4-6）可知，以"无"（"几乎没有时间学习"）为参照，每周花时间进行自主学习与农村妇女事业发展在 1% 的显著水平下呈正相关，说明农村妇女自主学习能够促进自身事业发展。当前互联网基本覆盖农村、自媒体不断涌现，为农村妇女了解资讯、查阅消息、学习知识搭建起更为便利的平台，许多农村妇女在闲暇之余利用手机看公众号、刷视频来进行碎片化学习，既使自身在闲暇之余得以放松，又使自身能够学到一些知识，足以说明在繁忙的家务、农活等劳动之余，农村妇女利用闲暇时间通过学习有利于为自身不断进步

"充电"，为自身事业发展"赋能"。

表 4-4-6　农村妇女自主学习与事业发展的实证结果

8.您每周用于参加培训和自主学习的时间为			
被解释变量	农村妇女事业发展		
核心解释变量	回归系数	t 值	p 值	显著性
以"无"为参照				
有	0.106	3.08	0.002	***
控制变量				
年龄	0.089	1.04	0.299	—
年龄（平方）	−0.021	−1.21	0.227	—
文化程度	0.162	11.68	0.000	***
家庭经济状况	−0.005	−0.24	0.814	—
家庭党员、村干部状况	0.097	2.76	0.006	***
所在村庄农业机械化状况	0.060	3.50	0.000	***
个人劳动报酬状况	0.059	4.03	0.000	***
个人身体状况	0.074	3.72	0.000	***
常数项（cons）	2.075	15.60	0.000	***
拟合优度（R-squared）	0.086			
F 统计量	40.34			
样本量	3309			

注：***$p<0.01$，**$p<0.05$，*$p<0.1$。

客观地说，农村不乏通过自主学习提升综合素质的妇女，她们利用党和国家"三农"扶持政策，在乡村创新创业，彰显着巾帼不让须眉的风采。但我们必须正视的事实是，农村妇女业余自主学习热情整体还待提升。近年来，农业规模经营明显增强，土地流转加剧，机械化程度提高和雇工兴起，农村妇女的农田耕种时间明显减少，业余时间相对增多，为她们学习提升提供了良好契机，可部分受教育程度偏低的农村妇女业余自主学习热情不高，事业发展的知识引力自然不足。

（三）对职业技能培训不够积极

俗话说："技多不压身，功到自然成。"随着市场经济不断完善，市场竞争日趋激烈，农村妇女要想事业不断取得进步，就必须拥有良好的职业技能，这是农村妇女事业在市场竞争中脱颖而出的重要法宝。因此，将"您接受过的技能培训情况"作为此部分研究的核心解释变量（农村妇女技能培训），"无"赋值为 0，"有"赋值为 1。将"作为一名农村女性，您是否想干事创业"作为此部分研究的被解释变量（农村妇女事业发展意愿），赋值同上。此外，为避免混淆因素对研究结论产生干扰、造成误差，此部分研究引入农村妇女年龄、文化程度、家庭经济状况、家庭党员和村干部状况、所在村庄农业机械化状况、个人劳动报酬状况、个人身体状况作为控制变量，赋值同上。

根据表 4-4-7 农村妇女技能培训与事业发展的描述性统计结果可知，农村妇女技能培训的均值为 0.582，中位数为 1，说明样本中个体接受技能培训率普遍不高，这可能与当地政府及妇联组织培训的频率、次数有关，也可能与她们自身参与培训的积极性和主动性有关。

表 4-4-7　农村妇女技能培训与事业发展的描述性统计结果

变量	均值	标准差	最小值	最大值	中位数	有效样本量
核心解释变量						
农村妇女技能培训（技能培训情况）	0.582	0.493	0	1	1	3309
被解释变量						
农村妇女事业发展（干事创业意愿）	3.185	0.939	1	4	3	3309
控制变量						
年龄	2.562	0.947	1	4	3	3309

变量	均值	标准差	最小值	最大值	中位数	有效样本量
年龄（平方）	7.460	4.769	1	16	9	3309
文化程度	3.262	1.190	1	7	3	3309
家庭经济状况	2.536	0.866	1	4	3	3309
家庭党员、村干部状况	0.253	0.435	0	1	0	3309
所在村庄农业机械化状况	1.212	0.875	0	3	1	3309
个人劳动报酬状况	2.769	1.127	1	4	3	3309
个人身体状况	2.783	0.853	1	4	3	3309

由农村妇女技能培训与事业发展的实证结果（表4-4-8）可知，以从未接受过技能培训为参照，接受过技能培训与农村妇女事业发展在1%的显著水平下呈正相关，足以说明多种技能培训对农村妇女事业发展具有正向促进作用。

表4-4-8　农村妇女技能培训与事业发展的实证结果

7.您接受过的技能培训情况				
被解释变量	农村妇女事业发展			
核心解释变量	回归系数	t值	p值	显著性
以"无"为参照				
有	0.109	3.15	0.002	***
核心解释变量				
年龄	0.091	1.06	0.289	—
年龄（平方）	−0.021	−1.21	0.228	—
文化程度	0.163	11.87	0.000	***
家庭经济状况	−0.002	−0.09	0.931	—
家庭党员、村干部状况	0.097	2.77	0.006	***
所在村庄农业机械化状况	0.057	3.36	0.001	***

7. 您接受过的技能培训情况				
个人劳动报酬状况	0.060	4.06	0.000	***
个人身体状况	0.073	3.66	0.000	***
常数项（cons）	2.055	15.51	0.000	***
拟合优度（R-squared）	0.087			
F 统计量	40.13			
样本量	3309			

注：***$p<0.01$，**$p<0.05$，*$p<0.1$。

近些年来，农村妇女受教育程度不断提升，各级妇联和相关部门为加强农村妇女职业教育和技能培训做了许多工作，这是不可否认的事实。但由于农村地区经济、教育发展程度不同，农村妇女参与意愿各异，农村妇女职业教育和技能培训呈现不平衡不充分发展的状况。总体来说，农村妇女职业技能培训参与率低，尤其在西部贫困地区这种现象更为突出。有学者对陕南秦巴山区农户家庭的调查数据显示："近年来，在当地政府组织的实用技术培训中，仅有 15.6% 的女性户主参加过，而占 72.4% 的女性户主一次都没有参加。"[①]农村妇女职业技能整体偏低的程度可想而知，事业发展难免受阻。

三、交际素养不佳，交际能力不强

马克思和恩格斯认为，一个人的全部特性"决定于世界交往的发展，决定于他和他所生活的地区在这种交往中所处的地位"[②]。一个人社会关系

[①] 段塔丽、李玉磊、王蓉、任灵：《精准扶贫视角下贫困地区农村女性户主家庭能力脱贫实现路径探析——基于陕南秦巴山区农户家庭的调查数据》，《陕西师范大学学报（哲学社会科学版）》2020 年第 6 期。

[②] 《马克思恩格斯全集》第三卷，人民出版社 1960 年版，第 297 页。

网络的大小决定了获取社会资源的多少，进而决定着事业发展的高度、深度和广度。当下互联网已经覆盖到农村，农村妇女可以通过电视、广播、报纸及网络等媒介自由地与外界交往，获取信息和资源。尽管如此，调查发现，农村妇女的社会交往范围仍然较窄，这与农村相对封闭的生存环境以及制度设置、社会规范相关，更与她们的交际素养和交际行为相关。

基于实证研究需要，将"您的人际交往范围如何"（交际范围较窄赋值为1，一般赋值为2，较广赋值为3）和"您的人际交往关系如何"（"关系较差"赋值为1，"关系一般"赋值为2，"关系和谐"赋值为3）作为此部分研究的核心解释变量。同理，将"作为一名农村女性，您是否想干事创业"作为此部分研究的被解释变量（农村妇女事业发展意愿），赋值同上。此外，为避免混淆因素对研究结论产生干扰、造成误差，此部分研究引入农村妇女年龄、文化程度、技能培训状况、自主学习时间、家庭经济状况、家庭党员和村干部状况、所在村庄农业机械化状况、个人劳动报酬状况、个人身体状况作为控制变量，赋值同上。

由表4-4-9的描述性统计结果可以看出，农村妇女人际交往范围的均值为2.049，中位数为2，说明样本中大部分个体的人际交往范围一般，在乡镇附近有一些朋友，样本中个体的人际交往范围分布合理。农村妇女人际交往关系的均值为2.399，中位数为3，说明样本中个体的人际交往关系参差不齐，具有差异性，这与农村妇女个人的人际沟通能力和人际交往艺术紧密相关。若农村妇女人际交往范围广、人际交往关系佳，那么她们从朋友那里获得信息、资金等支持与帮助的可能性就大，成为自身事业发展动力的可能性就高。

表4-4-9　农村妇女人际交往范围、人际交往关系与事业发展的描述性统计结果

变量	均值	标准差	最小值	最大值	中位数	有效样本量
核心解释变量						
农村妇女人际交往范围	2.049	0.812	1	3	2	3309

变量	均值	标准差	最小值	最大值	中位数	有效样本量
农村妇女人际交往关系	2.399	0.694	1	3	3	3309
被解释变量						
农村妇女事业发展（干事创业意愿）	3.185	0.939	1	4	3	3309
控制变量						
年龄	2.562	0.947	1	4	3	3309
年龄（平方）	7 460	4.769	1	16	9	3309
文化程度	3.262	1.190	1	7	3	3309
技能培训状况	1.940	0.982	1	4	2	3309
自主学习时间	2.096	1.312	1	5	2	3309
家庭经济状况	2.536	0.866	1	4	3	3309
家庭党员、村干部状况	0.253	0.435	0	1	0	3309
所在村庄农业机械化状况	1.212	0.875	0	3	1	3309
个人劳动报酬状况	2.769	1.127	1	4	3	3309
个人身体状况	2.783	0.853	1	4	3	3309

一方面，从农村妇女人际交往范围来看，由农村妇女人际交往范围与事业发展的实证结果（表4-4-10）可知，农村妇女人际交往范围与自身事业发展总体上有显著关系。以交际范围较窄为参照，交际范围一般、较广与农村妇女事业发展在1%的显著水平下呈正相关，说明农村妇女交际范围越广，越有利于自身事业发展。这是因为农村妇女扩大自身的社交范围，有利于她们获得由人脉资源带来的资金、信息、技术等支持，从而促进自身事业发展。另一方面，从农村妇女人际交往关系来看，由农村妇女人际交往关系与事业发展的实证结果（表4-4-11）可知，农村妇女人际交往关系与自身事业发展总体上也有显著关系。以人际关系较差为参照，人际关系一般、人际关系和谐与农村妇女事业发展在1%的显著水平下呈

正相关，说明和谐友善、互帮互助、互通有无的人际交往关系，不仅有利于为农村妇女事业发展提供良好氛围和精神动力，更有利于为农村妇女事业发展提供必要的物质支持。尽管如此，审视农村妇女社会交往情况，还存在以下不利情形：

表 4-4-10　农村妇女人际交往范围与事业发展的实证结果

39.您的人际交往范围如何				
被解释变量	农村妇女事业发展			
核心解释变量	回归系数	t 值	p 值	显著性
以交际范围较窄为参照				
交际范围一般	0.206	5.03	0.000	***
交际范围较广	0.270	6.32	0.000	***
控制变量				
年龄	0.107	1.26	0.209	—
年龄（平方）	−0.024	−1.43	0.153	—
文化程度	0.160	11.42	0.000	***
技能培训状况	0.001	0.05	0.960	—
自主学习时间	0.009	0.65	0.517	—
家庭经济状况	−0.011	−0.54	0.592	—
家庭党员、村干部状况	0.078	2.21	0.027	**
所在村庄农业机械化状况	0.050	2.96	0.003	***
个人劳动报酬状况	0.049	3.31	0.001	***
个人身体状况	0.059	2.95	0.003	***
常数项（cons）	2.032	15.17	0.000	***
拟合优度（R-squared）	0.097			
F 统计量	32.71			
样本量	3309			

注：***$p<0.01$，**$p<0.05$，*$p<0.1$。

表 4-4-11　农村妇女人际交往关系与事业发展的实证结果

40.您的人际交往关系如何				
被解释变量	农村妇女事业发展			
核心解释变量	回归系数	t 值	p 值	显著性
以关系较差为参照				
关系一般	0.362	6.19	0.000	***
关系和谐	0.583	10.29	0.000	***
控制变量				
年龄	0.071	0.85	0.395	—
年龄（平方）	−0.018	−1.09	0.276	—
文化程度	0.153	11.15	0.000	***
技能培训状况	0.025	1.38	0.166	—
自主学习时间	0.017	1.22	0.222	—
家庭经济状况	−0.014	−0.70	0.487	—
家庭党员、村干部状况	0.060	1.75	0.080	*
所在村庄农业机械化状况	0.045	2.74	0.006	***
个人劳动报酬状况	0.050	3.42	0.001	***
个人身体状况	0.049	2.50	0.013	**
常数项（cons）	1.813	13.16	0.000	***
拟合优度（R-squared）	0.123			
F 统计量	43.27			
样本量	3309			

注：***p<0.01，**p<0.05，*p<0.1。

（一）常有自卑心理，缺乏自信交往

自卑是一种自我评价偏低、缺乏自信，并伴有自暴自弃、悲观失望等情绪体验的消极心理倾向。"自卑心理严重导致人际交往上缺乏自信。"[①]

———————

① 董威：《当代大学生人际交往障碍出现的新情况》，《现代交际》2018 年第 1 期。

农村妇女受教育程度偏低，交际素养普遍缺乏，她们中自卑者不乏其人。有的缺乏交际艺术，与人交往时不知道如何根据不同的人物、时间和场合选择话题，也不知怎样对难以打交道的人晓之以理，动之以情，不能在交际对象面前恰如其分地表达自己的交际意图。有的在与他人比学历、财富、地位、声望中产生不同程度的自卑心理，往往以回避、排斥的态度拒绝与他人交往。这些由自卑心理导致的人际交往障碍均不利于农村妇女拓展交往视野、获取信息资源、吸纳他人智慧、获得他人支持，从而制约着她们的事业发展。

（二）常生嫉妒心理，缺乏友好交往

有的农村妇女只看到自己的优点和长处，总找别人的缺点和短处，只许自己家人获得成功，容不得别人家获得喜悦。有的自己不努力、不进取，却嫉妒别人成功。嫉妒这种负面的心理和情绪会严重影响人际关系的和谐融洽，既伤害别人，又孤立自己，不仅"降低了人们的彼此交往的质量"，而且可能"造成家庭之间、村庄内部的人与人的疏远和恶性竞争"①，影响个人事业的发展和乡风文明的建设。

（三）常存拘束心理，缺乏自由交往

农村的传统性别成见压抑着农村妇女的能力自信和交往自信，导致其发展意识的缺乏和人们对其发展意愿的漠视。"从夫居"的家庭制度疏离着农村妇女与娘家原有的伙伴关系、亲戚关系、同学关系，特别对从本村之外嫁入村里来的"外入型妇女"影响更大。"男主外，女主内"的传统家庭分工模式的存在，束缚着农村妇女的家庭外社会交往，改革开放以来农村出现的"男工女耕"现象也是传统性别角色分工的延伸。"男工女耕"

---

① 杨艳、陈红：《转型期内地农村妇女嫉妒情感探究》，《萍乡高等专科学校学报》2014年第1期。

模式使留守妇女大多时候失去在生产中与家庭以外村民、干部结交的机会，农活家务繁忙又使她们缺少进行社会交往的闲暇时间。近些年来，随着机械化程度提高、土地流转、雇工形式的兴起，她们的闲暇时间相对增多，但她们的交往活动大多不外乎"限于传统家门交往圈子"或缘于休闲兴趣的村庄交往圈子。农村已婚妇女在两性交往方式上更容易被礼制秩序规范约束，传统伦理规制使得她们在男女交往上特别谨小慎微。在农村社会文化中，送人情、攀交情的人情法则与"脸面"观，使得家庭经济条件较差的妇女不得不缩小自己的交往关系网络……可见，"农村社会中的一些制度设置和社会规范等限制了农村妇女社会交往的对象和范围"①。部分妇女人际交往的狭窄使她们难以建立一种群体意识和社会支持网络。

四、健康意识不强，身心调适不畅

人民健康既是民族昌盛和国家富强的重要标志，也是每一个人成长和实现幸福生活的重要基础。"健康是幸福生活最重要的指标，健康是 1，其他是后面的 0，没有 1，再多的 0 也没有意义。"② 对于农村妇女来说，健康素养缺乏和心理状态不佳是制约其事业发展和幸福生活实现的重要因素。

（一）健康素养低下，身体疾病频发

农村妇女拥有健康良好的体魄是其事业发展的重要依托。因此，将"您的身体状况"和"您是否患有下列疾病"（涉及妇科病、肩周炎、高血压、低血糖、腰酸腿痛、心情烦躁，"否"赋值为 0，"是"赋值为 1，最终加权计算）作为此部分研究的核心解释变量。同理，将"作为一名农村

---

① 周秀平、周学军：《社会支持网络与农村妇女发展——女村长与村落发展的案例分析》，《中华女子学院山东分院学报》2007 年第 1 期。
② 《2022，更高质量更多期待》，《中国卫生》2022 年第 2 期。

女性，您是否想干事创业"作为此部分研究的被解释变量（农村妇女事业发展意愿），赋值同上。此外，为避免混淆因素对研究结论产生干扰、造成误差，此部分研究引入农村妇女年龄、文化程度、技能培训状况、自主学习时间、家庭经济状况、家庭党员和村干部状况、所在村庄农业机械化状况、个人劳动报酬状况作为控制变量，赋值同上。

根据表 4-4-12 的描述性统计结果可知，农村妇女患病状况的均值为 1.450，中位数为 1，说明样本中绝大部分个体患有至少一种疾病，这主要涉及日常生活的一些小病小痛。尽管如此，为保证农村妇女事业健康发展，"小病小痛"也不能忽视，因为有的农村妇女"常常把小病拖成大病、把大病拖成重病"[1]。

表 4-4-12　农村妇女患病状况与事业发展的拊述性统计结果

变量	均值	标准差	最小值	最大值	中位数	有效样本量
核心解释变量						
农村妇女患病状况	1.450	1.049	0	6	1	3309
被解释变量						
农村妇女事业发展（干事创业意愿）	3.185	0.939	1	4	3	3309
控制变量						
年龄	2.562	0.947	1	4	3	3309
年龄（平方）	7.460	4.769	1	16	9	3309
文化程度	3.262	1.190	1	7	3	3309
技能培训状况	1.940	0.982	1	4	2	3309
自主学习时间	2.096	1.312	1	5	2	3309
家庭经济状况	2.536	0.866	1	4	3	3309
家庭党员、村干部状况	0.253	0.435	0	1	0	3309

---

[1]　秦霞、文成豪：《巩固脱贫攻坚成果背景下推进农村妇女全面脱贫》，《延边党校学报》2021 年第 4 期。

变量	均值	标准差	最小值	最大值	中位数	有效样本量
所在村庄农业机械化状况	1.212	0.875	0	3	1	3309
个人劳动报酬状况	2.769	1.127	1	4	3	3309

"健康素养是个体对健康知识和健康信息的认知、获取和利用的一种能力。"[①] 由农村妇女患病状况与事业发展的实证结果（表 4-4-13）可知，农村妇女患有疾病与自身事业发展在 1% 的显著水平下呈负相关，说明农村妇女患有妇科病、肩周炎、高血压、低血糖、腰酸腿痛、心烦意乱等疾病不利于自身事业发展。农村妇女由于文化水平偏低和农村经济条件、卫生习惯的影响，健康素养水平普遍不高，对自身健康的关注度普遍不够。具体表现在：

表 4-4-13　农村妇女患病状况与事业发展的实证结果

33.您是否患有下列疾病？（妇科病、肩周炎、高血压、低血糖、腰酸腿痛、心烦意乱）				
被解释变量	农村妇女事业发展			
核心解释变量	回归系数	t 值	p 值	显著性
农村妇女患病	−0.066	−4.24	0.000	***
控制变量				
年龄	0.102	1.19	0.234	—
年龄（平方）	−0.023	−1.35	0.177	—
文化程度	0.165	11.67	0.000	***
技能培训状况	0.010	0.53	0.598	—
自主学习时间	0.012	0.83	0.406	—
家庭经济状况	0.007	0.36	0.721	—
家庭党员、村干部状况	0.097	2.76	0.006	***
所在村庄农业机械化状况	0.062	3.63	0.000	***

[①]　郭立群、彭波：《农村妇女营养健康水平形成机理实证研究——以河北涉县为例》，《中国农业大学学报》2018 年第 2 期。

33. 您是否患有下列疾病？（妇科病、肩周炎、高血压、低血糖、腰酸腿痛、心烦意乱）				
个人劳动报酬状况	0.062	4.21	0.000	***
常数项（cons）	2.320	17.52	0.000	***
拟合优度（R-squared）	0.085			
F 统计量	35.97			
样本量	3309			

注：***$p<0.01$，**$p<0.05$，*$p<0.1$。

一是日常饮食习惯不良。普遍缺乏饮食健康常识，不太注意合理膳食，比较注重饮食的口味。由于身体摄入食盐、腌油、辣椒过多，农村妇女中高血压、冠心病、肠胃病、肥胖和肿瘤等慢性疾病的发病率和死亡率较高。

二是平时生活习惯不当。由于农活家务繁忙以及相对艰苦的生活条件，农村妇女卫生意识相对淡薄，生活方式比较粗放，对衣食住行不太讲究，尤其是农忙时节喝生水的大有人在，室内和庭院卫生糟糕的也是屡见不鲜。

三是生殖健康维护不佳。由于农村普遍羞于提及生殖健康问题，农村妇女自孩提时就缺乏生殖健康维护常识，在月经期间下地干农活、吃生冷食物的不在少数。流行于农村的宫内节育器避孕效果并不理想，致使不少妇女避孕失败，被迫多次流产。农村妇女对孕期保健、产前检查也不太在意，对临床分娩也不讲究，在国家对农村孕产妇实行住院分娩补助政策前，农村多数妇女选择在家分娩，其分娩条件低下和风险可想而知。种种原因导致部分农村妇女患阴道炎与宫颈炎、子宫肌瘤等生殖器官疾病也就在所难免。一项针对52481名农村妇女的调查研究结具显示：约59.8%的人患有生殖道感染。① 本课题组调查的3309名农村妇女中患妇科病的达41.76%，也与上述调研结果基本一致。

————————

① 汤颖：《论农村妇女贫困的身心机制》，《社会福利（理论版）》2019年第1期。

（二）情感承受多种制约，心理状况欠安

农村妇女的情感状况作为反映心理状态的重要组成部分，是自身日常生活和事业发展的精神港湾。因此，将"您的情感状况"（"情感孤独"赋值为 0，"情感丰富"赋值为 1）作为此部分研究的核心解释变量。同理，将"作为一名农村女性，您是否想干事创业"作为此部分研究的被解释变量（农村妇女事业发展意愿），赋值同上。此外，为避免混淆因素对研究结论产生干扰、造成误差，此部分研究引入农村妇女年龄、文化程度、技能培训状况、自主学习时间、家庭经济状况、家庭党员和村干部状况、所在村庄农业机械化状况、个人劳动报酬状况作为控制变量，赋值同上。

根据表 4-4-14 的描述性统计结果可知，农村妇女情感状况的均值为 0.605，中位数为 1，说明六成以上的调查对象个体情感状况较好，同时也存在一定差异。这可能与自身性格、排解能力相关，还可能与自身是否为留守妇女有关。总体而言，我国农村妇女是一个文化素质偏低、生活环境较差、承担责任较重的特殊群体，不同程度地存在着焦虑、恐慌、紧张、失眠、抑郁等心理健康问题，特别是"留守妇女心理健康问题堪忧"[1]。

表 4-4-14　农村妇女情感状况与事业发展的描述性统计结果

变量	均值	标准差	最小值	最大值	中位数	有效样本量
核心解释变量						
农村妇女情感状况	0.605	0.489	0	1	1	3309
被解释变量						
农村妇女事业发展（干事创业意愿）	3.185	0.939	1	4	3	3309
控制变量						

---

[1]　郭智慧、王藤：《新农村留守与非留守妇女心理健康及影响因素》，《职业与健康》2019年第 10 期。

续表

变量	均值	标准差	最小值	最大值	中位数	有效样本量
年龄	2.562	0.947	1	4	3	3309
年龄（平方）	7.460	4.769	1	16	9	3309
文化程度	3.262	1.190	1	7	3	3309
技能培训状况	1.940	0.982	1	4	2	3309
自主学习时间	2.096	1.312	1	5	2	3309
家庭经济状况	2.536	0.866	1	4	3	3309
家庭党员、村干部状况	0.253	0.435	0	1	0	3309
所在村庄农业机械化状况	1.212	0.875	0	3	1	3309
个人劳动报酬状况	2.769	1.127	1	4	3	3309

由农村妇女情感状况与事业发展的实证结果（表4-4-15）可知，以农村妇女情感孤独为参照，情感丰富与自身事业发展在1%的显著水平下呈正相关，说明农村妇女情感状况越好、精神面貌越佳、内生动力越足，越有利于自身事业发展。但本课题组的调查对象中仍有20.04%的感觉"心烦意乱"，导致她们心理健康问题的因素主要有：

表4-4-15　农村妇女情感状况与事业发展的实证结果

34. 您的情感状况				
被解释变量	农村妇女事业发展			
核心解释变量	回归系数	t 值	p 值	显著性
以情感孤独为参照				
情感丰富	0.221	6.56	0.000	***
控制变量				
年龄	0.090	1.06	0.290	—
年龄（平方）	−0.021	−1.25	0.211	—
文化程度	0.166	11.81	0.000	***
技能培训状况	0.018	0.95	0.344	—
自主学习时间	0.015	1.05	0.292	—

续表

34. 您的情感状况				
家庭经济状况	0.002	0.12	0.905	—
家庭党员、村干部状况	0.074	2.10	0.036	**
所在村庄农业机械化状况	0.055	3.26	0.001	***
个人劳动报酬状况	0.054	3.61	0.000	***
常数项（cons）	2.133	16.78	0.000	***
拟合优度（R-squared）	0.093			
F 统计量	37.91			
样本量	3309			

注：$***p<0.01$，$**p<0.05$，$*p<0.1$。

　　一是文化程度偏低。首先，偏低的文化程度影响着她们的信仰。部分农村妇女自学能力不强，对马克思主义理论、党和国家的大政方针了解不够深入，缺乏支撑理想信念的政治素养，工作生活中常生糊涂感。其次，偏低的文化程度使得她们的思维方式比较单一，分析和解决问题时缺乏辩论思维、系统思维和创新思维，当问题得不到有效解决时，难免产生自卑感。再次，偏低的文化程度也制约着她们对孩子成长的教育和学习的辅导。不少人对孩子缺少因材施教、循循诱导的教育方法，对待孩子的学习辅导需求力不从心，时常产生无助感。此外，偏低的文化程度也羁绊着她们的人际交往。有的心胸格局狭小，喜欢就鸡毛蒜皮的事或与公婆、妯娌、邻里、亲戚斤斤计较，人际关系糟糕；有的交往技巧缺乏，不能根据具体情况与他人进行恰如其分的交往，不免心生郁闷感。

　　二是家庭责任重大。农村妇女，特别是留守妇女承担着家庭生产经营和家务劳动的主体责任，心理压力较大。首先，家庭生产经营的每个环节令她们劳心劳力，旱灾、洪灾、台风等自然灾害的不可抗拒性及其所带来的农业收成之不确定性也使她们心生担忧。其次，她们担心丈夫在外的劳动安全和职业安全。她们的丈夫在外务工一般以体力劳动为主，通常劳动强度较大，有的劳动还具有一定危险性，丈夫的劳动安全时刻令她们牵挂。同时，由于她们丈夫的文化水平普遍不够高，职业技能的竞争力不强，职业的稳定性也成为她们心中的担忧。再次，家庭老人和孩子照料的压力也会不同程度地影响她们的身心健康。

三是归属与爱的缺失。首先，难从婆家获得归属感。一般来说，已婚妇女在出嫁前爱与归属感能从娘家以及亲朋好友中获得，而出嫁"从夫居"模式容易使她们产生被边缘化的感觉，在新家族中找不到归属感，心理难免惴惴不安。其次，担心丈夫移情别恋。留守妇女与丈夫聚少离多，在忍受孤独寂寞的同时，担心丈夫感情出轨，进而引发婚姻危机。对于许多留守妇女来说，婚姻关系的脆弱性常使她们忧心忡忡，导致心理健康问题的产生。再次，难从妇女组织中获得关爱。农村基层妇联利用春节、中秋、重阳等传统节日和妇女节、劳动节等纪念日组织开展交流学习活动相对较少。农村妇女自主结社意识淡漠，对通过自主结社来改变生活困难和争取权益诉求的方式既不熟悉，也不信任。她们从妇女组织中获得关爱的渠道不够通畅。

第五章　乡村振兴战略视阈下农村妇女典范人物事业发展研究

　　马克思说过："没有妇女的酵素就不可能有伟大的社会变革。"① 妇女是人类文明的开创者和社会进步的推动者，习近平总书记也高度重视妇女在新时代美好生活创造中的伟大作用，在全球妇女峰会上大力呼吁"促进妇女全面发展，共建共享美好世界"，极力主张"要增强妇女参与政治经济活动能力，提高妇女参与决策管理水平，使妇女成为政界、商界、学界的领军人物"。② 新时代，在党和政府的关怀下，我国农村妇女事业发展取得长足进步，她们中涌现出一批又一批事业有成的典范人物③，展现了农村妇女的"飒爽英姿"。农村妇女典范人物类型丰富多彩，典范事迹熠熠生辉，对促进广大农村妇女事业发展具有榜样激励和示范引领作用。

第一节　乡村振兴战略视阈下农村妇女典范人物的主要类型

　　新时代实施乡村振兴战略，广大农村妇女在"统筹推进农村经济建设、

---

① 《马克思恩格斯选集》第四卷，人民出版社 2012 年版，第 480 页。
② 习近平：《促进妇女全面发展　共建共享美好世界——在全球妇女峰会上的讲话》，《人民日报》2015 年 9 月 28 日。
③ 农村妇女典范人物特指拥有农村户籍且因其先进事迹受到党和政府有关部门嘉奖的留守妇女、非留守妇女、外出打工妇女以及返乡女性"新农人"。

政治建设、文化建设、社会建设、生态文明建设"[1] 中大显身手，在乡村各行各业中书写着绚丽的人生篇章，涌现出一批又一批事业有成的农村妇女典范人物。按照"五位一体"总体布局，理析农村妇女典范人物的光辉事迹，可以将之分为以下类型。

一、生产经营型：创新经营机制、聚力科技致富

乡村振兴，产业兴旺是重点。毛泽东曾经指出，"妇女的伟大作用第一在经济方面，没有她们，生产就不能进行。"[2] 改革开放以来，随着我国城市化的快速发展和农村家庭联产承包责任制的实施，农村"男耕女织"的传统分工模式逐渐转变为"男工女耕"模式。新时代，"男工女耕"仍然是乡村一道亮丽的风景线，农村妇女在特色种养、休闲农业、农业企业、乡村旅游等多元业态的生产经营活动中承担着主体责任，由此涌现出一批推动农村经济发展的"领头雁"。

（一）致力规模经营的"女强人"

随着农村男性主要劳动力不断向城市转移，"约占农业劳动力的70%"[3] 的农村妇女逐渐成为推动农村经济社会发展的主力军。新时代，一批农村妇女突破小打小闹的小农经营模式，以大气魄、大手笔谋求大发展，积极创办、领办、主办以规模经营为特点的农业企业、家庭农场、专业合作社等。例如，湖北罗田锦秀林牧专业合作社理事长刘锦秀利用大别山得天独厚适合放牧的生态优势，带领本地农民养殖黑山羊，按照"统一提供

---

[1]　《中共中央国务院关于实施乡村振兴战略的意见》，人民出版社 2018 年版，第 4 页。

[2]　中华人民共和国全国妇女联合会编：《毛泽东主席论妇女》，人民出版社 1978 年版，第 11 页。

[3]　中华人民共和国国务院新闻办公室：《中国性别平等与妇女发展》，人民出版社 2015 年版，第 7 页。

种羊、统一栏圈建设、统一防疫消毒、统一技术培训、统一收购羊肉"的服务模式，打造"薄金寨·锦秀羊"生态食品品牌，成为获评"全国脱贫攻坚奖奉献奖"的"致富带头人"。① 出生于贵州省遵义市湄潭县偏僻山村的"老干妈"创始人陶华碧打造出一个"辣椒酱霸业帝国"，其产品不仅深受国内消费者青睐，还远销美国、澳大利亚、加拿大、新西兰、韩国等多个国家。她创立的老干妈风味食品公司成为农业产业化国家重点龙头企业，在贵州 7 个县建立 28 万亩无公害辣椒基地，形成一条从田间延伸到全球市场的产业链，年销售额高达 50 多亿元，带动 200 多万农民就近就业和增收致富，她由此获评为"优秀中国特色社会主义事业建设者"。②

（二）致力科技致富的"女能手"

邓小平曾指出，"科学技术是第一生产力"③。随着农业科学技术和互联网＋、物联网、人工智能等信息技术在农村的广泛推广，许多农村妇女大力学习和应用农业实用技术，在生产经营中勇立潮头、争做先锋，成为享有盛誉的科技致富"女能手"。例如，安徽省宿州市砀山县唐寨镇唐寨村身患脊髓空洞症的村民李娟，在全身重度瘫痪的情况下，努力用电商技术之长弥补身体缺陷，用牙咬着触控笔操作手机和电脑，成为远近闻名的"电商 CEO"，谱写出一曲电商创业致富之歌，获得"全国脱贫攻坚奖奋进奖"的美誉。④ 江西省瑞金市壬田镇凤岗村耄耋之年的廖秀英奶奶，凭借腌制咸鸭蛋的技术，搭乘"邮政 e 邮""农村淘宝"等电商快车，带动村民们走上电商脱贫致富之路，成为获得"全国脱贫攻坚奖奋进奖"的高

---

① 脱贫攻坚先锋系列图书编辑委员会编：《脱贫攻坚先锋：2017 年全国脱贫攻坚奖获奖者事迹》，中国劳动社会保障出版社、中国人事出版社 2018 年版，第 161—166 页。

② 何首乌：《按照自己的知识来办事——记老干妈风味食品有限责任公司创始人陶华碧》，《商业文化》2021 年第 14 期。

③ 《邓小平文选》第三卷，人民出版社 1993 年版，第 274 页。

④ 脱贫攻坚先锋系列图书编辑委员会编：《脱贫攻坚先锋：2017 年全国脱贫攻坚奖获奖者事迹》，中国劳动社会保障出版社、中国人事出版社 2018 年版，第 47—52 页。

龄致富典范。① 甘肃田地农业科技有限责任公司总经理李晓梅利用本地适合种植马铃薯的地理优势,与省内外部分科研院所、高等院校联手合作,建立马铃薯科研示范基地,让"洋芋蛋"变为含有高科技的"金蛋蛋",获得"全国脱贫攻坚奖奉献奖"。②

(三) 推动乡村旅游的 "女能人"

乡村富有山水林田湖草沙等自然景观和历史古迹、民族文化等人文资源,一批农村妇女凭此打造观光休闲农业、特色传统村落等旅游项目,为农村多元化产业发展注入新的活力。例如,江西省井冈山市茅坪乡神山村的彭夏英结合当地红色文化资源开办村里第一家农家乐,组织村民通过"一桌菜肴、一份特产、一块果园"走上旅游致富的康庄大道,由此获评"全国脱贫攻坚奖奋进奖"。③ 云南省澜沧拉祜族自治县酒井乡老达保村的李娜倮,通过打造富有民族风情和地域特色的拉祜情景剧,将"美丽乡村、文化旅游、创新创业"等关键要素有机结合起来,让老达保村走上一条"民族文化 + 乡村旅游"的致富之路,由此成为"全国脱贫攻坚奖奋进奖"获得者。④

(四) 促进城乡融合的 "打工妹"

我国城镇化进程的不断加快,为农村妇女外出务工就业提供了一个更

---

① 脱贫攻坚先锋系列图书编辑委员会编:《脱贫攻坚先锋:2016 年全国脱贫攻坚奖获奖者事迹》,中国劳动社会保障出版社、中国人事出版社 2018 年版,第 59—64 页。

② 国务院扶贫开发领导小组办公室、脱贫攻坚先锋系列图书编辑委员会编:《脱贫攻坚先锋:2019 年全国脱贫攻坚奖获奖先进个人事迹》,中国劳动社会保障出版社、中国人事出版社 2019 年版,第 393—398 页。

③ 国务院扶贫开发领导小组办公室、脱贫攻坚先锋系列图书编辑委员会编:《脱贫攻坚先锋:2018 年全国脱贫攻坚奖获奖先进个人事迹》,中国劳动社会保障出版社、中国人事出版社 2019 年版,第 131—136 页。

④ 脱贫攻坚先锋系列图书编辑委员会编:《脱贫攻坚先锋:2016 年全国脱贫攻坚奖获奖者事迹》,中国劳动社会保障出版社、中国人事出版社 2018 年版,第 41—46 页。

大的平台，她们冲破"生为农妇、世代为农"的传统规制，告别农家天地，走进繁华都市，从"面朝黄土背朝天"的旧式农村女性变成洋溢着城市气息的新型妇女。新时代，部分"离土又离乡"的"打工妹"既将技术、知识、文化等带回农村，又在促进农村劳动力转移和就业等方面献计献力，为促进城乡融合发展积极作为。例如，出生于湖南省湘乡市壶天镇小山村的周群飞曾在深圳打工时坚持半工半读、艰苦创业，经过不懈努力创办蓝思科技股份有限公司，带领公司专注于手机防护视窗玻璃的研发、生产和销售，并将总部设在湖南省浏阳市，大力促进当地农民就业和经济发展，成功实现由"打工妹"到"全球手机玻璃女王"和"全国优秀企业家"的华丽蜕变。① 新疆乌恰县膘尔托阔依乡阿合奇村的打工妹帕夏古丽·克热木多次利用返乡探亲的机会，给乡亲们讲解劳务输出的好处，先后动员 500 多名乡亲前往广东务工，使他们通过劳务致富，摆脱贫困窘境，她由此被授予"全国脱贫攻坚奖奋进奖"等称号。②

二、政治引领型：狠抓党建引领、致力妇建推动

乡村振兴，治理有效是基础。加强对农民的思想政治引领是发挥农民振兴乡村主体性的重要途径。一批农村妇女典范人物亲身实践在农村政治建设的最前沿，成为净化乡村政治生态的"主心骨"。

（一）狠抓党建引领的"女书记"

一批农村党总支、党支部"女书记"通过狠抓农村党建工作，提升农村基层党组织战斗力、凝聚力和创造力，充分发挥基层党组织在推进乡村

---

① 玉茗：《周群飞：没有人能随便成功》，《现代企业文化（上旬）》2016 年第 6 期。
② 国务院扶贫开发领导小组办公室、脱贫攻坚先锋系列图书编辑委员会编：《脱贫攻坚先锋：2018 年全国脱贫攻坚奖获奖先进个人事迹》，中国劳动社会保障出版社、中国人事出版社 2019 年版，第 107—112 页。

振兴中的战斗堡垒作用，注重农民思想政治工作，努力激发农民振兴乡村的内生动力。例如，全国优秀党务工作者郭凤莲、黄丽萍等就是典型代表。集体化时期就担任山西省昔阳县大寨村党总支书记的郭凤莲在改革开放新时期和新时代与时俱进，以时不待我的姿态带领大寨人爬坡迈坎，招商引资，塑造产业品牌，引领大寨走出一条"党建引领、产业助力、科技支撑"的发展之路，成功实现"第二次创业"①。海南省陵水黎族自治县文罗镇五星村党总支书记黄丽萍创新构建"党支部＋合作社＋农户"的抓党建促脱贫模式，从优选配强队伍、健全管理机制、加强教育培训、凝聚班子成员的战斗力和向心力入手，努力建设守信念、讲奉献、有本领、善团结、重品行的村"两委"班子，为脱贫攻坚提供坚强的政治保证和组织保证。②

（二）致力妇建推动的"妇联人"

一批农村妇联主席、村党支部女书记注重对农村妇女的思想政治引领，积极运用党的路线、方针、政策引领农村妇女思想，为党的事业发展凝聚妇女力量。例如，贵州省遵义市务川仡佬族苗族自治县石朝乡浪水村妇联主席、"全国巾帼建功标兵"郭泽容，带领村妇联利用讲习所、院坝会、家庭会等方式进行农村妇女思想政治教育，引领妇女姐妹们听党话、感党恩、跟党走，激励她们争做新时代"最美女性"。③甘肃省玉门市柳河镇红旗村妇联主席、"全国巾帼建功标兵"顾红艳，积极运用马克思主义妇女理论，引导妇女姐妹树立"自尊、自信、自立、自强"意识，激励

---

① 李强、郭宁虎：《用实干践行初心和使命——记全国优秀党务工作者、昔阳县大寨村党总支书记郭凤莲》，《支部建设》2021 年第 22 期。

② 国务院扶贫开发领导小组办公室、脱贫攻坚先锋系列图书编辑委员会编：《脱贫攻坚先锋：2018 年全国脱贫攻坚奖获奖先进个人事迹》，中国劳动社会保障出版社、中国人事出版社 2019 年版，第 125—130 页。

③ 李娟：《建功新时代 扬帆新征程》，《贵州日报》2018 年 11 月 4 日。

妇女在脱贫攻坚、种植养殖、环境整治、疫情防控、文体活动中发挥"半边天"作用，举办"最美家庭""好媳妇""好婆婆"评选活动，促使社会主义核心价值观在农村妇女中落地生根，为乡村振兴凝聚妇女力量。①

（三）践行爱国主义的"守边女"

一批农村妇女"守边人"在人迹罕至的雪域边关、大漠高原守护着人民的万家灯火，守护着祖国的祥和安宁。例如，西藏自治区山南市隆子县玉麦乡扎根雪域高原边陲的"最美格桑花"卓嘎、央宗姐妹秉持着"家是玉麦、国是中国"的坚定信念，数十年如一日地以抵边放牧、巡逻的方式守护着数千平方公里的国土，谱写牧区妇女爱国守边的时代赞歌，姐妹二人被评为令人敬仰的"时代楷模"。②新疆克孜勒苏柯尔克孜自治州乌恰县吉根乡的普通村妇布茹玛汗·毛勒朵跋山涉水、夜宿雪岭、攀爬峭壁50余载，在帕米尔高原10多万块大大小小山石上亲手刻下"中国石"标志，用极致的爱国情怀书写牧区农家妇女热爱祖国的壮丽史诗，由此成为令人佩服的"人民楷模"。③

三、文化传承型：立足乡村育人、传播乡土文化

乡村振兴，乡风文明是保障。习近平总书记在徐州马庄村调研时曾强调："实施乡村振兴战略要物质文明和精神文明一起抓，特别要注重提升农民精神风貌。"④一批农村妇女典范人物充分发挥自身在发展乡村教育、

---

① 《劳模精神传承人，村民致富领头雁——记玉门市柳河镇红旗村党支部书记顾红艳》，《现代妇女》2021年第6期。
② 《全国敬业奉献模范候选人》，《人民日报》2019年6月26日。
③ 阿依努尔、宿传义：《"人民楷模"布茹玛汗·毛勒朵——半世纪，放牧巡边在祖国最西端》，《人民日报》2019年10月14日。
④ 《深入学习贯彻党的十九大精神　紧扣新时代要求推动改革发展》，《人民日报》2017年12月14日。

传承乡土文化、孕育文明乡风等方面的独特作用，为促进乡风正、文化盛贡献力量。

（一）立足乡村育人的"女园丁"

教育是促进乡村人才振兴的必由之路。乡村正是因为拥有一批教书育人的"女园丁"在三尺讲台的执着坚守、辛勤耕耘，才使众多的农家孩子得以通过教育改变命运。例如，湖北省大冶市陈贵镇上罗学校身患骨髓小脑性共济失调症的"最美拉绳女教师"朱幼芳，艰难地用左手拉住钉在黑板上的绳子支撑自己站立，用右手板书授课内容，努力让知识点亮乡村孩子的人生，成为令人感动的"中国好人"。① 江西省宜春市奉新县澡下镇白洋教学点的支月英老师，四十年如一日地坚守在偏远的山村讲台，教育大山深处的两代人，让 1000 多名孩子在山里小学启智，把自己的青春年华和满腔热血献给她深爱的山村孩子和教育事业，由此获评"全国三八红旗手标兵""全国教书育人楷模"等诸多荣誉。②

（二）执着非遗传承的"女匠人"

传承乡村非物质文化遗产是推进乡村文化振兴的一项重要内容。一批农村"女匠人"在非物质文化遗产传承中献才献艺，用斐然成就诠释着农村妇女的"工匠精神"。例如，贵州省三都水族自治县三洞乡板告村的国家级非物质文化遗产水族马尾绣国家级代表性传承人韦桃花，通过借鉴、研究古老的马尾绣精品，融入新的设计理念和元素，创作出许许多多精美独特的马尾绣工艺品，并先后在国内外参加各种大型民间手工艺品展演活动，进一步开阔她传承马尾绣技艺、发展马尾绣事业的眼界和格局。在党组织的关怀下，她还牵头创办三都水族自治县马尾绣艺术品制作有限

---

① 胡年旗：《朱幼芳：与生命赛跑》，《工友》2015 第 9 期。
② 《"第八届全国道德模范"获得者：支月英》，《理论导报》2022 年第 2 期。

公司，截至 2019 年组织开展 20 多期马尾绣技术培训，培训绣娘 2000 余人，带动水族妇女、传承人等 10000 余人生产制作马尾绣。[①]2019 年 11 月，她成功入选 2019 "中国非遗年度人物" 候选名单。[②] 湖南省怀化市通道县牙屯堡镇文坡村的侗锦织造技艺传承人粟田梅醉心传承弘扬侗锦，几十年来刻苦练就的织锦技艺炉火纯青，从横向编织发展到横向和纵向相互交织，使图案变得更加生动形象，并创造性地加入亚麻、纯棉等元素，创新性地将芦笙、鼓楼、风雨桥等侗族文化元素融入侗锦，用毕生心血呵护和传承侗锦织造技艺，被中国工艺美术协会授予 "中国织锦工艺大师" 称号。她不但着力将侗锦织造技艺转化为帮助村民脱贫致富的文化产业，而且走南闯北，甚至走出国门，先后参加几十场博览会，向国内外宣传侗锦的美丽。[③]

（三）讲好乡土故事的 "女网红"

乡土故事是中国故事的一部分，讲好乡土故事就是讲好中国故事，一批讲好乡土故事的 "女网红" 使乡村文脉在飞速发展的现代化进程中仍保持着时间的色彩和人情的温度。例如，出生于四川省绵阳市普通农村家庭的李子柒围绕农村衣、食、住、行的日常生活拍摄短视频，充分呈现农村的生产生活、田园风光、美食文化、人情礼仪等，向世界彰显着中国乡土文化的独特魅力，她由此入选《中国妇女报》"2019 十大女性人物"，并担任首批中国农民丰收节推广大使。[④] 出生于内蒙古自治区锡林郭勒盟西乌珠穆沁旗浩勒图高勒镇阿拉腾敖都嘎查的 "草原女儿" 乌音嘎，2017

① 韦桃花、袁绍阳：《韦桃花：巧手绣出幸福图》，《当代贵州》2019 年第 25 期。
② 靳铃涵、王媛：《2019 "中国非遗年度人物" 100 人候选名单公布》，《光明日报》2019 年 11 月 29 日。
③ 马乔、陈家琦：《织就侗乡 "小康路" ——学习劳模粟田梅的开拓精神》，《新湘评论》2020 年第 11 期。
④ 《本报编辑部评出 2019 十大女性人物》，《中国妇女报》2020 年 1 月 1 日。

年大学毕业后回到家乡牧区，通过拍摄展现牧区原生态生活和反映草原文化的短视频，向世人传播内蒙古民族文化、草原文化、游牧文化的深刻意蕴。两年多的时间里，她拍摄原生态草原短视频近 800 集，全网收获粉丝 100 多万，带动地方特产销售 700 多万元，有效带动乡村旅游文化产业的发展，由此获评首批全国青联"人民品推官"和"全国优秀共青团员"称号。①

四、社会建设型：奋力脱贫攻坚、着力和谐安宁

乡村振兴，生活富裕是根本。生活富裕、文明和睦、幸福安宁是乡村社会建设的重要目标。一批农村妇女典范人物坚持多谋民生之利，多解民生之忧，为乡村社会建设尽心竭力。

（一）奋力脱贫攻坚的"女豪杰"

农村久困于穷，希以脱贫，冀以振兴。一批农村"女豪杰"奋战在脱贫攻坚的主战场，她们的典范行为谱写着振兴乡村的和谐乐章。例如，贵州省黔南布依族苗族自治州罗甸县沫阳镇麻怀村的"当代女愚公"邓迎香，为化解村民外出翻越高山峻岭的困难与危险，率先出钱出力并积极带领村民在悬崖峭壁中硬生生地凿出一条高 5 米、宽 4 米、长 200 多米的通车隧道，打通村民对外沟通、奔向致富的道路，获得"全国脱贫攻坚奖奋进奖"。② 出生于广西壮族自治区百色市田阳区巴别乡德爱村多柳屯的"全国脱贫攻坚模范"黄文秀，从北京师范大学硕士毕业后，主动回到百色革命老区工作并请缨担任村第一书记，在工作途中遭遇山洪

---

① 高振宁：《乌音嘎：草原女孩追梦记》，《中国共青团》2020 年第 10 期。
② 脱贫攻坚先锋系列图书编辑委员会编：《脱贫攻坚先锋：2016 年全国脱贫攻坚奖获奖者事迹》，中国劳动社会保障出版社、中国人事出版社 2018 年版，第 23—28 页。

不幸遇难，用宝贵生命谱写出一曲带领群众脱贫致富的青春之歌。① 甘肃省舟曲县的"全国脱贫攻坚模范"张小娟，从中央民族大学毕业后，怀着报效桑梓的心愿回到深度贫困地区的家乡，日复一日上山下乡、进村入户体察民情，为村民脱贫致富想办法、谋出路，在脱贫成果验收工作途中不幸坠河遇难，展现了新时代返乡"新农人"懂农业、爱农村、爱农民的巾帼形象。②

（二）专注治病救人的"女医生"

习近平总书记曾指出："'赤脚医生'被国际组织誉为'发展中国家群体解决卫生保障的唯一范例'。"③ 新时代，广袤无垠的中华大地上不乏扎根农村治病救人的"赤脚女华佗"，她们行走在田埂上、穿梭在山岭间，用高尚的医德、娴熟的医术、深沉的仁爱、无私的奉献在乡村演绎着一个个救死扶伤、治病救人的感人故事，为乡村振兴和健康乡村建设积极作为。例如，湖北省洪湖市滨湖办事处滨斗湖村湖上行医的全国"最美乡村医生"谢爱娥，在 1992—2017 年间，走过的水路就达 8 万多公里，接诊病人近 3.5 万人次，出诊 3700 多次，兢兢业业地为渔民们建起"生命之舟"。④ 担任海岛村医 30 多年的"全国最美乡村医生"王锦萍，不分昼夜、风雨无阻地奋斗在为村民医治病痛的第一线，成为村民们最信任和依赖的"海岛 120"。⑤ 重庆市北碚区柳荫镇西河村的"女村医"周月华尽管身患

---

① 国务院扶贫开发领导小组办公室、脱贫攻坚先锋系列图书编辑委员会编：《脱贫攻坚先锋：2019 年全国脱贫攻坚奖获奖先进个人事迹》，中国劳动社会保障出版社、中国人事出版社 2019 年版，第 3—8 页。

② 国务院扶贫开发领导小组办公室、脱贫攻坚先锋系列图书编辑委员会编：《脱贫攻坚先锋：2019 年全国脱贫攻坚奖获奖先进个人事迹》，中国劳动社会保障出版社、中国人事出版社 2019 年版，第 9—14 页。

③ 习近平：《论"三农"工作》，中央文献出版社 2022 年版，第 240 页。

④ 《最美乡村医生——谢爱娥》，《政策》2017 年第 12 期。

⑤ 《第七届全国道德模范——全国助人为乐楷模·王锦萍》，《新闻传播》2020 年第 18 期。

小儿麻痹症、出行十分不便，但她想病人之所想、急病人之所急，排除万难上门为村民治病，竭尽全力守护群众健康。从医以来，她趴在丈夫的背上"爬"遍了方圆 20 多公里的大小山岭，无怨无悔地为辖区近 5000 名村民服务。她不仅关心着空巢老人、孤寡老人、留守儿童和残疾人员的身体健康，还牵挂着他们的精神需求，由此被评为"2012 年度感动中国人物""全国优秀乡村医生"。①

（三）坚持乐善好施的"女善士"

乐善好施是中华民族的传统美德，广大农村不乏扶贫济困、乐善好施、无私奉献、善良慷慨的妇女典范人物，她们的慈善行为和高尚品德抚慰着弱势者，帮衬着贫困者，谱写着乡村的和谐乐章。例如，安徽省马鞍山市和县乌江镇卜陈村的农村妇女姜业兰始终秉持着"致富不忘乡亲"的信念，发扬无私奉献的崇高精神，先后捐资 160 余万元为家乡铺设道路、架设桥梁、修建"暖心房"、安装太阳能路灯、接济贫困村民等，以实际行动为脱贫攻坚和乡村振兴作贡献，由此被授予"全国脱贫攻坚奖奉献奖""中国好人"的光荣称号。② 河北省唐山市滦南县司各庄镇洼里村的普通农村妇女高淑珍，先后收留 39 名残疾儿童在自己家中免费吃住、免费学习，用单薄而坚强的肩膀挑起一座"炕头小课堂"，用舐犊情怀支撑起几十个残疾孩子的就学梦想。她无怨无悔地为一群不幸的孩子挡风遮雨，用平凡的服务诠释了不凡的志愿精神，"幼吾幼以及人之幼"的胸怀使她成为最伟大的母亲，也成为享有盛誉的"感动中国 2012 年度人物""全国助人为乐模范"。③

---

① 《全国敬业奉献模范候选人》，《人民日报》2013 年 7 月 16 日。

② 脱贫攻坚先锋系列图书编辑委员会编：《脱贫攻坚先锋：2016 年全国脱贫攻坚奖获奖者事迹》，中国劳动社会保障出版社、中国人事出版社 2018 年版，第 171—176 页。

③ 阿凤：《高淑珍：为残疾孩子种下一片绿地》，《华人时刊》2016 年第 3 期。

（四）营造和谐家庭的"女主人"

家庭是社会的细胞。相关数据显示：2018—2023 年间全国共"涌现出最美家庭 1484 万户、五好家庭 558 万户"[①]，妇女是最美家庭、五好家庭建设中的重要成员。其中，一批农村妇女发挥在家庭建设中的独特作用，积极弘扬孝老爱亲、夫妻和睦、教子有方等传统美德，成为乡村和谐家庭建设的"主人翁"。例如，宁夏回族自治区固原市彭阳县孟塬乡白杨庄村的"全国最美家庭"女主人郭彩利，在丈夫生命垂危之际做出"割肾救夫"的壮举。她对爱人的不离不弃，对家庭的无私奉献，成就一段患难与共、坚贞不渝的人间真情，成为名副其实的"全国孝老爱亲模范"。[②]海南省保亭黎族苗族自治县三道镇三弓村委会新建村的"全国五好文明家庭"女主人高妹香，尽心尽力地为家庭付出，悉心照顾三位老人，并把三个孩子培养成为大学生，以一个农妇的朴素情怀建成一个令人称赞的和谐家庭，为当地的苗族家庭树立起文明典范，由此被评为"全国孝老爱亲模范"。[③]

五、生态治理型：竭力生态治理、筑梦美丽乡村

乡村振兴，生态宜居是关键。乡村生态文明建设关系民生福祉、关乎民族未来。一批农村妇女致力于乡村生态治理，以生态建设带动乡村其他领域共同发展，成为乡村生态文明建设的行家里手。

---

① 黄晓薇：《以习近平新时代中国特色社会主义思想为指导　动员引领广大妇女为强国建设民族复兴而团结奋斗》，《中国妇女报》2023 年 10 月 28 日。

② 张文攀、王建宏：《"这么多年，我从不后悔"——记第七届全国道德模范郭彩利》，《光明日报》2021 年 10 月 7 日。

③ 《德耀中华·第六届全国道德模范候选人事迹（下）》，《光明日报》2017 年 7 月 25 日。

（一）宣战荒芜沙漠的"女标兵"

从"沙进人退"到"人进沙退"，农村治理沙漠"女标兵"的赫赫功绩彪炳史册。例如，陕西省榆林市靖边县东坑镇金鸡沙村的"全国劳动模范"牛玉琴就是一位治理沙漠的传奇人物。3C 多年来带领家人与工人植树 2800 万棵、造林 11 万亩，在人迹罕至的毛乌素沙漠上造就了一片生机盎然的无边绿洲，用心血、汗水及泪水书写着一个平凡农村妇女壮丽的"绿色"人生。① 内蒙古鄂尔多斯乌审旗河南乡尔林川村的普通村妇殷玉珍和丈夫在毛乌素沙地上采用"层层设防、步步为营"的种树治沙方法，抱着"宁肯种树累死，也不叫沙欺负死"的决心，治理流动沙丘面积达 6 万亩，并种植了大量的沙柳、羊柴、樟子松等树木，使昔日不毛之地变成了"绿色王国"，她由此成为集"全国三八绿色奖章""全国十大女杰"等诸多荣誉于一身的"治沙女王"②，并获得"2020—2021 年绿色年度人物奖"③。

（二）进军荒山秃岭的"女英模"

树苗长高、林地扩展、荒山变绿是农村进军荒山秃岭"女英模"的朴素追求。例如，山西省平顺县西沟村的"共和国勋章"获得者申纪兰就是一位改造荒山的巾帼英雄。从 20 世纪 50 年代起，她就以一个共产党员的为民情怀，带领西沟群众向荒山秃岭进军，经过持之以恒的努力，将"山高石头多，出门就爬坡，七岭又八沟，山头光秃秃"的特困西沟村改造成集观光旅游、森林休闲、田园采摘、农产品开发为一体"山山岭岭都是树，七沟八梁绿油油"的脱贫典范村。她对党忠诚、执着为民、甘于奉献、改

---

① 王梓萌：《牛玉琴：让子孙后代过上绿水青山的好日子》，《陕西日报》2021 年 7 月 10 日。

② 农夫：《殷玉珍　毕生精力为治沙》，《绿色中国》2017 年第 17 期。

③ 《中国治沙劳模殷玉珍获"2020—2021 绿色中国年度人物奖"》，2022 年 11 月 20 日，见 https：//baijiahao.baidu.com/s?id=1750019662954975678&wfr=spider&for=pc。

革创新的精神令人敬佩，习近平总书记对她的评价是："太行精神光耀千秋，纪兰精神代代相传"。① 在贵州省毕节市大方县六龙镇新丰村，"中国好人"李淑彬抵制转卖山林、伐木挣钱等利益诱惑，专心致志地发展自己的造林事业，种植杉木 40 余万株，绿化荒山 430 余公顷，为国家创造价值达 4000 多万元。②

（三）改善人居环境的"女楷模"

一批农村妇女在改善农村人居环境中献计献力，使村容村貌明显改观，村庄品位大幅提升，村民生活幸福感不断增强，成为改善人居环境的"女楷模"。例如，江西省抚州市资溪县乌石镇新月畲族村的"全国脱贫攻坚奖贡献奖"获得者兰念瑛就是一位大山里改善人居环境带动产业发展的女性楷模。作为村党支部书记的她带领群众发展苗木花卉特色产业，打造生态宜居的特色旅游乡村，按照"统一房型、统一筑路、统一绿化、统一配套"的标准打造民宿，实现雨污分流，建设休闲广场，修建环村公路，向上级建议修建穿越本地大山至外界的高速公路，其建议获采纳并成功实施，使偏僻山坳摇身变为令人流连忘返的"世外桃源"。③ 湖北省咸宁市崇阳县白霓镇大市村党支部书记程桔带领村民和干部加固河堤、拓宽河道 1200 米，建成 60 千瓦光伏发电站、150 亩绿色茶园基地，引进占地 300 亩的淡水龙虾养殖基地。此外，她还带领村民们建成了医疗室、图书室、消防站、文化广场、养生步道等场所，积极推进安全饮水、农田整改、美丽乡村等项目，使村级基础设施得到极大改善，村民生活环境变得整洁温

---

① 脱贫攻坚先锋系列图书编辑委员会编：《脱贫攻坚先锋：2016 年全国脱贫攻坚奖获奖者事迹》，中国劳动社会保障出版社、中国人事出版社 2018 年版，第 29—34 页。

② 姚红梅：《栽种绿色 种下一生的理想和希望》，《理论与当代》2021 年第 1 期。

③ 国务院扶贫开发领导小组办公室、脱贫攻坚先锋系列图书编辑委员会编：《脱贫攻坚先锋：2018 年全国脱贫攻坚奖获奖先进个人事迹》，中国劳动社会保障出版社、中国人事出版社 2019 年版，第 193—198 页。

馨，使大市村走上了一条"支部带头人＋阵地建设＋产业发展＋全域旅游＋乡村治理"的生态致富道路，由此荣膺"全国脱贫攻坚奖奋进奖"。①

总之，新时代的农村妇女典范人物层出不穷，上述分类例举的部分典范人物只是农村各行各业中妇女典范人物的缩影。她们事业发展的典范事迹植根于社会主义新农村建设和乡村振兴的实践沃土，是激励广大农村妇女事业发展的鲜活榜样。

第二节　乡村振兴战略视阈下农村妇女典范人物的精神特质

"人无精神则不立，国无精神则不强。"② 所谓农村妇女典范人物的精神特质，是指她们在社会主义新农村建设和乡村振兴战略实施中所坚持坚守的基本信念、人生态度、价值取向及其展现出的人格特征和精神风貌。主要体现在以下方面。

一、爱国爱党，心系农村

农村妇女典范人物将自身事业发展融入党和国家事业发展大局，在推进社会主义新农村建设和乡村振兴中担当作为，充分展现出"坚持爱国和爱党、爱社会主义高度统一"③ 的崇高精神，高扬起新时代农村妇女爱国爱党、心系农村的一面旗帜。

---

① 国务院扶贫开发领导小组办公室、脱贫攻坚先锋系列图书编辑委员会编：《脱贫攻坚先锋：2019 年全国脱贫攻坚奖获奖先进个人事迹》，中国劳动社会保障出版社、中国人事出版社 2019 年版，第 149—154 页。

② 习近平：《论中国共产党历史》，中央文献出版社 2021 年版，第 145 页。

③ 习近平：《在纪念五四运动 100 周年大会上的讲话》，《人民日报》2019 年 5 月 1 日。

（一）将家国情怀厚植于乡村振兴事业之中

习近平总书记说："实现中华民族伟大复兴的中国梦，是当代中国爱国主义的鲜明主题。"①乡村振兴是中国梦的重要组成部分，农村妇女典范人物将深厚的家国情怀厚植于乡村振兴伟大实践之中，在推进乡村振兴中发展自身事业。无论是女承父业、在人迹罕至的雪域高原戍守边疆的卓嘎、央宗姐妹，还是跋山涉水、攀爬峭壁 60 载，在帕米尔高原亲手刻下 10 万多块"中国石"的"人民楷模"布茹玛汗·毛勒朵；无论是生产经营、生态治理的"女强人"，还是政治引领、文化传承、社会建设的"女标兵"，她们心中都洋溢着对祖国深沉的大爱，深厚的家国情怀是推动她们事业发展的精神支撑。

（二）将爱党情愫融入乡村振兴实践之中

"忠诚、执着、朴实"②是模范人物的鲜明品格，这在农村妇女典范人物身上也得以生动体现。她们自觉把对党的热爱融入党的脱贫攻坚和乡村振兴伟大实践之中，将党的宗旨作为自己的行为准则，或先行探索致富之道，或带领群众脱贫攻坚，或致富不忘乡亲，为了党和人民的利益，甚至可以毫不犹豫地牺牲个人的一切，"全国脱贫攻坚模范"黄文秀、张小娟等为党的脱贫攻坚事业献出宝贵的生命。习近平总书记作出重要指示："广大党员干部和青年同志要以黄文秀同志为榜样，不忘初心、牢记使命，勇于担当、甘于奉献，在新时代的长征路上作出新的更大贡献"③，凸显了

---

① 《习近平在中共中央政治局第二十九次集体学习时强调　大力弘扬伟大爱国主义精神　为实现中国梦提供精神支柱》，《人民日报》2015 年 12 月 31 日。

② 习近平：《在国家勋章和国家荣誉称号颁授仪式上的讲话》，《人民日报》2019 年 9 月 30 日。

③ 新华社：《习近平对黄文秀同志先进事迹作出重要指示强调　不忘初心牢记使命勇于担当甘于奉献　在新时代的长征路上做出新的更大贡献》，《当代广西》2019 年第 14 期。

黄文秀作为新时代返乡"女农人"对党忠诚、不负人民的价值引领。

（三）将农村情结融入乡村振兴实践之中

农村妇女典范人物生在农村、长在农村，农村是哺育她们的摇篮，更是她们记忆深处的精神家园。不少农村妇女典范人物在"乡村是一个可以大有作为的广阔天地"①的感召下和"强化乡村振兴人才支撑"②的号召下，选择返乡创业、造福桑梓、回馈乡邻。例如，"全国脱贫攻坚先进个人"赵海伶大学毕业后选择回乡创业，12 年来先后带动青川 4000 多个食用菌农户致富，为留守贫困妇女、老人提供务工岗位，与其合作的农户从 200 户增至 5 万多户，其中建档立卡贫困户 4000 多户。③ 她们放弃城市的优裕生活回到家乡建功立业，充分体现出心系乡村、造福乡邻、报答乡恩的精神特质。

二、求真务实，真抓实干

天下大事必作于细，古今事业必成于实。正如习近平总书记所说："伟大梦想不是等得来、喊得来的，而是拼出来、干出来的。"④农村妇女典范人物事业发展取得骄人业绩，与她们踏实、务实、求实的精神特质密切相关。

（一）体现出求真务实的科学态度

马克思指出："哲学家们只是用不同的方式解释世界，而问题在于改

---

① 《中共中央国务院关于实施乡村振兴战略的意见》，人民出版社 2013 年版，第 3 页。
② 《中共中央国务院关于实施乡村振兴战略的意见》，人民出版社 2018 年版，第 35 页。
③ 华南：《全国脱贫攻坚先进个人、青川海伶山珍商贸有限责任公司总经理赵海伶：脱贫攻坚有我，乡村振兴必将全力以赴》，《中华儿女》2021 年第 Z3 期。
④ 习近平：《论坚持全面深化改革》，中央文献出版社 2018 年版，第 524 页。

变世界。"① 新时代农村妇女典范人物在各行各业中抓工作、抓落实、抓发展的具体行为，不仅践行着马克思主义实践观，还体现出她们"踏石留痕、抓铁有印"的求真务实精神状态和工作追求。她们既充分发挥自身的主观能动性，又坚持一切从实际出发，严格按照客观规律办事。如前所述，刘锦秀结合本地生态资源特质发展黑山羊养殖业，李晓梅依据本地土质和气候特性发展马铃薯种植产业，粟田梅根据当地侗锦织造技艺优势带领周边妇女做大做强侗锦织造产业，李娜倮利用本地拉祜民族文化特色创新出一条"民族文化 + 乡村旅游"的致富之道，既使自身事业朝着民族化、特色化方向发展，又使当地走上因地制宜的可持续发展道路，充分展现出她们尊重自然和社会发展规律，依托当地资源发展事业的务实态度，充分证明她们不是坐而论道的"空想家"，而是推动农村经济社会发展的"实干家"。

（二）体现出真抓实干的鲜明品格

2019 年 9 月 29 日，习近平总书记在国家勋章和国家荣誉称号颁授仪式上的讲话中用"脚踏实地把每件平凡的事做好，一切平凡的人都可以获得不平凡的人生"② 的精辟话语，热情洋溢地激励全国人民要充分发挥脚踏实地的实干精神，在各行各业中创优争先。新时代农村妇女典范人物追求事业发展的奋斗历程更是印证着"空谈误国，实干兴邦"的真理。她们抱定振兴乡村的坚定信念，以真抓的实劲、常抓的韧劲，敢于攻坚克难，敢于啃硬骨头，脚踏实地在乡村建功立业。申纪兰从 20 世纪 50 年代初直至 2020 年逝世，坚持不懈地带领西沟群众将穷山恶水改造成绿水青山；"女愚公"邓迎香带领村民克服千难万险，执着地在高山峻岭中凿出一条通往致富的道路；牛玉琴带领群众矢志不渝地与沙魔做斗争，30 多年征服

---

① 《马克思恩格斯选集》第一卷，人民出版社 2012 年，第 140 页。
② 习近平：《在国家勋章和国家荣誉称号颁授仪式上的讲话》，《人民日报》2019 年 9 月 30 日。

沙漠 11 万亩；周月华身残志坚，坚持不渝地"趴"在丈夫身上翻山越岭去治病救人等，她们对自身事业的执着追求，正是对不尚空谈的实干精神和久久为功的意志品质的生动诠释，彰显出真抓实干的精神特质。

三、艰苦奋斗，勤劳俭朴

奋斗和艰辛是一对孪生兄弟。"奋斗是艰辛的，艰难困苦、玉汝于成，没有艰辛就不是真正的奋斗。"[①]中华优秀传统文化历来崇尚刚健不屈、吃苦耐劳的拼搏精神和克勤克俭、艰苦朴素的优良作风，深受优秀传统文化浸润的农村妇女典范人物在事业发展的征途上，展现出不畏艰苦的奋斗姿态和永不懈怠的精神状态。

（一）展现出艰苦奋斗的精神

艰苦奋斗是中华民族的优良传统之一，是中华民族赖以生存、发展的重要精神支柱，更是中华民族屹立于世界民族之林的鲜明品格。改革开放初期，邓小平就郑重其事地告诫人们："中国搞四个现代化，要老老实实地艰苦创业"，原因是"我们穷，底子薄，教育、科学、文化都落后，这就决定了我们还要有一个艰苦奋斗的过程"。[②]在推进社会主义新农村建设和乡村振兴战略实施中，农村妇女秉持中华民族艰苦奋斗的优良传统，奋发图强地发展事业。"改革先锋"申纪兰、"铁娘子"郭凤莲、"女愚公"邓迎香、"治沙女杰"牛玉琴、身残志坚的王秀芝等农村妇女典范人物在面对创业的重重困难时，不是怨天尤人，畏缩不前，而是知难而进、迎难而上，带领村民向穷山恶水宣战、向荒山沙漠进军、与身残疾病抗争，凭着"踏平坎坷成大道"的毅力，跨过前进道路上的艰难险阻，创造出

---

① 习近平：《在 2018 年春节团拜会上的讲话》，《人民日报》2018 年 2 月 15 日。
② 《邓小平文选》第二卷，人民出版社 1994 年版，第 257 页。

令人瞩目的光辉业绩,凝聚着体现艰苦奋斗内涵的"纪兰"精神、"当代女愚公"精神、"牛玉琴"治沙精神等,彰显出农村妇女艰苦奋斗的精神风采。

(二) 展现出勤劳俭朴的作风

俗话说,"俭,德之共也,奢,恶之大也"。毛泽东在带领全国各族人民推进社会主义革命和建设的艰辛探索中,提出"一要勤,二要俭,不要懒,不要豪华"[1] 等一系列勤俭建国和勤俭节约的重要思想。新时代我国全面建成小康社会的目标如期实现,社会主义经济、政治、文化、社会、生态建设取得举世瞩目的巨大成就,乡村振兴工作取得重大进展,农村整体面貌日新月异,农民生活蒸蒸日上。尽管如此,习近平总书记还是教导我们:"不论我们国家发展到什么水平,不论人民生活改善到什么地步,艰苦奋斗、勤俭节约的思想永远不能丢。"[2]农村妇女典范人物时刻牢记着党和国家领导人的谆谆教导,自觉继承和弘扬勤劳俭朴作风。勤劳俭朴是农村妇女典范人物的底色,勤劳俭朴成就她们的事业发展,也给她们的生产生活打上深深烙印。例如,牛玉琴凭着"白天栽树苗,夜里睡沙坑,饿了吃糠窝窝,渴了喝地下水"的吃苦耐劳精神,带领家人和工人在不毛之地毛乌素沙漠上开创出面积广达 11 万亩的绿色家园,成为我国首位获得联合国"拉奥博士奖"的女农民。申纪兰尽管获得"共和国勋章",得到习近平总书记的高度评价,但她功高不自傲,在担任山西省妇联主任的十年里,始终坚持不转户口、不定级别、不领工资、不要住房等。她一辈子没离开土地、没停止劳动,始终都保持着农民的朴素本色。[3]"造林模范"

---

① 中共中央文献研究室编:《毛泽东著作专题摘编》上,中央文献出版社 2003 年版,第 935 页。

② 《习近平在参加内蒙古代表团审议时强调　保持加强生态文明建设的战略定力　守护好祖国北疆这道亮丽风景线》,《人民日报》2019 年 3 月 6 日。

③ 孙亮全:《申纪兰的底色》,《新华每日电讯》2020 年 7 月 3 日。

李淑彬为了守护山林倾其所有，她生活简单、穿着俭朴，一直秉持着"先栽树后修房"①的清贫乐道的坚定信念，过着"斯是陋室，唯吾德馨"的富足生活，彰显出一名老共产党员的勤劳俭朴作风。

四、爱岗敬业，无私奉献

爱岗敬业是一种崇高的职业精神境界，是成就事业的重要保证，它在农村妇女典范人物事业发展中得到充分呈现。

（一）呈现出爱岗敬业的职业道德

2016 年 4 月 26 日，习近平总书记在安徽合肥同知识分子劳动模范青年代表座谈时，深刻论述了劳动创造人类、创造社会以及成就事业的重要价值，告诫人们劳动没有高低贵贱之分，号召"广大劳动群众要立足本职岗位诚实劳动。无论从事什么劳动，都要干一行、爱一行、钻一行"②。农村妇女典范人物立足农村艰苦环境，将敬业作为一种行动、一种道德、一种追求，一种责任、一种担当，立志凭借爱岗敬业的职业道德成就自身事业。如前所述，朱幼芳、支月英等一批乡村女教师克服教学条件简陋和生活环境艰苦等困难，执着坚守乡村讲台，努力用知识满足农家孩子的求知渴望。谢爱娥、周月华等乡村女医生跋山涉水在乡村治病救人，将解除村民病痛作为自己的第一要务。"最美格桑花"卓嘎、央宗姐妹忍受严寒和寂寞，数十年如一日以抵边放牧、抵边巡逻的方式默默守护着祖国的神圣领土……她们用强烈的事业心和工作责任感，在平凡的工作岗位上敬业奉献，印证了习近平总书记关于"伟大出自平凡，

---

① 姚红梅：《栽种绿色　种下一生的理想和希望》，《理论与当代》2021 年第 1 期。
② 习近平：《在知识分子、劳动模范、青年代表座谈会上的讲话》，人民出版社 2016 年版，第 9 页。

平凡造就伟大"① 的精辟见解。

（二）呈现出无私奉献的价值追求

奉献，是农村妇女典范人物脑海中不断跳动的音符。例如，申纪兰、黄丽萍、李瑞英等农村党支部女书记一心扎根农村，为民履职，情注百姓脱贫攻坚，无私奉献，始终不忘群众疾苦，始终把解决群众困难、推动农村发展作为自己的责任担当，成为受人民群众爱戴的有爱心、有温度的"贴心人"。郭泽容、顾红艳等农村基层妇联主席不为功名利禄，将"巧思力行促增收、妇女事情挂心头"作为服务妇女、关爱妇女、引领妇女的基点，专心服务妇女，引领妇女增收致富，维护妇女各项权益，成为广大农村妇女贴心的"娘家人"。农村妇女典范人物还具有致富不忘乡亲的崇高精神境界，她们或带领村民脱贫增收，或为村民就业创造条件，或传授脱贫致富经验，引领其他乡村改变落后面貌。正如带领大寨成功实现产业转型的村党总支书记郭凤莲所说："大寨一直都和大家手拉着手，一起往前走，要让更多乡村也能'敢教日月换新天'！"② 她们大公无私、心系他人的朴实言行闪耀着无私奉献的光芒，彰显着新时代农村妇女崇高的道德品格。

五、与时俱进，开拓创新

唯改革者进，唯创新者强。在推进改革开放伟大实践的历史进程中形成的以改革创新为核心的时代精神，深刻彰显着中华民族和中国人民立于天地间开拓进取、昂首前行的思想品格。习近平总书记说，创新是引领发展的第一动力。农村妇女典范人物在事业发展中跳出墨守成规的思维模式，紧跟时代潮流，开拓创新谋发展，锐意进取谋新篇。

---

① 习近平：《在国家勋章和国家荣誉称号颁授仪式上的讲话》，《人民日报》2019 年 9 月 30 日。

② 王萍：《郭凤莲：让更多乡村"敢教日月换新天"》，《中国人大》2020 年第 17 期。

（一）彰显出与时俱进的进取精神

马克思和恩格斯在 1872 年《共产党宣言》德文版序言中指出，《共产党宣言》中蕴含的基本原理的实际运用，"随时随地都要以当时的历史条件为转移"①，从根本上表明马克思主义具有不断与时俱进的理论品格，也为农村妇女典范人物与时俱进地发展事业提供了理论借鉴。新时代，农村妇女典范人物立足时代课题，回应时代呼唤，反映实践诉求，激流勇进地在时代发展中使自身事业迈上新的台阶，一批从计划经济时代走来的农村妇女典范把握时代脉搏，放眼国际国内市场，与时俱进地提升自身素质，华丽转身，在社会主义市场经济大潮中再立新功。老劳模郭凤莲纵观时局变化，带领大寨村与时偕行，推动大寨成功实现产业转型，使之从政治的典型变成市场化的品牌；耄耋之年的农村老奶奶廖秀英为打开古法咸鸭蛋的线上销售市场，勤学苦练电商技术；原来不识字、靠人工方法治沙的牛玉琴通过不断学习，成为能够拿着稿子作报告、走上讲台讲课、上网学习治沙新技术的治沙专家……她们风采不减当年的模范行为彰显出与时俱进的精神特质。

（二）彰显出开拓创新的探索精神

邓小平曾指出，"改革开放胆子要大一些，敢于试验，不能像小脚女人一样"②。农村妇女典范人物勇于突破小脚女人"畏首畏尾""胆小怕事""墨守成规"等局限，展现出敢闯敢干、敢为人先的鲜明特质。陶华碧率领老干妈风味食品公司开创出一条从田间到全球市场的辣椒酱产业链，申纪兰带领村民探索出一条"荒山披绿装，穷山变'银行'"的脱贫路，李晓梅积极探索让马铃薯变为"金蛋蛋"的种植技术，牛玉琴治沙方法从

① 《马克思恩格斯选集》第一卷，人民出版社 2012 年版，第 376 页。
② 《邓小平文选》第三卷，人民出版社 1993 年版，第 372 页。

人挖、肩扛、驴驮发展成"全球光伏荒漠治理成功典范",周群飞激励蓝思科技员工"做技术的带头人,做行业的领跑者",黄丽萍结合乡村振兴创新党建模式,粟田梅从一名农村侗族织锦"女匠人"发展成创新侗锦织法、原料、图案的"中国织锦工艺大师"……她们的事业发展轨迹无不闪烁着创新的智慧,无不洋溢着"敢问路在何方"的探索精神。

新时代农村妇女典范人物精神特质异彩纷呈、瑰丽华美,是"爱岗敬业、争创一流、艰苦奋斗、勇于创新、淡泊名利、甘于奉献"① 劳模精神的生动体现,是马克思主义妇女解放理论中国化的具体体现,是社会主义核心价值观在农村落地生根的鲜活表现。

第三节　乡村振兴战略视阈下农村妇女典范人物事业有成的因素分析

俗话说,"好风凭借力"。农村妇女典范人物之所以能成为各行各业的行家里手,并不是凭空而来,而是有着诸多的内在与外在原因。她们的成长、成才和成功既与其聪明才智和主观努力密切相关,又与组织的关心关爱、和谐的社会环境、家庭的有力支持等因素紧密相连。

一、组织的关心关爱:农村妇女典范人物事业发展的有力支撑

新时代农村妇女典范人物群星璀璨,她们自身的文化素质、奋斗经历、人生际遇不尽相同,但她们每当谈起自身成长、成才、成功的原因

---

① 习近平:《在全国劳动模范和先进工作者表彰大会上的讲话》,《人民日报》2020 年 11 月 25 日。

时，总是异口同声地将自己的成就归功于党和政府的支持以及妇联组织的关心。例如，"全国脱贫攻坚奖奋进奖"获得者王喜玲感叹：自己"因为有政府和帮扶干部的助力"①，才能克服前进道路上的艰难险阻，成为带领村民致富的领路人。肢体残疾的"全国脱贫攻坚奖奋进奖"获得者刘加芹受到"当地党委政府为她落实了低保等惠民政策"②的帮助才渡过难关。身残志坚的"电商CEO"李娟表示自己成功的重要因素是安徽省各级党政领导多次到她家慰问鼓励，并帮助她解决电商技能学习等实际困难。③可见，农村妇女典范人物取得成功离不开各级党组织、政府部门和群团组织的培养和扶持。

（一）男女平等国策的深入推进

1995年，江泽民在联合国第四次世界妇女大会上庄严宣告："我们十分重视妇女的发展与进步，把男女平等作为促进我国社会发展的一项基本国策"④，郑重地向全世界表明了促进妇女发展的中国主张。特别是党的十八大以来，以习近平同志为核心的党中央以推动男女平等基本国策的贯彻落实为契机，直面农村妇女事业发展问题，在保障农村妇女权益、帮助贫困妇女脱贫及推进农村妇女参政等方面制定的政策法规，照亮了农村妇女事业发展之路。一是保障她们平等地依法享有各种权益。伴随中国特色社会主义民主法治建设进程的不断加快，不断完善和修订的《中华人民共

---

① 国务院扶贫开发领导小组办公室、脱贫攻坚先锋系列图书编辑委员会编：《脱贫攻坚先锋：2018年全国脱贫攻坚奖获奖先进个人事迹》，中国劳动社会保障出版社、中国人事出版社2019年版，第29页。

② 国务院扶贫开发领导小组办公室、脱贫攻坚先锋系列图书编辑委员会编：《脱贫攻坚先锋：2019年全国脱贫攻坚奖获奖先进个人事迹》，中国劳动社会保障出版社、中国人事出版社2019年版，第49页。

③ 脱贫攻坚先锋系列图书编辑委员会编：《脱贫攻坚先锋：2017年全国脱贫攻坚奖获奖者事迹》，中国劳动社会保障出版社、中国人事出版社2018年版，第50页。

④ 全国妇联办公厅编：《七大以来妇女儿童工作文选（1993年9月—1998年6月）》，中国妇女出版社1998年版，第40页。

和国婚姻法》《中华人民共和国母婴保健法》《中华人民共和国农村土地承包法》《中华人民共和国村民委员会组织法》《中华人民共和国妇女权益保障法》《中华人民共和国反家庭暴力法》《中华人民共和国乡村振兴促进法》等相关法律法规都鲜明体现了男女平等原则，并从不同角度对农村妇女的政治权利、人身权利、劳动权益、财产权益、婚姻家庭权益和文化教育权益等作出规定，从而为农村妇女典范人物权益保护和事业发展提供了法律保障。二是促进她们平等地参与经济社会发展。2018 年 12 月 29 日，十三届全国人大常委会第七次会议通过全国人大常委会关于修改农村土地承包法的决定，修改后的农村土地承包法新增保护妇女土地权益的条款：“一是规定承包农户内家庭成员依法平等享有承包土地的各项权益。二是土地承包经营权证和林权证……应当将具有土地承包经营权的全部家庭成员列入。”① 这些条款的增改确保农村妇女“证上有名，名下有权”，突出了对农村妇女中出嫁女、离婚女、丧偶女土地权益的保护，使农村妇女土地权益和经济利益得到有力保障，从而促进她们踊跃投身自身事业发展和农业农村现代化建设。三是保证她们平等地享有国家政策支持。消除贫困、改善民生是党和政府的重要使命。“贫困母亲‘两癌’救助”“母亲安居工程”“母亲健康快车”等公益项目为改善农村妇女生存发展状况提供了保障，“连环扶贫”“小额信贷扶贫”等脱贫模式为农村妇女精准脱贫提供了支持，从而使农村妇女典范人物在打赢脱贫攻坚战、实现共同富裕中充分参与、广泛受益。

（二）乡村振兴战略的现实机遇

新时代实施乡村振兴战略，乡村迎来千载难逢的发展机遇，成为农村妇女典范人物大有作为的广阔天地，为她们发展自身事业、实现人生价值提供了新的契机。一是农村教育事业优先发展。在党和政府大力

---

① 　王春霞：《确保妇女平等享有土地承包经营权》，《中国妇女报》2019 年 1 月 1 日。

推进城乡义务教育一体化发展、补齐农村义务教育短板的历史进程中，农村女性的受教育机会明显增多，受教育水平大幅提升。相关数据显示，以 2000 年 12 月 1 日为时点，"2000 年，女性平均上学年数为 6.1 年，比 1990 年提高了 1.4 年……30 岁以下女性的平均上学年数，城镇为 10.4 年，仅比男性少 0.3 年；农村为 7.0 年，与男性的差距从农村总体的 1.7 年降到了 0.9 年"[①]。以 2010 年 12 月 1 日为时点，"18—64 岁女性的平均受教育年限为 8.8 年，其中城镇女性 10.1 年，农村女性 7.1 年。青年女性受教育年限明显高于中老年女性"[②]。以 2020 年 7 月 1 日为时点，"西部农村女性平均受教育年限为 7.44 年，比 2010 年增长 2.04 年，与东部农村女性平均受教育年限的差距由 2010 年的 0.9 年缩短为 0.61 年"[③]。特别是实施乡村振兴战略以来，各类职业教育、继续教育、成人教育、远程教育等在农村广泛推广，为农村妇女典范人物接受教育提供更便利的条件。当前，一直生活、居住在农村的妇女典范人物基本接受过九年制义务教育，返乡创业的农村妇女典范人物大多接受过专、本科甚至更高层次教育，为其事业发展提供强大的智力支持。二是农业科学技术的快速推进。《中共中央国务院关于实施乡村振兴战略的意见》明确指出，"推进我国农机装备产业转型升级……进一步提高大宗农作物机械国产化水平"[④]，从而强化农业机械化和农业科学技术对农村妇女典范人物事业发展的支撑作用。在政府的大力支持和倡导下，农业机械化和农业科学技术在农村广泛推广，农村妇女典范人物购机用机、掌握技术、应用科技的热情高涨，加之"互联网＋农机"等信息科学技术的不

---

① 第二期中国妇女社会地位调查课题组：《第二期中国妇女社会地位抽样调查主要数据报告》，《妇女研究论丛》，2001 年第 5 期。
② 第三期中国妇女社会地位调查课题组：《第三期中国妇女社会地位调查主要数据报告》，《妇女研究论丛》2011 年第 6 期。
③ 《第四期中国妇女社会地位调查主要数据情况》，《中国妇女报》2021 年 12 月 27 日。
④ 《中共中央国务院关于实施乡村振兴战略的意见》，人民出版社 2018 年版，第 9 页。

断融合，传统农业正朝着现代化、数字化、智能化、精准化方向迈进，为体力处于弱势但科学文化素质不断提升的农村妇女典范人物提供更为广阔的发展空间。

（三）各级妇联组织的有力引导

妇联组织作为党和政府紧密联系农村妇女群众的桥梁和纽带，是引导农村妇女典范人物在乡村振兴中促进事业发展的重要力量。一是引导农村妇女典范人物创新创业。随着"乡村振兴巾帼行动"的深入开展，各级妇联组织结合本地实际，融合推进"巾帼脱贫行动""创业创新巾帼行动"等项目，积极培育"妇字号"农业企业、专业合作社、家庭农场、家庭牧场等巾帼新型农业经营主体。例如，贵州妇联"锦绣计划"、甘肃妇联"陇原妹"、新疆妇联"靓发屋"等特色项目，聚焦特色手工、家政服务、美容美发等行业，通过整合多部门培训项目和资金，大力推动院校、企业合作，帮助农村妇女典范人物创业就业，使她们逐渐成长和发展为生产、经营和管理的增收主力军。二是引领农村妇女典范人物参政议政。各级妇联组织在推动农村妇女进村"两委"方面的工作卓有成效。例如，湖北咸宁妇联出实招助推优秀女性进村"两委"，在 2021 年底结束的村（社区）"两委"换届中，"村委会主任中女性比例从 4.29% 增加到 10%"①。郭泽容、顾红艳等典范人物，有的不仅是农村基层妇联主席，也是村委会主任，还是党支部书记。她们在农村基层治理中带领农村妇女在村民代表会议、村民议事会、村民理事会、道德评议会、红白理事会、妇女评议会等自治实践中各抒己见，发挥着紧密联系妇女、团结妇女、号召妇女、引领妇女的重要作用，为乡村振兴奠定广泛的群众基础，把农村妇女紧紧团结在党的周围，从而有效巩固党在农村的执政根基。

---

① 姚鹏、钱承菲：《湖北咸宁妇联出实招助推优秀女性进村"两委"村委会主任中女性比例从 4.29% 增加到 10%》，《中国妇女报》2022 年 2 月 18 日。

二、和谐的社会环境：农村妇女典范人物事业发展的良好氛围

人是社会的细胞、社会的主体，能改造社会环境，同时人又是社会的产物，被社会环境所改造。新时代实施乡村振兴战略，农村妇女典范人物事业取得成功还与和谐的社会风气、媒体宣传、舆论氛围等社会环境因素紧密相关。

（一）社会主义核心价值观的导向引领

价值观是关系一个国家和民族生存发展的根本性问题。党的十八大以来，以习近平同志为核心的党中央高度重视培育和践行社会主义核心价值观，农村妇女典范人物既受到社会主义核心价值观的熏陶，同时又丰富和深化着社会主义核心价值观的内涵。一是深受社会主义核心价值观的陶熔鼓铸。2013 年 12 月，中共中央办公厅印发的《关于培育和践行社会主义核心价值观的意见》明确指出要"大力宣传先进典型"①，大力选树表彰包括作出杰出贡献和成就的农村妇女在内的典范人物，形成学习先进、争当先进的浓厚氛围。特别是实施乡村振兴战略以来，全国范围内推进乡风文明建设，各地坚持以社会主义核心价值观为引领，采取符合农村特点的有效方式，深入开展道德实践提升活动、学雷锋志愿活动以及"文明村镇""星级文明户""文明家庭"等群众性精神文明创建活动，使农村妇女典范人物深受修身律己、崇德向善、礼让宽容、我为人人等良好社会风气的浸染。二是为社会主义核心价值观充实丰富内涵。在党和国家的大力号召和道德模范、劳动模范、时代楷模等典范人物的感召下，广大农村妇女进发出学习先进、争当先进、赶超先进的热情和激情，以自己的实际行动

---

① 《中共中央办公厅印发〈关于培育和践行社会主义核心价值观的意见〉》，《人民日报》2013 年 12 月 24 日。

践行社会主义核心价值观，农村妇女典范人物则如雨后春笋般不断涌现出来。她们的精神风貌彰显出富强、民主、文明、和谐的价值目标，体现出自由、平等、公正、法治的价值取向，践行着爱国、敬业、诚信、友善的价值准则。同时，她们的爱国爱党、心系农村，脚踏实地、求真务实，吃苦耐劳、勤劳俭朴，乐于助人、无私奉献，敢为人先、开拓创新等精神特质又为社会主义核心价值观充实丰富内涵，进而成为引领广大农村妇女建功立业的精神标识。

（二）大众创业和万众创新的良好氛围

2014 年 9 月 10 日，李克强同志在第八届夏季达沃斯论坛开幕式的致辞中发出"大众创业、万众创新"的时代号召。2015 年 6 月，国务院又印发《关于大力推进大众创业万众创新若干政策措施的意见》，从宏观上为推动大众创业、万众创新提供了系统性、普惠性的政策参考。与此同时，全国妇联在"创业创新巾帼行动"发布会上公布《全国妇联关于开展创业创新巾帼行动的意见》，各级相关部门为广大妇女创业创新提供相应支持，也唤起广大农村妇女典范人物积极投身大众创业、万众创新的热情。

一是提升农村妇女典范人物的创新创业能力。各级妇联开展形式多样的"乡村振兴 巾帼赋能"培训，依托互联网创新妇女培训模式，通过电子商务、市场营销等培训课程，引导巾帼现代农业科技示范基地借助互联网和大数据技术，运用新品种、新技术、新装备，促进农村妇女典范人物领办的农业企业生产、加工、销售的转型升级，为她们创新创业提供有力支撑。例如，全国妇联、中国科协与阿里巴巴、乡村振兴数字电商学院、邮电类高等院校、海尔集团等合作开展巾帼电商培训。中国科协为提升农村女性科学素质实施的"智爱妈妈行动"科普项目，多年来受惠农村妇女超过 1 亿人。此外，"巾帼科技志愿服务队""巾帼创新送科技下乡""巾帼科技助农直通车"进乡村，众多农科方面的专家、技术员深入农村开展现场培训、田间指导，指导农村妇女积极开展巾帼兴粮节粮行动，为种粮女大户提供专业技术服务。①

二是优化农村妇女典范人物的创新创业服务。妇女小额担保贷款、创业担保贷款等金融政策为农村致富女能手等典范人物创办农业企业、家庭农场、专业合作社等提供了经济支持；鼓励农村女能人依托"妇女之家"搭建以农产品销售为主的电子商务平台，大力拓展了农村妇女典范人物增收致富的新空间；女大学生、返乡创业女性、女村干部等自愿建立创业联盟，推动形成了促进农村妇女典范人物创业创新的强大合力。2023 年相关调查结果显示："'巾帼脱贫行动'圆满收官，培训 760 万人次，配合发放扶贫小额信贷 678 亿元，帮助 400 多万贫困妇女增收脱贫……'农村妇女素质提升计划'培训 800 多万人次，推动妇女创办领办家庭农场、农家乐、民宿等近 40 万家，建设精品美丽庭院 1000 余万户……组织近百万女科技工作者参与'巾帼科技助农直通车'进乡村等科技服务活动，1800多万人次受益。"②

三是营造农村妇女典范人物的创新创业环境。在中国创新创业大赛、"创客中国"创新创业大赛、"中国创翼"创业创新大赛、全国农村创业创新项目创意大赛、中国妇女创新创业大赛等品牌赛事活动中，涌现出来的优秀农村女能人把自己的奇思妙想和创新创意转化为实实在在的创业创新行动，她们"靠创业自立、凭创新出彩"的宝贵精神是引导广大农村妇女创业创新的重要动力，在全社会营造了支持"草根"妇女创业兴业、敢于创新的良好风尚。

（三）大众传媒与宣传平台的日臻完善

随着信息技术的飞速发展，大众传媒与宣传平台等载体日渐成为培育

---

① 刘旭、王丹青：《全国妇联指导各地积极开展巾帼兴粮节粮行动》，《中国妇女报》2022 年 9 月 23 日。

② 黄晓薇：《以习近平新时代中国特色社会主义思想为指导　动员引领广大妇女为强国建设民族复兴而团结奋斗》，《中国妇女报》2023 年 10 月 28 日。

农村妇女典范人物的重要抓手。一是权威主流媒体的助推作用。中国文明网、中国妇女网、新华网等主流网站，《人民日报》《中国妇女报》等主流报刊，"全国妇联女性之声"微信公众号、学习强国 App、抖音短视频等新媒体平台，《脱贫攻坚先锋》等书籍对荣获"全国巾帼建功标兵""全国三八红旗手""全国脱贫攻坚奖""时代楷模""中国好人"等称号的农村妇女典范人物的卓越表现和先进事迹进行全方位、多层次、立体性的广泛宣传，展示她们"巾帼不让须眉"的风采，有效推动广大农村妇女奋发向上、锐意进取。例如，全国妇联"联合发布女性时代楷模、最美巾帼奋斗者，推出'抗疫巾帼英雄谱'，开展送奖到基层和三八红旗手、巾帼建功典型宣讲活动，传递榜样力量"①，在促进农村妇女成长成才过程中发挥着积极的引领作用。二是文艺影视作品的感化功能。毛泽东曾指出，"文艺作品中反映出来的生活却可以而且应该比普通的实际生活更高，更强烈，更有集中性，更典型，更理想，因此就更带普遍性。"②同理，文艺作品中所塑造的典范人物形象产生于人民群众的生产生活实际，又催生出更多可歌可泣的典范人物，从而形成了强大的群众合力，推动着社会历史不断向前发展。以农村妇女典范人物感人事迹为素材而创作编排的系列文艺影视作品，是宣传、赞扬、讴歌她们典范事迹、崇高精神和道德品质的重要载体和鲜活样本，并且能够通过发挥这些文学、影视、艺术作品以文化人、润物无声的感化功能，在全社会营造起积极进取、向上向善的良好氛围。例如，电视剧《牛玉琴的树》生动再现了牛玉琴致力于农村绿化事业的光彩人生。

三、家庭的有力支持：农村妇女典范人物事业发展的坚强后盾

和谐幸福的家庭是农村妇女典范人物取得成功不可或缺的重要条件，

---

① 黄晓薇：《以习近平新时代中国特色社会主义思想为指导 动员引领广大妇女为强国建设民族复兴而团结奋斗》，《中国妇女报》2023 年 10 月 28 日。

② 《毛泽东选集》第三卷，人民出版社 1991 年版，第 861 页。

能给予她们经济上的支持、精神上的陪伴、事业上的鼓励和继续前进的动力。

（一）经济支持是农村妇女典范人物事业发展的有力支撑

家庭是农村妇女典范人物最为坚实的经济共同体，使家庭成员之间互助互补的分工合作形式得到强化，也使得家庭的经济支持在农村妇女典范人物事业发展过程中所提供的保障无可替代。俗话说，"万事开头难"，农村妇女典范人物创业之初需要大量的物力、人力、财力等多方面投入，家庭的经济支持则是她们迈出创业第一步的关键条件。例如，当代"女愚公"邓迎香的丈夫主动捐款 1 万元，再加上她从县城争取的 3 万元和自家的 1 万元，解决了带领村民凿山开路之初经费不足的燃眉之急。①"中国好人"姜业兰的儿子和丈夫先后支持她捐资 160 余万元为家乡铺设道路、架设桥梁、修建"暖心房"、安装太阳能路灯等，为圆满完成脱贫攻坚任务和实现全面建成小康社会增添一份力量。②"贴钱"返乡村官程玉珍在家人的支持下，将自己在城市的美容院作抵押，贷款 150 万元给村里修路通水，解决好村民吃水难、行路难的问题。③"全国脱贫攻坚奖奋进奖"获得者王秀芝曾在父亲变卖羊群的支持下，将所得的钱作为启动资金，到南疆购买 3 头马鹿，经过试养获得较好的经济效益，从而夯实自身创业和家庭的物质基础。④"全国脱贫攻坚奖贡献奖"获得者兰念瑛在丈夫支持下，将

---

①　脱贫攻坚先锋系列图书编辑委员会编：《脱贫攻坚先锋：2016 年全国脱贫攻坚奖获奖者事迹》，中国劳动社会保障出版社、中国人事出版社 2018 年版，第 23—28 页。

②　脱贫攻坚先锋系列图书编辑委员会编：《脱贫攻坚先锋：2016 年全国脱贫攻坚奖获奖者事迹》，中国劳动社会保障出版社、中国人事出版社 2018 年版，第 171—176 页。

③　国务院扶贫开发领导小组办公室、脱贫攻坚先锋系列图书编辑委员会编：《脱贫攻坚先锋：2018 年全国脱贫攻坚奖获奖先进个人事迹》，中国劳动社会保障出版社、中国人事出版社 2019 年版，第 137—142 页。

④　脱贫攻坚先锋系列图书编辑委员会编：《脱贫攻坚先锋：2016 年全国脱贫攻坚奖获奖者事迹》，中国劳动社会保障出版社、中国人事出版社 2018 年版，第 17—22 页。

家中生猪变卖作为自己外出学习的路费和学费。她学成归来后，通过边研究技术边种植苗木赚得事业发展第一桶金。随后，丈夫和她又拿出家中积蓄将种植面积扩大，收益不断增加，进而成为村里首个"万元户"。① 总之，尽管创业之初家人提供的经济支持不足以完全支撑她们事业发展所需，但是对于推动她们事业发展仍然不可或缺。

（二）精神鼓励是农村妇女典范人物事业发展的前进动力

家人的精神鼓励能够促进农村妇女典范人物肯定自我价值，进而增强她们干事创业的信心和勇气。

一是家人的精神鼓励帮助她们走出困境。农村妇女典范人物的事业发展并非一帆风顺，或多或少经历过这样或那样的失败和挫折，当她们身处困境时，家人的安慰和鼓励则是帮助她们走出困境的重要动力。例如，"女村官"程桔上任之初，由于化解村民和村干部的矛盾纠纷而被误伤，使自身事业发展陷入困境。但妈妈的安慰与鼓励不仅让她重拾信心、继续前行，还使她在事后解决村里棘手问题时变得更加勇敢和刚毅。再如，海岛"木棉花"黄丽萍发展木瓜种植事业时，一场台风将她种植的几十亩木瓜树全部损毁，直接造成几十万元的经济损失，难过至极的她在丈夫的安慰和鼓励下，重拾心中斗志，四处筹钱准备东山再起。之后，她又和丈夫前往三亚学习杧果种植技术并成功脱贫致富。后来，她不仅任村党总支书记，更是村民脱贫致富的带头人。②

二是家人共同分享她们事业成功的喜悦。不少农村妇女典范人物在家

---

① 国务院扶贫开发领导小组办公室、脱贫攻坚先锋系列图书编辑委员会编：《脱贫攻坚先锋：2018 年全国脱贫攻坚奖获奖先进个人事迹》，中国劳动社会保障出版社、中国人事出版社 2019 年版，第 193—198 页。

② 国务院扶贫开发领导小组办公室、脱贫攻坚先锋系列图书编辑委员会编：《脱贫攻坚先锋：2018 年全国脱贫攻坚奖获奖先进个人事迹》，中国劳动社会保障出版社、中国人事出版社 2019 年版，第 125—130 页。

人的陪伴和鼓励下苦尽甘来，同时，家人也为她们事业发展取得成就而感到骄傲自豪，这种引以为豪的满足感是她们幸福快乐的重要源泉。"人民楷模"女护边员布茹玛汗·毛勒朵的儿子买尔干小时候埋怨她为什么总不回家，长大后他成为护边员后，才深刻明白母亲守边的伟大意义，并引以为傲。① 可见，家人的安慰和陪伴温暖着农村妇女典范人物的心，使她们能够从容自信地面对事业发展中的危机与挑战。

（三）家务分担是农村妇女典范人物事业发展的重要保证

如今，"男主外，女主内"的传统家庭分工模式被打破，由夫妻共同分担抚育子女、赡养老人、洗衣做饭、整理内务等琐碎家务劳动，大大减轻了农村妇女繁重的家务劳动负担，有更多的时间和精力发展个人事业或参与公共事务。例如，"全国脱贫攻坚奖奋进奖"获得者王喜玲为了还清家里债务、筹集创业资金，选择和村里妇女一起前往新疆摘棉花。随后，婆婆便担负起照顾孙女之责，丈夫打理起家务，使她能够安心地在新疆务工。②"全国脱贫攻坚奖奋进奖"获得者程玉珍走马上任之初，父母主动为她照料孩子，她才得以全身心地投入到带领刘寨村脱贫致富的工作之中。③ 农村妇女典范人物之所以能够取得成功，离不开丈夫从"男性赚钱养家，女性相夫教子"的传统家庭角色分工向"夫妻合作型家务劳动模式"④ 的观念转变。家务分担使农村妇女典范人物有更多的时间和精力发

① 阿依努尔、宿传义：《"人民楷模"布茹玛汗·毛勒朵——半世纪，放牧巡边在祖国最西端》，《人民日报》2019 年 10 月 14 日。
② 国务院扶贫开发领导小组办公室、脱贫攻坚先锋系列图书编辑委员会编：《脱贫攻坚先锋：2018 年全国脱贫攻坚奖获奖先进个人事迹》，中国劳动社会保障出版社、中国人事出版社 2019 年版，第 29—34 页。
③ 国务院扶贫开发领导小组办公室、脱贫攻坚先锋系列图书编辑委员会编：《脱贫攻坚先锋：2018 年全国脱贫攻坚奖获奖先进个人事迹》，中国劳动社会保障出版社、中国人事出版社 2019 年版，第 137—142 页。
④ 佟新、刘爱玉：《城镇双职工家庭夫妻合作型家务劳动模式——基于 2010 年中国第三期妇女地位调查》，《中国社会科学》2015 年第 6 期。

展自身事业，进而更加意气风发地在乡村振兴中大显身手。农村家庭中，男性作为妻子最重要的"合作者"同样可以从支持妻子的事业发展中收获价值感，使夫妻双方都拥有完整的职场与家庭角色，同时把爱情、家庭、事业经营得井井有条。

四、自身的奋发努力：农村妇女典范人物事业发展的内生动力

政府的关心关爱、和谐的社会环境和家庭的有力支持是农村妇女典范人物成长成才的沃土，但个人的自我追求则是成为典范人物的关键内因。

（一）自身理想信念的精神支撑

理想信念是农村妇女典范人物安身立命、追求事业的根本。远大的理想和坚定的信念有效提振她们的主体精神，也是她们追求事业进步的精神支柱和精神动力，进而决定着她们的奋斗目标和方向。

一是理想信念为农村妇女典范人物提供精神支柱。正是拥有坚定的理想信念，农村妇女典范人物才有足够的动力应对现实，摆脱困境，经受考验，奋战未来。"全国脱贫攻坚奖奋进奖"获得者李娟虽然身患脊髓空洞症，但"为家分忧、立志脱贫、自主创业"的理想信念支撑着她的全部工作和生活，使她的黑白人生变得五彩缤纷，最终成为战胜病魔、创业成功的强者。[1]"家是玉麦、国是中国"的理想信念支撑着卓嘎、央宗姐妹数十年如一日地抵边放牧、守护国土。[2]"一心只为人民、心中装着百姓、舍小家为大家"的朴实无华的理想信念支撑着刘桂珍用自己瘦弱的肩膀担起村里医生、教师、村支书、村委会主任四副重担，撑起小山村的一片天，成

---

① 脱贫攻坚先锋系列图书编辑委员会编：《脱贫攻坚先锋：2017年全国脱贫攻坚奖获奖者事迹》，中国劳动社会保障出版社、中国人事出版社2018年版，第47—52页。

② 《全国敬业奉献模范候选人》，《人民日报》2019年6月26日。

为"全国脱贫攻坚模范"。① 农村妇女典范人物在农村艰苦环境下发展事业，都经历过大大小小的磨难与挫折，之所以能够一次又一次地在挫折中奋起，正是因为理想信念的明灯照亮了她们奋勇前行之路。

二是理想信念为农村妇女典范人物补足精神之"钙"。农村妇女典范人物正是因为理想信念无比坚定，她们的精神才不会"缺钙"，才不得"软骨病"，个人事业才会取得成功。"植树奶奶"李淑彬坚定"保护生态、开荒造林"的理想信念，使她在转卖山林、伐木挣钱等金钱利益诱惑面前岿然不动。②"牧羊女"刘锦秀放弃城市的优越生活，坚持回到乡村并将"让乡亲们都过上好日子"③ 的个人理想信念融入国家脱贫攻坚、乡村振兴的共同富裕理想之中，打造出大别山黑山羊养殖的支柱产业，并打响"薄金寨·锦秀羊"的中国品牌。显然，理想信念的精神之"钙"能够为农村妇女典范人物事业发展凝聚起"精气神"。

（二）自身由知到行的不断升华

古人云，"纸上得来终觉浅，绝知此事要躬行"。农村妇女典范人物将个人梦想付诸实际行动也是促使她们取得辉煌成就的关键因素。

一是坚持努力学习。尽管农村妇女典范人物的科学文化素质水平参差不齐，但她们为了事业取得进步，将终身学习的意识转化为日常行动，为自身事业发展注入良好的文化基因。仅有初中文凭的王秀芝为实现科学养殖马鹿，努力报考新疆石河子广播电视大学，并参加畜牧兽医管理大专班学习，不仅顺利拿到毕业证书，还充分掌握给马鹿打针、输液等养殖技

① 脱贫攻坚先锋系列图书编辑委员会编：《脱贫攻坚先锋：2017 年全国脱贫攻坚奖获奖者事迹》，中国劳动社会保障出版社、中国人事出版社 2018 年版，第 9—14 页。
② 《八旬老人 38 年植树造林守护青山 绿化荒山 6000 多亩》，2020 年 11 月 25 日，见 http://www.chinahaoren.cn/Articlebody-detail-id-86375.html。
③ 脱贫攻坚先锋系列图书编辑委员会编：《脱贫攻坚先锋：2017 年全国脱贫攻坚奖获奖者事迹》，中国劳动社会保障出版社、中国人事出版社 2018 年版，第 162 页。

能。①"夕阳红"廖秀英奶奶为壮大咸鸭蛋产业，耄耋之年努力学习互联网知识和现代营销方法，顺利打开咸鸭蛋的线上销路。② 从打工妹到致富带头人的黄丽萍为掌握瓜果蔬菜的先进种植技术，克服交通不便、经济拮据等现实困难外出学习交流，攻读涉农大专学历，成为海南省第一批农村干部大专学历教育班的优秀毕业生。③

　　二是切实依靠群众。广大农民群众是农村社会生产生活的直接实践者，在他们中间蕴藏着无穷的智慧。农村妇女典范人物在自身事业发展过程中战胜艰难险阻，既团结农民群众的伟大力量，又吸纳农民群众的实践智慧。荣获"全国脱贫攻坚奖贡献奖"的返乡女村支书严克美吃在村、住在村、干在村，在工作上接地气、通下情，既俯下身来虚心向村民们学习，又紧紧依靠村民们的力量解决山村发展中的诸多难题，使得自身工作开展越来越顺畅。④"全国脱贫攻坚奖奋进奖"获得者余留芬坚持依靠群众、发动群众、组织群众，让农户从过去的旁观者变成参与者、打工者和股东，从而形成乡村产业发展的强大合力。⑤ 总之，农村妇女典范人物努力学习、团结群众的实际行动有力地推动了自身事业发展。

---

① 脱贫攻坚先锋系列图书编辑委员会编：《脱贫攻坚先锋：2016 年全国脱贫攻坚奖获奖者事迹》，中国劳动社会保障出版社、中国人事出版社 2018 年版，第 17—22 页。
② 脱贫攻坚先锋系列图书编辑委员会编：《脱贫攻坚先锋：2016 年全国脱贫攻坚奖获奖者事迹》，中国劳动社会保障出版社、中国人事出版社 2018 年版，第 59—64 页。
③ 国务院扶贫开发领导小组办公室、脱贫攻坚先锋系列图书编辑委员会编：《脱贫攻坚先锋：2018 年全国脱贫攻坚奖获奖先进个人事迹》，中国劳动社会保障出版社、中国人事出版社 2019 年版，第 125—130 页。
④ 国务院扶贫开发领导小组办公室、脱贫攻坚先锋系列图书编辑委员会编：《脱贫攻坚先锋：2018 年全国脱贫攻坚奖获奖先进个人事迹》，中国劳动社会保障出版社、中国人事出版社 2019 年版，第 217—222 页。
⑤ 国务院扶贫开发领导小组办公室、脱贫攻坚先锋系列图书编辑委员会编：《脱贫攻坚先锋：2018 年全国脱贫攻坚奖获奖先进个人事迹》，中国劳动社会保障出版社、中国人事出版社 2019 年版，第 83—88 页。

第四节　乡村振兴战略视阈下农村妇女 典范人物事业有成的经验启示

"伟大时代呼唤伟大精神，崇高事业需要榜样引领。"① 向先进典型学习，"最关键的是要学精神、学品质、学方法"②。新时代农村妇女典范人物的精神特质和事业发展的成功经验，能为各级党委、政府和妇联制定促进农村妇女事业发展的政策措施提供重要启示。

一、农村妇女事业发展必须紧跟时代发展步伐

农村妇女典范人物自觉将个人事业融入国家发展大局、紧跟时代发展步伐，与祖国同呼吸、共命运，与时代共前行、同奋进，在各行各业贡献着巾帼之力、彰显着巾帼之美。她们事业有成的奥秘之一在于能够把握时代脉搏，使自身事业发展与国家"经济社会同步发展"③，进而具有丰富的时代内涵。因此，促进农村妇女事业发展，应从以下方面花心思。

（一）紧紧围绕当代中国妇女运动的时代主题

"实现中华民族伟大复兴，是党和国家工作大局，也是当代中国妇女运动的时代主题"④，实现中华民族伟大复兴是包含乡村振兴在内的全面复兴。因此，应引导农村妇女在推进农村经济、政治、文化、社会、生态建

---

① 《习近平谈治国理政》第一卷，外文出版社 2018 年版，第 159 页。

② 习近平：《之江新语》，浙江人民出版社 2007 年版，第 218 页。

③ 习近平：《促进妇女全面发展　共建共享美好世界——在全球妇女峰会上的讲话》，《人民日报》2015 年 9 月 28 日。

④ 《习近平在同全国妇联新一届领导班子集体谈话时强调　坚持男女平等基本国策　发挥我国妇女伟大作用》，《人民日报》2013 年 11 月 1 日。

设中努力开创自己的事业，"自觉把人生理想、家庭幸福融入国家富强、民族振兴、人民幸福的伟业之中"①。一要引导她们大力发展大规模种植、养殖业，积极发展观光农业、乡村旅游，做大做强做优农产品加工业等，推动乡村产业兴旺。二要引导她们广泛应用环境科技解决水土污染、空气污染、土壤退化等生态问题，积极参加美丽庭院和美丽乡村建设，推进乡村生态宜居，使农村"蓝天白云、碧波荡漾、绿水青山、田野麦浪"的核心优势转化为事业发展的生态优势。三要引导她们开展丰富多彩的民俗文化活动，大力传承民歌、刺绣、雕塑、苗鼓、戏曲等非物质文化遗产，促进中国乡土文化在新时代大放异彩；开展星级文明村镇、和谐家庭等创建活动，促进社会主义核心价值观在农村落地生根，推进乡风文明和谐。四要引导她们积极参与村民议事会、红白理事会、禁赌禁毒会、道德评议会等村民自治组织建设，广泛宣传和践行村规民约、法律法规，传承和运用家规家训、古训古约、牌匾楹联等教化资源，促进乡村治理有效。五要加强农村社会保障体系建设，设置农村妇女基层公共管理和社会服务岗位，鼓励农村妇女创办敬老院、福利院、孤儿院、幸福院等慈善组织，着力增强农村妇女社会工作、志愿服务等技能，切实提高她们对农村留守老人、儿童及残疾人的关爱服务水平，不断满足乡村人民的美好生活需要。

（二）牢牢把握百年未有之大变局的国际形势

百年未有之大变局背景下的农村妇女事业发展机遇与挑战并存。一要引导农村妇女抓住大变局中蕴藏的事业发展机遇。当今世界和平发展、合作共赢、互惠互利的时代潮流更加强劲，以人工智能、大数据、物联网、太空技术、生物技术、量子科技为代表的新科技革命正在全面展开，

---

① 黄晓薇：《以习近平新时代中国特色社会主义思想为指导　动员引领广大妇女为强国建设民族复兴而团结奋斗》，《中国妇女报》2023 年 10 月 28 日。

对此，应积极引导农村妇女认真学习和领悟国际妇女论坛、全球妇女峰会、世界妇女大会等国际妇女会议的精神实质，与我国乡村振兴和农村妇女事业发展的实际结合起来，不断拓宽全球视野、增强涉外本领。此外，还要积极引导、鼓励农村妇女典范人物走出国门，利用对外参观考察、交流学习、事业合作等契机，发挥自身在"民间外交"中的重要作用，努力讲好新时代农村妇女事业发展的"新"故事，为世界妇女事业发展贡献中国智慧和中国方案。二要引导农村妇女积极应对大变局中暗藏的现实挑战。当前，我们在前进道路上面临的风险和考验越来越复杂，甚至会遇到惊涛骇浪，要引导农村妇女在自身事业发展过程中了解世界发展动态，保持高度警惕，增强忧患意识，做到居安思危，要将自身事业发展与国家前途命运紧密结合起来，在"构建农业对外开放新格局"[①] 中发展自己的事业。

二、农村妇女事业发展必须强化妇女综合素质

马克思主义妇女观认为，"妇女素质关系到整个民族发展，也关系到妇女自身进步"[②]，妇女综合素质的发展程度决定其事业发展的高度。农村妇女典范人物事业有成的一个重要原因在于她们具有良好的思想政治素质、科学文化素质和身体心理素质。因此，促进农村妇女事业发展，应从以下方面做文章。

（一）强化农村妇女事业发展的主体意识

着力净化农村社会中残存的"男尊女卑""男强女弱""男外女内"等传统性别文化，努力消除关于"农村妇女离不开锅台，上不了讲台，登

---

① 《中共中央国务院关于实施乡村振兴战略的意见》，人民出版社 2018 年版，第 12 页。
② 《胡锦涛文选》第一卷，人民出版社 2016 年版，第 354 页。

不上舞台"①的性别成见，引导农村妇女克服自卑心理，尊重自己的人格，维护自己的尊严。引导她们正确认识自己的优势特长和能力素质，努力弥补自信心不足、成就感不强的缺陷，在心理上自信地与男性保持平等。引导她们摒弃"嫁汉嫁汉，穿衣吃饭""干得好不如嫁得好""胸无大志，小富即安"等依赖心理、安逸心理、保守心理，增强自立、自强意识。引导她们学习农村妇女典范人物的求真务实精神、艰苦奋斗精神、无私奉献精神和开拓创新精神等，使她们凭借自己的聪明才智和积极努力开拓自身事业，在推进乡村振兴的生动实践中放飞人生理想。

（二）增强农村妇女事业发展的能力素质

通过线下政治理论学习、线上平台、村宣传栏等，引导她们了解党和政府的大政方针，关心国内外时局和村庄的动态变化；组织她们参与村民自治章程、村规民约、财务管理制度的制定与完善等，增强她们的参政能力。引导她们利用业余时间通过函授教育、继续教育、远程培训等方式攻读涉农专业等学历和非学历教育，不断提升自身的科学文化水平。通过邀请相关专家、学者进农村开设讲座、讲堂、讲坛等方式，对农村妇女加强乡村治理、人际沟通、子女教育、种养技术、电商经营、家政服务、农家乐创办、传统工艺品制作等进行技能培训，不断提升她们的乡村治理能力、政治参与能力、生产经营能力、社会交往能力、家庭建设能力等。遵照习近平总书记关于"特别是要关注农村妇女、残疾妇女、流动妇女、中老年妇女、少数族裔妇女的健康需求"②指示，组织农村妇女健康知识讲座和心理咨询，开展农村妇女免费妇科检查和"两癌"筛查，做实农村妇女强身健体活动，增强她们干事创业的身心素质。

---

① 任佳晖、谢忱：《温暖而有力量！习近平与"半边天"的故事》，2020年3月7日，见 http://cpc.people.com.cn/n1/2020/0307/c164113-31621394.html。
② 习近平：《促进妇女全面发展 共建共享美好世界——在全球妇女峰会上的讲话》，《人民日报》2015年9月28日。

三、农村妇女事业发展必须坚持不断开拓创新

习近平总书记曾指出，"生活从不眷顾因循守旧、满足现状者，从不等待不思进取、坐享其成者，而是将更多机遇留给善于和勇于创新的人们"①。农村妇女典范人物始终保持与时俱进、开拓创新的鲜明品格，在推动自身事业发展、社会主义新农村建设、乡村振兴战略实施中永不停息地勇往直前。她们的成功经验启示人们，农村妇女应当将创新作为改造主观世界与客观世界的自觉活动，为自身事业提供源源不断的发展动力。因此，促进农村妇女事业发展，应从以下方面谋出路。

（一）着力提升农村妇女的创新意识和创新人格

思想是行动的指南，观念是行动的先导，创新意识是农村妇女进行创新活动的起点。一要提升农村妇女的求新求异意识。组织农村妇女参加"全国农业职业技能竞赛""全国农业行业职业技能大赛""中国农业科技创新创业大赛""全国乡村振兴职业技能大赛"等国内农业职业大赛活动，通过参加比赛、观摩比赛的方式培养她们的质疑精神、批判精神、求新求异精神，引导她们在事业发展中从独特的视角去发现问题、分析问题、解决问题。二要提振农村妇女敢想敢干的胆识。组织农村妇女进行作物育种、家畜繁殖、织染绣功、养老育婴、电子商务、美容美发等事业发展经验交流，引导她们将"只有敢想才能敢干，只有敢干才有突破"的志气内化于心，激励她们在事业发展过程中勤于反思、善于总结、勇于探索，并在交流过程中提升她们的合作意识、竞争意识、效率意识，鼓舞她们在勇攀事业高峰中创造出新的辉煌。

农村妇女的创新人格主要包括远大的理想信念、进取的人生态度、坚韧的意志毅力、强烈的内在动机、肯定的自我意识、独特的认知风格和丰

① 习近平：《在同各界优秀青年代表座谈时的讲话》，《人民日报》2013 年 5 月 5 日。

富的情感智慧等。一要以"木兰"精神、"沂蒙红嫂"精神、红岩精神等
巾帼英雄的爱国情怀，激励农村妇女树立保家卫国的爱国主义精神和为国
争光的远大理想信念。二要将"千鹤妇女"精神、"当代女愚公"精神、
牛玉琴治沙精神等开拓创新、奋斗不息精神厚植农村妇女事业发展之中，
引导她们拥有锐意进取的人生态度和顽强拼搏的内在动力。三要以刘胡兰
精神、申纪兰精神、雷锋精神、焦裕禄精神等心系人民、无私奉献的高尚
品格，鼓舞农村妇女树立心有大我、行有大德的淡泊名利意识。四要以中
国共产党人顾大局、识大体、谋大事的大局意识，培养农村妇女个人服从
集体、小我服从大我的集体主义精神。

（二）优化农村妇女的创新知识结构和思维方式

随着知识经济时代的到来，创新知识结构成为这一时代合格人才的必
备素质，也对培育新型职业女农民提出更高要求。基于此，农村妇女应在
实施"创新驱动发展战略"和"乡村振兴科技支撑行动"的支持下，树立
终身学习意识，努力优化新型农业科学知识结构，掌握新型农业科学技
术，为自身事业发展插上腾飞的翅膀。一要推动农村妇女学习农业种业
科技知识。"农业现代化，种子是基础。"[1] 农村妇女应在产学研一体化发
展中，加强水稻、小麦、玉米等农作物，肉牛、肉羊、生猪等牲畜，鸡、
鸭、鹅等家禽以及海洋渔业生物良种知识学习，切实加强农业良种资源的
保护、开发和利用。二要促进农村妇女掌握农业实用技术。组织农村妇女
学习机械深施化肥、精量播种、水田旋耕节水、棚内耕种、植保、节水灌
溉等农业实用技术，让科技之光照亮农村妇女事业发展之路。三要帮助农
村妇女运用数字技术。大力推广人工智能、互联网＋、物联网、5G、大
数据等数字技术在农村妇女事业发展中的应用。加快农业农村大数据体

---

[1]《中共中央国务院关于全面推进乡村振兴加快农业农村现代化的意见》，《人民日报》
2021 年 2 月 22 日。

系建设，着力发展智慧农业、数字乡村、数字产业、农村电商，加强乡村公共服务、社会治理、生态治理等智能化建设，使农村妇女事业朝着信息化、智能化、数字化方向迈进。

"最高的精华——思维着的精神"[①]作为农村妇女审视自身事业发展的独特角度、方式和方法，它的创新对促进农村妇女事业发展至关重要。基于此，乡镇政府及基层妇联应引导农村妇女在"大众创业、万众创新"的良好氛围下，着力改善自身的思维方式和心智模式。一要增强农村妇女的辩证思维。农村妇女科学文化水平和接受培训能力参差不齐，在职业规划、事业发展、经营方略等培训活动中，应采取"启发式""讨论式""案例式""实践式"等培训方式，引导她们用全面、联系和发展的眼光去看待问题，使培训达到通俗易懂、易于操作的实际效具，促进农村妇女的思维方式朝着由封闭到开放、由单一到多维、由固定到灵活的方向发展。二要增强农村妇女的系统思维。引导农村妇女将自身事业发展与实现"产业兴旺、生态宜居、乡风文明、治理有效、生活富裕"的乡村振兴整体目标有机结合起来，在推进农村经济、政治、文化、社会、生态等各方面的发展中实现良性互动、协同配合，争做农村经济发展的推动者、政治建设的参与者、精神文明的培育者、和谐社会的营造者和生态宜居的践行者。三要增强农村妇女的战略思维。着力提升农村妇女思考问题的高度、知识视野的广度和认识世界的深度，指导她们树立"以身托天下"的大局意识，将个人荣辱置于事业成败之外。

四、农村妇女事业发展必须立足农村社会现实

农村妇女典范人物事业发展的一个重要特征是：立足于乡村是一个集自然、社会、经济特征为一体的地域综合体这一最大实际，充分挖掘当地

---

① 《马克思恩格斯选集》第三卷，人民出版社 2012 年版，第 864 页。

的自然资源和人文资源优势，顺势而为发展自身事业。因此，促进农村妇女事业发展，应从以下方面想办法。

（一）引导农村妇女因地制宜发展乡村特色农业

遵循中央关于要"因地制宜发展多样性特色农业，倡导'一村一品'、'一县一业'"①的指示精神，引导农村妇女充分发掘所在村庄富有特色的自然资源，因地制宜地发展特色农业。在地形平坦、土壤肥沃、阳光充足、气候适宜的乡村发展种植业，在地域广阔、绿草成茵、牧草充足的乡村发展牲畜养殖业，在沿海、沿江、沿河、沿湖的渔村发展水产养殖业，打造一批具有乡土气息和地域色彩的特色产品品牌。并且突破传统农业生产功能的局限，融入现代人向往的生态、绿色、休闲、创意元素，发展生态农业、绿色农业、休闲农业、创意农业等，让乡村特色农业多元业态争奇斗艳，使她们的事业发展以多样化特色农业作后盾而充满生机和活力。

（二）引领农村妇女就地取材发展乡村二三产业

中国乡村"十里不同风，百里不同俗"。各地自然资源不同、人文资源各异，在如今农村土地流转加剧、机械化程度较高、生产规模经营增强、农村妇女"农业生产性活动减少"②的情况下，应盘活乡村各具特色的自然资源和人文资源，引导她们依托乡村的小桥流水、诗意田园、绿水青山等自然风光与古老建筑、农耕文物、文化遗址、民族风情等人文资源发展乡村旅游业；依托乡村的绿色、特色农产品，发展农产品加工业；做优人居环境，着力美丽庭院建设，打造特色乡村小镇，发展民宿、康养服务业；依托彰显民族或地域色彩的刺绣、织锦、剪纸、泥塑、印染等乡村

---

① 《中共中央国务院关于坚持农业农村优先发展做好"三农"工作的若干意见》，人民出版社 2019 年版，第 12—13 页。

② 汪淳玉、叶敬忠：《乡村振兴视野下农村留守妇女的新特点与突出问题》，《妇女研究论丛》2020 年第 1 期。

传统工艺，创新发展乡村手工业；依托具有民族或地域风情的民歌民谣、舞龙舞狮、秧歌腰鼓等乡村演艺娱乐文化，创新发展乡村文艺表演服务业等，助推她们自主撑起一片创新创业的天空。

五、农村妇女事业发展必须彰显妇女独特作用

农村妇女典范人物在农业生产经营、乡村社会治理和乡风文明、生态文明、和谐家庭等建设中彰显了女性的智慧品格、担当作为，以无可争辩的成功事实证明，农村妇女事业发展必须充分彰显"妇女在社会生活和家庭生活中的独特作用"①。因此，促进农村妇女事业发展，应从以下方面思对策。

（一）充分彰显农村妇女在社会领域的独特作用

在新时代实施乡村振兴战略过程中，要引导农村妇女继续发扬改革开放新时期发挥"超半效应"时的那种奋斗热情和拼命精神，以苦干实干、开拓创新的姿态在农村经济建设的主战场大显身手，以女性善表达、善协调等性别优势撑起村民自治的"半边天"，以能歌善舞、心灵手巧、向善爱美的性别特长促进乡风文明，以遵纪守法、乐善好施、家庭和谐、邻里友爱等助推乡村治理，以尊重自然、顺应自然、保护自然的文明姿态营造乡村生态宜居，在推进乡村振兴中发挥自身优势，为实现中华民族伟大复兴贡献力量。

（二）充分彰显农村妇女在家庭领域的独特作用

"天下之本在国，国之本在家。"②农村妇女具有性格温柔、耐心细致、

---

① 中共中央党史和文献研究院编：《习近平关于注重家庭家教家风建设论述摘编》，中央文献出版社 2021 年版，第 5 页。

② 中共中央党史和文献研究院编：《习近平关于注重家庭家教家风建设论述摘编》，中央文献出版社 2021 年版，第 11 页。

亲和力强等性别特征，在家庭领域里能发挥独特作用。因此，要发挥她们细心缜密、体贴入微的性别优势，给予家中老人衣食住行、求医问药、解闷爽心等方面的服务，使其老有所依。发挥她们爱美爱打扮的性别特长，搞好美丽庭院建设，以庭院美带动乡村美。发挥她们勤俭持家、艰苦朴素的秉性，为丈夫吹好艰苦奋斗"耳边风"，说好勤劳俭朴"枕畔语"。发挥她们对子女的榜样教育作用，将家国情怀厚植于子女教育之中，教导子女爱国、爱党、爱社会主义，帮助子女扣好人生第一粒扣子，促进子女健康成长。

第六章　乡村振兴战略视阈下农村妇女
事业发展的路径选择

本章基于乡村振兴战略视角，依据马克思主义关于人的全面发展理论和妇女发展理论，针对农村妇女事业发展的现实困难及制约因素，在借鉴农村妇女典范人物事业发展成功经验的基础上，结合内因和外因的辩证关系，提出乡村振兴战略视阈下农村妇女事业发展的路径选择。

第一节　搭建农村妇女事业发展的现代平台

毛泽东说过："唯物辩证法认为外因是变化的条件，内因是变化的根据，外因通过内因而起作用。"[1]促进农村妇女事业发展，一方面，需要激发她们发展事业的内生动力，促使她们筑梦乡村，放飞理想；离开锅台，登上舞台；立足乡村，开拓创新；精于专长，习有特长；坦诚处世，广交朋友；奉献乡村，彰显价值。另一方面，要为她们发展事业提供政策平台、学习平台、服务平台、交往平台、合作平台等外部条件，以形成内外协同发力、农村妇女事业腾飞之态势。

---

① 《毛泽东选集》第一卷，人民出版社 1991 年版，第 302 页。

一、促进农村男女性别平等

所谓男女平等，主要是指男女之间人的尊严和价值的平等及男女权利、机会和责任的平等。新中国成立后，党和政府为妇女解放和事业发展提供了政策和法律支持。1954 年的《中华人民共和国宪法》第 96 条明确规定："妇女在政治的、经济的、文化的、社会的和家庭的生活各个方面享有同男子平等的权利"，将男女平等提升到法律层面。1995 年 9 月 4 日，江泽民在联合国第四次世界妇女大会上庄严宣告："中国政府一向认为，实现男女平等是衡量社会文明的重要尺度"，明确表明中国政府要"把男女平等作为促进我国社会发展的一项基本国策"。[①] 中国政府对男女平等的态度和主张引起了国际社会的强烈反响。之后，2001 年、2011 年、2021 年国务院分别制定的《中国妇女发展纲要》以及 2005 年、2022 年修改的《中华人民共和国妇女权益保障法》等对男女平等基本国策进行了反复强调。党的十八大、十九大、二十大报告对"坚持男女平等基本国策，保障妇女儿童合法权益"[②] 一再重申。男女平等既受到国家法律的有力保护，又受到党和政府的高度重视。然而，由于主客观方面的原因，重男轻女、男尊女卑等封建残余依然影响着男女平等基本国策的深入贯彻落实，在农村这种情形更为明显。农村女性在生命意义、接受教育、参政议政、土地承包、就业创业、社会回报、家庭领域等方面均不同程度地存在着不如男性的现象，这给她们的事业发展带来无形制约，在如今实施乡村振兴战略的背景下，大力推进农村男女平等对于促进农村妇女事业发展尤为重要，为此各级党组织和政府应在营造农村良好性别文化氛

① 《在联合国第四次世界妇女大会欢迎仪式上江泽民主席的讲话》，《中国妇运》1995 年第 11 期。

② 习近平：《高举中国特色社会主义伟大旗帜　为全面建设社会主义现代化国家而团结奋斗——在中国共产党第二十次全国代表大会上的报告》，人民出版社 2022 年版，第 48 页。

围方面下功夫。

（一）大力宣传党和政府的男女平等基本国策

基于促进农村妇女事业发展的需要，一要把宣传男女平等基本国策"当作一个重要的政治任务来抓"①。充分运用各种宣传形式、宣传手段强化农民的男女平等意识，以正确的性别舆论引导农民树立正确的性别观念，不断净化农村的性别文化环境，努力促进男女平等舆论环境和良好性别氛围的形成。二要大力宣传党和政府关于男女平等的指示精神。面向广大农村妇女，大力宣传党和国家领导人关于妇女作用、妇女发展、妇女事业和男女平等基本国策的重要论述，积极阐释党和国家关于男女平等的政策措施，增强农村妇女的自尊、自信、自立、自强意识，引导她们尊重自己人格，维护自己尊严，克服自卑心理，摒弃依附心理，强化主体意识，审视自身价值，胸怀远大理想，在促进农村经济社会发展中放飞自己的梦想。三要大力宣传党和政府保护妇女权益的法律法规。组织农村"法律明白人"讲座，对农村妇女重点讲解与她们权益密切相关的法律法规等，提升她们的依法维权能力，为她们的事业发展撑起一把法律的"保护伞"。

（二）积极培育和弘扬先进性别文化

社会主义先进性别文化是与人类文明同步、与时代发展同行、与社会主义核心价值观同心以及与性别平等、公正、和谐发展同向的文化，倡导构建男女两性相互尊重、相互包容、各自优势特长尽情发挥、两性优秀特质交融整合的性别关系，能"为男女平等的实现提供精神支撑和道德确认"②。我国农村的性别文化多元复杂，既有以男女平等为核心的先进性别

① 安徽省委政策研究室：《男女平等是促进我国社会发展的基本国策》，《中国妇运》1997年第5期。

② 党日红、李明舜：《筑牢落实男女平等基本国策的制度根基和精神支撑》，《中华女子学院学报》2019年第4期。

文化，也有歧视妇女的陈腐性别文化，因此，乡镇党委、政府和基层妇联要创新开展农村思想政治引领活动，将先进性别文化的理念和内容融入村民政治参与、生产经营、家庭教育、乡风文明建设、乡村治理、个人修养等各项工作之中，不断扭转和消除农村歧视妇女的性别偏见和妇女的自卑心理，使男女平等成为农民普遍认同和自觉遵循的主流性别观。不断强化实践推动，自觉运用马克思主义妇女理论分析农村妇女问题，将男女平等的性别意识纳入决策主流，弘扬先进性别文化，补齐农村妇女发展的"短板"。着力解决农村男女权利、机会、资源分配、义务责任分担不平等问题，在政治参与、生产经营、家庭建设中充分体现性别意识。在改善民生中高度关注农村女性的物质需要、精神需要和健康需要，在社会治理中积极回应农村女性的参政需求、安全需求、生态需求、价值需求、尊严需求等，使以男女平等为核心的先进性别文化真正贯彻到农村经济社会发展各领域、社会生活各方面，为农村妇女事业发展营造良好的性别文化氛围。

（三）着力塑造农村妇女的良好形象

改革开放以来，农村妇女成为推动农村经济社会发展的主力军，涌现了许多事业有成的农村妇女典范人物，她们追求独立、自由、平等的生存空间，依靠自己的努力和拼搏，在农村广阔天地里取得了非凡的成就，展示了自由、多元、独立、独特的农村女性风采，成为彰显农村男女平等的鲜活榜样。因此，各级党组织和妇联应借助媒介平台着力介绍农村妇女典范人物的光辉事迹，大力宣传她们的独立自主意识、创新发展理念、艰苦奋斗精神、坚忍不拔毅力，塑造农村妇女典范人物的良好形象，引导社会各界重新认识新时代农村妇女的主体意识和社会价值，感受农村妇女蕴含的强大力量与柔和之美。引导广大农村妇女找到事业发展的现实楷模，领悟农村妇女典范人物的精神特质和事业发展的成功经验，激励她们争当乡村产业兴旺的推动者、生态宜居的营造者、乡风文明的建设者、乡村治理的参与者，在乡村振兴实践中推进农村男女平等的实现，在实现男女平等中促进自身事业发展。

二、推进农村妇女就业帮扶

就业是民生之本。随着改革开放的深入和乡村振兴战略的实施，农村妇女大多突破了在家"相夫教子"的局限，走出家庭，参加社会劳动，就业形式五花八门、复杂多样：有的以农业生产做主业，有的走向城市长期务工，有的选择就近非农就业，有的通过创业拓展就业，在乡村一二三产业领域大展身手。然而，她们无论采取何种就业方式，从事业长远发展的角度来看，她们的就业都需要政府及相关部门的帮扶。因为，她们整体受教育程度不高、职业技能偏低、社会交往偏窄、法律意识偏弱、就业拖累较重、就业受歧视程度偏高。因此，各级党委、政府及相关部门应"健全就业公共服务体系"①，对农村妇女就业伸出帮扶之手。

（一）实行农村妇女职业规划指导

有的放矢的职业规划指导是提升农村妇女就业创业能力的前提。各级党委、政府及妇联应根据农村妇女个体的年龄层次、文化程度、技能水平、兴趣爱好、家庭环境、就业意愿等情况，审视她们的优势劣势，发挥各自的优势特长，为她们指引就业方向，挖掘她们的发展潜力。鼓励文化程度较高、适应能力较强的农村妇女进城务工；引导文化程度偏低、种养能力较强的农村妇女以农业生产作为主业；鼓励表达能力、服务意识较强的农村妇女从事乡村旅游、餐饮服务业；引导性情温柔、细心精心的农村妇女从事月嫂、保姆、保洁等家政服务业；鼓励文化程度较高、

---

① 习近平：《高举中国特色社会主义伟大旗帜　为全面建设社会主义现代化国家而团结奋斗——在中国共产党第二十次全国代表大会上的报告》，人民出版社2022年版，第47页。

开拓能力较强的农村妇女创办家庭农场、农业企业、妇女专业合作社等；引导心灵手巧、工作细致的农村妇女从事工艺品制作；鼓励参政意识、协调能力较强的农村妇女竞选村"两委"干部及妇女组长；引导文化程度较高、沟通能力较强的农村妇女从事农村电子商务；等等，让农村妇女就业在城乡融合发展中各美其美，为农村妇女事业发展架起五彩缤纷的桥梁。

（二）拓宽农村妇女就业创业渠道

农村是个广阔的天地，不仅生产资料和劳动力资源丰富，而且土地宽广、产品销售市场广大，特别在实施乡村振兴战略的背景下，农业生产经营呈现着旺盛的生机和活力。《乡村振兴战略规划（2018—2022 年）》明确要"坚持家庭经营在农业中的基础性地位，构建家庭经营、集体经营、合作经营、企业经营等共同发展的新型农业经营体系。"① 因此，各级党委、政府及相关部门应建立农村妇女就业创业的帮扶机制，在引领农村妇女因地制宜发展乡村特色农业和就地取材发展乡村二三产业的基础上，拓宽农村妇女就业创业渠道。一要扶持新型农业经营主体。实施农村妇女自主创业资助计划，设立农村妇女自主创业专项基金，进一步优化农村妇女的创业环境，在工商登记、税收、人事和劳动保障、银行贷款等方面提供更好的创业服务。开展形式多样的农村妇女创业培训，满足农村妇女的创业需求。激励妇女精英创办家庭农场、农业企业、农村妇女专业合作社等，吸纳小农户中的妇女参与其中，使她们既能以农业生产、经营或服务作为主要职业，又能在工作之余照顾家庭，享受亲情。二要鼓励城市有远见卓识的企业家来乡创业。地方政府可在厂房建设、原材料供给、公共服务等方面给予来乡企业家以优惠和支持，鼓励

---

① 张勇主编：《〈乡村振兴战略规划（2018—2022 年）〉辅导读本》，中国计划出版社 2019 年版，第 35 页。

他们带着资金、技术、管理来到农村投资设厂，要求企业在员工招聘方面给当地农民尤其是农村妇女以相应倾斜，以满足农村妇女的非农就业需要。

（三）提供农村妇女就业相关服务

农村妇女社会交往相对偏窄，就业能力相对有限，有的想从事非农就业却信息不灵，有的想就近就业，用人单位却有限，有的即便找到了就业单位，权益却难获保障，因此，乡镇政府应成立专门的妇女就业服务中心，为农村妇女就业提供周到周全的服务。一是采集就业信息。走出乡镇，加强与城市企业的人力资源部、省市县人才招聘中心联系，了解适合农村妇女的劳动空缺岗位、工种技能需求，及时迅速地向农村妇女提供信息服务，根据农村妇女人力资源个体情况进行岗位匹配，尽力当好用工单位与农村妇女就业的"媒人"。二是注重供需对接。深入市场调研，根据农村妇女个体的优势特长和相应的市场需求，与时俱进地调整和设置农村妇女培训课程，积极与用人单位商讨"订单式"农村妇女人才培训模式，培育"适销对路"的农村女性人才。三是夯实就业保障。农村妇女法律维权意识和能力较弱，部分妇女就业与用人单位只有口头协议，没有签订正式劳动合同，这就为她们的就业权益保障留下了隐患。有的企业不守诚信、不遵守劳动法规，既不给农村妇女提供五险一金，也不按时足额发放薪酬，并且随意辞退员工。为此，乡镇政府应该聘请律师为农村妇女就业时签订劳动合同提供指导服务，并且为就业权益受到侵犯的农村妇女提供咨询服务，为农村妇女就业权益保障撑起一把法律"保护伞"。

三、增进农村妇女互助合作

"女性的崛起，绝不是个人的发展可以实现的，必须借助于组织发展，改变整体的环境，也即整个社会。"①在城市化进程日益加快、农业女性化的背景下，农村留守妇女互助组、农村妇女专业合作社等农村妇女组织随之发展起来，成为乡村女性减负、提能、增收的重要途径，也促进了中国乡村治理体系现代化。进一步夯实农村妇女合作制，也能为农村妇女事业发展提供有力支撑。

（一）建强农村留守妇女互助组

自 2011 年 4 月全国妇联开始推广农村留守妇女互助组以来，各级妇联积极推进留守妇女互助组的建设，将留守妇女基于自愿原则组成互助组，使得她们在生产上互相帮助、生活上互相关心、情感上互相抚慰、安全上互相关照。互助组不仅有效化解了农村留守妇女的生产生活压力，而且促进了妇女的解放和发展，提升了乡风文明程度，推进了乡村治理进程。它使留守妇女由"靠人帮"变成了"我帮人"、由"残缺的小家"变成了"和谐的大家"、由"看家妇"变成了"带头人"、由"孤立无援"变得"乐观自信"，②其深刻的社会学意义是值得充分肯定的。同时我们还要看到，农村留守妇女互助组还不能尽如人意，例如，带有帮扶性质的互助组少，生产经营深度合作的互助组少，组员彼此心理包容不够，组织结构稳定性不强等制约着农村留守妇女互助组的功能发挥。因此，乡镇党委、政府及妇联应采取有力措施，为建强农村留守妇女互助组创造良好环境。

一是党委加大思想教育力度，帮助农村留守妇女互助组解决思想相融问题。乡镇党委和村党支部应深入开展社会主义核心价值观教育，使民主、文明、和谐、友善等观念深入农村留守妇女之心，促进家庭条件好、

---

① 张翠娥:《性别之网：社会转型中的农村妇女组织》，中国社会科学出版社 2014 年版，第 214 页。

② 王大贤:《农村"留守妇女"互助合作问题的调查研究——以安徽省含山县为例》，《安徽理工大学学报（社会科学版）》2010 年第 3 期。

生存压力小、综合素质高的留守妇女与家庭状况差、生存压力大、综合素质低的留守妇女组成互助组，形成传帮带的良好局面。加强对农村留守妇女的人际交往指导，引导她们正确处理人际关系，尽力避免组员间因斤斤计较、争长论短而产生心理隔阂，形成组内生产互助、心理相容、深度融合的和谐生态。

二是政府加大政策倾斜力度，帮助农村留守妇女互助组解决资金、技术问题。地方政府应坚持农业农村优先发展的方针，使国家财政资金和政策向农村、农业、农民倾斜，使更多的社会资源惠及农村留守妇女。同时，指导农村留守妇女互助组选定产业项目，强化农村妇女农业实用技术培训，为农村留守妇女生产经营提供小额贷款，建立健全"三农"信息服务网络，完善农业科技服务机制，为互助组进行生产经营的深度合作提供及时可靠的市场信息和农业实用技术支持。

三是妇联加大协调引导力度，帮助农村留守妇女互助组解决组织松散问题。农村基层妇联要扮演好农村妇女工作的"领头羊"、农村妇女群众的"贴心人"、农村妇女困境的"减压阀"、农村妇女发展的"助推器"、农村妇女权益的"保护神"等角色，围绕当地留守妇女互助组的发展需求和乡村振兴的总体规划，以帮助农村妇女增收致富为目标，明确工作重点，强化协调引导功能，引导广大留守妇女积极参与互助组。强化她们的自尊、自信、自立、自强意识，培育她们的开拓创新精神和团结协作精神，使互助组真正成为农村留守妇女凝心聚气的互助合作组织，让广大农村留守妇女凭借互助组平台斗志昂扬、齐心协力为乡村振兴献策献力。

（二）壮大农村妇女专业合作社

马克思说过："要解放劳动群众，合作劳动必须在全国范围内发展。"① 中国共产党把马克思主义互助合作理论与中国农村经济发展实际结

---

① 《马克思恩格斯选集》第三卷，人民出版社 2012 年版，第 9 页。

合起来，继党的十八届三中全会明确提出鼓励农村发展合作经济后，2014年中央一号文件提出"扶持发展新型农业经营主体。鼓励发展专业合作、股份合作等多种形式的农民合作社，引导规范运行，着力加强能力建设"①。2018年，《中共中央国务院关于实施乡村振兴战略的意见》《乡村振兴战略规划（2018—2022年）》以及之后关于"三农"工作的文件多次提到培育发展农民专业合作社，强调"提升农民专业合作社规范化水平，鼓励发展农民专业合作社联合社"②。党和政府一系列关于发展农民专业合作社的指示精神为农村妇女合作组织的发展提供了重要契机。

近些年来，在党和政府一系列面向农民专业合作社的优惠政策支持下，由农村女能人、专业女大户和龙头企业领办、成员性别构成全部或大部分为女性的农村妇女专业合作社纷纷建立，有效地激发了农村妇女发展事业的巨大潜力，由此，"农村妇女身上蕴藏着的智慧与力量，经过合作组织的形式激发，成为村主脱贫和社区良性治理的内生动力"③。它在推动农业产业化、规模化、科技化、品牌化经营，增强农村妇女主体意识、合作精神，优化农村妇女公德意识、家庭关系，拓展农村妇女社会交往空间、眼界视野以及增加农村妇女收入等方面发挥了积极作用，成为一条促进乡村振兴和妇女事业发展的重要路径。尽管如此，其发展过程中仍存在着"组织规模偏小、流动资金短缺及组织管理不完善"④以及技术力量薄弱等问题。因此，地方政府、妇联和社会各界应共同发力，着力帮助解决农村妇女专业合作社中的问题，增强农村妇女专业合作社的生机和活力，拓宽农村妇女事业发展的平台。

---

① 《中共中央国务院印发〈关于全面深化农村改革加快推进农业现代化的若干意见〉》，《人民日报》2014年1月20日。
② 张勇主编：《〈乡村振兴战略规划（2018—2022年）〉辅导读本》，中国计划出版社2018年版，第35页。
③ 杜洁、宋健、何慧丽：《内生性脱贫视角下的农村妇女与合作组织——以山西PH与河南HN两个农民合作社为例》，《妇女研究论丛》2020年第1期。
④ 黄粹：《治理现代化中妇女组织发展的价值与路径》，《领导科学》2019年第14期。

　　一要强化宣传发动，努力解决农村妇女专业合作社的规模偏小问题。充分发挥妇联的组织优势和群众工作优势，利用各种大众媒体和网络平台，广泛宣传妇女加入专业合作社的意义，使妇女们认识到："发展农村妇女合作组织对于维护农村妇女利益、提升农村妇女素质、促进农村经济社会和谐发展至关重要。"① 充分调动农村妇女参与专业合作社的积极性，扩大妇女参与专业合作社的规模，尽量实现生产、加工、销售的规模化、技术化、品牌化，促进农村妇女依托专业合作社发展事业。

　　二要广辟融资渠道，积极缓解农村妇女专业合作社的资金不足问题。第一，以政府财政资金为引导。政府有关部门和地方财政安排专项资金，支持农村妇女专业合作社启动各项工作。同时对其给予良种、农机具、农业产业化等方面的财政贴息优惠政策，为农村妇女专业合作社提供一定的经费支撑。第二，以股东资金为主体。农村妇女专业合作社通过公开或定向发行股权、收取会费等形式募集资金，以扩大生产经营规模。此类资金应是大部分农村妇女专业合作社的主要资金来源。第三，以土地产权担保作为扶持。土地是农村的不动产，"探索发放农村土地承包使用权、集体土地所有权等抵押贷款"②，也是帮助农村妇女专业合作社解决资金困难的重要途径。第四，以社会资金作补充。鼓励关心"三农"工作的部分企业和社会爱心人士在农村设立农村妇女专业合作社发展基金，资助一些经济困难的农村妇女专业合作社，助推农村妇女专业合作社健康发展。

　　三要加强管理培训，着力解决农村妇女专业合作社的管理不善问题。第一，加强合作教育的培训。对参与合作社的妇女进行合作意义、合作原则、合作技巧等方面的教育，使之明白：只有合作社成员间彼此信任、互相支持、团结合作，心往一处想，劲往一处使，合作社才能乘风破浪，发

---

① 《加强对农村妇女合作组织发展政策支持》，《中国妇运》2014 年第 3 期。
② 胡慧：《四川省农村妇女专业合作经济组织的调查与思考》，《中国妇运》2014 年第 4 期。

展壮大。第二，加强管理内容培训。加大农村妇女专业合作社带头人培训力度，对她们进行管理文化、管理制度、管理技巧、管理决策等方面的培训，增强她们的生产管理、财务管理、资源管理、营销管理、信贷与投资等方面的能力。第三，加强法律法规培训。引导合作社社员学习理解《中华人民共和国农民专业合作社法》等相关法律法规，依据相关法律法规制定合作社章程，使农村妇女专业合作社的生产经营在政策和法律允许的范围内正常运行。

四是充实技术力量，致力解决农村妇女专业合作社的技术薄弱问题。通过"深入实施科技特派员制度，进一步发展壮大科技特派员队伍"[1]，加强科技特派员对农村妇女的科技指导，并且着力农村妇女职业技能培训，增强农村妇女学科学、用科学的能力。通过培养一批有文化、懂技术、善经营的农村妇女专业合作社负责人和有创办妇女合作组织意愿的致富能手，形成一支发展现代农业的女性"领头雁"和女性人才队伍，同时发挥农村女性致富带头人对普通农村妇女在应用农业实用技术方面的传帮带作用，充实农村妇女专业合作社的技术力量，带领广大农村妇女共同创业。

四、提高农村妇女参政配额

近几十年来，国际妇女参政配额制的规定及执行情况表明："配额制是实现妇女在政治参与上的实质性平等的唯一有效途径。"[2]农村妇女在推动农村经济社会发展中发挥了"超半效应"，与之匹配的理应是政治地位的相应提升。在实施乡村振兴战略的背景下，农村妇女政治参与既能"为产业兴旺提供主体力量"，又能"为文明乡风的形成提供教化作用"，还能

---

[1] 《中共中央国务院关于抓好"三农"领域重点工作确保如期实现全面小康的意见》，人民出版社 2020 年版，第 22 页。

[2] 张永英：《权力参与和民主参与：改革开放以来中国妇女政治地位变化研究》，人民日报出版社 2015 年版，第 188 页。

"为有效治理提供动力"。① 然而，目前的事实是她们的政治参与却处于相
对弱势。尽管《中国妇女发展纲要（2011—2020）》（以下简称《纲要》）
对农村妇女参政作出了明确的配额比例规定，经过十来年的努力和实践，
"2019 年，村委会主任中女性占比为 11.9%……村委会成员中女性占比为
23.8%"②。截至 2022 年 5 月，"全国 49.1 万个村班子顺利完成换届。……
妇女比例占 28.1%"③，但这与农村妇女在农村经济社会发展中所发挥的作
用仍不相称。为此，乡镇党委和政府应该在进一步推进农村妇女参政配额
制上花心思。

（一）切实落实《纲要》关于村委会中妇女的配额规定

我国政府借鉴国际妇女参政配额制经验，《中国妇女发展纲要（2011—
2020 年）》明确作出了到 2020 年"村委会成员女性比例达到 30%以上。
村委会主任中女性达到 10%以上"④ 的规定，《中国妇女发展纲要（2021—
2030 年）》也明确规定："村党组织成员、村党组织书记中女性比例逐步提
高。村委会成员中女性比例达到 30%以上，村委会主任中女性比例逐步
提高。"⑤ 这些规定体现了党和政府对农村妇女参政的深切关怀。规定女性
在村委会中最低比例能有效提高农村妇女在村级权力结构中的数量，缩小
农村男女两性在政治参与上的差距，为更多的农村女性步入政治领域搭建
良好平台。乡镇党委和政府应该不折不扣地落实上级关于推进农村妇女参

---

① 李敏、刘淑兰：《乡村振兴战略下农村妇女政治参与及引导路径》，《福建农林大学学报
（哲学社会科学版）》2019 年第 4 期。
② 国家统计局：《2019 年〈中国妇女发展纲要（2011—2020 年）〉统计监测报告》，《中国
信息报》2020 年 12 月 21 日。
③ 《全国村"两委"换届完成，妇女在村班子中占 28.1%，提高 7.1 个百分点，每个村班
子至少有 1 名妇女成员》，《中国妇女报》2023 年 2 月 21 日。
④ 中华人民共和国国务院新闻办公室：《中国性别平等与妇女发展》，人民出版社 2015 年
版，第 15 页。
⑤ 《国务院关于印发中国妇女发展纲要和中国儿童发展纲要的通知》，《中华人民共和国国
务院公报》2021 年第 29 期。

政的指示精神，进一步提高农村妇女的政治参与意识和政治参与能力，大力进行有针对性的性别平等倡导宣传，批判农村残存的"男尊女卑、男优女劣、男强女弱、男外女内"等陈旧性别观念，强化村民的性别平等意识，引导农村妇女关心国家大事，了解国际动态，关注乡村事务，提高她们的政治知晓度，激发她们积极为乡村治理献计献策的热情。组织农村妇女进行政治理论学习和职业技能培训，提高她们的政治觉悟和科学文化水平，促使她们逐步成为一支有觉悟、有文化、有主见、有能力的乡村治理队伍。

（二）优化农村妇女参政配额制的落实举措

尽管《纲要》对农村妇女在村党组织、村委会中的女性比例作了明文规定，但因诸多原因，落实状况不尽如人意。例如，有的地方认为妇女参政配额制"破坏了'平等'的原则""破坏了'民主'的原则"，并且"是对妇女的另一种歧视"①，因而落实不积极、不主动。由于《纲要》关于村委会中的女性比例规定没有上升到法规层面，对于没有达到女性数量规定的地方，刚性约束不足，因此，有的地方对于村委会是否达到《纲要》规定的女性数量无所谓。"如果缺少对村委会女委员岗位的具体要求和详细规定，则容易使村民对参选妇女的代表性和参政能力产生质疑"②，既影响村庄性别平等文化的营造，又制约当选女委员工作的开展，并在一定程度上弱化农村妇女的参政能力，造成妇女参政路径的窄化。基于上述种种对农村妇女参政配额制的疑虑，建议采取以下优化策略：

第一，加强对广大村民的政策引导。向广大村民大力宣讲马克思主义妇女理论、党和国家的男女平等政策，着力宣传农村妇女在推动农村经济社会发展中的"超半效应"，引导广大村民充分认识农村妇女的巨大潜力

---

① 王俊华：《配额制：妇女平等参政的重要保障》，《学理论》2010 年第 25 期。

② 闵杰：《性别配额制的基层实践、存在问题及优化战略——以黑龙江省 2014 年村级组织换届选举为例》，《哈尔滨学院学报》2017 年第 8 期。

和社会价值，使之充分理解实行农村妇女参政配额制的价值取向在于通过对妇女进行倾斜性保护以寻求性别平等，营造性别平等的文化氛围，从而促进广大村民对妇女参政配额制的支持和落实。第二，借鉴国外农村妇女参政配额制纳入法律法规的做法。例如，"印度因为有村级议会中为妇女保留三分之一席位的法律规定，而使印度农村妇女进入村级议会的比例大幅提高"[①]。建议借鉴印度经验，通过把农村妇女参政配额制以国家法律法规的形式确立起来，增加农村妇女的参政机会。第三，明确村委会女委员的具体条件。对村委会女委员"定位选举"的思想品德、能力素质、职位要求提出具体要求，真正将德才兼备的妇女选拔到村"两委"中，充分发挥女委员的性别优势，消除村民和村级组织对女委员履职能力的质疑，弱化村民"女子不如男"的传统性别印象，增强人们对农村妇女参政的信心。

（三）提升农村妇女参政配额制的比例

革命战争年代，中国共产党高度重视农村妇女的政治参与，充分发挥她们的革命积极性。中共二大《关于妇女运动的决议》首次明文规定，应当"帮助妇女们获得普通选举权及一切政治上的权利与自由"[②]。为切实保障妇女的参政权，中央局还对苏维埃的选举作出了妇女代表最低要占25%的规定。之后的选举活动践行了这一规定，"福建模范乡才溪乡妇女当选比例达60%以上"[③]。新中国成立后，农村妇女得到了前所未有的解放，"妇女能顶半边天"的口号激励着广大农村妇女投入轰轰烈烈的社会

---

① 张永英：《权力参与和民主参与：改革开放以来中国妇女政治地位变化研究》，人民日报出版社 2015 年版，第 191 页。

② 中华全国妇女联合会妇女运动历史研究室：《中国妇女运动历史资料（1921—1927）》，人民出版社 1986 年版，第 29 页。

③ 宗芳、高居鹏：《建国前中共农村妇女参政思想研究》，《山东理工大学学报（社会科学版）》2015 年第 6 期。

主义革命和建设洪流之中，她们的政治参与率也随之提高，相关资料显示："在 20 世纪 50 年代，70% 的村庄由女性担任村委会主任或副主任。"[①]后来农村妇女的政治参与却不增反降，直到 2019 年村委会主任中女性比例也才 11.9%。基于当今农村妇女在农村经济社会发展中的作用日益增大，建议村级干部选举时可以考虑突破《纲要》提出的村委会成员中女性达 30% 以上的参政配额比例规定，让政治素质好、道德品质优、工作能力强的农村女性更多地进入村"两委"，提升农村妇女参与决策的机会，用 10—15 年将农村妇女在村委会中的比例和担任村委会主任的比例提高到 40%—50%，使之与妇女在农村经济社会发展中的作用基本相称。

五、提升农村妇女交往质量

社会关系的发展是人的全面发展的重要内容，马克思和恩格斯早就论述了社会关系在人的全面发展中的重要地位，认为，"一个人的发展取决于和他直接或间接进行交往的其他一切人的发展"[②]。人的社会关系的全面发展是以社会交往为基础的。社会交往使人由狭隘地域性的个人变为具有广泛社会联系的个人，并从不同的联系结点获得信息、资源和能量。以往农村妇女事业发展整体不尽如人意的重要原因之一，就是其社会交往相对落后。一是交往半径偏小。多数妇女的社会交往局限在亲缘与地缘范围，极少数妇女一生就没有走出过农村天地，不知外面的世界很精彩。二是交往对象单一。通常局限在亲朋好友之间，还有极少数偏远落后地方的妇女甚至不能陪客人用餐，与亲朋好友交往的机会少之又少。三是交往方式单调。一般局限于逢年过节的相互走访、红白喜事时的相互帮助、农闲时节

---

① 郑颖：《海外学界对中国妇女参政的评价及我方建议》，《社会科学论坛》2018 年第 3 期。
② 《马克思恩格斯全集》第三卷，人民出版社 1960 年版，第 515 页。

邻里的交谈聊天。四是交往内容简单。内容涉及的大多是家长里短，少有涉及时事政治、生产技能、事业发展、庭院建设等。五是交往时间较少。由于家务农活繁重，农村妇女少有闲暇时间用于社交。六是交往水平偏低。由于文化素质偏低、交往技巧缺少，农村妇女中时常发生与邻里反目成仇、与公婆矛盾不断、与亲戚时有冲突等情形。农村妇女的这些交往局限影响着她们的社会化水平，制约着她们事业的发展。

改革开放以来，经济社会的发展、性别文化的净化、交往媒介的更新等深刻影响着农村妇女交往的广度与深度，她们的社会交往逐渐突破了亲缘和地缘范围，开始向更广更深的方向发展。尤其是互联网的广泛应用无限放大了人们的交往空间，给人们的学习、研究、生产、生活带来了极大的便利。在信息化高速发展、互联网在农村快速普及的当下，乡镇党委和基层妇联应在推进农村妇女网络社交方面花心思，为她们的事业发展插上网络技术的翅膀。

（一）利用网络交往提升自身素质

引导农村妇女通过浏览网上的时政资料，关心国家大事，关注国际动态，扩大眼界视野；通过"学习强国"等平台，学习习近平新时代中国特色社会主义思想，领悟社会主义核心价值观的真谛，领略模范妇女的精神风采，强化自尊、自信、自立、自强意识，树立远大理想，强化家国情怀，提升思想政治素质和道德素质。通过农村妇女教育培训网络，学习农业生产技术和经营方略，提升职业技能水平。通过网上文体活动视频学习和互动，开展强身健体、愉悦身心的活动，提升身体素质。通过心理咨询热线、心理健康网站等心理健康咨询平台，排解心理困惑，营造积极向上的良好心态。由此通过"提升个人素质带动整体事业发展"①。

---

① 王峰：《提升个人素质带动整体事业发展——浅析美国地调局高层人才培养方略》，《中国自然资源报》2012 年 3 月 9 日。

（二）利用网络交往拓展政治参与

"互联网使村庄层面的社会交往变得更加具有流动性"①，农村妇女也深受其益，其益处之一表现在网络交往为农村妇女拓展政治参与提供了契机。网络成为农村妇女政治参与的新渠道，它不仅能为她们解决传统政治参与中经济和时间成本较高的问题，而且能为她们避开传统政治参与中话语权不平等和发言权不充分的弱势地位，拓展她们的政治参与范围，提升她们的政治地位，因此，基层妇联应在推进农村妇女网络政治参与方面积极作为。

要针对她们文化素质普遍不高的状况，为她们提供网络知识培训和网络技术操练，同时要加强对她们的思想政治引领，提高她们的政治敏锐性和政治鉴别力，引导她们利用网络平台浏览时政要闻，谨防网络政治谣言的蛊惑。引导她们利用网络平台与村干部交流互动，对村庄发展与管理发表意见、表达意愿，为村级治理献计献策，以便村干部了解她们急难愁盼的问题，理解她们关于村庄发展与管理的设想，吸纳她们的治理智慧，增强工作的针对性，提高工作效率。引导她们利用网络交往参与村干部选举，在村委会选举前，通过网络平台知晓村"两委"委员的任职条件，了解候选人的德能勤绩廉和施政措施，以便对选举投票作出理性表达，促进德才兼备的村"两委"领导班子的产生，为推进乡村振兴奠定组织基础。还要引导她们通过网络平台发表对村级管理的看法，并对村"两委"的所作所为进行监督，对村干部的德能勤绩廉作出评价，促进村干部树立为民务实清廉的作风。随着农村妇女网络政治参与日益民主化与规范化的发展，农村妇女的政治地位会不断提升，事业发展的空间会更加广阔。

---

① 刘宇航：《乡土传统与传播技术的协商——互联网时代乡村社会交往的思考》，《青年记者》2016 年第 11 期。

（三）利用网络交往升华人际关系

随着互联网在农村的广泛普及，网络交往也为农村妇女延伸现实生活中的各种人际关系和社会关系提供了可能。对于文化素质普遍不高的农村妇女来说，关键在于如何将网络交往可能变成完美的现实，对此，乡镇党委和基层妇联应该给予精心指导，引导她们学习和运用网络人际交往技巧，升华她们的人际交往关系，促进她们利用网络交往获得事业发展的人际资源。引导她们通过友善、融洽的社交网络拓展与亲朋好友的关系。

的确，推进农村妇女正确使用网络交往好处颇多，但同时要注意加强对她们的网络思想政治教育，引导她们学会辨别网上的负面新闻、虚假信息，警示她们防止陷入网络贷款、网络传销、网络婚外恋等陷阱。

第二节　夯实农村妇女事业发展的智力支撑

"扶贫必扶智，治贫先治愚。"[①] 女性的科学文化素质是女性在社会中安身立命的智力基础，是衡量妇女社会地位的重要标志，对妇女事业发展具有重要影响。农村妇女是农业经营者队伍的主力军，实施乡村振兴战略，必须破解农村妇女受教育程度偏低的瓶颈，对她们扶知识、扶技术、扶方法，提高她们的科学文化素质，为她们的事业发展和乡村振兴提供智力支撑。

---

① 中共中央文献研究室编：《习近平关于社会主义经济建设论述摘编》，中央文献出版社2017年版，第232页。

一、提升农村妇女的受教育程度

教育能使人获得知识、技术和能力，能改变受教育者的命运，赋予受教育者在生活各个方面进行选择的权利和能力，增强受教育者的核心竞争力和可持续发展能力，成倍地提高劳动生产率。正如马克思所说："为改变一般人的本性，使它获得一定劳动部门的技能和技巧，成为发达的和专门的劳动力，就要有一定的教育或训练。"① 随着党和政府对"三农"工作的高度重视，对农村教育也给予了高度关注。党的十七届三中全会提出了要使"农村人人享有接受良好教育的机会"② 的农村教育改革发展目标；《国家中长期教育改革和发展规划纲要（2010—2020 年)》提出了"教育公平是社会公平的重要基础"③ 的主张。《中共中央国务院关于实施乡村振兴战略的意见》提出了"使绝大多数农村新增劳动力接受高中阶段教育、更多接受高等教育"④ 的农村教育发展方向。党的二十大强调加快建设农业强国，扎实推进乡村人才振兴，要办好人民满意的教育，"加快建设高质量教育体系，发展素质教育，促进教育公平"⑤。农村妇女是具有独立人格的主体，理应享有与男性同等的受教育机会。然而事实是：当下农村妇女是一个受教育程度相对偏低的群体。在实施乡村振兴战略的背景下，应该大力净化农村性别文化，不断提升农村经济发展水平，努力实现农村教育性别公平，高度关注以往被忽视的农村妇女的受教育需求，想方设法为

---

① 《马克思恩格斯选集》第二卷，人民出版社 2012 年版，第 166 页。

② 《中共中央关于推进农村改革发展若干重大问题的决定》，人民出版社 2008 年版，第 9 页。

③ 《国家中长期教育改革和发展规划纲要（2010—2020 年)》，《人民日报》2010 年 7 月 30 日。

④ 《中共中央国务院关于实施乡村振兴战略的意见》，人民出版社 2018 年版，第 24 页。

⑤ 习近平：《高举中国特色社会主义伟大旗帜　为全面建设社会主义现代化国家而团结奋斗——在中国共产党第二十次全国代表大会上的报告》，人民出版社 2022 年版，第 34 页。

农村妇女接受良好教育创造条件。

（一）净化性别文化，为农村妇女接受良好教育营造和谐氛围

基于开发农村妇女人力资源和乡村振兴的目标，各级党组织和妇联要针对农村残存的"男尊女卑、男强女弱"等封建性别观念，向广大农民大力宣传马克思主义的妇女观和男女平等的基本国策，着力宣传历史和现实中涌现出来的系列女性典范人物，特别介绍事业有成的农村妇女典范人物的精神特质和成功经验，彰显经济社会发展中女性"巾帼不让须眉"的风采。针对农村关于男女两性存在生理差别，因而接受教育的女性难以在事业上取得与男性一样成就的说法，向广大农民阐释教育对男女两性的成长和发展具有同样的意义和价值，教育能促进女性德智体美劳全面发展，赋予女性受教育者在生活各个方面进行选择的权利和能力。针对农村残存的重男轻女性别偏好，向广大农民宣传男女平等的法律法规，告知他们女性在获得独立经济能力的前提下同样能赡养父母，回报社会。并且，"妇女的受教育程度不仅影响着她们自身的人口素质，而且还影响着其子女的身体素质和文化素质"①。总之，要通过多种途径使广大农民深刻认识和体会妇女接受教育的极端重要性，从而启发农村家庭心甘情愿地对女性进行教育投资，使农村妇女获得接受义务教育乃至高等教育的机会，为自身事业发展奠定良好的智力基础。

（二）发展乡村经济，为农村妇女接受良好教育奠定经济基础

经济基础决定上层建筑，经济实力是教育发展的物质前提，经济条件决定着人们对待教育的态度。农村经济的落后曾使许多农村家庭因经济条件较差轻视或忽视女性的受教育需求，不少女性没有接受九年制义务教育，少数偏远落后地区 30 岁以上女性文盲或半文盲也大有人在。农村家

---

① 李亚东、许燕平：《女性受教育程度与人口素质》，《清华大学教育研究》2001 年第 1 期。

庭经济条件的改善依赖农村经济的快速发展，因此，全面推进乡村振兴，必须坚持不懈地深化农业科技创新，不断提高科技对农业发展的贡献率。发展特色产业，拓宽农民增收致富渠道，坚定不移地推进质量兴农、绿色兴农、品牌强农，构建农村一二三产业融合发展体系，推动农村劳动力就业创业，是提升农村家庭经济条件的重要途径，也是支持包括农村妇女在内的农村劳动力接受良好教育的前提和基础。

（三）发挥涉农院校优势，为农村妇女接受中、高等教育提供有力支持

发挥农村妇女在乡村振兴中的作用，需要大量具有专业技能、职业素养、创新能力的女性农业从业者，涉农院校则是培养高素质农业从业者的主体力量，在提供农村妇女学历教育、职业素养培育方面发挥着不可或缺的作用。

一要为农村妇女提供专业学历教育。高考恢复以来，涉农中等、高等院校为国家培养了一批又一批农业科技专门人才，其中不少为女性。近些年来，国家通过降分录取、订单培养、学费减免、生活补贴、奖优奖先等政策鼓励农村考生报考涉农专业，推进"三农"工作和乡村振兴。一些农村女性进入涉农高等院校深造，获得了良好的思想品德培养和专业技能训练，多数成为有文化、懂技术、善经营、明法制、懂农业、爱农村的涉农高素质专门人才，她们投身到农业战线，大幅提升了农村妇女整体的受教育程度。

二要为农村妇女提供成人学历教育。为适应农村成人学历教育的需要，涉农高等院校成人学历教育应充分考虑农民的特点、农村的实际、农业技术传播的要求，切实服务乡村振兴的需要。"既要体现学历教育的系统性，又要有较强的实用性和时效性"①，充分利用现代远程开放教育资源

---

① 龚济良：《发展农村成人学历教育的几点思考》，《新农村》2012年第7期。

和现代信息技术手段，开发系列网络教学课程，与时俱进地传授当代农业生产经营的新理论、新知识，新技术。依据理论联系实际原则，重点讲解农业、农村经济发展的热点、难点、疑点问题，着力缓解学员生活、工作与学习的矛盾，真正为培养"留得住、用得上"的农业科技人才提供有力支持，为农村妇女获得成人学历教育提供良好条件，增强她们事业发展的内驱动力。

二、强化农村妇女职业技能培训

农业现代化的前提和基础是农民的知识化、技能化和职业化，基于农村妇女成为推动农村经济社会发展主力军的事实，面对农村妇女整体科学文化素质偏低的情形，职业技能培训成为提升她们生产经营乃至家庭建设能力的重要路径，既可以使她们获得农业产业化、科技化、规模化以及就业创业所需的知识和技能，又可提升她们的个人修养、社会交往，还可提升她们对孩子的教育辅导能力，"有助于把我国庞大的人口压力转化为丰富的人力资本，切实保障我国农村农业发展'后继有人'"①。

近些年来，党和政府对农民职业技能培训给予了高度重视。2018—2024年的中央一号文件分别提出"大力培育新型职业农民"②"加强就业服务和职业技能培训，促进农村劳动力多渠道转移就业和增收"③"扩大职业教育学校在农村招生规模，提高职业教育质量"④"面向农民就业创业需求，发展职业技术教育与技能培训""深入实施新生代农民工职业技能提升

---

① 赵雨、康红芹：《新型职业农民培育路径探析——基于女性视角的个案研究》，《职教论坛》2020年第2期。
② 《中共中央国务院关于实施乡村振兴战略的意见》，人民出版社2018年版，第35页。
③ 《中共中央国务院关于坚持农业农村优先发展做好"三农"工作的若干意见》，人民出版社2019年版，第14页。
④ 《中共中央国务院关于抓好"三农"领域重点工作确保如期实现全面小康的意见》，人民出版社2020年版，第7页。

计划"①"实施高素质农民培育计划、乡村产业振兴带头人培育'头雁'项目"②"开展农村创业带头人培育行动，提高培训实效"③"强化农业科技人才和农村高技能人才培养使用"④ 等意见，以及 2022 年 5 月正式施行的《中华人民共和国职业教育法》修订版提出"国家采取措施，支持举办面向农村的职业教育，组织开展农业技能培训、返乡创业就业培训和职业技能培训，培养高素质乡村振兴人才"⑤ 等主张，加上党的二十大提出"推进职普融通、产教融合、科教融汇"⑥的教育发展思路，为加强农村妇女职业教育培训提供了有利条件。农村妇女职业技能的高低直接影响乡村振兴的程度，因此，各级政府及相关部门应在增强农村妇女职业技能培训实效上下功夫。

（一）多方筹集农村妇女职业技能培训经费

巧妇难为无米之炊，农村妇女经济状况普遍不佳，许多人对于缴付职业技能培训经费心有余而力不足，因而对于参加职业技能培训望而却步。因此，政府及相关部门应设立农村妇女职业技能培训专项基金，分期分批保证资金到位，减轻农村妇女的参训经费压力。同时还应出台优惠政策，鼓励适合农村妇女就业的用人单位分担农村妇女职业技能培训经费，鼓励社会上的爱心人士投资农村妇女职业技能培训。更重要的是要向农村妇女

---

① 《中共中央国务院关于全面推进乡村振兴　加快农业农村现代化的意见》，人民出版社 2021 年版，第 15—16 页。

② 《中共中央国务院关于做好二〇二二年全面推进乡村振兴重点工作的意见》，人民出版社 2022 年版，第 21 页。

③ 《中共中央国务院关于做好二〇二三年全面推进乡村振兴重点工作的意见》，人民出版社 2023 年版，第 19 页。

④ 《中共中央国务院关于学习运用"千村示范、万村整治"工程经验有力有效推进乡村全面振兴的意见》，人民出版社 2024 年版，第 18 页。

⑤ 《中华人民共和国职业教育法》，中国法制出版社 2022 年版，第 5 页。

⑥ 习近平：《高举中国特色社会主义伟大旗帜　为全面建设社会主义现代化国家而团结奋斗——在中国共产党第二十次全国代表大会上的报告》，人民出版社 2022 年版，第 34 页。

及家庭描述参与职业技能培训的美好前景，鼓励农村妇女及家庭心甘情愿地进行职业技能培训投资，构建政府扶持、企业分担、社会支持和个人承担相结合的多元筹资机制，为农村妇女职业技能培训提供经费支持。

（二）搭建主体多元的农村妇女职业技能培训平台

依据农村职业技能培训资源不足之现状，以基层农村妇女之家为基础，借助"以全国妇联培训基地为龙头，以巾帼农业科技示范基地为重点，以各级科技服务站、职业技能学校、农村党员远程教育中心等为补充的农村妇女教育培训网络"①，鼓励农民专业合作社、专业技术协会、龙头企业等主体参与培训，同时，利用农民职业教育服务平台的课程教学、专家问诊、线上线下培训等教育资源，为农村妇女职业技能培训提供专业支撑。例如，课程体系完善的农业知识服务平台——"天天学农"平台，与1000 多名农业专家合作，上线超过 5 万节课程，内容涉及品种选择、栽培管理、病虫害防治、营养施肥、采收清园等，可为农村妇女提供全方位的农技课程培训。

（三）采取丰富多彩的农村妇女职业技能培训方式

针对农村妇女农活家务繁忙、文化水平不齐、个体需求不一、参训时间不定等特点，采用面授与函授、长期与短期、集中与分散、线上与线下等培训方式，为其职业技能培训提供多元选择。这样能有效缓解农村妇女学习、工作和生活的矛盾，她们家务农活繁忙时可干活、闲暇时可学习；培训需求高的可进行长期参训，培训需求低的可参加短期培训；参训个体可按照自身的技能喜好和需求，进行选择性培训，以便工作、学习、生活都不误；参训妇女通过培训微信群、QQ 群，接受培训老师的后续指

---

① 耿兴敏：《全国妇联积极开展农村妇女培训：当好新型职业女农民成长"推进器"》，《中国妇女报》2018 年 11 月 14 日。

导，答疑解惑，很适合农村妇女的培训需求。例如，山东农业现代化建设培训及乡村振兴交流平台，在培训时间上确定"三多三少"，即多分散辅导，少集中办班；农闲多培训，农忙少培训；当前用的多培训，反之少培训，很受农民欢迎，值得农村妇女职业技能培训借鉴。

（四）充实与时俱进的农村妇女职业技能培训内容

依照农村妇女就业创业之意愿，一方面，针对新型职业女农民进行青年农场主培养、新型农业经营主体带头人轮训和农村实用人才带头人培训，重点培训她们的农业实用技术、电子商务、经营管理等专业性知识以及农业生态环境保护、农民职业道德等通识性知识，同时培养她们的勤奋好学精神、探索创新精神以及"经营能力、领导力和组织能力"[1]。另一方面，针对普通农村妇女开展种植养殖、"互联网＋农机"操作、农产品加工、农村电商、家政服务、妇婴护理、手工制作、农家乐创办、乡村旅游服务、家庭理财、卫生保健、创业就业等技能培训，为农村妇女职业技能培训提供丰富内容，让她们有充足的机会选择适合自己需要的课程学习，在乡村振兴的园地施展才华、大放异彩。

（五）运用生动形象的农村妇女职业技能培训方法

基于农村妇女文化素质偏低的现实，根据她们语言表达能力、细致观察能力、记忆理解能力、形象思维能力较强的特点，采用生动形象的教学方法对她们进行职业技能培训。一是集中讲解法。对培训内容进行系统梳理，对其中的热点、难点和疑点问题进行集中解答，便于她们理解和记忆。二是分层施教法。农村妇女文化素质参差不齐、培训需求也不一样，因而对她们的培训内容和要求也可略为不同，才能契合她们的文化根底和

---

① 杨梅、刘庆、赵惠燕：《新型女职业农民的特质及面临的挑战》，《西北农林科技大学学报（社会科学版）》2019年第5期。

需求目标，使她们听得懂内容，跟得上进度，获得到实效。三是专家指导法。对解答农村妇女职业技能培训起到解疑释惑的作用。四是经验交流法。聘请农村妇女科技致富女能手、农业企业女专家、典范农村妇女专业合作社负责人等，介绍她们的生产技能和经营方略，让参训的普通农村妇女感同身受。五是实操观摩法。培训老师带领参训学员深入田间地头、农家小院、实习基地，亲自示范传授种植和养殖技术，让参训的农村妇女耳闻目睹其操作规程。六是案例分析法。选取农业生产和经营中的典型案例，分析其成功原因或失败教训，引导参训妇女从鲜活的案例中学习农业生产经营的方法。七是参观考察法。组织参训妇女参观考察农业生产经营的示范区，让她们从实际、实用、实效的典型示范中提升职业技能。

三、增强农村妇女创新创业能力

乡村振兴战略对农业经营者队伍提出了"知识型、技能型、创新型"[①]的素质要求。然而，农村妇女中的不少人由于传统性别观念影响、科学文化素质较低、眼界视野偏窄，缺乏求新求异的思维、敢于冒险的胆识、开拓创新的精神，安于现状，这与乡村振兴的步伐不够合拍，与妇女事业发展的步调不够协调。习近平总书记说："抓创新就是抓发展，谋创新就是谋未来。"[②]新时代推进乡村振兴战略实施，促进农村妇女事业发展，必然要增强农村妇女的创新创业能力，让创新在农村妇女中蔚然成风，建议从以下方面着手。

（一）强化勤奋刻苦、不惧困难的创新意识

创新不是一蹴而就之事，并非轻而易举可得。在创新道路上，勤奋刻

---

① 《中共中央国务院关于实施乡村振兴战略的意见》，人民出版社 2018 年版，第 10 页。
② 《习近平谈治国理政》第二卷，外文出版社 2017 年版，第 203 页。

苦是一个人能够成功的基础因素。农村妇女自身科学文化素质偏低，农村环境相对艰苦，她们只有克服家务农活繁重的困难，勤奋地学习，不懈地思考，执着地实践，才能将自身蕴藏的创新智慧、创新热情极大地发挥出来，创新农业生产技术和经营方略，彰显新时代农村女性智慧与志气兼修、创新与创业并进的风采。

（二）培养开拓进取、敢闯敢试的创新精神

改革开放以来，"三农"工作取得了长足进步，农村妇女在推动农村经济社会发展中发挥着"超半效应"，她们的经济地位、政治地位、文化地位、家庭地位以及自身素质得到了相应提高，她们分享着农村经济社会发展的成果，成就感、获得感、幸福感、安全感大幅提升。在全面建成小康社会的当下，各级党组织和妇联应该防止农村妇女产生小富即安的心态，应使之明白：当今社会竞争日益激烈，创新是一个民族进步的灵魂，是一个国家兴旺发达的不竭动力。就个人来说，创新会使人的思想有亮点、工作有特色，也会使自身的竞争力日益增强。改革开放以来，农村经济社会发展尽管取得了较大成就，但与乡村振兴的远大目标尚存较大差距，农村妇女作为农业生产经营的主体力量，还要继续发扬过去那种奋斗热情和拼命精神，以更加奋发有为的姿态，远离墨守成规，立足求新求异，学习科学技术，强化实践本领，不断开拓创新，凭借自己的智慧和力量在农业生产经营领域敢闯敢试，以持之以恒的努力学习、应用、创新农业科技和经营管理，发挥创新促进经济增长的乘数效应，推进乡村振兴，推动事业发展，彰显农村女性新风采。

（三）搭建激发创新、引领创新的服务平台

农村妇女的创新潜质需要适当方式激活，农村妇女的创新活动需要精心指导才能展开，因此，搭建激发创新、指导创新的服务平台很有必要。一要开展农村妇女创新创业大赛。让有创意、有内涵、有丰富想象力和

创造力的农村妇女的创新创业成果得到展示，激发她们创新创业的热情和活力。例如，陕西省农村妇女科技服务中心举办的"农村妇女农业技术创新大赛"和"巾帼农民专家团"科技咨询，其中关于养殖模式的创新、果园施肥创新、大棚番茄品种套种模式创新、交错节水灌溉、生物肥菌一体化技术创新等创新成果①，在广大农村妇女中产生了热烈的反响。二要推动针对农村妇女的科技服务下乡。以女性科技人员为依托，针对农村妇女开展长期驻村面对面的农业实用技术培训，以集体活动调动农村妇女学习新技术的积极性，为其创新创业奠定良好基础。例如，中国农业大学在河北省曲周县创建的"三八"科技小院就是针对农村妇女的农业技术推广与服务平台②，其做法对于引领农村妇女创新创业值得借鉴。三是建立农村妇女创新创业孵化基地。通过专业运营团队，对农村妇女进行电商运营、团队组织、品牌打造、产品提质等方面的专业训练，提升创新创业能力。

（四）构建指导创新、服务创新的支持网络

农村妇女具有无限的创新潜能，尤其是"'中国农业女性化，农业劳动家务化'的现状，催生了农村妇女在农业科技领域的诸多原始创新"③。这些创新成果既有在实践中探索出来的新技术，也有突破传统的新理念。例如，陕西淳化孙家咀村妇女给收获前的苹果喷牛奶提高苹果的品质和商品价值、陕西白水封乐村女村民不用化学药品而给猪喂酵母治病、陕西眉县槐西村妇女用沼液防治猕猴桃溃疡病等原始创新成果，无不彰显着她们的创新智慧。然而，她们的创新创业成果往往是零星的、比较原始的、粗糙的，缺少理论支持，甚至可能是"埋在沙子里的金子"，这就

---

① 赵惠燕：《让女性原始创新融入农业科技创新主流》，《中国妇女报》2012 年 2 月 7 日。
② 田净、刘全清、张宏彦：《"三八"科技小院针对我国农村妇女的创新农业技术推广之路》，《河北农业科学》2015 年第 2 期。
③ 赵惠燕：《让女性原始创新融入农业科技创新主流》，《中国妇女报》2012 年 2 月 7 日。

要求各级政府和妇联"慧眼识金",支持高等院校、科研院所与她们交流对接、理论指导,帮助提炼其原始创新成果,进一步焕发其生机和活力。例如,黑龙江省妇联与省农科院深度合作,建立"农科专家巾帼志愿服务团"①,组织贫困县女大户与农科专家对接,借助专家,指导农村妇女依靠农业科技开展巾帼脱贫攻坚行动,不失为一种增强农村妇女创新创业能力的好做法。

第三节　强化农村妇女事业发展的精神支持

农村妇女事业发展的一个重要体现就是精神风貌、精神境界的提升,因此,针对当下农村妇女不同程度存在的自信意识不强、理想信念模糊、精神空虚迷茫、创新意识较弱等精神动力不足问题,要千方百计地为她们提供昂扬向上、多姿多彩的精神食粮,用文化之力沁润她们的精神家园,用文化力量构筑她们的精神高地,引导她们树立在乡村振兴中发展事业、在事业发展中振兴乡村的理想,磨炼实现理想的恒心与毅力,修炼符合社会伦理道德规范的精神品格与风骨,为她们的事业发展提供精神支撑。

一、净化性别文化,涵养"四自"精神

自尊、自信、自立、自强精神是推动妇女事业发展的强大动力。新中国倡导的男女平等国策尽管广为人知,但是,部分农村妇女仍然深受传统性别文化影响,自卑意识、依附意识较强,"四自"精神不足,事业发展

---

① 《黑龙江省妇联五年工作回眸系列报道⑥——创新创业篇》,2020 年 6 月 7 日,见 https://www.sohu.com/a/400473204_100020979。

受阻。思想政治教育具有激发精神动力的基本职能①，加强思想政治教育、优化农村性别文化，对于提振农村妇女的自尊、自信、自立、自强精神意义重大。

（一）反对男尊女卑，着力提振农村妇女的自尊精神

自尊，即自我尊重，是人对自己社会角色的自我评价结果。著名思想家卢梭深刻阐述了自尊对一个人成长和发展的重要意义，他说道："自尊是一件宝贵的工具，是驱动一个人不断向上发展的原动力。它将全然地激励一个人体面地追求赞美、声誉，创造成就，把他带向人生的最高点。"②因此，各级党组织和妇联应针对农村妇女不同程度存在的自卑心理，加强思想政治引领：一要以中华优秀传统文化涵养农村妇女的自尊品格。用"富贵不能淫，贫贱不能移，威武不能屈"等中华优秀传统文化元素引导农村妇女尊重自我，人格独立，追求理想，奋发有为，发展事业。二要以历史上的巾帼英雄启迪农村妇女的自尊精神。在中华民族的历史长河中，一些杰出的女英雄，如南北朝替父从军的花木兰、北宋驰骋沙场的穆桂英、南宋抗金女将领梁红玉、明末战功卓著的女英雄秦良玉等，她们不让须眉、戎马生涯、精忠报国的自尊精神，是教育引导农村妇女摆脱"男尊女卑""男强女弱"等传统性别观念束缚的好素材，有利于启发她们尊重自己的人格，维护自己的尊严，努力学习，提升自我，婚姻自主，参政议政，以昂扬姿态、积极作为、优异表现赢得尊严与地位。

（二）反对自卑自弱，着力提振农村妇女的自信精神

自信是成功的第一秘诀。农村妇女具有胸怀坦荡、勤劳俭朴、真诚热

---

① 刘飞轮、卢黎歌：《高校思想政治教育中的精神动力研究》，《毛泽东思想研究》2018年第6期。

② 转引自［美］凯茜·雷恩：《女人的圣经》，严硕译，中国工人出版社2003年版，第23页。

情、耐心细致、心地善良、虚心谦让等特质，各级党组织和妇联应引导她们正确认识自己的优势特长和能力素质，合理定位人生目标，相信自己的力量，对自己的事业和生活充满信心。一要以新时代党的妇女政策和乡村振兴目标激励妇女自信。习近平总书记在全球妇女峰会上指出："要增强妇女参与政治经济活动能力，提高妇女参与决策管理水平，使妇女成为政界、商界、学界的领军人物。"①党和国家为农村妇女参与政治经济活动提供了男女平等、参政配额、技能培训、就业指导、创业帮扶等政策支持。乡村振兴，离不开广大农村妇女的奋力拼搏，这也为农村妇女人生出彩、梦想成真提供了良好契机，因此，农村妇女应该自信自强。二要以农村妇女典范人物的建功立业事迹激励农村妇女自信。在社会主义新农村建设和乡村振兴过程中，涌现出了像"共和国勋章"获得者申纪兰、"全国优秀党务工作者"郭凤莲、"当代女愚公"邓迎香、"治沙女王"牛玉琴，以及系列全国脱贫攻坚奖奋进奖、贡献奖、奉献奖、创新奖获得者等农村妇女典范人物，她们具有"爱国爱党，心系农村""求真务实，真抓实干""艰苦奋斗，勤劳俭朴""爱岗敬业，无私奉献""与时俱进、开拓创新"②等精神特质，是激励广大农村妇女事业发展的好榜样，是引导农村妇女努力弥补自信心不够、成就意愿不强的活教材，是培养农村妇女执着信念、顽强毅力、创新精神和坚定事业心的精神动力。

（三）反对男外女内，着力提振农村妇女的自立精神

农村妇女事业的发展，与党和政府的支持、家庭的关心、社会的关爱等外在因素紧密相关，但更重要的、起决定作用的还是自己的自立。女人要自立，生活才精彩。因此，各级党组织和妇联应引导农村妇女摒弃依赖

---

① 习近平：《促进妇女全面发展 共建共享美好世界——在全球妇女峰会上的讲话》，《人民日报》2015 年 9 月 28 日。

② 廖和平、文成豪：《新时代农村妇女典范人物事业发展的经验启示》，《湖南科技大学学报（社会科学版）》2022 年第 3 期。

心理，强化主体意识，改变部分农村妇女"无目标、无规划、无追求""无动力与恒心""等靠要、穷自在、懒快活"① 等缺"志"状态，充分发挥她们的主观能动性和创造性，做独立自主的女人。一要组织政治理论学习，引导她们深入学习领会习近平新时代中国特色社会主义思想和党的妇女发展理论，使之从中"汲取真理的力量、信仰的力量、奋进的力量"②，强化"四个意识"，坚定"四个自信"，坚持"两个维护"，以实现思想上的独立。二要开展"巾帼心向党，建功新时代"主题教育活动，结合"乡村振兴巾帼行动"，引导农村妇女把握时代脉搏，厚植家国情怀，强化责任担当，不负时代使命，在乡村振兴工作中奋发有为，以实现经济上、生活上、行为上和人格上的独立。三要组织"我与中国梦"主题教育活动，引导农村妇女从党追寻中国梦的光辉历程和辉煌成就中，不断汲取奋勇前进的动力，激励她们以追梦者的姿态，在农村广阔天地里保持自己独立的思考和行动，自立前行，梦想成真。

（四）反对自暴自弃，着力提振农村妇女的自强精神

自强不息是中华民族绵延发展、传承不断的精神支柱。各级党组织和妇联应以自强不息、奋发进取等中华优秀传统文化资源教育引导农村妇女奋发图强，不断提升自己的素质和能力，改变自卑自弱的形象。一要树立远大理想。胸怀伟大梦想，立足乡村振兴，走出家庭的狭小天地，摆脱随遇而安心态，突破只求吃饱穿暖的短浅目标，努力创新创业，献身乡村振兴伟大事业，勇攀事业发展高峰。二要练就过硬本领。刻苦钻研农业生产技术和经营方略，积极参加职业技能培训，广泛拓展社会交往，不断增强生产经营能力和社会适应能力，在新时代乡村振兴中展示

---

① 张永：《扶志贫困对象内生动力系统论》，《系统科学学报》2021 年第 2 期。

② 黄晓薇：《高举习近平新时代中国特色社会主义思想伟大旗帜　团结动员各族各界妇女为决胜全面建成小康社会实现中华民族伟大复兴的中国梦而不懈奋斗——在中国妇女第十二次全国代表大会上的报告》，《中国妇运》2018 年第 11 期。

农村女性自强不息的风采。三要坚持百折不挠。面对事业和人生道路上的艰难险阻，坚定"女子当自强"的信念，知难而进，锲而不舍，排除阻碍，成就梦想。四要家庭事业齐飞。正确处理事业与家庭的关系，既当生产经营的能手，又"注重家庭、注重家教、注重家风"①，既爱小家，又爱国家，在社会生活和家庭生活中发挥独特作用，争当事业与爱情双丰收的强者。

二、推进先进文化，反对封建文化

先进文化是推动、激励人们团结奋斗的精神力量，然而，在文化落后的乡村，先进文化的传播时常受到封建文化的挤占，尤其封建迷信思想对妇女影响较深。因此，各级党组织和妇联应在推进先进文化、反对封建文化方面花心思，引领农村妇女接受先进文化的洗礼，摆脱封建文化的束缚。

（一）加强思想政治引领，用先进文化武装农村妇女的头脑

先进文化是以马克思主义为指导的，是健康积极向上的具有中国特色的社会主义文化。"马克思主义是增强人民精神力量的理论武器。"② 因此，各级党组织和妇联要切实担负起推进先进文化熏陶农村妇女的政治责任，大力组织农村妇女政治理论学习活动，利用报刊、图书、广播、电视、网络、手机、宣传栏等各类媒介传播先进文化，坚持指导思想的一元化，加强对一些农村妇女聚集的固定场所进行意识形态监管，以马克思列宁主义、毛泽东思想、邓小平理论、"三个代表"重要思想、科学发展观、习近平新时代中国特色社会主义思想武装农村妇女的头脑，引导她们树立

---

① 《习近平谈治国理政》第二卷，外文出版社 2017 年版，第 353 页。
② 王易：《增强人民精神力量　推进文化强国建设》，《红旗文稿》2021 年第 2 期。

正确的世界观、人生观、价值观，保持信念坚定、积极进取的人生态度，把个人发展与国家前途命运结合起来，立足乡村振兴，在追逐中国梦中放飞自己的理想，在实现乡村振兴中发展自己的事业。

（二）提高妇女科学素质，防止封建迷信对农村妇女的迷惑

农村妇女是科学素质偏低的群体，正因为如此．她们中的一些人不信科学而信迷信，甚至将个人命运、农业收成、子女前途归结于神灵的旨意，找不到人生发展的动力，更不知如何凭借科学知识、科学方法提高农业生产经营水平以及教育子女，基于此，各级党组织和妇联对于封建文化迷惑农村妇女的现象不可等闲视之。要深入开展农村妇女科学素质教育工作。利用电视、网络、微信等开设农村妇女学科学、用科学的专题栏目，组织农村妇女观看"倡科学""反迷信"的电视电影专题片，分发通俗易懂的农村妇女"学科学，反迷信"读本，发动志愿者深入农村围绕农村妇女的思想情感、生产技能、卫生健康、子女教育、家庭经营等开展科普知识宣传，组织农村妇女职业教育培训，使之"成为有文化、讲科学、懂技术、会经营的新型女农民"①。在此基础上，引导她们自觉摆脱封建迷信的束缚，获得精神上的解放，为事业发展增添精神上的正能量。

（三）加强乡风文明建设，抑制封建迷信对农村妇女的诱惑

乡村振兴，乡风文明是保障。"加强无神论宣传教育，丰富农民群众精神文化生活，抑制封建迷信活动"②，是乡风文明建设的重要内容。要充分发挥农村妇女在新时代的"超半效应"，各级党组织和妇联必须遏制封建迷信对农村妇女的思想侵袭：一要全方位地进行科学无神论教育。要

---

① 《全国妇联、中国科协关于深入开展农村妇女科学素质教育工作的意见》，2006 年 12 月 12 日，见 https://www.kepuchina.cn/more/201606/t20160610_12416.shml。

② 《中共中央国务院关于实施乡村振兴战略的意见》，人民出版社 2018 年版，第 19 页。

"把'反封建'同'大力宣传辩证唯物主义和历史唯物主义'结合起来"①，用科学真理揭露有神论信条的虚妄，增强农村妇女对封建迷信的抵抗力。既要防止传统"土迷信"对农村妇女的蛊惑，又要防止互联网背景下"洋迷信"对农村妇女的诱惑；既要阻止披着高科技外衣的"计算机算命"对农村妇女的迷惑，又要防止封建邪教对农村妇女的毒害，以免她们陷入精神虚幻迷雾之中。二要丰富农村妇女精神文化生活。"支持'三农'题材文艺创作生产"②，鼓励广大文艺工作者拍摄呈现农村妇女生产生活、彰显农村妇女精神风貌的短视频、纪录片、电视剧等影视作品。鼓励、支持和引导民间力量共同庆祝"农民丰收节"等贴近农民实际生活的节日，开展划旱船、花鼓灯、玩杂技、舞龙狮、逛庙会等形式多样的民风民俗活动，提升农村妇女文化生活的愉悦度与获得感。成立农村妇女模特队、秧歌舞蹈队、腰鼓花鼓队等乡村文艺小分队，结合乡土传统文化元素和现代流行文化元素，开展包括戏剧、相声、书评、舞蹈等文艺汇演活动，用"乡村好声音"讲"乡村好故事"，让文娱活动充分融入农村妇女的日常生活，使封建迷信在农村妇女思想中缺乏生存空间。三要依法严厉打击封建迷信活动。加强对农村红白喜事的监管，坚决制止婚丧事宜中的迷信色彩活动，坚决打击神汉巫婆等蛊惑人心的恶劣行为，为农村妇女营造风清气正的生活环境。

三、净化网络文化，引导流行文化

网络文化是指建立在计算机技术和信息网络技术以及网络经济基础上的精神创造活动及其成果。随着互联网在我国农村的广泛覆盖，网络文化也在农村广泛传播，网络给农村网民的学习、工作、生活带来了极大的便

---

① 任俊华：《论当前文化建设中的迫切任务》，《科学社会主义》2000 年第 5 期。

② 《中共中央国务院关于实施乡村振兴战略的意见》，人民出版社 2018 年版，第 18 页。

利，同时我们应该看到，网络上也存在一些消极甚至负面信息，特别是西方资产阶级的意识形态、价值观念、生活方式千方百计向农村网民悄悄渗透，农村妇女也难免其扰，这给她们的事业发展带来了挑战。为此，净化网络文化、引导流行文化，成为当前促进农村妇女事业发展的又一迫切任务。具体来讲，要注意抓好几点。

（一）引导农村妇女吸纳网络文化中的精神营养

中共中央办公厅、国务院办公厅印发的《数字乡村发展战略纲要》明确提出要"繁荣发展乡村网络文化""加强乡村网络文化引导"①。各级党组织和妇联应加强对乡村网络文化阵地的领导，引导网络文化向农村妇女传播昂扬向上的精神正能量。

一要利用网络平台宣传党的路线方针和政策。在县乡镇村网站中可设置"党群工作""妇女园地"等栏目，及时宣传党的大政方针、"三农"政策和妇女理论、妇女政策，引导农村妇女关心国家大事，感受党的关怀，聚焦乡村振兴，依托党和政府鼓励妇女干事创业的系列政策发展自己的事业。二要利用网络平台传播社会主义核心价值观。大力宣传农村妇女在科技致富、开拓创新、尊老爱幼、无私奉献等方面的典范人物及模范事迹，使艰苦奋斗、爱岗敬业、诚信友善、创新创业、孝老爱亲等价值观在农村妇女中蔚然成风。三要利用网络平台关注农村妇女群体的需求。针对农村妇女科学文化水平偏低、经济收入来源偏窄、法律意识不强等现状，媒体在网络空间中应该积极反映农村妇女的心声，回应农村妇女的关切，传播关于农村妇女政治权利、土地权益、医保社保、妇科保健、子女教育、技能培训、就业创业、依法维权等方面的信息、知识或政策法规，努力解决她们面临的一些实际问题，增强她们事业发展的信心。四要农托互联网平

---

① 《中共中央办公厅、国务院办公厅印发〈数字乡村发展战略纲要〉》，《农村工作通讯》2019 年第 11 期。

台设置"三农"相关议题,"充分发挥新媒体联席会议制度作用"①,通过腾讯会议、微信会议等网络会议方式,邀请农村妇女骨干参与议题讨论,代表妇女群众发表她们的意见和建议,提升她们的参政议政机会和能力,增强她们的主人翁责任感。

(二)引导农村妇女规避网络文化中的精神毒素

网络文化以全球性、交互性、虚拟性、自主性和快捷性特点,触及社会生活的方方面面,尤其深受年轻人的喜爱。同时,不可否认,网络文化发展中也跳出了许多不和谐的"音符",对主流意识形态、社会伦理道德和价值观念带来了诸多挑战,农村女性也难免其扰。网络文化中的精神毒素侵蚀着部分农村妇女的价值追求,阻碍了她们的事业发展。因此,各级党组织和妇联在引领农村妇女吸纳网络文化中积极进取的精神营养时,还要引导她们规避网络文化中消极颓废的精神毒素的影响。

一要加强对她们的网络思想政治教育。强化她们的政治意识、法律意识、科学意识,提高她们的政治敏锐性、政治鉴别力、社会认同感,提升她们的思想政治素质,增强她们对网络政治谣言和网络诈骗行为的辨识能力,使其在网络空间中能自觉抵制境内外反动势力别有用心的政治蛊惑、不法分子的利益诱惑、邪教分子的精神迷惑,避免被网络谣言、网络暴力、网络迷信、网络邪教误导,防止因利欲熏心陷入网络经济诈骗之陷阱。

二要加强对她们的网络情感指导。农村公共文化设施相对落后,不少农村女性借助网络寻找情感快乐。这些情感寄托方式大多无可厚非,关键在于要通过加强思想品德与法治教育,引导她们正确处理情与法、情与理、情与义、情与缘、情与欲、情与道德伦理的关系,树立正确的世界

---

① 张岩:《数字乡村背景下农村网络文化传播策略研究》,《农家参谋》2020 年第 19 期。

观、人生观、价值观、交友观，以防误入迷途。

（三）引导农村妇女理性审视网络"红人"

在当下网络文化市场中，涌现了大量融思想性、艺术性和观赏性于一体的优秀文化作品，呈现了许多思想境界高、精神风貌好、道德品质优、工作能力强的网络女性形象，如"全国最美乡村女教师"张桂梅、"全国最美乡村女医生"王锦萍、"当代女愚公"邓迎香等，对农村妇女起到了很好的示范激励作用。同时，网络中也出现了一些"一夜成名"的女性"红人"令人眼花缭乱，"表现出了向趋乐避苦、纵欲狂欢的价值取向演进的态势"①。这种网络流行文化现象对农村妇女的价值观念、伦理观念、生活方式带来了不小的冲击。因此，各级党组织和妇联应引导农村妇女对低俗、媚俗、庸俗的女性网络"红人"现象进行理性评判。

四、抵制崇洋文化，弘扬农耕文化

改革开放以来，崇洋媚外思想也潜移默化地影响着一些农村妇女的思想和行为。在西方资产阶级拜金主义、享乐主义的作怪下，有的农村妇女急切地想获取金钱改变自己的生活际遇，但由于自身缺少创造财富的文化素质和能力本领，又不愿凭借自己的辛劳和汗水勤劳致富，于是表现出一些与社会主义核心价值观背道而驰的行为。各级党组织和妇联应该加强农村妇女思想政治教育，引导她们自觉抵制不良西方文化的侵袭。与此同时，要向她们讲好中国农耕文化的故事，激励她们在汲取农耕文化营养中拓展事业。所谓中华农耕文化，即"在中华民族所经历的漫长农耕时代，农民、农村、农业创造、形成和传承下来的文化成果和精神财富"②。中华

---

① 荀洁：《基于文化批判视角的网络女性形象研究》，硕士学位论文，苏州大学，2017年，第I页。

② 汪庆华：《留住农耕文化的根脉》，《光明日报》2017年7月11日。

农耕文化内涵丰富厚重，蕴含着优秀的思想观念、人文精神和道德规范，具有凝聚民心、教化民众、淳化民风的重要功能，对提振农村妇女的精神风貌具有重要浸润作用。

（一）以自强不息精神激励农村妇女昂首前行

"天行健，君子以自强不息""地势坤，君子以厚德载物"。[①] 这种农耕时代的中国人立于天地之间开拓进取、生生不息的气质品格在新时代仍然魅力无穷。应以自强不息精神激励农村妇女昂首前行。

一要引导她们树立乐观豁达、奋发进取的人生态度。要用"不可或缺的主人翁"态度以及"靠天靠地不如靠自己"的独立自主精神，不断强化她们的"自尊、自信、自立、自强"意识，促进她们改变"听天由命，得过且过""安于现状，小富即安"等消极态度，充分发挥她们干事创业的积极性、主动性、创造性，激励她们在面对事业困境、家庭窘境、人生逆境时不屈不挠、坚韧不拔，在推进乡村振兴中意气风发地发展自己的事业。

二要引导她们秉持志存高远、勇攀高峰的执着追求。一方面，要用"刚健品德""仁爱美德""独立人格意志""宽容和谐精神""积极进取精神"[②] 等儒家"自强不息"的优良伦理精神激励她们全面提升自己的德行、知识、能力；另一方面，要鼓励她们跨越以往只求解决温饱问题的低层次目标，继续发扬改革开放新时期发挥"超半效应"时的奋斗热情和拼命精神，在乡村生产经营、政治参与、社会治理、生态建设、乡风塑造方面再立新功，再创辉煌。

三要引导她们培育与时俱进、开拓创新的坚强意志。当今，"大众创业，万众创新"的时代潮流日益强劲，要引导农村妇女抓住"政策、技术、

---

① （宋）朱熹注：《周易》，李剑雄标点，上海古籍出版社 1995 年版，第 26、31 页。

② 迟成勇：《论儒家"自强不息"与社会主义核心价值观》，《理论与现代化》2017 年第 2 期。

资本等各类要素向农村创新创业集聚"①的重大机遇，通过参加和观摩"全国乡村振兴职业技能大赛""中国妇女创新创业大赛"等活动，借鉴大赛中涌现出来的农村女能人将奇思妙想、创意新意转化为创新创业行动的成功经验，培育自身的质疑批判、求新求异精神，不断优化自身的创新知识结构，努力学习农业种养科技，掌握农业机械技术，掌握农产品电商销售技术等，时刻保持与时俱进，以适应事业发展和乡村振兴的现实需要。

（二）以同舟共济精神激励农村妇女团结协作

农耕时代，个体经营的农户为了抵御变幻莫测的自然灾害袭击，自觉或不自觉地结成生产和生活的共同体，形成了出入相友、守望相助的合作模式，其中蕴含的邻里相助、同舟共济精神在推进新时代农村妇女事业发展中仍然异彩纷呈。因此，应以此精神引导农村妇女明白"众人一条心，黄土变成金"②的道理，领悟"团结就是力量"的深刻意蕴，并激励她们互帮互助、团结协作。

一要在生产经营上相互合作。要引导农村女能人、专业女大户和龙头企业积极兴办农村妇女专业合作社，组织农村妇女特别是留守妇女以团队的方式与大市场对接，以适应农业产业化、经营规模化、管理现代化的需要。同时要激励从事农村一二三产业和从事产供销不同环节的农村妇女协同合作，形成整体实力，以有效解决自身劳动强度大以及资金、技术、信息短缺等问题，从而拓展经济空间，提升经济效益。

二要在子女管教上共同协作。众所周知，农村妇女科学文化素质整体偏低，农活家务冗杂繁重，个体受教育程度参差不齐，教育辅导子女的水平不一，但"望子成龙，望女成凤"却是她们的共同心愿。基于此，很有必要引导农村妇女在子女管教上携手合作。例如，几位妇女联合轮流接送

---

① 张勇主编：《〈乡村振兴战略规划（2018—2022年）〉辅导读本》，中国计划出版社2018年版，第45页。

② 贺鸣：《谚语与团结协作精神》，《品味经典》2019年第7期。

孩子上学，以腾出时间和精力学习休闲、升华自我。再如，科学文化水平较低的农村妇女多承担接送孩子等事务性工作，科学文化水平较高的农村妇女可在帮助孩子树立学习意识、培养学习习惯以及辅导孩子课后作业等智能性工作方面献智献力，以实现子女管教的双赢或多赢。

三要在精神生活上彼此安慰。基于乡村经济发展整体滞后、乡村文体场馆不足、农村妇女精神生活比较空虚等情况，引导农村妇女出入相友，合作开展一些愉悦身心的文体活动。例如，设立"妇女谈心活动室"，组织妇女们利用节假日和农闲时间，围绕生产经营、婚姻家庭、老人赡养、孩子教育、人际交往、美容美发、健康养生等主题，开展沟通交流、谈心谈话活动，传授成功经验，倾诉苦闷烦恼，释放心理压力。组建秧歌队、广场舞队、村民模特队等乡土文艺小分队，开展唱歌跳舞、曲艺欣赏、打球跳绳等文体活动，培育她们的艺术情趣，滋养她们的精神世界。

（三）以勤劳俭朴精神激励农村妇女艰苦奋斗

农耕时代，农民们"锄禾日当午，汗滴禾下土，谁知盘中餐，粒粒皆辛苦"[①]的勤劳勤俭精神、"日出而作，日入而息，凿井而饮，耕田而食"[②]的自力更生精神在新时代仍然闪闪发光。因此，应以勤劳俭朴精神激励农村妇女艰苦奋斗。

一要脚踏实地，知行合一。2018 年春节团拜会上，习近平总书记意味深长地用"只有奋斗的人生才称得上幸福的人生"[③]的精辟话语，热情洋溢地激励全国人民砥砺前行，用不懈的奋斗创造美好的生活。幸福不会从天上掉下来，新时代农村妇女的美好生活也必须依靠自己凭借聪明才智、苦干实干去创造。因此，有必要引导她们弘扬农耕时代的自力更

---

① 武汉大学中文系：《新选唐诗三百首》，人民文学出版社 1980 年版，第 318 页。
② （东汉）王充：《论衡》，上海人民出版社 1974 年版，第 81 页。
③ 习近平：《在 2018 年春节团拜会上的讲话》，《人民日报》2018 年 2 月 15 日。

生精神，抛弃"男主外，女主内""嫁汉嫁汉，穿衣吃饭""干得好不如嫁得好"等保守心理、依赖心理和安逸心理，保持一种以"奋斗"为核心的人生追求和精神状态，投身于乡村经济社会发展的主战场，脚踏实地，真抓实干，创新创业，在乡村振兴中开拓自己的事业，创造幸福美好的人生。

二要迎难而上，艰苦创业。农村妇女时常陷入"家庭—事业"发展两难的境地，需要激励她们接过农耕时代农民艰苦奋斗精神的接力棒，"以一往无前的奋斗姿态和永不懈怠的精神状态，勇挑重担、苦干实干"①，凭借坚韧不拔的毅力，挑起"家庭—事业"的重担．战胜家务农活繁重的困难，积极参与职业技能培训和学历提升。通过勤奋刻苦学习走出文化素质和职业技能偏低之困境，不断学习应用农业实用技术、农业机械使用技术、农产品加工技术、电子商务营销技术、乡村旅游经营方略、养老育幼服务艺术等，在乡村振兴中展示新时代农村妇女的"飒爽英姿"。

三要勤俭节约，艰苦朴素。尽管我国社会主义现代化建设取得了举世瞩目的重大成就，农民生活蒸蒸日上。即便如此，农民经济收入仍不乐观，相关数据显示："在月收入低于 1090 元的群体中，来自农村的比例高达 75.6%"②，并且粮食浪费严重，"我国每年仅在收获、运输、储存、加工过程中损失浪费的粮食超过 6%"③。农村妇女作为农业生产经营的主体，应该发挥细心、精心、耐心的独特性别优势，加强粮食生产、运输、储存、加工过程中的精细化管理，积极为节粮减损作贡献。农村妇女作为家庭餐饮的制作主体，应该坚持"取之有度，用之有节"的节俭原则，弘扬节俭朴素、力戒奢靡的传统美德，节制"舌尖上的浪费"，坚决抵制个人和家庭消费中存在的享乐主义和奢靡之风。即使将来乡村全面振兴了，农业强、农村美、农民富的目标实现了，勤俭节约、艰苦朴素的光荣传统也

---

① 《年轻干部要接过艰苦奋斗的接力棒》，《光明日报》2021 年 3 月 5 日。
② 万海远、孟凡强：《月收入不足千元的 6 亿人在哪儿》，《财新周刊》2020 年第 22 期。
③ 刘慧：《增产莫忘节粮减损》，《经济日报》2021 年 11 月 4 日。

不能丢。因为，社会资源的有限性与人类需求的无限性是一对永恒的矛盾，农村妇女仍应保持勤劳俭朴的本色，摒弃婚丧嫁娶中的排场观念、攀比思想，力戒大操大办、大手大脚、大吃大喝，努力使厉行勤俭节约、反对铺张浪费在农村蔚然成风。

（四）以耕读孝友精神激励农村妇女重塑自我

陶渊明"既耕亦已种，时还读我书"[1] 的诗句，农村匾额楹联中的"耕读继世，孝友传家"等家风家训，彰显前人着意于物质上自食其力与精神上充实完满的价值追求。这种价值追求在新时代仍然光芒四射，应以耕读孝友精神激励农村妇女重塑自我。

一要耕读相伴。要引导农村妇女着力补齐自身文化知识欠缺的短板，结合现代农业生产经营需要，大力学习农业经济与科技知识，努力攻读涉农成人教育大中专学历，积极参加职业技能培训，认真学习应用农业实用技术和经营方略；锐意进取，开拓创新，让科技之光照亮事业发展之路。此外，在注重经济与科技知识学习的同时，不可忽视哲学、文学、历史知识的学习，要以此知诗书、达礼义，修身养性，陶冶情操，净化心灵，提升人格，增进道德，愉悦身心，进而彰显新时代农村女性学识与品德兼修、智慧与气质同在的精神风貌。

二要孝悌和家。根据农村妇女素来对家有着深深眷恋的特点，引导她们自觉吸纳农耕文化中孝悌和家的伦理智慧，在建立和谐家庭上花心思，依托和谐家庭发展自身事业。首先，强化"夫妻爱情"，使情比金坚的爱情成为促进自身事业发展的精神支撑。其次，强化"长幼亲情"，传承农耕文化中的敬老孝老传统，敬重和关心照顾公婆，解除丈夫牵挂父母的后顾之忧。同时，多些尊重、理解、关爱、鼓励给孩子，构建思想共鸣、关系融洽的亲子关系，为事业发展增添家庭动力。再次，强化"兄妹友情"。

---

[1]　（晋）陶渊明：《陶渊明集》，郭建平解评，山西古籍出版社 2006 年版，第 195 页。

激励她们充分发挥"兄弟同心，其利断金"的亲情优势，建立兄弟姐妹互相关心、互相帮助的友爱关系，为自身事业发展提供人力、物力、资源、信息等有力支持。

三要亲族友邻。基于乡风文明建设的需要，要引导农村妇女注重与亲族友邻建立良好关系，努力克服以往存在的东家长西家短、搬弄是非、无事生非等"毛病"，多多关心族人邻里的喜怒哀乐，积极争当团结友爱的榜样。学习和掌握基本的人际交往艺术，讲究礼让，宽容为上，对公共用地、公共设施尽量做到公平合理使用。利用节假日或闲暇时间主动拜访族人邻里，交流学习、工作和生活的体会，避免"鸡犬之声相闻，老死不相往来"的尴尬局面。努力构建互通有无、互帮互助、资源共享、情感相融、互惠互利、和谐快乐的亲族友邻关系。

（五）以天人合一精神激励农村妇女保护生态

乡村振兴，生态宜居是关键。蕴含于农耕文化中的"天人合一"生态思想是对中国古代哲学"天人关系"命题的积极回应，彰显了我国先民"万物同源，和谐共处"的思想理念，揭示了农耕文化包容宇宙的和谐精神，能为农村妇女正确处理人与自然的关系提供智慧源泉。新时代，应以天人合一精神激励农村妇女保护生态。

一要尊重自然。农村妇女长期与山水林田湖草沙打交道，因此，要引导她们自觉以文明的姿态对待自然，不仅要尊重自然界存在的万事万物，与其和谐共处，共同发展，还要按照"天地之变，寒暑风雨，水旱螟蝗，率皆有法"[1] 的自然规律，进行农业生产经营和风险防范。此外，要引导她们将自身事业发展与乡村生态文明建设紧密结合起来，"慎砍树、禁挖山、不填湖、少拆房"[2]，注重保留古村庄村落、古建筑遗迹等原始风貌，

---

[1]　（宋）沈括：《梦溪笔谈》，侯真平校点，岳麓书社2002年版，第53页。

[2]　中共中央文献研究室编：《习近平关于社会主义生态文明建设论述摘编》，中央文献出版社2017年版，第51页。

不要把乡村搞成千村一面的"缩小版"城市，更不要为了贪图事业发展一时之快，而做出"揠苗助长""断鹤续凫"等违背乡村自然环境与人文社会发展内在客观规律的不良行为。

二要顺应自然。农耕时代，先民在长期农耕劳动实践中形成的"应时、取宜、守则、和谐"① 等从事农业生产的科学认知可以启示农村妇女充分发挥自身的主观能动性，顺应自然，把握规律，利用规律，因地制宜、因势利导地促进自身事业持续健康发展。因此，要引导农村妇女在土壤肥沃、阳光充足、气候适宜的乡村发展大规模种植业；在山区面积广大、地形坡度适中的乡村发展林业；在地域辽阔、绿草如茵、牧草充足的牧区发展大规模养殖业或畜牧业；在水域广阔、水质优良、鱼饵丰腴的渔村发展水产养殖业，形成宜种则种、宜林则林、宜牧则牧、宜渔则渔的事业发展有机模式。此外，还可以在自然风光旖旎、人文底蕴深厚、自然环境优美的乡村发展观光旅游业，进而促进农村妇女事业特色化、优势化发展。

三要保护自然。大自然的空气、阳光、水分、山脉、河流、微生物、植物、动物等是人类赖以生存和发展的基础，可见，人类保护自然就是保护自己。乡村是自然生态环境的主体领域，农村妇女是乡村自然生态环境中的"主人翁"，应该引导她们自觉汲取农耕文化中天人合一的思想精华，注重生态环境保护。在农耕劳作中，注意统筹山水林田湖草沙建设，保护好绿水青山和田园风光，对土地合理耕种，有序开发，不垦草种粮，不超载放牧，不滥伐树木森林，不围湖造田，注重植被和天然林保护，防止水土流失，遏制土地沙化。大力推行农业绿色生产方式，少使用农药化肥农膜，运用农业科技对秸秆、农膜、畜禽粪便等农业废弃物进行无害化处理和资源化利用，努力改善农村水土污染、空气污染、土壤退化等生态问题。在日常生活中，要切实开展"垃圾分类"行动，

---

① 彭金山：《农耕文化的内涵及对现代农业之意义》，《西北民族研究》2011 年第 1 期。

改变垃圾乱扔、垃圾围村等不良现象；积极"改厨改厕"，使用天然气、太阳能等清洁能源，优化厨厕环境；合理装饰点缀房屋，规整农耕农具，拆除违规建筑，加强庭院绿化等，切实改善农村人居环境，以"庭院美"带动"乡村美"。此外，还要树立保护生物多样性的意识，敢于同捕捉食用"野味"的不良行为作斗争，维护好大自然的生态平衡，守护好人类赖以生存的绿色家园。

新时代，灿烂辉煌的农耕文化历久弥新，先民的智慧、睿思、创新、勤劳和勇敢能为农村妇女事业发展提供思想启迪。因此，各级党委、政府和妇联应在建立健全农耕文化对农村妇女事业发展的激励机制方面做文章。一要建立健全农村妇女对于农耕文化的价值认同机制。通过建立农耕文化馆、博物馆、展览馆、文化墙，开展农耕文化学习参观、专家讲座，编辑发放农耕文化手册，组织农耕技术培训，利用抖音、快手、微博等新媒体平台，向农村妇女广泛传播农耕文化资源，提升农村妇女对农耕文化的价值认同。二要建立健全农村妇女对于农耕文化的参与体悟机制。农村妇女是农村生产、生活的主体，更是事业发展的"主人翁"。利用春节、清明节、端午节、七夕节、中秋节、重阳节等传统节日和农民丰收节等重要节日，举办让农村妇女亲自参与的融入农耕文化内涵的趣味运动会、话剧相声、模特走秀、民歌民谣、剪纸艺术、织锦刺绣等竞赛活动，以增强农村妇女对农耕文化精神资源的体悟。三要建立健全农村妇女传承农耕文化的榜样示范机制。以农村妇女典范人物事业发展的成功案例为蓝本，拍摄彰显她们传承农耕精神、发展自身事业的"三农"影视作品，使榜样力量直抵广大农村妇女心灵。四要建立健全农村妇女对于农耕文化的实践强化机制。引导农村妇女从农耕文化中汲取自强不息、同舟共济、勤劳俭朴、耕读孝友、天人合一等精神力量，在事业发展中昂首前行，在生产经营中合作共赢，在家庭建设中孝悌和家，在人际交往中亲族友邻，在农耕生活中保护生态。

第四节　彰显农村妇女事业发展的个性特色

男女共同构建人类世界，但女性与男性具有不同的生理和心理特征，她们在推动经济社会发展的过程中彰显着自己的个性特色。2013 年 10 月 31 日，习近平总书记在同全国妇联新一届领导班子成员集体谈话时强调，要注重发挥妇女在社会生活和家庭生活中的独特作用，发挥妇女在弘扬中华民族家庭美德，树立良好家风方面的独特作用。农村妇女是一个具有特殊生理特征和生育使命且发展相对落后的群体，彰显农村妇女事业发展个性特色尤为必要。

一、注重发挥农村妇女在社会生活中的独特作用

恩格斯在《家庭、私有制和国家的起源》中说过："历史中的决定性因素，归根结底是直接生活的生产和再生产。但是，生产本身又有两种。一方面是生活资料即食物、衣服、住房以及为此所必需的工具的生产；另一方面是人自身的生产，即种的繁衍。"① 物质资料的生产和人类自身的生产相互依存、相互制约，缺一不可。当人类再生产能够为物质资料生产提供所需要的一定数量的劳动力时，就能对物质资料生产起到加速作用。反之，倘若对物质资料生产所提供的劳动力在数量上不足或过多、在质量上不符合需要，就会对物质资料生产起延缓作用。妇女在这两种生产中都具有不可或缺的地位，尤其在人类自身的生产中具有无可替代的作用，农村妇女也是如此。农村妇女既是农村社会生产的参与主体，更是繁衍农村人口的主体。关于改革开放以来农村妇女在推动农村经济社会发展中的"超半效应"以及新时代农村妇女具有发挥"超半效应"的更好条件，已在第一章

---

① 《马克思恩格斯选集》第四卷，人民出版社 2012 年版，第 13 页。

进行过论述，在此不再赘述，以下主要论述其在农村人口生育中的作用。

（一）充分认识农村妇女生育的社会价值

人类自身繁衍是社会存在和发展的前提，就如马克思和恩格斯所言："全部人类历史的第一个前提无疑是有生命的个人的存在。"[①] 而个人存在的源头离不开妇女所特有的生育功能，妇女生育为社会提供创造物质财富和精神财富的劳动力资源，当然具有社会价值，因为"没有妇女，就没有人类，就没有社会"[②]。自古以来，妇女的价值与生育密切相关。原始社会时期妇女因在人口生育中的特殊作用而备受尊重。私有制的产生，把妇女的生育价值完全扭曲，"丈夫在家中也掌握了权柄，而妻子则被贬低，被奴役，变成丈夫淫欲的奴隶，变成单纯的生孩子的工具了"[③]。随着男性征服自然能力的增强，男女的分工逐渐演变为"男人以社会为战场、女人以家庭为天地"的模式，并且在以家庭为经济单元的社会背景下，妇女的生存价值异化为"是否为丈夫生了子女，尤其是是否生了儿子"，由此形成了人口再生产是家庭私事的观念，妇女被排斥在社会劳动的范畴之外，她们在人口再生产中的社会价值被轻视、被隐没、被忽略。多数农村妇女在根深蒂固的传统性别文化束缚下，生活在狭小的家庭空间里，以生儿育女、相夫教子为己任，社会价值被忽视和掩盖。

随着社会主义公有制的确立，"生育的目的已不是单纯为家庭传宗接代，也不是为家庭生养财产继承人，而是为社会提供合格的劳动力和建设人才"[④]。妇女生育的社会贡献和价值开始显现出来，城镇职业妇女开始享

---

① 《马克思恩格斯选集》第一卷，人民出版社 2012 年版，第 146 页。
② 习近平：《促进妇女全面发展　共建共享美好世界——在全球妇女峰会上的讲话》，《人民日报》2015 年 9 月 28 日。
③ 《马克思恩格斯选集》第四卷，人民出版社 2012 年版，第 66 页。
④ 门艳玲、张小宝：《妇女家庭独特作用的新时代蕴涵》，《东北师大学报（哲学社会科学版）》2021 年第 2 期。

受单位的生育产假和津贴，但城乡二元经济体制使得农村妇女在人口再生产中的社会价值体现甚微，她们尽管也走出了家庭参加农业生产，但她们一般既没像城镇职业妇女一样享受生育产假和津贴，也没能获得社会对她们在人口再生产中所作贡献的应有价值评价和适当经济补偿，生儿育女繁衍后代仍被视为她们个人和家庭的私事，生育的一切责任和后果都由她们及家庭承担。尽管如此，在"养儿防老、多子多福"理念的驱使下，农村妇女及家人的生育观念中仍然存在着以男孩为中心的多胎生育倾向，以此在价值层面上满足他们在人生终极意义与世系继嗣上的需求，在现实层面上满足他们的经济性与社会性的需要。农村妇女对生育乐此不疲，在 20世纪 90 年代前保持着旺盛的生育状态。

农村妇女一度旺盛的生育需求不仅为农村经济社会发展提供了大量的劳动力资源，而且为城市化的快速发展提供了源源不断的人力资源。特别是在"妇女能顶半边天"口号的激励下，农村妇女战胜孕期、哺乳期的困难，活跃在农业生产第一线。当年农村生活条件艰苦，医疗卫生条件较差，多数农村妇女请个当地接生婆在家分娩，一旦遇到胎位不正或失血过多的危急状况就难以应对，母子丧命情形时有发生。孕期超负荷的运转，营养条件的缺乏，分娩条件的恶劣，使得不少农村妇女患上孕育并发症，甚至留下残疾或付出生命代价。德国社会主义者倍倍尔对妇女生育的痛苦和意义进行过生动的描述："生孩子的妇女，最少也是和为祖国而牺牲生命的男子一样，是一种对社会的服务。她们为着完成做母亲的义务，没有一次不拼着她们的生命。我们的母亲，为生产我们而濒于死亡，甚至因此而死亡的，实在很多。"① 相关数据显示：世界上每年有 50 万妇女死于分娩并发症，其中多数为生育条件相对较差的农村妇女。在我国男性中心意识较浓的农村家庭中，自婴儿落地哺乳开始，妇女就直接承担起孩子身心健

---

① ［德］奥古斯特·倍倍尔：《妇女与社会主义》，葛斯、朱霞译，中央编译出版社 1995
年版，第 313 页。

康的责任，其任务之艰巨、耗费精力之大，是任何一种劳动无可比拟的。农村妇女为人类社会的存在、延续和发展作出了不可磨灭的特殊贡献，社会应该从价值形态和利益形态上充分肯定她们在人口生育上具有的特殊劳动价值，把她们为生育付出的劳动纳入社会分配体系，给予她们受益人报酬和补偿，这不仅是维护农村妇女权益的重要标志，也是激励农村妇女为人口再生产积极作为的精神动力和物质支撑。

（二）改革开放以来农村妇女生育意愿的回落

自 20 世纪 80 年代开始严格推行计划生育政策，尤其是 20 世纪 90 年代对农村强力推行计划生育政策以来，地方政府对农村育龄夫妇的生育规定大致是：一对夫妇第一胎生有男孩的就不准再生孩子；第一胎生有女孩的妇女 4 年后且自己年满 26 岁可再生一个孩子。如果"一孩"与"二孩"的相距年限不足 4 年或妇女年龄不足 26 岁，或者生有"三孩"及以上的夫妇，会不同程度地受到罚款等刚性惩处。在计划生育刚性措施的约束下，农村育龄妇女原来旺盛的生育需求还是得到了有效控制。本课题组调查的 3309 名农村妇女事业发展和生活状况的统计数据显示：9.73%暂未生孩子，29.25%生了一个孩子，43.70%生了两个孩子，17.32%生了三个及以上孩子。这也从侧面体现出农村妇女生育回落的态势。

一方面，刚性的计划生育政策使农村妇女长期旺盛的生育需求得以控制，农村人口快速增长的态势迅速得以扭转。另一方面，改革开放以来，随着党和政府一系列强农、惠农和富农政策的实施，农村女性就业创业机会日益增多，农民的经济状况不断改善，新型农村合作医疗制度和农村养老保障制度在很大程度上缓解了农民养老的后顾之忧，他们的"养儿防老"观念逐渐淡化，男孩生育偏好也大为减弱，农村家庭逐渐意识到，孩子养育得好坏既关系到小家庭的幸福，也关乎祖国的未来，她们的生育观念逐步实现了由注重孩子数量向注重孩子质量的转变、由注重生育男孩向生男生女一个样的转变，"晚婚晚育少生优生"也已成为农村妇女的自觉行动。

"全国人口普查与抽样调查结果显示，中国农村、中西部和贫困地区的生育水平也降至更替水平以下。"[1]农村不再是生育水平较高、人口自然增长率较高的地区了。

长期执行的计划生育政策和经济社会的发展，致使城乡妇女的生育意愿与生育行为走向趋同，农村妇女也不再为生男生女而纠结，更不愿为生男孩而东躲西藏，由此城乡适龄人口生育意愿大幅降低，使得"中国人口自 1992 年进入低生育率时期至今已近 30 年""中国早在本世纪初就跌入低生育率陷阱（总和生育率≤1.5）"。[2]生育率的日益走低意味着人口内部潜藏着负增长的潜能，潜藏着可能"陆续产生人口萎缩的源头效应、人口亏损的队列效应、人口失衡的结构效应、人口一代更比一代少的代际效应、低生育引致更低生育率的内卷效应"[3] 等系统性人口风险。为了跳出"超低生育率陷阱"，2014 年全国各地陆续实施的"单独二孩"政策以及2015 年实行的"全面二孩"政策，旨在提升我国育龄妇女的生育率，意欲缓解劳动力短缺和人口老龄化等问题，促进经济增长、社会稳定和家庭幸福。然而，"全面二孩"政策效果不佳，生育政策调整未能释放出预期的正向效应，更未出现因生育政策放松后小孩出生扎堆现象。

（三）当下农村妇女对"三孩"政策的反响

2021 年 5 月 31 日，中共中央政治局召开会议，听取"十四五"时期积极应对人口老龄化重大举措汇报，审议《关于优化生育政策促进人口长期均衡发展的决定》，党中央正式作出了"三孩"生育政策决定。2021

---

① 陈友华、孙永健：《"三孩"生育新政：缘起、预期效果与政策建议》，《人口与社会》2021 年第 3 期。

② 陈友华、孙永健：《"三孩"生育新政：缘起、预期效果与政策建议》，《人口与社会》2021 年第 3 期。

③ 穆光宗：《三孩政策与中国人口生育的优化：背景、前景和愿景》，《扬州大学学报（人文社会科学版）》2021 年第 4 期。

年 6 月 26 日颁布的《中共中央国务院关于优化生育政策促进人口长期均衡发展的决定》（以下简称《决定》），明确宣告："优化生育政策，实施一对夫妻可以生育三个子女政策，并取消社会抚养费等制约措施，清理和废止相关处罚规定，配套实施积极生育支持措施。"①《决定》深刻阐述了优化生育政策、促进人口长期均衡发展的重大意义，提出了系列"三孩"生育配套支持措施，以改善人口结构、落实积极应对人口老龄化国家战略、保持人力资源禀赋优势、平缓总和生育率下降趋势、促进人与自然和谐共生。

"三孩"生育政策是否契合了农村妇女原有的旺盛生育需求呢？为了解农村妇女事业发展状况和"三孩"生育意愿，2021 年 7 月底，本课题组对湖南省 6 个乡镇的 400 位农村妇女进行了"三孩"生育政策背景下农村妇女"三孩"生育意愿问卷调查，其中 356 份有效调研问卷结果显示：农村妇女生育孩子的性别偏好发生了根本性变化。调查对象中，认为"生男生女一个样"的占 83.99%，认为"生男孩比生女孩好"的仅占 4.49%，认为"生女孩比生男孩好"的占 11.52%。她们对待"三孩"政策的反响情况大致分三种类型：一是积极响应，着力准备，仅占调查对象的 6.18%；二是左顾右盼，摇摆观望，占调查对象的 30.62%；三是力不从心，拒绝三孩，占调查对象的 63.2%。积极响应者中有的是家庭富裕，具有较强的经济保障和养育能力，积累了巨额财富可以留给子孙，希望家族人丁兴旺，财富绵延；有的认为"多子多福"，多生个孩子，就多份劳动力，多一份养老依靠，并且孩子多能让自己年老时儿孙绕膝，其乐融融，避免孤独寂寞；有的认为生"三孩"可以增强孩子的幸福感，孩子们能够依赖兄弟姐妹亲情，在学习、工作和生活上风雨相依，同舟共济。因此，她们主张应该抓住国家出台生育"三孩"政策的机会，为自己的幸福

---

① 《中共中央国务院关于优化生育政策促进人口长期均衡发展的决定》，《人民日报》2021 年 7 月 21 日。

养老和儿女的幸福生活奠定基础。

那些对生育"三孩"持摇摆观望或直接拒绝态度的农村育龄妇女的想法主要为：一是认为现在国家政策好、农村形势好，不愿被过多的孩子拖累，想凭借自己的努力干一番事业，提高自己的经济地位、家庭地位和社会地位。二是觉得生孩子不难，但养育好孩子却不易，不仅自家要有较好的经济实力做支撑，而且政府要有相应的扶持政策做保障。就自家目前的经济状况来看，暂不具备生育"三孩"的条件，如果国家将来出台切实可行的鼓励妇女生育"三孩"的优惠政策，可以考虑生育"三孩"。三是认为所在农村社区的幼儿园、学校、医院等条件不够理想，加上自身文化素质不高，如果想要孩子获得较好的教育、医疗条件，需要去城里买房、租房陪伴孩子上学，自己丢了事业不说，家庭经济条件也不允许。四是因为丈夫在外务工，家里父母年老体衰退，自己家务农活繁忙，社区幼儿园和养老机构不发达，生多了孩子实在照顾不过来。五是现在自己身强力壮，通过创业就业提高收入水平，既能适应新时代对美好生活的追求，也能为自己的养老奠定物质基础，与其今后等待孩子养老，还不如自己为今后养老做准备，加上农村养老保障制度日益完善，不必通过多生孩子"养儿防老"。六是农村婚育嫁娶成本高，娶媳妇的彩礼、婚礼加上需要准备婚房，一个儿子娶媳妇还好应付，倘若三个儿子娶媳妇就勉为其难了。由此可见，农村妇女的"三孩"生育意愿不强、生育需求衰落也是事出有因。

（四）激活农村妇女生育意愿的举措

妇女生育意愿和人口均衡发展堪称国之大者。人口是社会生活的主体，是社会生存的基础，也是社会发展的动力，而妇女生育是人口繁衍的源头和根本。农村具有"多子多福""生男偏好"的生育文化基础，农村妇女应该是生育"二孩、三孩"的潜在群体，有学者分析，"最有可能生育三孩的人口是农村中已经生育了两个女孩，但又渴望生一个男孩的育龄人口"①。各级政府和妇联应在激励农村妇女生育意愿方面想对策。

一要营造农村"三孩"生育良好氛围。在主流媒体广泛宣传"三孩"政策的基础上，借助地方媒体，利用微博、微信公众号、抖音、快手等新媒体平台，制作"三孩"政策相关动画、海报，拍摄短视频、公益广告等，打造符合农村适龄生育夫妻品位的"三孩"宣传内容，提升宣传效果。邀请相关专家和学者走进农村，举办"三孩"生育政策宣讲会、座谈会、院坝会，为农村适龄生育夫妻做好政策解读，使之认识到"三孩"生育对缓解我国人口老龄化、劳动力短缺、男女比例失衡等问题的重大意义。通过文学影视作品、乡土文艺表演、新闻媒体宣传等喜闻乐见的方式，打造兄友弟恭、手足情深、同盘而食、姐妹情深等家庭伦理方面的精品力作，为"三孩"生育奠定良好的文化基础。

二要加大农村"三孩"财政补贴力度。借鉴甘肃省张掖市临泽县对"三孩每年发放 10000 元育儿补贴，直至孩子 3 岁"②、广东省湛江市廉江市营仔镇黄竹根村补贴 2021 年 9 月 1 日后出生的"每名婴儿每月 3000 至3300 元，资助到两岁半"③、内蒙古呼和浩特市对"生育三孩及以上发放育儿补贴 100000 元"④ 的经验，建立农村"三孩"生育津贴补偿制度，满足农村妇女对政府为农村 3 岁以下"三孩"家庭每年提供育儿补贴的美好期待，切实改变以往农村妇女在生产期间不能得到足够经济补偿的情形。此外，还要加大对农村"三孩"家庭子女教育费用减免、医疗服务费用报销等补偿力度，借鉴黑龙江省哈尔滨市在政策闪对"生育第二个、第三个子

① 风笑天：《三孩生育政策与新型生育文化建设》，《新疆师范大学学报（哲学社会科学版）》2022 年第 1 期。

② 《鼓励生育，地方还有哪些新招？》，《廉政瞭望》2021 年第 18 期。

③ 《生 1 个孩子奖 9 万元！粤西这个村重奖生育》，2021 年 9 月 21 日，见 https://baijiahao.baidu.com/s?id=1711504436366725637&wfr=spider&for=pc。

④ 赵景锋：《内蒙古呼和浩特发布"生育三孩发 10 万元"，相关负责人回应：考虑居民收入等因素，确保能有效缓解家庭经济负担》，《人民日报》2025 年 3 月 17 日。

女的家庭，在 9 城区购买新建住房的，分别给予 1.5 万元、2 万元的购房补贴"①，湖北省荆门市对"二孩家庭给予一次性补贴 2 万元，三孩家庭给予一次性补贴 4 万元"② 等举措，加大对农村三孩家庭城区购房费用资助补贴力度，尽力扭转生育成本高、抚养能力低的不利局面，强化农村"三孩"抚育支撑。

三要强化农村妇女"三孩"生育的家庭支持。家庭是农村妇女最坚实的共同体，强化农村"家庭生育支持有助于提升育龄女性生育意愿"③，因此，要引导和鼓励身体素质较好的公婆（父母）力所能及地帮助儿媳（女儿）照料子女、料理家务等，还要大力倡导夫妻双方共担育儿责任，发展"夫妻合作型家务劳动模式"④，为农村妇女生育"三孩"减压、解压。充分发扬农村乡土文化中蕴含的同舟共济、守望相助等团结协作精神，发挥街坊四邻的友情优势和兄弟姊妹的亲情优势等，围绕子女习惯培养、课外作业辅导等，探索"互助式子女照料""抱团式子女照料"模式，实现子女管教的双赢或多赢。

四要大力发展农村公共托幼、托老服务。大力"发展普惠托育服务体系"⑤，加大对乡镇村托幼服务事业经费投入力度，支持社会力量兴办托幼服务机构，加强市场托幼服务机构监管，优化托幼服务师资队伍，依法逐步实行从业人员职业资格准入制度，根据不同家庭需要发展全日制、半日制、假期制、夜间临时制等多种形式的托幼服务，提高托幼机构的服务质

---

① 《真金白银！多地出台生育支持政策》，中国妇女报，2023 年 2 月 22 日，见 https：// baijiahao.baidu.com/s?id=1758482399287091177&wfr=spider&for=pc。

② 《真金白银！多地出台生育支持政策》，中国妇女报，2023 日 2 月 22 日，见 https：// baijiahao.baidu.com/s?id=1758482399287091177&wfr=spider&for=pc。

③ 宋健、阿里米热·阿里木：《育龄女性生育意愿与行为的偏离及家庭生育支持的作用》，《人口研究》2021 年第 4 期。

④ 佟新、刘爱玉：《城镇双职工家庭夫妻合作型家务劳动模式——基于 2010 年中国第三期妇女地位调查》，《中国社会科学》2015 年第 6 期。

⑤ 《中共中央国务院关于优化生育政策促进人口长期均衡发展的决定》，《人民日报》2021 年 7 月 21 日。

量和水平，减轻农村妇女照料的负担。基于老人对家庭和社区的依恋，考虑减轻农村妇女的老人照料负担，发展农村社区养老模式，既满足老年人不愿离家的养老心理，减少养老成本，又减轻农村妇女因照顾老人而无暇顾及孩子的压力。

五要努力改善农村孩子的受教育条件。针对农村中小学不同程度存在着的"硬件设施差、师资力量弱"[1]等问题，改善教育教学设施，使农村义务教育学校校舍、教室、专用教室、运动场、桌椅、图书、实验仪器、音体美器材等教学设施满足正常教学需要；学校宿舍、厕所、食堂、饮水等生活设施满足正常生活需要，为农家孩子就近上学创造良好环境。加强教师队伍建设，地方政府及教育相关部门要通过农村教师绩效财政单独列支、按照当地公务员标准给乡村教师发放年度绩效等各种奖励、提升乡村教师的班主任补贴和交通补贴标准、出台乡村教师职称评聘优惠政策等，"切实提高待遇，增强农村教师职业吸引力"[2]，吸引高水平教师献身农村教育事业，缓解农家子女上学的质量之忧，降低农民对子女的教育成本。

六要积极改善农村医疗条件。根据城乡医疗资源配置不均、乡村医疗水平较弱的情况，地方政府应加大对乡镇卫生院的建设投入，促进其人员和设备的升级与更新，满足妇幼医疗正常需要；市县医院可选派妇幼专家轮流、定期到乡镇卫生院坐诊咨询、技术指导；乡镇卫生院也可选派妇幼医务人员到上级医院或医卫高校进行技能培训、学历深造；医卫高等院校应鼓励毕业生为乡村医疗事业献力献策，到乡村广阔天地里放飞自己的医学梦想；人事主管部门应出台激励献身乡村医疗卫生事业人员职称评定的倾斜政策；县乡财政部门要充分考虑乡镇医务人员的薪资待遇等。旨在

---

[1]　刘泽、朱艺丹、李瑞等：《陕西省农村小学教育问题及对策浅析——以西安市白鹿原区域为例》，《教育教学论坛》2020年第22期。

[2]　单莹、李婷：《农村中小学教师队伍建设的困境与策略——以湖南省为例》，《教师教育论坛》2021年第6期。

"以人员下沉为重点推进紧密型县域医共体建设，提升中心乡镇卫生院服务能力"①，为农村妇幼的就医创造安全、温馨的环境。

此外，要加强新型生育文化建设，着力对农村适婚青年进行婚恋观、家庭观教育引导，"扎实开展高价彩礼、大操大办等重点领域突出问题专项治理"②，大力开展"婚育新风进万家""新型生育民俗文化艺术节"等活动，广泛宣传新型婚育理念和制度，努力传播婚育保育知识、生殖健康知识等生育文化知识。大力倡导父母双方参与培养子女的全过程，努力营造关爱农村女性、反对性别歧视、促进男女平等的农村社会性别文化氛围，全面提升民众的新型生育文化品位，不断提高"三孩"生育政策的价值认同。

二、注重发挥农村妇女在家庭生活中的独特作用

家庭是社会的缩影，"它以缩影的形式包含了一切后来在社会及其国家中广泛发展起来的对立"③。家庭虽是社会的细胞，但它以缩影的形式体现了一切社会活动、社会关系、社会现象。家是最小国，国是千万家。新时代，习近平总书记从治国理政的战略高度，阐述了家庭与国家、社会的相互依存、相互促进关系，明确指出：一方面"千家万户都好，国家才能好，民族才能好"，另一方面"国家好，民族好，家庭才能好。"④ 他特别肯定了妇女对人类自身生产的独特贡献以及对子女抚育、老人奉养、家庭建设、家风熏陶等家务劳动的社会价值，强调"要注重发挥妇女在弘扬中

---

① 《中共中央国务院关于进一步深化农村改革 扎实推进乡村全面振兴的意见》，《人民日报》2025 年 2 月 24 日。

② 《中共中央国务院关于做好二〇二三年全面推进乡村振兴重点工作的意见》，《人民日报》2023 年 2 月 14 日。

③ 《马克思恩格斯选集》第四卷，人民出版社 2012 年版，第 67 页。

④ 《习近平谈治国理政》第二卷，外文出版社 2017 年版，第 354 页。

华民族家庭美德、树立良好家风方面的独特作用，这关系到家庭和睦，关系到社会和谐，关系到下一代健康成长"①。改革开放以来，随着农村男性劳动力向城市的大量转移，农村妇女在农村起着举足轻重的作用，注重发挥她们在家庭中的独特作用也是促进她们事业发展的重要途径。

（一）注重发挥农村妇女在和谐家庭建设中的链接作用

在以往"男主外，女主内"意识较浓的农村，农村妇女承担了家中的主要事务，在如今"男工女耕"的模式下，农村妇女承担的角色和责任更为丰富，她们在担起农业生产经营主体责任的同时，还要为处理夫妻关系、（公）婆媳关系、母子（女）关系等复杂的家庭关系而劳心费力。她们处在家庭各种关系的中心点，能否发挥在和谐家庭建设中的独特优势，使每个家庭成员自由平等、团结友爱、健康向上、全面发展？能否以和谐家庭建设助推乡风文明和乡村治理？关键要看她们的胸怀、智慧与能力。农村妇女处理家庭关系的胸怀、智慧与能力有与生俱来、自我领悟的成分，更多的要靠农村基层党组织和妇联的引领。

一要引导她们深刻认识和谐家庭建设的意义。农村妇女营造夫妻恩爱、父母慈爱、子女敬爱、姑（叔）嫂友爱、妯娌关爱的家庭氛围，不仅能使整个家庭荡漾在浓浓的爱意之中，成为促进家庭成员团结向上的精神动力，而且能为自己的事业发展营造优良的支持环境，更重要的是能助推国家发展、民族进步和社会和谐。因此，要引导农村妇女牢记习近平总书记关于家庭建设的教导："我们要重视家庭文明建设，努力使千千万万个家庭成为国家发展、民族进步、社会和谐的重要基点。"②

二要引导她们构建恩爱的夫妻关系。夫妻关系是家庭关系的核心，它是以爱情为基础的婚姻关系，处理好夫妻关系的基点就是爱情，正如恩格

① 《习近平在同全国妇联新一届领导班子成员集体谈话时强调　坚持男女平等基本国策　发挥我国妇女伟大作用》，《中国妇运》2013年第11期。
② 《习近平谈治国理政》第二卷，外文出版社2017年版，第353页。

斯所言："如果说只有以爱情为基础的婚姻才是合乎道德的，那么也只有继续保持爱情的婚姻才合乎道德。"①基于此，要引导农村妇女本着爱的情怀，尊重丈夫，在丈夫外出务工、夫妻聚少离多的情形下，注意经常与丈夫沟通，关心他的工作、生活、身体情况，汇报老人、孩子的近况，以保持爱情的温度；学会宽容丈夫的缺点和不足，多赞美、鼓励丈夫，激发他的自信心和自豪感；当丈夫遇到挫折和困难时，与其同舟共济；在家庭大事决策、孩子培育、老人赡养等方面经常与丈夫交换意见，尊重丈夫的隐私、习惯、爱好等，给他足够的个人空间以形成一种温馨持久的夫妻关系。

三要引导她们构建和谐的（公）婆媳关系。作为婆婆的农村妇女，应该怀着"媳妇进门自家人，关爱理解一家亲"的理念，像对待女儿一样对待儿媳，让其尽快融入大家庭中；关心儿媳的身心需要，并尽自己所能，分担家务和管教孙辈。作为儿媳的农村妇女，应该像对待（父）母亲一样对待公婆，多点孝敬少点计较，特别是在丈夫进城务工的情况下，注意多与他们聊天谈心，关爱他们的身心健康，建立和睦、和善、和谐的（公）婆媳关系。

四要引导她们构建融洽的母子（女）关系。农村妇女特别是留守妇女是儿女营养给予和精神慰藉的依靠。作为母亲，对儿女应关爱而不溺爱，交流中指点人生，行动中以身示范，亲切中带着威严，分歧中求同存异，激励中指出不足，使儿女深感母亲是自己健康成长的引路人和保护神，从而彼此心灵相通，其乐融融。

以农村妇女为基点链接的夫妻恩爱关系、（公）婆媳和谐关系、母子（女）融洽关系，是乡风文明的重要体现，是乡村治理的重要保证，因为"慈母、孝女、贤妻对促进家庭和美、社会和谐发挥着不可替代的作用"②。

---

① 《马克思恩格斯选集》第四卷，人民出版社 2012 年版，第 94 页。
② 王岐山：《在中国特色社会主义伟大实践中撑起半边天——在中国妇女第十一次全国代表大会上的祝词》，《人民日报》2013 年 10 月 29 日。

（二）注重发挥农村妇女在家风传承中的示范作用

家风是一个家庭的价值取向、文化传承和精神风尚的总和。各级党组织和妇联应按照习近平总书记关于以社会主义核心价值观引领家风建设的指示，引导农村妇女广泛深入开展家庭文明建设活动，"以好的家风支撑起好的社会风气"[1]。在农村男性劳动力大量向城市转移的当下，农村妇女在营造和传承优良家风中的示范作用更加突出。家庭美德是优良家风的核心内容，其核心内涵主要是"尊老爱幼、男女平等、夫妻和睦、勤俭持家、邻里团结"[2]。它是引领家庭成员价值取向的指针，是联系家庭与社会之间的良好纽带。因此，要注重发挥农村妇女，特别是留守妇女独特的情感优势、角色优势，传承和弘扬家庭美德。

一要注重尊老爱幼。激励她们以细腻体贴的性别优势承担照顾长辈、哺育孩子的主体职责，使长辈起居有靠、病有所医、老有所乐，使孩子食有所足、衣有所暖、住有所居、学有所教，营造孝老爱幼、其乐融融的家庭氛围。

二要坚持男女平等。在革命年代和社会主义建设时期，农村妇女发挥着"半边天"作用；在改革开放新时期，农村妇女的自尊、自信、自立、自强意识不断增强，在推动农村经济社会发展中发挥着"超半效应"；在新时代，要引导农村妇女妥善处理家庭与事业的关系，在推进乡村振兴中彰显巾帼不让须眉的风采，谱写男女平等的优美篇章。

三要注意夫妻和睦。引导她们学习和领悟社会主义核心价值观，以文明、友好的言行举止构建和谐的夫妻关系，支持丈夫的事业发展，关心丈夫的日常生活，谨防吵架斗殴、家暴冷漠的发生，演绎"男工女耕""夫

---

[1] 中华人民共和国国务院新闻办公室：《平等　发展　共享：新中国70年妇女事业的发展与进步》，人民出版社2019年版，第43页。

[2] 中共中央党史和文献研究室编：《习近平关于注重家庭家教家风建设论述摘编》，中央文献出版社2021年版，第19页。

妻和睦"的乡村爱情剧。

四要厉行勤俭持家。"历览前贤国与家，成由节俭败由奢。"农村妇女特别是年龄偏大的妇女，因以往农村经济条件差、家庭孩子多，对勤俭持家体会深刻，而当代农村中青年妇女则对勤俭持家体会不深，因此要引导她们通过勤劳赚取收入，对老人赡养、孩子培养、家庭建设、人情往来、学习提升等支出精打细算，以维系家庭的正常运转，促进家业的兴旺发达，传承勤俭持家的良好习惯。

五要邻里团结。俗话说，远亲不如近邻。习近平总书记曾对团结协作进行过精辟论述："一个手掌，摊开是'多个指头'，握紧是'一个拳头'。""只有靠'众人拾柴'和'三个臭皮匠'之力，靠大家帮衬，工作才能做好。"① 因此，要引导农村妇女，特别是留守妇女领悟邻里守望的意义，组织或参加"农村妇女互助组""农村妇女专业合作社""农村妇女文体协会"等，生产经营上相互切磋，农忙时相互换工，红白喜事时相互帮忙，农闲时交换接送孩子、关照老人，交流生产和生活经验，共同进行文体活动，相互给予情感慰藉。

总之，发挥农村妇女在传承家庭美德、树立良好家风方面的独特作用十分重要，有利于助推乡风文明和乡村治理。

（三）注重发挥农村妇女在家庭教育中的引领作用

家庭教育工作的好坏与孩子的终身发展、千家万户的切身利益以及国家、民族的未来息息相关。习近平总书记认为"家庭是人生的第一个课堂，父母是孩子的第一任老师"，良好的家教是孩子健康成长成才的重要保障，他深切呼吁"希望大家注重家教"。② 从过去的"男耕女织"到如今的"男工女耕"，农村妇女都承担了对孩子家教的主体责任，她们传承祖辈的家

---

① 习近平：《之江新语》，浙江人民出版社 2007 年版，第 21 页。
② 《习近平谈治国理政》第二卷，外文出版社 2017 年版，第 354 页。

教经验，发挥自身的育儿智慧，根据孩子不同年龄阶段的生理和心理特点，结合农村的生产生活实际，采取启发诱导、指导教导、激励激发、以身示范、观摩体验等方式，把深深的母爱融入对孩子的家庭教育之中，潜移默化地对孩子进行着德智体美劳的启迪。

广大农村妇女对孩子富有乡土气息的言传身教，让爱国、敬业、诚信、友善、责任、担当、亲情、学习、勤劳、廉洁、公益等理念如春风化雨般浸润孩子心田，为孩子成长成才提供了丰富的精神营养，为乡风文明和乡村治理贡献了智慧和力量。不可否认，少数农村妇女崇尚迷信、虐待公婆、打牌赌博、重智轻德、重利轻义的行为对孩子产生了负面影响，这是农村基层党组织和妇联应该加以干预和规正的。

第五节　完善农村妇女事业发展的保障措施

新时代，以习近平同志为核心的党中央一方面注重推动妇女和经济社会同步发展，主张"把中国发展进步的历程同促进男女平等发展的历程更加紧密地融合在一起，使我国妇女事业发展具有更丰富的时代内涵，使我国亿万妇女肩负起更重要的责任担当"①。另一方面，从破除妇女发展障碍角度提出了一系列"顶层设计"思路，为完善农村妇女事业发展保障措施指引了方向。

一、加强党对农村妇女事业的领导

"坚持党对农村工作的全面领导"②是农村工作必须遵循的根本原则。

---

① 《习近平在同全国妇联新一届领导班子集体谈话时强调　坚持男女平等基本国策　发挥我国妇女伟大作用》，《中国妇运》2013 年第 11 期。
② 《中国共产党农村工作条例》，《农村工作通讯》2020 年第 15 期。

农村妇女作为农民的重要组成部分，其事业发展当然离不开党的领导和指引，农村妇女典范人物事业有成既得益于党的路线、方针、政策的引领和强农、惠农、富农政策的扶持，又得益于她们听党话、感党恩、跟党走，充分证明了党的全面领导是农村妇女事业发展的根本保证。

（一）加强农村基层党组织对农村妇女的思想政治引领

思想是行动的先导。促进农村妇女事业发展，农村基层党组织需要加强思想政治引领，提振农村妇女的事业心，将事业发展融入党和国家事业发展的大局。

一要不断提高农村妇女的政治领悟力。以讲习所、院坝会、家庭会等为契机，强化农村妇女的政治理论学习，引导她们积极主动地学习习近平新时代中国特色社会主义思想、党的妇女发展理论，联系实际地领悟党中央有关农村妇女事业发展、乡村振兴战略实施以及"三农"工作的方针政策，并将这些核心要义学深悟透，用于武装头脑、指导实践、发展事业，争做政治上的"明白人"。

二要不断提高农村妇女的政治判断力。当今社会，各种思潮形形色色，意识形态纷繁复杂。应充分利用中国传统节日和三八妇女节、五一劳动节、农民丰收节等纪念节日，创新庆祝活动方式，加强"巾帼建新功，共筑中国梦""巾帼心向党，建功新时代""我与中国梦""学党史、悟思想、办实事、开新局"等爱国爱党主题教育，教育引导农村妇女听党话、感党恩、跟党走，自觉抵制西方资产阶级个人主义、利己主义、自由主义等不良社会思潮的侵袭，在自身事业发展过程中，深刻领悟"两个确立"的重要意义，增强"四个意识"，坚定"四个自信"，做到"两个维护"，在大是大非面前立场坚定、旗帜鲜明，在振兴乡村、追逐中国梦中自觉践行社会主义核心价值观，放飞自己的事业理想。

三要不断提高农村妇女的政治执行力。深化村民自治实践，引导农村妇女依法参与民主选举、民主协商、民主决策、民主管理、民主监督，提高她们的政治参与能力。引导农村妇女贯彻落实党中央决策部署，切实将全面推进乡村振兴、实现农业农村现代化等党的路线、方针、政策作为自身生产生活的行动指南。积极参与"乡村振兴巾帼行动"，把握自身事业发展的普遍性和特殊性，创造性地将党中央战略决策部署与"三农"工作实际紧密结合起来，不断开创事业发展新局面。

（二）发挥农村基层党组织对农村妇女事业发展的推动作用

2018 年 4 月 24 日，习近平总书记在湖北宜昌夷陵区太平溪镇许家冲村考察时强调："乡村振兴不是坐享其成，等不来、也送不来，要靠广大农民奋斗。村党支部要成为帮助农民致富、维护农村稳定、推进乡村振兴的坚强战斗堡垒。"[①]农村党支部在推动农村妇女事业发展中扮演着重要角色。

一要加大农村妇女党员发展力度。按照早发现、早关心、早育苗的党员发展思路，积极主动做好农村妇女入党动员宣传、教育引导工作，及时把政治素养高、群众基础好、思想状况佳、综合能力强的农村妇女入党申请人确定为入党积极分子，入党指标坚持向回乡创业女农人、返乡女大学生、致富女能手等倾斜，把农村妇女紧密团结在党组织周围，不断充实农村基层党组织的后备力量。大力实施"发展年轻党员行动计划"，积极发展农村 35 周岁以下优秀女性青年入党，着力破解农村党员队伍"老龄化"问题，优化农村党员队伍结构，增强农村基层党组织中女性党员的生机与活力。

二要注重提拔农村妇女党员干部。全面贯彻落实《中国妇女发展纲要（2021—2030 年）》中关于"村委会成员中女性比例达到 30% 以上，村委会主任中女性比例逐步提高"[②]的相关规定，让优秀农村妇女党员同

---

① 《习近平在湖北考察时强调　坚持新发展理念打好"三大攻坚战"　奋力谱写新时代湖北发展新篇章》，《人民日报》2018 年 4 月 29 日。

② 《国务院关于印发中国妇女发展纲要和中国儿童发展纲要的通知》，《中华人民共和国国务院公报》2021 年第 29 期。

志在村民纠纷调解、政策宣传、村务监督、村级党建、村集体经济组织等重要岗位上锻炼成长，使其实际工作能力不断增强，逐步得到广大农村党员和农民群众的认可和爱戴。加快各地乡镇党校建设，对新上任的农村妇女干部"扶上马、送一程"，组织开展农村妇女干部培训，邀请相关专家、学者为她们讲授基层党建、乡村振兴、财务管理、基层治理等专题党课，着力提升农村"巾帼领头雁"的政治素养及业务水平。建立农村妇女党员干部后备人才库，有计划地将农村优秀妇女党员推选为村民代表、村民小组组长，对优先达到胜任村党总支书记、主任基本条件的农村妇女党员，积极"给位置"，勇于"压担子"，使她们在发展农村经济、推进乡村治理、提高文明程度、建设美丽乡村等方面发挥不可替代的作用。

三要发挥农村妇女党员的先锋模范作用。强化农村妇女党员的宣传教育作用，激励农村妇女党员在深化"百千万巾帼大宣讲"活动中踊跃表现、积极作为，深入农村田间地头、大街小巷，用农村妇女听得明白、听得清楚的通俗语言，开展接地气、有特色的宣讲活动，切实增强广大农村妇女对党的创新理论的政治认同、思想认同和情感认同，提振她们振兴乡村的精神士气。强化农村妇女党员的示范引领作用，激励她们在推动产业兴旺中显身手，在营造生态宜居中善作为，在促进乡风文明中敢担当，在推进治理有效中创佳绩，在追求生活富裕中展风采。在乡村振兴与事业发展中厚植家国情怀，感恩党的关怀，强化责任担当，提高工作能力，践行初心使命，不负时代韶华，时刻奋斗在党和国家、人民最需要的地方，以模范行为引领广大农村妇女事业发展。

二、推进农村妇女权益维护法治化

习近平总书记明确指出："妇女权益是基本人权。我们要把保障妇女权益系统纳入法律法规，上升为国家意志，内化为社会行为规范。"①我国现行宪法、刑法、民法典、妇女权益保障法、劳动法、就业促进法、选举法、农村土地承包法、母婴保健法、反家庭暴力法等，为包括农村妇女在内的广大妇女的权益保障提供了法律依据。然而，由于农村经济文化落后，留守妇女数量偏多，农村妇女法律意识偏低，加上一些法律条文执行不到位，一些侵害农村妇女权益的性侵、遗弃、虐待等行为并未受到法律制裁，损害农村妇女在集体经济组织中权益的行为也时有发生。据此，我国应着力推进农村妇女权益维护法治化建设，在立法、司法、行政过程中关注农村妇女需求，维护农村妇女权益。

（一）增强农村妇女和农村干部的法律意识

一要提升农村妇女的依法维权意识。通过电视、广播、宣传栏、网络、书籍等载体，以案例分析的方式引导农村妇女学法、知法、用法；组织农村"法律明白人"为农村妇女开展讲座，讲授与她们的权益密切相关的法律条文，增强她们的依法维权能力。二要提高农村干部的依法行政意识。农村干部是国家法律政策最基层的执行者，是农村工作的"领头雁"，他们在领导村民自治过程中对待农村妇女权益的态度，不仅在很大程度上影响着村民的态度，而且影响着妇女权益的真正落实。因此，应加强对农村干部的法治培训，提高农村干部运用法治思维和法治方式处理农村妇女权益保护问题的能力，努力提升农村妇女权益保障的法治化水平。负责村规民约备案的政府部门要积极指导村规民约的制定，对农村干部进行妇女权益保障教育，提醒他们注重男女平等，坚持强化法律制度与改变传统惯俗相结合，使村规民约不得与宪法、法律、政策等相冲突。

---

① 习近平：《促进妇女全面发展　共建共享美好世界——在全球妇女峰会上的讲话》，《人民日报》2015 年 9 月 28 日。

（二）执行和完善保障农村妇女权益的相关法律法规

一要严格执行保障农村妇女经济权益的法律法规。土地承包经营、集体经济组织收益分配等方面的权益均是农村妇女的重要经济权利。2018年修改的《中华人民共和国农村土地承包法》第六条明确规定："任何组织和个人不得剥夺、侵害妇女应当享有的土地承包经营权。"第三十一条规定，承包期内，妇女结婚、离婚或者丧偶，且在新居住地未取得承包地的，发包方不得收回其原承包地。2022年修订的《中华人民共和国妇女权益保障法》第五十五条规定，妇女在农村集体经济组织成员身份确认、土地承包经营等方面，享有与男子平等的权利。2024年颁布的《中华人民共和国农村集体经济组织法》第八条规定，不得以妇女未婚、结婚、离婚等为由，侵害妇女在农村集体经济组织中的各项权益。以上规定共同致力于保障农村妇女各项经济权益享有与男子平等的权利。但由于部分地方受传统性别观念的影响，农村妇女在土地承包等方面仍面临不平等，这就需要加大法律的执行力度：加强法律宣传，确保农村妇女了解自身经济权益，并在其权益受到侵害时能积极寻求救济；加强法律监督，确保相关法律在实际操作中严格执行到位。

二要完善保障农村妇女婚姻家庭权益的法律法规。例如，基于我国农村妇女从事家务劳动而没有显性收入的事实，采纳"我国婚姻家庭法律法规应当明确家务劳动的衡量标准，尤其对于农村家庭分工与收入分配作出更加细致的规定"[1]的建议，以明晰农村妇女的财产权。针对某些农村留守妻子或"打工妻子"对于丈夫"婚外情""隐匿财产"情节难以举证的弱势情况，婚姻法律法规应该明确男方所在单位、近亲属的证明责任以及金融机构的协助义务，以保护农村妇女的婚姻财产权。针对《中华人民共

---

[1] 黄海娜：《如何保障农村妇女的婚姻家庭权益》，《吉林省教育学院学报（中旬）》2013年第11期。

和国反家庭暴力法》出台后仍有农村家庭施暴者逃避了处罚的情形，建议今后在修改该法时，增加"设立专门的家庭暴力防治机构"内容以及建立家庭暴力案件快速响应机制，统筹协调各方资源，为受害者提供一站式服务；建立施暴者行为记录制度，对多次施暴者进行重点监控与干预，保护农村妇女的人身安全。

三要完善保障农村妇女政治、文化等权益的法律法规。例如，基于农村妇女发挥"超半效应"的事实，其参政比例应该突破《中国妇女发展纲要（2020—2030 年）》关于"村委会成员中女性比例达到 30% 以上"[1]的规定，让政治素质好、道德品质优、工作能力强的农村女性更多地进入村"两委"，保障农村妇女的参政权益。根据女性尤其是农村妇女就业易遭歧视的现状，要进一步细化劳动法、就业促进法以及妇女权益保障法等法律中关于性别平等和反就业歧视范围及其相应处罚措施，劳动监察部门应加强对用人单位招聘、招用农村妇女行为的监督，对存在性别歧视的行为依法查处；同时，对遭遇就业歧视的农村妇女加大免费法律援助力度，帮助她们通过法律维护自身权益。在未来要出台反就业歧视法，用明确的立法和严格的执法，为妇女就业撑起一把法律保护伞。针对农村男性习惯于把教育孩子、照顾老人、料理家务等事项推给女性的情形，今后在修改民法典、妇女权益保障法等法律时应进一步明确性别平等原则，强调家庭责任应由夫妻双方共同承担，鼓励夫妻通过协议明确家庭分工且法律认可并保障此类协议的效力，以此减轻农村妇女的家庭责任负担。针对我国体育法规方面对农村妇女这一群体的体育参与缺少明确内容和操作方案的现状，"政府应制定相关的法律政策保障农村妇女的体育权利"[2]。

---

① 《国务院关于印发中国妇女发展纲要和中国儿童发展纲要的通知》，《中华人民共和国国务院公报》2021 年第 29 期。

② 林金玉、熊欢：《农村妇女健康促进的体育行动与策略——基于广东省清远市 J 村妇女的行动研究》，《上海体育学院学报》2021 年第 1 期。

（三）多方共打保障农村妇女权益的组合拳

农村妇女权益的保障需要政府相关职能部门、检察机关、法院、人大、妇联和民间妇女组织的通力合作，形成有效的协同联动机制。例如：民政部门应为弱势农村妇女设立专门的救助站或庇护所，为无家可归或有家难归的农村妇女提供必要援助；农业部门应对农村大龄女、出嫁女、离婚女和丧偶女的土地权益保障给予高度关注，加大惩处侵害农村妇女土地权益行为的力度；公安机关应加强对家暴农村妇女行为的干预和制止，防止施暴者逍遥法外；金融机构应为因离婚而面临家庭财产分割的农村妇女承担协查义务，防止其丈夫"隐匿财产"行为的发生；劳动行政部门应监管和制止劳动力市场上对农村妇女的就业歧视和权益侵犯行为；检察机关应通过法律监督、普法宣传、司法救助等方式为农村妇女提供法律保障和服务；法院"可以在法院业务庭设立吸收妇女维权干部作为人民陪审员组成的相对稳定的'反家暴合议庭''离婚案件合议庭''维权合议庭'等"[①]，使婚姻家庭和妇女维权案件得到专门审理，提升农村妇女权益保障效果；人大应通过立法、监督、政策建议和代表履职等方式，推动农村妇女权益的保护和提升；妇联应为农村妇女依法维权提供法律咨询，并为受害农村妇女寻找司法部门维权牵线搭桥等。这些无疑都会对保障农村妇女权益产生聚力作用，从而推进农村妇女事业发展。

三、关爱农村妇女身心健康常态化

身体是干事创业的本钱，健康是幸福快乐的基础。妇女的健康权是妇女基本人权的一部分，农村妇女同样应该拥有健康权。健康不仅是指身体

---

① 欧仁山、李艳梅：《运用法治手段促进和保障农村妇女的发展》，《社会科学家》2017年第12期。

无疾病，还包括心理健康和对社会的适应性。基于充分发挥农村妇女"超半效应"之需要，针对当下农村妇女中高血压、冠心病、肠胃病、肥胖和肿瘤等慢性病患病率高、"约有一半的妇女患有妇科疾病"[1]、自杀死亡率"仍然高于城市男性和女性"[2]等情形，各级党委、政府和妇联应自觉遵循习近平总书记关于"特别是要关注农村妇女"[3]健康需求的指示，在增强农村妇女健康素质方面做文章，使农村妇女沐浴在幸福安宁的阳光里。

（一）着力提高农村妇女的健康意识

一方面，通过广播、电视、网络、书籍等，向农村妇女宣传注重健康的重要性。引导她们充分认识到：自身健康不仅关系到能否享受美好生活，也关系到家庭成员的幸福和谐以及下一代的健康成长，还影响到乡村振兴战略实施的进程。另一方面，通过开展常态化的健康知识进乡村活动，采取资料发放、知识讲座、案例分析等方式，向农村妇女阐述不良生活习惯的危害性。引导她们认识到：膳食单一、多盐多油容易引发慢性非传染性疾病，过度任劳任怨、吃苦蛮干而落下一身病痛是得不偿失的行为，"不干不净，吃了没病"是无知落后的生活方式，"小病拖，大病扛"是贪小失大的愚昧做法等，从而强化她们的自我保健意识，促使她们自觉改变不良生活习惯，自觉构建科学合理健康的膳食结构和生活方式，注重疾病防护和自身保健。

（二）大力消除农村妇女的疾病根源

一要进一步提升农业生产机械化、信息化的应用程度。大力推广和应

---

① 田凌云：《我国农村妇女妇科病发病情况与防治措施》，《实用妇科内分泌电子杂志》2020 年第 2 期。

② 蔡一平：《妇女与健康》，《山东女子学院学报》2020 年第 4 期。

③ 习近平：《促进妇女全面发展　共建共享美好世界——在全球妇女峰会上的讲话》，《人民日报》2015 年 9 月 28 日。

用新型农机设备，大力推动"互联网＋农机"的深度融合，大力推进农业生产由机械化向智能化发展，减轻农村妇女的农事劳动强度，减少她们因劳动强度过大而导致妇科病、风湿病等疾病产生的风险。二要进一步促进农村家庭炊事工作升级。大力推进农村沼气、太阳能、天然气等资源的开发利用，积极推广太阳能、地热能、风能、海洋能等新能源在农村家庭生活中的应用，让农村妇女从"打柴烧饭、烟熏火燎、厨房脏乱"①的炊事工作状态中解放出来，以降低产生咳嗽、哮喘、眼疾、酸痛等疾病发生的概率。三要进一步消除农村环境污染对农村妇女健康的影响。当下"空气、水、土壤的环境污染问题及其对人类健康的潜在有害影响日益受到重视"②，基于农村环境污染问题，应大力推进农村厕所革命，禁止农村牲畜散养，减少人畜排泄物对水、空气的污染。推进化肥农药农膜等化学投入品减量，减少其对土壤及农作物的污染，保障粮食安全。推进乡村水泥、沥青公路建设，禁止随意焚烧秸秆、稻草，以免尘土、烟雾污染空气。推进美丽庭院建设，防止农村房前屋后出现蚊虫飞舞的现象，为农村妇女营造良好的生活环境，减少因空气、水、土壤污染给她们带来疾病风险。

（三）努力强化农村妇女的健康保障

一要增强对农村妇女的体育活动投入。毛泽东早就号召"发展体育运动，增强人民体质"。习近平总书记认为人的身体健康是其成长和发展的重要基础，要求"广泛开展全民健身运动，促进群众体育和竞技体育全面发展"③。农村妇女也需要通过体育运动提高身心健康水平，地方政府应加大对农村妇女健身场馆、健身器材等公共设施建设的投入力

---

① 贾广东：《促进农村妇女事业科学发展》，《中国妇运》2009 年第 3 期。
② 蔡一平：《妇女与健康》，《山东女子学院学报》2020 年第 4 期。
③ 中共中央文献研究室编：《十八大以来重要文献选编》上，中央文献出版社 2014 年版，第 190 页。

度，相关文化、体育部门应加强对农村妇女进行运动有益健康的宣传、教育，鼓励农村妇女开展广场舞、乒乓球、羽毛球、太极拳、瑜伽等体育活动锻炼。社区应邀请运动、健康专家给农村妇女进行运动竞技和运动促进健康知识培训，使农村妇女开展健身运动有场所、愉悦身心有技巧，从体育活动中获得积极的健身体验，通过体育运动不断增强体质。

二要完善对农村妇女的健康保障机制。组织农村妇女健康知识讲座，重点普及"两癌"（乳腺癌、子宫癌）预防、食品卫生、家庭急救与护理等卫生保健知识，确保农村妇女具有基本的自我保健能力；定期组织农村妇女免费进行妇科检查和"两癌"筛查，保障她们有病"早发现，早诊断、早治疗"；加大对患病贫困妇女的救治力度，健全并落实"基本医保＋大病保险＋精准扶贫补充医保＋医疗救助＋疾病应急救助＋商业健康保险＋慈善救助"[1] 七位一体的健康扶贫工作机制，保障患大病、重病的农村贫困妇女能够得到有力救助。

三要丰富农村妇女心理关爱活动。设立乡镇或村级心理咨询室，安排心理咨询工作人员，为有需求的农村妇女进行心理咨询，使其倾诉烦恼有去处、打开心扉有窗口；建立乡镇心理健康热线，随时指导农村妇女排解心理困惑；基层妇联通过访谈等形式进行心理健康问题排查，整体把握农村妇女的心理动态，对于心理异常者及时进行心理干预，防止心理问题严重化。组织农村妇女开展心得交流活动，利用三八妇女节、五一劳动节、母亲节、读书节、丰收节等时间节点，安排农村妇女进行学文化、学技术、生产经营、教育子女、侍候老人、安全防护、养生保健、美容美发等心得体会交流，拓宽视野，融洽情感。通过系列心理健康关爱活动，促进农村妇女身心愉悦，事业有成。

---

[1] 阮芳、熊昌娥、陈海莲等：《脱贫攻坚背景下咸宁市农村贫困妇女健康扶贫路径研究》，《湖北科技学院学报》2020 年第 3 期。

四、推动农村家庭家务劳动社会化

"男主外，女主内"的传统性别观念在我国农村根深蒂固，农村家庭的家务劳动主要由妇女承担的历史由来已久，农村妇女对家务劳动价值的隐性化也习以为常，新中国成立后这种情况有所改观，但整体情况并不理想，亟待进一步改进。

（一）家务劳动社会化有益于农村妇女的全面发展

所谓农村家务劳动社会化，即将以前农村各家各户由女性承担的满足家庭成员生活需要的各种无偿的家务劳动，转移到公共经济中去，部分转由社会组织和市场提供。推动农村家务劳动社会化对农村妇女的全面发展具有诸多益处。

一是有利于促进农村妇女的真正解放。恩格斯指出："妇女的解放，只有在妇女可以大量地、社会规模地参加生产，而家务劳动只占她们极少的工夫的时候，才有可能。"[1] 当下，农村妇女的确早已参与到社会劳动中，获得了自身解放的第一个先决条件，但是家务劳动仍然是她们事业发展的牵绊。《2018 年全国时间利用调查公报》显示：女性平均每天投入家务劳动为 2 小时 6 分钟，男性为 45 分钟，女性比男性多了 1 小时 21 分钟。[2] 客观来说，这只是对全国女性在家务劳动中付出的时间远超男性的一个整体统计，其实，在"男主外，女主内"意识较浓的我国农村，家务劳动责任主体由妇女承担的家庭不在少数，"甩手掌柜"式的男性随处可见，农村留守妇女在没有丈夫分担家务的情况下，更是把业余时间奉献给了家务劳动。推动农村家务劳动社会化，让农村妇女有机会进行减少家务劳动的选择，例如，不愿带孩子可以雇保姆或送托儿所，没精力照顾体弱

---

① 《马克思恩格斯选集》第四卷，人民出版社 2012 年版，第 178—179 页。
② 朱颖：《家务劳动社会化问题研究》，《重庆社会科学》2019 年第 11 期。

多病的老人可以将其托付给社区养老院，不愿烧菜做饭时可以像城里人一样点外卖或订餐，无力辅导孩子学习时可以送其上辅导班或请家教，没时间搞卫生可以请"钟点工"，等等，有利于农村妇女从繁重的家务劳动中解放出来，心无挂碍地从事社会活动。

二是有利于提高农村妇女的生活品位。在生产劳动和家务劳动的双重压力下，农村妇女基本是忙于物质生活的满足和家庭生活的运转，少有闲暇时间自主安排生活内容。推广农村家务劳动社会化，农村妇女则有机会从非生产性的、琐碎劳累的家务劳动中解放出来，在生产劳动之余，可以参加广场舞、健身操、瑜伽、田径球类等文体活动，强身健体，愉悦身心；可以参加职业技能培训，提高运用农业科技的水平，增强运用农业实用技术的能力，提升劳动生产率；可以阅读图书杂志，领会知识的神奇；可以扩大自己的活动范围，拓展自己的交往对象，广猎资源与信息；可以多与家人沟通交流，融洽彼此情感；等等。从而满足自己的精神文化生活需要，提高自己的生活品位，促进自己的全面发展，并为事业发展奠定良好基础。

三是有利于促进农村妇女致力乡村振兴。推广农村家务劳动社会化，能节省分散在千家万户的农村妇女的家务劳动时间，增加社会劳动时间，提高农业农村生产效率。马克思曾说："一切节约归根到底都归结为时间的节约。"[1]"真正的节约——经济＝劳动时间的节约＝生产力的发展。"[2]家务劳动社会化自然会增加农村妇女投入农业生产经营的时间和精力，推进产业兴旺；使得她们有时间和精力进行生态文明建设，促进生态宜居；使得乡村幼有所扶，学有所教，老有所养，免去农村妇女因婴幼儿无人看管的烦恼、孩子学习无人辅导的揪心以及无力照料老人的愧疚，促进乡风文明；使得她们有时间和精力参加村民自治，促进乡村治理有效。

---

[1]　《马克思恩格斯全集》第三十卷，人民出版社 1995 年版，第 123 页。

[2]　《马克思恩格斯全集》第三十一卷，人民出版社 1998 年版，第 619 页。

（二）推动农村家务劳动社会化的基本条件

实现农村家务劳动社会化，既是一种美好愿望，也是一种发展趋势，但是要使这种美好愿望变为现实，还需要创造诸多条件。

第一，推进产业兴旺是推动农村家务劳动社会化的根本前提。当下农村经济相对落后是制约农村家务劳动社会化的根本原因。因此，必须积极实施乡村振兴战略，按照"做强一产、做优二产、做活三产"①的思路构建农村一二三产业融合发展体系，激活农村产业发展新动能；根据当地环境、气候、资源、文化等特点，积极发展特色产业，打造特色品牌，使之"具有不可替代的特色"②，提高产业竞争力；推进农业科技创新，加强农业科技成果的推广应用，为乡村产业兴旺提供强大科技支撑。只有产业兴旺了，才能为农村妇女就地就业创业提供良好机遇，才能提高农家的经济收入水平，使其有更多的可支配收入，从而为支付家务劳动社会化的成本提供重要保证。

第二，净化性别文化是推动农村家务劳动社会化的文化基础。"男主外，女主内"的传统性别文化在农村盘根错节，也是制约农村家务劳动社会化的重要原因。因此，必须净化农村性别文化，大力宣传男女平等国策，加强农村和谐家庭建设，使乡村社会重视妇女参加社会劳动的现实，同等看待家务劳动与社会劳动的价值，关心妇女事业发展，关爱妇女身心健康，改变"妇女做家务是天经地义，请人做家务是钱烧手"的传统想法，改变"老人住养老院是儿女不孝"的传统观念，在发展"夫妻合作型家务劳动模式"的同时，营造农村家务劳动社会化的良好氛围。

第三，健全服务体系是推动农村家务劳动社会化的必要条件。建议借

---

① 国务院办公厅政府信息与政务公开办公室编：《国务院大众创业万众创新政策选编》，人民出版社 2015 年版，第 306 页。

② 朱启臻：《关于乡村产业兴旺问题的探讨》，《行政管理改革》2018 年第 8 期。

鉴北欧五国关照女性实际生活的"儿童日托制度和家务公共帮助体系"①，建立健全我国农村家务公共服务体系，办好农村幼儿园，发展农村养老机构和家政服务公司，将儿童照顾、居家打扫、老人照料等家务统一归于社会公共服务体系，为农村女性尤其是留守女性从繁重的家务劳动束缚中解放出来提供支持保障。

五、促进农村基层妇联服务优质化

妇联组织是党和政府密切联系妇女群众的桥梁和纽带，"引领、服务、联系"② 广大妇女是妇联组织必须履行的职责。农村基层妇联作为中国共产党领导下的农村妇女群众组织，在实施乡村振兴战略的背景下，也应切实履行各项职责，明确角色定位，着力为农村妇女提供优质关爱服务，助推农村妇女事业和乡村全面振兴同步发展。

（一）农村妇女思想的"引领者"

农村妇女事业发展必须坚持党的全面领导，始终坚持正确的政治方向，与党同心同行，因此，农村基层妇联应切实加强对农村妇女的思想政治引领。"把思想政治引领贯穿于妇联开展的各种活动"③ 之中，着力解决农村妇女不同程度地存在的自信意识不强、理想信念模糊、精神空虚迷茫、保守意识较浓等问题，发挥好对她们的思想政治引领作用，提振她们献力乡村振兴的思想觉悟和精神士气。

① 黄粹：《当代中国妇女组织发展的制度创新研究》，人民出版社 2016 年版，第 37 页。
② 《习近平在同全国妇联新一届领导班子成员集体谈话时强调　坚定不移走中国特色社会主义妇女发展道路　组织动员广大妇女为中国式现代化建设贡献巾帼力量》，《人民日报》2023 年 10 月 31 日。
③ 《习近平在同全国妇联新一届领导班子成员集体谈话时强调　坚持中国特色社会主义妇女发展道路　组织动员妇女走在时代前列建功立业》，《中国妇运》2018 年第 11 期。

一要精选引领主题。根据新时代"乡村振兴巾帼行动"需要，组织农村妇女开展"农村妇女与乡村振兴""巾帼心向党，建功新时代""我与中国梦""农村妇女与美好生活"以及寻找农村"最美家庭""好妻子""好婆媳""好邻里"等主题教育活动，引导她们学习、理解党的路线、方针和政策，领悟社会主义核心价值观，了解世界发展大势，展望祖国美好未来，激励她们凝聚智慧、奋发有为，切实将思想和行动统一到乡村振兴大局上来。二要丰富引领内容。着力打造"巾帼乡村大讲堂"，举办"四自"精神、政治参与、道德修养、文化传承、就业创业、庭院建设、养生美容、婚姻家庭、法律维权等不同专题的公益性讲座，引导农村妇女仰望天空，脚踏实地。三是广辟引领窗口。在广泛利用广播、电视、报纸、杂志、宣传栏等宣传窗口的同时，充分发挥网络窗口的优势，利用好微信、微博、微电影、抖音、博客等传播手段，对农村妇女进行多角度、多方位、多层面的思想政治引领，让她们在喜闻乐见的引领活动中，接受思想洗礼，领悟思想精髓，感受精神力量，提振精神风貌。

（二）农村妇女情感的"贴心人"

部分农村妇女，特别是留守妇女，由于科学文化素质不高、家务农活繁忙、传统性别意识较浓等原因，羞于情感表达，苦于情感缺失。农村基层妇联作为农村妇女的"娘家"，应扮演好农村妇女情感贴心人的角色，为她们提供优质的情感贴心服务。

一要通过走访、座谈等方式，深入调研农村妇女特别是留守妇女、贫困妇女、病残妇女、单亲妇女、老年妇女群体和家庭的需求，协调解决她们的急难愁盼问题，让她们深切感受党的关怀和妇联组织的温暖。二要通过谈心交心、心理咨询等方式，了解农村妇女的情感状态，指导她们释放消极情感，发展积极情感，鼓励她们通过谈话、电话、微信、QQ 等大胆地表达对丈夫的关心、对老人的敬爱、对孩子的关爱和对亲朋的友爱，以获得精神上的愉悦与满足。三要通过组织农村妇女开展广场舞、健身操、吹拉弹唱等活动，使她们在彼此积极互动中找到倾诉对象和情感抒发的通道，释放因农活家务繁重而长期积累的孤独、寂寞、焦虑等不良情绪，在群体活动中找到自我归属感。四要通过网络平台向农村妇女及时传递时事新闻、农业科技、妇幼保健、育儿经验、老人赡养、交往艺术、塑身美容、烹饪技巧、庭院建设等方面的信息，真正成为农村妇女信得过、靠得住的贴心娘家人。

（三）农村妇女致富的"助推器"

产业兴旺、创业就业是农村妇女增收致富的前提和保证。农村基层妇联应为农村妇女增收致富助一臂之力。一要组织职业技能培训。充分利用农村"妇女之家""农家书屋""乡村巾帼大讲堂"等活动阵地和网络平台，对农村妇女进行农业实用技术、农产品加工、家政服务、手工制作、乡村旅游、电子商务等职业技能培训，增强农村妇女的增收致富能力。二要推进科技服务下乡。编发实用科技资料，为农村妇女提供致富科技信息；联系和聘请科技专家顾问，对农村妇女进行科普宣讲，指导她们学习运用农业实用新技术，促进农业科技成果与农业生产经营的对接，增强农村妇女应用新技术、推广新项目的能力。三要推广增收致富模式。借鉴、推广"社区工厂＋贫困妇女""农业园区＋贫困妇女""合作社＋贫困妇女""能人大户＋贫困妇女""生态旅游＋贫困妇女"[1] 等巾帼脱贫产业发展模式，为农村妇女搭建就地就业创业的良好平台，满足她们离土不离家的愿望，挖掘她们开发本地资源的潜能，激发她们增收致富的活力。四要选树妇女事业有成典范。选拔推介科技种养女能手、农业企业女强人、家庭农场女场主、专业合作社女负责人、农业技术女骨干以及脱贫攻坚女干部等，激励广大农村妇女学习女性典范人物的精神持质和事业发展的成功经验，推动农村妇女勇做事业发展的强者，"让更多农村妇女走向乡村振兴舞台

---

① 陕西省安康市妇联：《构建"5+1"模式助力巾帼脱贫》，《中国妇运》2019 年第 8 期。

中央"①。

（四）农村妇女权益的"保护神"

农村基层妇联作为党和政府联系农村妇女的桥梁和纽带，肩负着维护农村妇女权益的神圣使命：一要提高农村妇女的维权意识与能力。通过组织农村"法律明白人"讲座、"法律大讲堂"等方式，引导她们学法、知法、懂法、用法，重点讲解与农村妇女权益密切相关的法律法规，提高农村妇女维护自身权益的意识与能力。二要接受农村妇女的维权投诉与咨询。耐心听取农村妇女的维权投诉，并对她们进行心理调适和政策、法律方面的维权指导，增添她们维权的信心。三要推进农村妇女维权问题的有效解决。"在党的领导下最广泛联系立法、执法、司法等主体"②，站在维护农村妇女权益的立场上，反映农村妇女的意愿和诉求，提出解决农村妇女维权问题的意见建议，推进立法、执法、司法主体积极有效地解决农村妇女的维权问题，增强农村妇女的获得感、幸福感和安全感。

---

① 吴军华、李菁雯：《让更多农村妇女走向乡村振兴舞台中央》，《中国妇女报》2022 年 8 月 23 日。
② 曲相霏：《妇联组织在妇女维权中发挥重要而独特作用》，《中国妇女报》2019 年 11 月 6 日。

结　语

　　新中国成立以来，我国农村妇女因其蕴藏的巨大能量，在"发动广大的妇女群众参加生产活动"[①] 等国家宏大叙事话语的激励下奋发崛起、崭露头角，经历了从"家庭场域"到"社会场域"的巨大转变，成为推动农村经济社会发展不可或缺的重要力量，创造了由"半边天"作用向"超半效应"转化的"新景观"，极大地推动了我国妇女解放的整体进程。基于大历史观，我国农村妇女解放历程在贯通历史、现实与未来的整体逻辑中展开，经历了从"麻木顺从"到"觉醒抗争"，到"劳动本色"，再到"自立自强"的华丽蜕变，走出了一条彰显女性魅力、焕发时代光彩的解放之路。显然，这条追求解放的蜕变之路既得益于党和政府的领导，又得益于经济社会发展作用的推动，还得益于社会性别主流化的影响，并对改善农村妇女生产生活、提振农村妇女精神风貌、促进农村妇女事业发展、提升农村妇女社会地位、塑造农村妇女良好形象产生了重大影响。

　　新时代的中国正处于中华民族伟大复兴战略全局和世界百年未有之大变局复杂环境之中，实施乡村振兴战略作为实现中华民族伟大复兴的一个重大任务，也是为全球解决乡村问题贡献的中国智慧和中国方案。而这一具有中国特色的乡村问题解决方案，离不开农村妇女的广泛参与和积极行动，更离不开农村妇女事业的不断发展和长足进步。新时代促进农村妇女

[①]　中华人民共和国全国妇女联合会编：《毛泽东主席论妇女》，人民出版社 1978 年版，第 18 页。

事业发展既是走中国特色社会主义乡村振兴道路的题中之义，又是推进农业农村现代化、实现农业强国目标的重要途径。因此，要在深刻把握农村妇女事业发展的"历史出场"与"当代在场"的互动逻辑中，促进农村妇女实现全面发展，满足农村妇女美好生活需要。

据此，本书基于马克思主义关于人的全面发展理论和妇女发展理论，根据新时代实施乡村振兴战略的现实要求，对农村妇女事业发展进行了系统研究。一是提出了改革开放以来农村妇女在农村经济社会发展中发挥了"超半效应"的学术观点并认为这种"超半效应"也将成为新时代乡村振兴战略实施中的一大特色。二是阐述了乡村振兴战略实施与农村妇女事业发展的良性互动关系。三是在总结农村妇女事业发展成就的基础上，透析了农村妇女在乡村振兴战略实施中发挥"超半效应"所面临的现实困境。四是采用理论研究与实证分析相结合的方法，剖析了乡村振兴战略视阈下农村妇女事业发展的社会制约因素、地方政府制约因素、家庭制约因素和自身制约因素。五是基于农村妇女典范人物事业发展的实践范例，阐述了其精神特质及事业有成的经验启示。六是结合内因和外因的辩证关系，提出了乡村振兴战略视阈下要为农村妇女事业发展搭建现代平台、夯实智力支撑、强化精神支持、彰显个性特色、完善保障措施等路径选择。

当然，鉴于"农村妇女事业发展"与"乡村振兴战略实施"有机统一的"乡村时代课题"的宏大性，仍有许多值得深入挖掘、阐述、研究之处。一是彰显研究的差异性。比较分析不同地区农村妇女事业发展状况，并且提出有针对性的促进举措。二是引入"他者"视角。农村妇女作为社会存在的人，其事业发展高度在一定程度上是多方合力作用的结果。应进一步将"他者"视角作为农村妇女事业发展的侧面佐证。三是形成农村妇女典范人物事业发展的榜样激励机制。农村妇女典范人物作为农村妇女事业发展的现实标杆，不仅要"选"出来，更要"立"起来，通过建立起榜样激励机制，进而达到"树立一个、带动一批、影响一片"的良好效果。

参考文献

一、经典文献

1.《马克恩格斯选集》（第 1—4 卷），人民出版社 2012 年版。

2.《马克思恩格斯全集》（第 3 卷），人民出版社 1960 年版。

3.《马克思恩格斯全集》（第 23 卷），人民出版社 1972 年版。

4.《马克思恩格斯全集》（第 30 卷），人民出版社 1995 年版。

5.《马克思恩格斯全集》（第 31 卷），人民出版社 1998 年版。

6.《列宁全集》（第 42 卷），人民出版社 2017 年版。

7.《毛泽东选集》（第 1—4 卷），人民出版社 1991 年版。

8.《毛泽东文集》（第 1—2 卷），人民出版社 1993 年版。

9.《毛泽东文集》（第 3—5 卷），人民出版社 1996 年版。

10.《毛泽东文集》（第 6—8 卷），人民出版社 1999 年版。

11.《邓小平文选》（第 1—2 卷），人民出版社 1994 年版。

12.《邓小平文选》（第 3 卷），人民出版社 1993 年版。

13.《江泽民文选》（第 1—3 卷），人民出版社 2006 年版。

14.《胡锦涛文选》（第 1—3 卷），人民出版社 2016 年版。

15.《习近平谈治国理政》第一卷，外文出版社 2018 年版。

16.《习近平谈治国理政》第二卷，外文出版社 2017 年版。

17.《习近平谈治国理政》第三卷，外文出版社 2020 年版。

18.《习近平谈治国理政》第四卷，外文出版社 2022 年版。

19.《习近平外交演讲集》第二卷，中央文献出版社 2022 年版。

20. 中华人民共和国全国妇女联合会编：《马克思恩格斯列宁斯大林论妇女》，人民出版社 1978 年版。

21. 中共中央文献研究室编：《毛泽东年谱（1893—1949）》（修订本）（中册），中央文献出版社 2013 年版。

22. 中华人民共和国全国妇女联合会编：《毛泽东主席论妇女》，人民出版社 1978 年版。

23. 习近平：《摆脱贫困》，福建人民出版社 1992 年版。

24. 习近平：《论坚持全面深化改革》，中央文献出版社 2018 年版。

25. 习近平：《论中国共产党历史》，中央文献出版社 2021 年版。

26. 习近平：《论"三农"工作》，中央文献出版社 2022 年版。

27. 中共中央文献研究室编：《习近平关于社会主义经济建设论述摘编》，中央文献出版社 2017 年版。

28. 中共中央文献研究室编：《习近平关于社会主义政治建设论述摘编》，中央文献出版社 2017 年版。

29. 中共中央文献研究室编：《习近平关于社会主义文化建设论述摘编》，中央文献出版社 2017 年版。

30. 中共中央党史和文献研究院编：《习近平关于尊重和保障人权论述摘编》，中央文献出版社 2021 年版。

31. 中共中央文献研究室编：《习近平关于社会主义生态文明建设论述摘编》，中央文献出版社 2017 年版。

32. 中共中央党史和文献研究院编：《习近平新时代中国特色社会主义思想学习论丛》（第三辑），中央文献出版社 2020 年版。

33. 中共中央党史和文献研究院编：《习近平关于注重家庭家教家风建设论述摘编》，中央文献出版社 2021 年版。

34. 中共中央文献研究室、中央档案馆编：《建党以来重要文献选编（1921—1949）》（第 20—25 册），中央文献出版社 2011 年版。

35. 中华全国妇女联合会妇女运动历史研究室：《中国妇女运动历史资料（1921—1927）》，人民出版社 1986 年版。

36. 全国妇联办公厅：《七大以来妇女儿童工作文选（1993 年 9 月—1998 年 6 月）》，中国妇女出版社 1998 年版。

37. 中共中央文献研究室编：《十八大以来重要文献选编》（上、中、下），中央文献出版社 2014 年、2016 年、2018 年版。

38.《中国共产党第十九次全国代表大会文件汇编》，人民出版社 2017 年版。

39.中共中央党史和文献研究院编：《十九大以来重要文献选编》（上、中、下），中央文献出版社 2019 年、2021 年、2023 年版。

40.习近平：《高举中国特色社会主义伟大旗帜　为全面建设社会主义现代化国家而团结奋斗——在中国共产党第二十次全国代表大会上的报告》，人民出版社 2022 年版。

41.习近平：《在知识分子、劳动模范、青年代表座谈会上的讲话》，人民出版社 2016 年版。

二、政策文件

1.《中共中央国务院关于推进社会主义新农村建设的若干意见》，人民出版社 2006 年版。

2.《中共中央关于推进农村改革发展若干重大问题的决定》，《人民日报》2008 年 10 月 20 日。

3.《全国妇联、中国科协关于深入开展农村妇女科学素质教育工作的意见》（妇字〔2006〕43 号）。

4.《国家中长期教育改革和发展规划纲要（2010—2020 年)》，《人民日报》2010 年 7 月 30 日。

5.《教育部、全国妇联关于做好农村妇女职业教育和技能培训工作的意见》（教职成〔2010〕2 号）。

6.《中共中央国务院印发〈关于全面深化农村改革加快推进农业现代化的若干意见〉》，《人民日报》2014 年 1 月 20 日。

7.《中国妇女发展纲要（2001—2010 年)》，中国法制出版社 2001 年版。

8.《中国妇女发展纲要（2011—2020 年)》，人民出版社 2011 年版。

9.《中国妇女发展纲要（2021—2030 年)》（国发〔2021〕16 号）。

10.《中共中央国务院关于实施乡村振兴战略的意见》，人民出版社 2018 年版。

11.《乡村振兴战略规划（2018—2022 年)》，人民出版社 2018 年版。

12.《中共中央国务院关于坚持农业农村优先发展　做好"三农"工作的若干意见》，人民出版社 2019 年版。

13.《中共中央国务院关于抓好"三农"领域重点工作确保如期实现全面小康的意见》，人民出版社 2020 年版。

14.《中共中央国务院关于实现巩固拓展脱贫攻坚成果同乡村振兴有效衔接的意见》，人民出版社 2021 年版。

15.《中共中央国务院关于全面推进乡村振兴　加快农业农村现代化的意见》，人民出版社 2021 年版。

16.《中共中央国务院关于做好二〇二二年全面推进乡村振兴重点工作的意见》，人民出版社 2022 年版。

17.《中共中央国务院关于做好 2023 年全面推进乡村振兴重点工作的意见》，人民出版社 2023 年版。

18.《中共中央国务院关于学习运用"千村示范、万村整治"工程经验有力有效推进乡村全面振兴的意见》，人民出版社 2024 年版。

19.《中共中央国务院关于进一步深化农村改革　扎实推进乡村全面振兴的意见》，《人民日报》2025 年 2 月 24 日。

20.《国务院办公厅关于支持返乡下乡人员创业创新促进农村一二三产业融合发展的意见》，《中华人民共和国国务院公报》2016 年第 35 期。

21.《关于加强农村留守妇女关爱服务工作的意见》（民发〔2019〕86 号）。

22.《农业农村部办公厅关于印发〈农业农村部 2020 年人才工作要点〉的通知》，《中华人民共和国农业农村部公报》2020 年第 3 期。

23.《教育部办公厅关于印发〈新农科人才培养引导性专业指南〉的通知》，《中华人民共和国教育部公报》2022 年第 11 期。

24.《中共中央办公厅国务院办公厅印发〈关于加快推进乡村人才振兴的意见〉》，《中华人民共和国国务院公报》2021 年第 7 期。

25.《中共中央国务院关于优化生育政策促进人口长期均衡发展的决定》，《人民日报》2021 年 7 月 21 日。

26.《中华人民共和国反家庭暴力法》，法律出版社 2016 年版。

27.《中华人民共和国农村土地承包法》，法律出版社 2019 年版。

28.《数字乡村发展战略纲要》，人民出版社 2019 年版。

29.《中国共产党农村工作条例》，人民出版社 2019 年版。

30.《中国共产党农村基层组织工作条例》，人民出版社 2019 年版。

31.《关于加强和改进乡村治理的指导意见》，人民出版社 2019 年版。

32.《中华人民共和国乡村振兴促进法》，法律出版社 2021 年版。

33.《中华人民共和国妇女权益保障法》，法律出版社 2022 年版。

34.《中华人民共和国职业教育法》，中国法制出版社 2022 年版。

35. 中华人民共和国国务院新闻办公室：《中国性别平等与妇女发展》，人民出版社 2015 年版。

36. 中华人民共和国国务院新闻办公室：《平等发展共享：新中国 70 年妇女事业的发展与进步》，人民出版社 2019 年版。

37. 中华人民共和国国务院新闻办公室：《中国的全面小康》，人民出版社 2021 年版。

38. 宋秀岩：《高举旗帜　凝心聚力　团结动员各族各界妇女为实现中国梦而奋斗——在中国妇女第十一次全国代表大会上的报告》，《中国妇运》2013 年第 11 期。

39. 黄晓薇：《高举习近平新时代中国特色社会主义思想伟大旗帜　团结动员各族各界妇女为决胜全面建成小康社会　实现中华民族伟大复兴的中国梦而不懈奋斗——在中国妇女第十二次全国代表大会上的报告》，《中国妇运》2018 年第 11 期。

40. 黄晓薇：《以习近平新时代中国特色社会主义思想为指导　动员引领广大妇女为强国建设民族复兴而团结奋斗——在中国妇女第十三次全国代表大会上的报告》，《中国妇女报》2023 年 10 月 28 日。

三、中文专著

1. 费孝通：《江村经济》，生活·读书·新知三联书店 2021 年版。

2. 高小贤主编：《探索的脚印——中国农村妇女参与基层治理本土案例》，西北大学出版社 2008 年版。

3. 高小贤主编：《中国妇女发展报告 NO.4：妇女与农村基层治理》，社会科学文献出版社 2012 年版。

4. 叶敬忠、吴惠芳：《阡陌独舞——中国农村留守妇女》，社会科学文献出版社 2008 年版。

5. 赵俊臣：《云南农村妇女地位研究》，云南人民出版社 1992 年版。

6.《农家女百事通》杂志社、天津师范大学妇女研究中心：《当代农村妇女发展与对策》，中国妇女出版社 1995 年版。

7. 马社香：《一个女革命者的历史见证》，中共党史出版社 2003 年版。

8. 英杜编著：《女人的事业自己争取》，中国纺织出版社 2005 年版。

9. 李歌、王宇编：《幸福女人的四大智慧》，西藏人民出版社 2006 年版。

10. 马鸿展主编：《第 N 项修炼：从事业女人到魅力女人》，清华大学出版社 2007 年版。

11. 金淑丽编著：《魅力源于事业：话说女性创业》，清华大学出版社 2009 年版。

12. 邓琼芳编著：《经营婚姻是女人一辈子的事业》，北京工业大学出版社 2012 年版。

13. 主妇潇潇：《女人最好的事业叫主妇》，广东经济出版社 2011 年版。

14. 甄砚主编：《中国农村妇女状况调查》，社会科学文献出版社 2008 年版。

15. 商春荣：《中国农村妇女土地权利保障研究》，中国经济出版社 2010 年版。

16. 李霞：《娘家与婆家：华北农村妇女的生活空间和后台权力》，社会科学文献出版社 2010 年版。

17. 任晓静：《农村已婚妇女就业选择行为研究：以河南为例》，中国农业出版社 2011 年版。

18. 巢小丽：《沿海发达地区农村妇女人力资源开发研究》，浙江大学出版社 2013 年版。

19. 张士杰、胡静波等编著：《如何保护自己：写给农村留守妇女》，中国财政经济出版社 2013 年版。

20. 赵玲：《农村妇女与农村土地》，浙江工商大学出版社 2014 年版。

21. 姚德超、张琳等：《农村流动女性城市生活发展报告（2014）》，社会科学文献出版社 2014 年版。

22. 张永英：《权力参与和民主参与：改革开放以来中国妇女政治地位变化研究》，人民日报出版社 2015 年版。

23. 向德平、陈玲：《巾帼脱贫：农村贫困妇女扶持政策评估及建议》，社会科学文献出版社 2015 年版。

24. 王涛：《世界社会主义运动视阈下的中国妇女解放》，社会科学文献出版社 2015 年版。

25. 石磊、刘国辉：《农村妇女权益保护案例解析》，武汉大学出版社 2015 年版。

26. 黄翠：《当代中国妇女组织发展的制度创新研究》，人民出版社 2016 年版。

27. 黄剑：《农村妇女能力建设项目的社会学研究：以广东湛江的实践为例》，中国经济出版社 2016 年版。

28. 陈利、吕淼钦编著：《农村妇女心理健康一点通》，浙江工商大学出版社 2017 年版。

29. 石红梅：《马克思主义妇女观和中国特色女权主义实践》，中国社会科学出版社 2017 年版。

30. 罗树杰：《妇女撑起半边天——妇女参与少数民族地区社会主义新农村建设研究》，知识产权出版社 2017 年版。

31. 陈海儒、李巧宁：《倾听乡土的声音——陕西农村妇女日常生活访谈实录（1949—1965）》，当代中国出版社 2018 年版。

32. 脱贫攻坚先锋系列图书编辑委员会编：《脱贫攻坚先锋：2016 年全国脱贫攻坚奖获奖者事迹》，中国劳动社会保障出版社、中国人事出版社 2018 年版。

33. 脱贫攻坚先锋系列图书编辑委员会编：《脱贫攻坚先锋：2017 年全国脱贫攻坚奖获奖者事迹》，中国劳动社会保障出版社、中国人事出版社 2018 年版。

34. 国务院扶贫开发领导小组办公室、脱贫攻坚先锋系列图书编辑委员会编：《脱贫攻坚先锋：2018 年全国脱贫攻坚奖获奖先进个人事迹》，中国劳动社会保障出版社、中国人事出版社 2019 年版。

35. 国务院扶贫开发领导小组办公室、脱贫攻坚先锋系列图书编辑委员会编：《脱贫攻坚先锋：2019 年全国脱贫攻坚奖获奖先进个人事迹》，中国劳动社会保障出版社、中国人事出版社 2019 年版。

36. 陈文胜等：《大国小村——十八洞村的社会学考察》，湖南人民出版社 2021 年版。

37. 陈文胜：《中国农业何以强》，中国农业出版社 2023 年版。

38. 魏后凯：《中国乡村振兴综合调查研究报告 2021》，中国社会科学出版社 2022 年版。

39. 本书编写组：《习近平的扶贫足迹》，人民出版社、新华出版社 2022 年版。

40. 本书编写组：《习近平的小康情怀》，人民出版社、新华出版社 2022 年版。

41. 朱启臻主编：《新农村：乡风文明》，中国农业大学出版社 2007 年版。

42. 陈独秀：《陈独秀文章选编》（上卷），生活·读书·新知三联书店 1984 年版。

43. 中国李大钊研究会编注：《李大钊全集》（第一卷），人民出版社 2006 年版。

44. 中共北京市委党校中共党史教研室编：《李大钊文集（上）》，人民出版社 1984 年版。

45. 李蓉、叶成林：《中共四大轶事》，人民出版社 2015 年版。

46. 李忠民：《人力资本：一个理论框架及其对中国一些问题的解释》，经济科学出版社 1999 年版。

47. 王浦劬：《政治学基础》，北京大学出版社 1995 年版。

48. 陶东明、陈明明：《当代中国政治参与》，浙江人民出版社 1998 年版。

49. （宋）朱熹注：《周易》，李剑雄标点，上海古籍出版社 1995 年版。

50. （东汉）王充：《论衡》，上海人民出版社 1974 年版。

51. （晋）陶渊明：《陶渊明集》，郭建平解评，山西古籍出版社 2006 年版。

52. （宋）沈括：《梦溪笔谈》，侯真平校点，岳麓书社 2002 年版。

四、中文期刊

1. 李旻、赵连阁：《农业劳动力"女性化"现象及其对农业生产的影响——基于辽宁省的实证分析》，《中国农村经济》2009 年第 5 期。

2. 张永：《扶志贫困对象内生动力系统论》，《系统科学学报》2021 年第 2 期。

3. 汤水清：《乡村妇女在苏维埃革命中的差异性选择——以中央苏区为中心的考察》，《中共党史研究》2012 年第 11 期。

4. 张治霆、刘华等：《农业女性化：发展趋势、问题与影响》，《农学学报》2017 年第 6 期。

5. 李小云、李素英等：《对我国妇女与农村发展研究的讨论》，《妇女研究论丛》1994 年第 3 期。

6. 刘伯红：《妇女行动：迎接新挑战——第五届东亚妇女论坛综述》，《妇女研究论丛》2004 年第 2 期。

7. 吴慧芳、王宇霞：《加快农业农村现代化背景下妇女发展的机遇与挑战——面向"十四五"规划的讨论》，《妇女研究论丛》2020 年第 6 期。

8. 李静之：《论妇女解放、妇女发展和妇女运动》，《妇女研究论丛》2003 年第 6 期。

9. 陈义媛、李永萍：《农村妇女骨干的组织化与公共参与——以"美丽家园"

建设为例》，《妇女研究论丛》2020 年第 1 期。

10. 李春玲：《教育地位获得的性别差异——家庭背景对男性和女性教育地位获得的影响》，《妇女研究论丛》2009 年第 1 期。

11. 马忆南：《以法律政策的制定和实施促进妇女权益保障》，《妇女研究论丛》2013 年第 6 期。

12. 卫小将、黄雨晴：《"看见的看不见"：网络自媒体赋权农村妇女研究》，《妇女研究论丛》2023 年第 5 期。

13. 吴惠芳、吴云蕊等：《陪读妈妈：性别视角下农村妇女照料劳动的新特点——基于陕西省 Y 县和河南省 G 县的调查》，《妇女研究论丛》2019 年第 4 期。

14. 第二期中国妇女社会地位调查课题组：《第二期中国妇女社会地位抽样调查主要数据报告》，《妇女研究论丛》2001 年第 5 期。

15. 第三期中国妇女社会地位调查课题组：《第三期中国妇女社会地位调查主要数据报告》，《妇女研究论丛》2011 年第 6 期。

16. 杜洁、宋健等：《内生性脱贫视角下的农村妇女与合作组织——以山西 PH 与河南 HN 两个农民合作社为例》，《妇女研究论丛》2020 年第 1 期。

17. 杨宝强、钟曼丽：《乡村公共空间中妇女的参与、话语与权力——基于鄂北桥村的跟踪调查》，《西北人口》2020 年第 1 期。

18. 蔡弘、陈思等：《"男工女耕"下务农妇女生活满意度研究——基于安徽省 1367 个女性样本的分析》，《农林经济管理学报》2019 年第 2 期。

19. 孙飞、陈玉萍：《中国农民发展水平模糊评介》，《华南农业大学学报（社会科学版）》2019 年第 5 期。

20. 海莉娟：《从经济精英到治理精英：农村妇女参与村庄治理的路径》，《西北农林科技大学学报（社会科学版）》2019 年第 5 期。

21. 杨梅、刘庆等：《新型女职业农民的特质及面临的挑战》，《西北农林科技大学学报（社会科学版）》2019 年第 5 期。

22. 李敏、刘淑兰：《乡村振兴战略下农村妇女政治参与及引导路径》，《福建农林大学学报（哲学社会科学版）》2019 年第 4 期。

23. 李亚东、许燕平：《女性受教育程度与人口素质》，《清华大学教育研究》2001 年第 1 期。

24. 王英英、刘筱红：《印度农村妇女自助团体的发展及其对中国的启示》，《社会主义研究》2007 年第 5 期。

25. 范建华：《乡村振兴战略的时代意义》，《行政管理改革》2018 年第 2 期。

26. 张孝德、丁立江：《面向新时代乡村振兴战略的六个新思维》，《行政管理改革》2018 年第 7 期。

27. 朱启臻：《关于乡村产业兴旺问题的探讨》，《行政管理改革》2018 年第 8 期。

28. 宋健、阿里米热·阿里木：《育龄女性生育意愿与行为的偏离及家庭生育支持的作用》，《人口研究》2021 年第 4 期。

29. 王思梅：《论党对农村妇女解放和发展的历史贡献》，《中国妇运》2001 年第 7 期。

30. 张永英：《妇女参与权力和决策》，《中国妇运》2015 年第 6 期。

31. 沈跃跃：《在全国妇联十二届一次执委会议上的讲话》，《中国妇运》2018 年第 11 期。

32.《习近平在同全国妇联新一届领导班子集体谈话时强调坚持男女平等基本国策发挥我国妇女伟大作用》，《中国妇运》2013 年第 11 期。

33.《习近平在同全国妇联新一届领导班子成员集体谈话时强调　坚持中国特色社会主义妇女发展道路　组织动员妇女走在时代前列建功立业》，《中国妇运》2018 年第 11 期。

34.《习近平在同全国妇联新一届领导班子成员集体谈话时强调　坚定不移走中国特色社会主义妇女发展道路　组织动员广大妇女为中国式现代化建设贡献巾帼力量》，《人民日报》2023 年 10 月 31 日。

35. 黑龙江省委政研室、黑龙江省妇联联合调研组：《引领妇女学习应用农业科技　助推农村经济更好更快发展——黑龙江省各级妇联组织推动农村妇女以科技促增收情况的调查》，《中国妇运》2014 年第 2 期。

36. 蔡秋红：《农村妇女的科技文化素质与教育实证研究》，《中国妇运》2007 年第 11 期。

37. 陶正萍：《妇联"培"你去上岗》，《中国妇运》2019 年第 7 期。

38. 江苏省南京市妇联：《激发乡村振兴"她"力量》，《中国妇运》2019 年第 11 期。

39. 福建省妇联：《"巧妇贷"引领农村妇女投身乡村振兴》，《中国妇运》2019 年第 5 期。

40. 陈莹：《乡村振兴瓷都巾帼行动》，《中国妇运》2018 年第 7 期。

41. 福建省福州市妇联：《姐妹乡伴让妇女成为乡村振兴的主力军》，《中国妇运》2019 年第 7 期。

42.陈强：《建好留守妇女互助组培养农村建设主力军》，《中国妇运》2011 年第 5 期。

43.《艰苦奋斗，开拓创新，努力提高农村妇女工作的水平——彭珮云在全国省、自治区、直辖市妇联主席工作会议上的讲话（摘要)》，《中国妇运》1999 年第 7 期。

44.《在联合国第四次世界妇女大会欢迎仪式上江泽民主席的讲话》，《中国妇运》1995 年第 11 期。

45.《男女平等是促进我国社会发展的基本国策》，《中国妇运》1997 年第 5 期。

46.《加强对农村妇女合作组织发展政策支持》，《中国妇运》2014 年第 3 期。

47.胡慧：《四川省农村妇女专业合作经济组织的调查与思考》，《中国妇运》2014 年第 4 期。

48.李悦娥：《妇女"四自"精神的当代诠释与发展》，《中国妇运》2010 年第 3 期。

49.贾广东：《促进农村妇女事业科学发展》，《中国妇运》2009 年第 3 期。

50.陕西省安康市妇联：《构建"5+1"模式助力巾帼脱贫》，《中国妇运》2019 年第 8 期。

51.张永英、杜洁：《中国妇女政治地位的进展与挑战——基于中国妇女社会地位调查数据的分析》，《中国妇运》2014 年第 2 期。

52.李慧英、田晓红：《制约农村妇女政治参与相关因素的分析——村委会直选与妇女参政研究》，《中华女子学院学报》2003 年第 2 期。

53.王国华：《日本农村妇女个人关系网络的类型与特征分析》，《中华女子学院学报》2014 年第 2 期。

54.宋瑜：《中国农村妇女参政：能动性、权力分配与传承》，《中华女子学院学报》2017 年第 6 期。

55.周秀平、周学军：《社会支持网络与农村妇女发展——女村长与村落发展的案例分析》，《中华女子学院山东分院学报》2007 年第 1 期。

56.王献蜜、矫杨等：《四川省农村妇女健康知识与行为调查》，《中华女子学院学报》2009 年第 3 期。

57.党日红、李明舜：《筑牢落实男女平等基本国策的制度根基和精神支撑》，《中华女子学院学报》2019 年第 4 期。

58.金沙曼：《一种能力：女性职业发展与幸福家庭建设——来自陕西的报告》，

《山东女子学院学报》2013 年第 3 期。

59. 王国华：《日本农村妇女经济地位的实证分析》，《山东女子学院学报》2011 年第 3 期。

60. 蔡一平：《妇女与健康》，《山东女子学院学报》2020 年第 4 期。

61. 姜耀辉、刘艺：《新时代妇女思想政治状况及其引领对策探讨——基于湖南 19285 名妇女的调查》，《湖南社会科学》2021 年第 2 期。

62. 刘筱红、吴治平：《农村妇女竞选村委会成员的政治环境分析——基于湖北省 S 市的经验》，《华中师范大学学报（人文社会科学版）》2008 年第 5 期。

63. 王晓丽、赵宇霞：《基于 AHP 法的农民发展评价体系建构》，《重庆大学学报（社会科学版）》2013 年第 4 期。

64. 钟雪萍、任明：《"妇女能顶半边天"：一个有四种说法的故事》，《南开学报（哲学社会科学版）》2009 年第 4 期。

65. 龚继红、范成杰：《农村妇女的家庭地位是如何逆转的——实践视角下的妇女家庭纵向地位变迁》，《华中科技大学学报（社会科学版）》2016 年第 3 期。

66. 李汉宗：《血缘、地缘、业缘：新市民的社会关系转型》，《深圳大学学报（人文社会科学版）》2013 年第 4 期。

67. 文东升：《广西农村妇女闲暇生活现状、趋向与提升——基于广西部分村屯的调查分析》，《广西社会科学》2017 年第 7 期。

68. 郑新蓉、林玲：《女性教育与社会发展空间》，《山西师大学报（社会科学版）》2020 年第 5 期。

69. 夏江皓：《〈民法典〉离婚财产分割和离婚救济制度的法律适用——以保障农村妇女的合法权益为重点》，《华中科技大学学报（社会科学版）》2020 年第 4 期。

70. 张等文、陈佳：《城乡二元结构下农民的权利贫困及其救济策略》，《东北师大学报（哲学社会科学版）》2014 年第 3 期。

71. 雷石山、廖和平：《乡村振兴战略视域下改善农村妇女精神生活的对策研究》，《湖南科技大学学报（社会科学版）》2021 年第 5 期。

72. 段塔丽、李玉磊等：《精准扶贫视角下贫困地区农村女性户主家庭能力脱贫实现路径探析——基于陕南秦巴山区农户家庭的调查数据》，《陕西师范大学学报（哲学社会科学版）》2020 年第 6 期。

73. 杨雄、杨晓萍：《乡村振兴战略下幼有优育的实践逻辑》，《天津师范大学学报（基础教育版）》2022 年第 4 期。

74. 何志扬、吴琼等：《互联网为农村女性非农就业带来"数字红利"了吗？——基于 CGSS2017 数据的实证研究》，《中国劳动》2022 年第 3 期。

75. 宗芳、高居鹏：建国前中共农村妇女参政思想研究》，《山东理工大学学报（社会科学版）》2015 年第 6 期。

76. 廖和平、文成豪：《新时代农村妇女典范人物事业发展的经验启示》，《湖南科技大学学报（社会科学版）》2022 年第 3 期。

77. 王易：《增强人民精神力量推进文化强国建设》，《红旗文稿》2021 年第 2 期。

78. 任俊华：《论当前文化建设中的迫切任务》，《科学社会主义》2000 年第 5 期。

79. 门艳玲、张小宝：《妇女家庭独特作用的新时代蕴涵》，《东北师大学报（哲学社会科学版）》2021 年第 2 期。

80. 穆光宗：《三孩政策与中国人口生育的优化：背景、前景和愿景》，《扬州大学学报（人文社会科学版）》2021 年第 4 期。

81. 朱庆、雷苗苗：《农村妇女土地权益司法保障的应然选择——以"外嫁女"为研究对象》，《甘肃社会科学》2019 年第 5 期。

82. 朱颖：《家务劳动社会化问题研究》，《重庆社会科学》2019 年第 11 期。

83. 李鹏飞、王晶：《新时代基层妇联组织角色与工作机制创新思考》，《湖北社会科学》2020 年第 3 期。

84. 刘筱红、施远涛：《农村留守妇女家庭离散问题研究——基于"新四化"的视角》，《成都理工大学学报（社会科学版）》2014 年第 3 期。

85. 刘筱红、姚德超：《农业女性化现象及其形成机制分析》，《湖南科技大学学报（社会科学版）》2012 年第 4 期。

86. 刘建花：《社会性别主流化视角下的女性平等就业实现机制研究》，《山东社会科学》2015 年第 9 期。

87. 赵灵芝：《农村女性人口特征及其人力资源开发研究》，《宁夏社会科学》2014 年第 2 期。

88. 张孝德：《习近平总书记的乡村本位新论》，《人民论坛》2015 年第 30 期。

89. 王丽、杨永志：《网缘关系的再思考》，《重庆邮电大学学报（社会科学版）》2016 年第 4 期。

90. 唐云红：《权利意识：转型时期农村妇女权利保护的支点》，《江西社会科学》2010 年第 2 期。

91. 胡艳华：《身体的空间化：转型期农村留守妇女情感体验的流变》，《湖北社会科学》2019 年第 8 期。

92. 王慧娟：《当代中国农民主体意识探析》，《青海社会科学》2018 年第 2 期。

93. 郭立群、彭波：《农村妇女营养健康水平形成机理实证研究——以河北涉县为例》，《中国农业大学学报》2018 年第 2 期。

94. 马乔、陈家琦：《织就侗乡"小康路"——学习劳模粟田梅的开拓精神》，《新湘评论》2020 年第 11 期。

95. 王淑贤、郝云宏：《农村现代化的基本含义和主要特征》，《延安大学学报（社会科学版）》1999 年第 4 期。

96. 何光全：《现代化视野下的我国农民教育问题》，《现代远程教育研究》2018 年第 1 期。

97. 廖和平、朱有志：《试论新时期与新时代农村妇女的"超半效应"》，《湘潭大学学报（哲学社会科学版）》2021 第 2 期。

98. 宋少鹏、周蕾：《土地革命时期中国共产党对农村妇女解放理论的开创与发展》，《浙江学刊》2018 年第 6 期。

99. 苗伟东、江静：《中央苏区农村妇女参政叙论》，《党史研究与教学》2011 年第 1 期。

100. 文东升、陈雯雯：《民主革命时期中国共产党农村女党员队伍建设历程探析》，《广西社会科学》2015 年第 8 期。

101. 汪超、姚德超：《新型城镇化下农村进城务工女性生计脆弱性治理》，《新疆社会科学》2015 年第 1 期。

102. 刘筱红、成程：《从经济自由到实质自由：关爱农村"三留守"群体的政策问题研究》，《内蒙古社会科学（汉文版）》2017 年第 5 期。

103. 陈升：《论事业道德》，《湖南师范大学社会科学学报》2007 年第 6 期。

104. 蒲新微、王子新：《社会权利视角下女性公民社会保障问题研究》，《吉林师范大学学报（人文社会科学版）》2021 年第 2 期。

105. 风笑天：《三孩生育政策与新型生育文化建设》，《新疆师范大学学报（哲学社会科学版）》2022 年第 1 期。

106. 林金玉、熊欢：《农村妇女健康促进的体育行动与策略——基于广东省清远市 J 村妇女的行动研究》，《上海体育学院学报》2021 年第 1 期。

107. 姚德超、刘筱红：《农业女性化视野下农村妇女发展的困境与政策调适——基于阿玛蒂亚·森自由发展观的分析》，《兰州学刊》2012 年第 8 期。

108. 王玥、任茂贤:《社会工作介入农村留守妇女权益保障研究——基于山东省东明县东明集镇的个案分析》,《社会工作与管理》2015 年第 2 期。

109. 李德刚、朱红娟:《当前我国农村妇女政治参与的制约因素及解困措施分析》,《山东农业工程学院学报》2016 年第 7 期。

110. 姚德超、汪超:《农业女性化:农村妇女发展的机遇与挑战》,《农业展望》2012 年第 4 期。

111. 欧仁山、李艳梅:《运用法治手段促进和保障农村妇女的发展》,《社会科学家》2017 年第 12 期。

112. 叶慧敏:《农村妇女发展助推乡村振兴战略实施的作用机理研究》,《商业经济》2021 年第 4 期。

113. 范建华、秦会朵:《关于乡村文化振兴的若干思考》,《思想战线》2019 年第 4 期。

114. 田凌云:《我国农村妇女妇科病发病情况与防治措施》,《实用妇科内分泌电子杂志》2020 年第 2 期。

115. 李克强:《农民发展论》,《河北学刊》2007 年第 3 期。

116. 耿化敏、张蕾蕾:《"妇女能顶半边天"的考证》,《北京观察》2015 年第 3 期。

117. 任凤琴:《妇女在社会主义新农村建设中的角色和作用》,《科技经济市场》2014 年第 4 期。

118. 张嘉凌、董江爱:《乡村振兴视角下农村妇女参与乡村治理路径研究——以运城雷家坡村孝德文化建设为例》,《中共福建省委党校学报》2019 年第 2 期。

119. 周秀芹:《夫妻关系走向和谐的主要因素分析》,《哈尔滨市委党校学报》2017 年第 3 期。

120. 孙敬国:《巾帼星火科技培训:为农村妇女搭建创业平台》,《中国农村科技》2012 年第 4 期。

121. 郭珊珊、陈国申:《基层妇联在乡村产业振兴中的作用研究》,《领导科学论坛》2019 年第 21 期。

122. 宁波市妇联:《凝聚巾帼力量奏响农村发展"三部曲"》,《宁波通讯》2019 年第 5 期。

123. 王海红:《注重发挥妇女独特作用引领家庭工作不断创新发展》,《青海党的生活》2019 年第 1 期。

124.《2018 年度全国农民专业合作社发展典型十大案例》，《中国农民合作社》2019 年第 2 期。

125. 刘瑛：《农村妇女体育的发展困境及优化路径》，《广州体育学院学报》2019 年第 4 期。

126. 魏萍：《妇科疾病检查——写进了〈政府工作报告〉》，《中国卫生》2009 年第 4 期。

127. 张海水：《中美劳动人口受教育程度的现状比较与启示》，《复旦教育论坛》2014 年第 1 期。

128. 刘灵辉：《"三权分置"法律政策下农村妇女土地权益保护研究》，《兰州学刊》2020 年第 5 期。

129. 姜珂：《乡村振兴视域下新型乡村德治建构的若干问题》，《伦理学研究》2021 年第 5 期。

130. 陈健、吴惠芳：《连片特困地区农村妇女生计发展的要素测度及政策支持研究》，《人口与发展》2020 年第 2 期。

131. 李慧波：《基层妇联干部能力发展影响因素和提升路径探析》，《晋阳学刊》2021 年第 5 期。

132. 李俏、宋娜：《农村子女养老中的性别差异：需求、功效与变动逻辑》，《社会保障研究》2017 年第 6 期。

133. 周春芳：《儿童看护、老人照料与农村已婚女性非农就业》，《农业技术经济》2013 年第 11 期。

134. 黄粹：《治理现代化中妇女组织发展的价值与路径》，《领导科学》2019 年第 14 期。

135. 郑颖：《海外学界对中国妇女参政的评价及我方建议》，《社会科学论坛》2018 年第 3 期。

136. 田净、刘全清等：《"三八"科技小院针对我国农村妇女的创新农业技术推广之路》，《河北农业科学》2015 年第 2 期。

137. 赖敏：《女性教育与一国经济增增长——来自98 个国家的跨国经验数据》，《市场论坛》2023 年第 12 期。

138. 齐薇薇：《县域教育"供给—需求"匹配视角下母亲陪读研究》，《中国青年研究》2022 年第 1 期。

五、报纸

1.《习近平在同全国妇联新一届领导班子集体谈话时强调　坚持男女平等基本国策　发挥我国妇女伟大作用》，《人民日报》2013 年 11 月 1 日。

2. 习近平：《促进妇女全面发展　共建共享美好世界——在全球妇女峰会上的讲话》，《人民日报》2015 年 9 月 28 日。

3. 习近平：《在 2018 年春节团拜会上的讲话》，《人民日报》2018 年 2 月 15 日。

4.《习近平在参加内蒙古代表团审议时强调　保持加强生态文明建设的战略定力　守护好祖国北疆这道亮丽风景线》，《人民日报》2019 年 3 月 6 日。

5. 习近平：《在纪念五四运动 100 周年大会上的讲话》，《人民日报》2019 年 5 月 1 日。

6. 习近平：《在国家勋章和国家荣誉称号颁授仪式上的讲话》，《人民日报》2019 年 9 月 30 日。

7.《在全国劳动模范和先进工作者表彰大会上的讲话》，《人民日报》2020 年 11 月 25 日。

8.《习近平在文化传承发展座谈会上强调　担负起新的文化使命　努力建设中华民族现代文明》，《人民日报》2023 年 6 月 3 日。

9.《习近平在同全国妇联新一届领导班子成员集体谈话时强调　坚定不移走中国特色社会主义妇女发展道路　组织动员广大妇女为中国式现代化建设贡献巾帼力量》，《人民日报》2023 年 10 月 31 日。

10. 秀珍：《京郊五里店国营农场的女拖拉机队》，《人民日报》1952 年 3 月 8 日。

11.《毛主席刘主席畅游十三陵水库》，《人民日报》1965 年 5 月 27 日。

12. 王岐山：《在中国特色社会主义伟大实践中撑起半边天》，《人民日报》2013 年 10 月 29 日。

13. 韩长赋：《任何时候都不能忽视农业忘记农民淡漠农村——深入学习习近平同志在吉林调研时的重要讲话》，《人民日报》2015 年 8 月 13 日。

14.《大力弘扬伟大爱国主义精神　为实现中国梦提供精神支柱》，《人民日报》2015 年 12 月 31 日。

15.《中央农村工作会议在北京举行》，《人民日报》2013 年 12 月 25 日。

16. 兰东兴：《乡风文明是重要内涵》，《光明日报》2015 年 9 月 26 日。

17. 汪庆华：《留住农耕文化的根脉》，《光明日报》2017 年 7 月 11 日。

18.《德耀中华：第六届全国道德模范候选人事迹（下）》，《光明日报》2017年7月25日。

19. 吕晓勋：《把文化种子播入精神土壤——关于乡村振兴的思考（下）》，《人民日报》2017年12月18日。

20.《坚持新发展理念 打好"三大攻坚战" 奋力谱写新时代湖北发展新篇章》，《人民日报》2018年4月29日。

21. 阿依努尔、宿传义：《"人民楷模"布茹玛汗·毛勒朵半世纪，放牧巡边在祖国最西端》，《人民日报》2019年10月14日。

22. 李克强：《政府工作报告——二〇二一年三月五日在第十三届全国人民代表大会第四次会议上》，《人民日报》2021年3月13日。

23. 付明丽：《本领过硬，增收稳定》，《人民日报》2021年8月10日。

24. 张博令：《让三孩生育支持政策落地见效》，《人民日报》2021年8月18日。

25. 常钦、李晓晴：《农机增动力丰收添底气》，《人民日报》2022年9月2日。

26. 靳铃涵、王媛：《2019"中国非遗年度人物"100人候选名单公布》，《光明日报》2019年11月29日。

27.《年轻干部要接过艰苦奋斗的接力棒》，《光明日报》2021年3月5日。

28. 张文攀、王建宏：《"这么多年，我从不后悔"——记第七届全国道德模范郭彩利》，《光明日报》2021年10月7日。

29. 刘慧：《增产莫忘节粮减损》，《经济日报》2021年11月4日。

30. 赵惠燕：《让女性原始创新融入农业科技创新主流》，《中国妇女报》2012年2月7日。

31. 乔虹：《女界之声更加响亮——党的十八大以来妇女参政议政成就综述》，《中国妇女报》2017年9月29日。

32. 耿兴敏：《全国妇联积极开展农村妇女培训：当好新型职业女农民成长"推进器"》，《中国妇女报》2018年11月14日。

33. 王春霞：《确保妇女平等享有土地承包经营权》，《中国妇女报》2019年1月1日。

34. 曲相霏：《妇联组织在维护妇女权益中发挥独特而重要作用》，《中国妇女报》2019年11月6日。

35. 周玉林：《妇女议事会为乡村治理注入新活力》，《中国妇女报》2019年11月19日。

36.《本报编辑部评出 2019 十大女性人物》，《中国妇女报》2020 年 1 月 1 日。

37. 张瀚之、李英桃：《农村妇女：实现全球可持续发展的关键要素》，《中国妇女报》2020 年 1 月 14 日。

38.《第四期中国妇女社会地位调查主要数据情况》，《中国妇女报》2021 年 12 月 27 日。

39. 姚鹏、钱承菲：《湖北咸宁妇联出实招助推优秀女性进村"两委" 村委会主任中女性比例从 4.29% 增加到 10%》，《中国妇女报》2022 年 2 月 18 日。

40. 吴军华、李菁雯：《让更多农村妇女走向乡村振兴舞台中央》，《中国妇女报》2022 年 8 月 23 日。

41. 刘旭、王丹青：《全国妇联指导各地积极开展巾帼兴粮节粮行动》，《中国妇女报》2022 年 9 月 23 日。

42. 李秀萍：《2018 年村委会成员女性占比 24%》，《农民日报》2019 年 12 月 12 日。

43. 李秀萍：《完善立法保障农村妇女合法权益》，《农民日报》2021 年 4 月 15 日。

44. 金一虹：《农业女性化：影响及前景》，《中国社会科学报》2010 年 7 月 6 日。

45. 司安民：《做好乡村文化振兴这篇大文章》，《大众日报》2018 年 6 月 27 日。

46. 高原丽：《充分发挥文化在乡村振兴中的作用》，《黑龙江日报》2018 年 10 月 16 日。

47. 李娟：《建功新时代 扬帆新征程》，《贵州日报》2018 年 11 月 4 日。

48. 孙亮全：《申纪兰的底色》，《新华每日电讯》2020 年 7 月 3 日。

49. 国家统计局：《2019 年〈中国妇女发展纲要（2011—2020 年）〉统计监测报告》，《中国信息报》2020 年 12 月 21 日。

50. 李云清：《实施乡村振兴战略要以产业振兴为根本》，《中国县域经济报》2021 年 3 月 4 日。

51. 王梓萌：《牛玉琴让子孙后代过上绿水青山的好日子》，《陕西日报》2021 年 7 月 10 日。

52.《加快推进农业机械化向高质量迈进——农业农村部农业机械化管理司负责人就〈"十四五"全国农业机械化发展规划〉答记者问》，《中国农机化导报》2022 年 1 月 10 日。

53. 张曦文：《给农业插上科技的"翅膀"》，《中国财经报》2022 年 9 月 1 日。

54. 中华人民共和国国家统计局：《2017 年农民工监测调查报告》，《中国信息报》2018 年 4 月 28 日。

55.《全国村"两委"换届完成，妇女在村班子中占 28.1%，提高 7.1 个百分点，每个村班子至少有 1 名妇女成员》，《中国妇女报》2023 年 2 月 21 日。

六、外文文献

1. Wolf M：*Women and the Family in Rural Taiwan*, Stanford University Press, 1972.

2. Johnso K A: *Women, the Family and Peasant Revolution in China*, University Of Chicago Press, 1983.

3.[德] 奥古斯特·倍倍尔：《妇女与社会主义》，葛斯、朱霞译，中央编译出版社 1995 年版。

4.[法] 西蒙娜·德·波伏娃：《第二性》，陶铁柱译，中国书籍出版社 1998 年版。

5.[加] 宝森：《中国妇女与农村发展——云南禄村六十年的变迁》，胡宝坤译，江苏人民出版社 2005 年版。

6.[法] 纳迪娜·德·罗思柴尔德：《爱情是女人的事业》，刘莉译，商务印书馆 2003 年版。

7.[澳] 杰华：《都市里的农家女：性别、流动与社会变迁》，吴小英译，江苏人民出版社 2006 年版。

8.[美] 西奥多·W. 舒尔茨：《论人力资本投资》，吴珠华等译，北京经济学院出版社 1990 年版。

9.[美] 贺萧：《记忆的性别：农村妇女和中国集体化历史》，张赟译，人民出版社 2017 年版。

10. Marshall Johnson, William L. Parish, Elizabeth Lin, "Chinese Women, Rural Society, and External Markets", *Economic Development and Cultural Change*, Volume 35,Issue 2,1987.

11. Xiang Biao,"How far are the Left-Behind Left Behind? A Preliminary Study in Rural China", *Population, Space and Place*, Volume 13, Issue 3, 2007.

12. Hongxia Shan, Zhiwen Liu, Ling Li, "Vocational Training for Liushou Women in Rural China：Development by Design", *Journal of Vocational Education & Training*, Volume 67, Issue 1, 2015.

13. Cennet & Ouz, "Importance Of Rural Women As Part Of The Population In Turkey", *European Countryside*, Volume 7, Issue 2, 2015.

14. Ayesha Khurshid, "Domesticated Gender（in）Equality: Women's Education & Gender Relations Among Rural Communities in Pakistan", *International Journal of Educational Development*, Volume 51, 2016.

15. Isabel Novo-Corti, Laura Varela-Candamio, María Teresa García-Álvarez, "Breaking the Walls of Social Exclusion of Women Rural by Means of ICTs: the Case of 'Digital Divides' in Galician", *Computers in Human Behavior*, Volume 30, 2014.

七、学位论文

1. 李思雨：《陕甘宁边区中国共产党妇女工作研究》，浙江财经大学，2019 年。

2. 朱佳佳：《农村妇女继承权保护问题研究》，中国人民公安大学，2019 年。

3. 禹旭才：《社会性别视角下的高校女教师发展研究》，湖南师范大学，2009 年。

4. 席飞燕：《村委会选举中的农村妇女参政研究——基于西安市四个自然村的实例调查》，西北大学，2010 年。

5. 李秋蓉：《家庭禀赋对农村妇女就业方式选择的影响研究》，中南财经政法大学，2018 年。

6. 乔田语：《当代农村妇女精神生活研究——以山西阳城县为例》，山西农业大学，2018 年。

7. 刘彩清：《婚姻、家庭、生育与妇女地位——以黔东南一个侗族村寨为例》，中央民族大学，2012 年。

8. 张欣入：《河北省农村妇女孝道研究》，河北大学，2017 年。

9. 陈浩天：《交往社会化：农民交往世界的变迁与秩序重构——以豫东林楼村为例》，华中师范大学，2012 年。

10. 焦雯雯：《马克思恩格斯的家务劳动社会化思想研究》，南华大学，2015 年。

11. 金蕾：《交往与女性发展》，河南师范大学，2013 年。

12. 袁欢：《村民自治视角下农村妇女政治参与问题研究》，黑龙江大学，2016 年。

13. 王耀辉：《村民自治中农村妇女政治参与问题研究——以深泽县为例》，河北农业大学，2020 年。

14. 孙冬梅：《庄河市鞍子山乡农村妇女就业问题分析》，大连理工大学，2014 年。

15. 陈璐：《广东省梅州市梅江区长沙镇农村妇女非农就业问题研究》，华南农业大学，2016 年。

16. 刘璐：《淮安市农村妇女就业问题及对策研究》，东华大学，2021 年。

17. 郝拥：《多元社会排斥下农村妇女就业困境研究——以 N 市农村妇女为例》，南京大学，2017 年。

18. 董红梅：《农村留守妇女就业培训状况的调查研究——以涟水县为例》，南京农业大学，2015 年。

19. 刘慧娟：《公共政策视角下的失地农村妇女就业现状研究——以成都市双流县为例》，西南财经大学，2010 年。

20. 梁润芝：《地方政府激励农村妇女自主创业的公共政策研究——以宿迁市为例》，东南大学，2018 年。

21. 邢天璐：《新时代农村文体娱乐公共设施有效供给研究——以 Y 县 L 镇为例》，曲阜师范大学，2020 年。

22. 郭姗姗：《基层妇联在乡村振兴中的作用研究——基于山东省多村庄的实证调查》，山东农业大学，2020 年。

23. 苟洁：《基于文化批判视角的网络女性形象研究》，苏州大学，2017 年。

八、电子文献

1. 《全国妇联部署开展"乡村振兴巾帼行动"》，2018 年 2 月 15 日，见 http://www.gov.cn/xinwen/2018-02/15/content_5267036.htm。

2. 《新型冠状病毒传播途径与预防指南》，2020 年 1 月 27 日，见 http://www.nhc.gov.cn/xcs/yqfkdt/202001/9e73060017d744aeafff8834fc0389f4.shtml。

3. 杨乔、黄钰、席莉莉：《新型冠状病毒可能粪口传播？专家提醒关注厕所消毒》，2020 年 2 月 2 日，见 https://baijiahao.baidu.com/s?id=1657400462269082404&wfr=spider&for=pc。

4.《专家：新冠病毒可能存在多个中间宿主》，2020 年 2 月 9 日，见 https://www.chinanews.com.cn/m/sh/2020/02-09/9084942.shtml。

5. 为平妇女权益机构（Equality）：《〈反家暴法〉五周年：我们能看到更多反家暴信息吗?》，2021 年 3 月 1 日，见 http://www.equality-beijing.org/newinfo.aspx?id=83。

6.《中共中央政治局：对婚嫁陋习天价彩礼等进行治理》，2021 年 5 月 31 日，见 https://www.jiemian.com/article/6169003.html。

7.《中国治沙劳模殷玉珍获"2020—2021 绿色中国年度人物奖"》，2022 年 11 月 20 日，见 https://baijiahao.baidu.com/s?id=1750019662954975678&wfr=spider&for=pc。

8.《八旬老人 38 年植树造林守护青山　绿化荒山 6000 多亩》，2020 年 11 月 25 日，见 http://www.chinahaoren.cn/Articlebody-detail-id-86375.html。

9.《美丽家园的巾帼建设者》，2014 年 3 月 28 日，见 http://women.fjsen.com/2014-03/28/content_13774526_all.htm。

10.《2019 年我国水资源现状及污染状况》，2019 年 2 月 26 日，见 https://www.xianjichina.com/news/details_101069.html。

11. 卜可：《好一个女人家》，见 http://www.jianpu.cn/pu/29/292445.htm。

12. 杨维汉：《全国妇联调查显示：农村妇女维权意识进一步增强》，2006 年 11 月 21 日，见 http://www.gov.cn/govweb/jrzg/2006-11/21/content_449532.htm。

13. 任佳晖、谢忱：《温暖而有力量！习近平与"半边天"的故事》，2020 年 3 月 7 日，见 http://cpc.people.com.cn/n1/2020/0307/c164113-31621394.html。

14.《喜迎妇女十二大·数说新成就系列短片丨城乡妇女在家门口当上了"老板"》，2018 年 10 月 16 日，见 https://mp.weixin.qq.com/s/hyMb1mx1u3psuJ6tIpGBxw。

15.《生 1 个孩子奖励 9 万元！粤西这个村重奖生育》，2021 年 9 月 21 日，见 https://baijiahao.baidu.com/s?id=1711504436366725637&wfr=spider&for=pc。

16.《真金白银！多地出台生育支持政策》，2023 年 2 月 22 日，见 https://baijiahao.baidu.com/s?id=1758482399287091177&wfr=spider&for=pc。

附录一：农村妇女事业发展和生活状况
调查问卷表

亲爱的姐姐、阿姨：

　　您好！我们是湖南科技大学农村妇女事业发展和生活状况调研组成员。为了了解您的事业发展和生活状况，帮助您排忧解难，并为完善政府的相关政策提供参考依据，我们特组织此次调查，希望能够得到您的支持和帮助。请您根据自己的实际情况，在每个问题所给出的备选答案中，选择您认为最符合您实际情况的答案，并在相应的位置打"√"。谢谢！

农村妇女事业发展研究课题组

一、个人、家庭情况

1.您的家庭地址：　　省（自治区、直辖市）　　县（市）　　乡（镇）　　村

2.您的年龄属于下面哪个范围（　　）

A.18—30 岁　　B.31—40 岁　　C.41—55 岁　　D.56—60 岁

3.您的文化程度（　　）

A.小学　　B.初中　　C.高中或职业中专

D.大专　　E.本科　　F.研究生　　G.没有读过书

4.您拥有的孩子数（　　）

A.暂无孩子　　　B.1 个孩子　　　C.2 个孩子

D.3 个孩子　　　E.3 个以上孩子

5.您公婆的在世情况（　　　）

A.公公婆婆都在世　　　B.只有公公在世

C.只有婆婆在世　　　D.公公婆婆均不在世

6.您的丈夫工作状况如何（　　　）

A.丈夫长期外出打工　　　B.丈夫在家务农

C.丈夫白天外出打工晚上回家休息　　　D.丈夫不务正业，游手好闲

7.您接受过的技能培训情况（　　　）

A.接受过 1 种技能培训　　　B.接受过 2 种技能培训

C.接受过 3 种及以上技能培训　　　D.从未接受过技能培训

8.您每周用于参加培训和自主学习的时间为（　　　）

A.8 小时及以上　　　B.5—7 小时　　　C.3—4 小时

D.1—2 小时　　　E.几乎没有时间学习

9.您的家庭经济状况（　　　）

A.比较富裕　　　B.收入支出家庭开支后略有结余

C.收入与开支基本平衡　　　D.经济收入不能维持家庭开支

10.在农村劳动力大量向城市转移的情况下，您留守在农村的原因是（　　　）（可多选）

A.因文化水平低进城难找到合适的工作

B.自愿与丈夫相守在农村

C.丈夫外出打工，我留在农村既能照顾老人和小孩，又能从事农业生产经营

D.农村是个广阔的天地，我愿意在农村干事创业

11.您家中是否有党员或者村干部？（　　　）

A.有　　　B.没有

二、性别、价值观念

12.您是否赞同"男人应以社会为主，女人应以家庭为主"的说法（　　）

A.赞同　　B.不赞同

13.您对"村民自治是男人的事，与妇女没有多大关系"的看法（　　）

A.十分赞同　　B.比较赞同　　C.不赞同　　D.无所谓

14.作为一名农村女性，您是否想干事创业（　　）

A.农村女人也应该自尊、自信、自立、自强，走出家庭，开创自己的事业

B.农村女人的能力素质并不比男人差，应在乡村振兴中彰显巾帼不让须眉的风采

C.农村女人做好相夫教子、侍候老人的事情就行了，挣钱养家主要是男人的事情

D."嫁汉嫁汉，穿衣吃饭"，女人依靠男人生活就行了

15.您认为男女在农村经济社会发展中的作用状况是（　　）

A.妇女的作用大大低于男人　　B.妇女的作用略低于男人

C.妇女能顶"半边天"　　D.妇女的作用超过了男人

16.您认为农村妇女在家庭建设中发挥了哪些方面的独特作用（　　）（可多选）

A.家务管理　　B.教育子女　　C.侍候老人

D.协调亲朋好友关系　　E.培育良好家风　　F.庭院建设

17.您家中的生产生活以及公共事务参与、人情往来由谁做主?（　　）

A.由我做主　　B.由丈夫做主　　C.我和丈夫共同做主

三、生产、家务情况

18.您所在村庄的农业机械化状况是（　　）（可多选）

A.有耕田器　　B.有收割机

C.有插秧机　　D.既没耕田器，又没插秧机，更没收割机

19.您承担的农活、家务主要有哪些？（　　）（可多选）

A.耕种农田　　B.侍候老人　　C.管教孩子

D.喂养家禽（鸡鸭鹅等）　　E.喂养牲畜（猪牛羊等）

F.庭院建设

20.您所在乡镇的妇女想在周边找工作的难易程度如何？（　　　）

A.周边的企业较多，妇女找工作很容易

B.周边拥有为数不多的企业，有一定文化程度的妇女找工作比较容易

C.周边的企业较少，妇女找工作比较难

D.周边的企业很少，妇女找工作很难

21.您是否有下列生产经营行为（　　）（可多选）

A.参加了农民专业合作社　　B.参与或经营了家庭农场

C.参与或经营了牧场　　D.经营了大规模种植业

E.经营了大规模养殖业　　F.经营了农业企业

G.没有从事上述任何一项工作

22.农闲之时，您是否参与了下列相关工作（　　）（可多选）

A.乡村旅游服务　　B.乡村餐饮服务

C.幼儿园工作　　D.养老院工作

E.到周边企业打工　　F.开网店或做工艺品

G.没有参加上述任何一项工作

23.您认为您付出的劳动获得了应有的报酬吗？（　　　）

A.感觉付出的劳动与获得的报酬对等

393

B.农产品销路不好，感觉劳动报酬低廉

C.所做家务劳动少有报酬体现

D.家务劳动根本没有报酬体现

24.您教育辅导孩子的能力状况（　　）

A.教育辅导孩子能力较好

B.教育辅导孩子能力一般

C.教育辅导孩子能力较差

25.您耕种农田、操持家务，感觉如何（　　）

A.身体舒适，心情愉快　　　B.心情还好，身体较累

C.身体还好，心情较差　　　D.身体疲惫，心情很差

四、参政、权益情况

26.您对国家大事和所在村庄、乡镇的工作状况关注吗？（　　）

A.非常关注　　　B.比较关注　　　C.偶尔关注　　　D.毫无兴趣

27.您是否有以下民主参与行为（　　）（可多选）

A.参与民主选举投票　　　B.参与民主管理（例如，村民议事会）

C.参与民主监督　　　D.参与社会公益活动（例如，捐款、无偿献血等）

E.参与社会组织　　　F.没有任何一项民主参与行为

28.您所在村里有哪些体现妇女地位作用的制度性安排？（　　）（可多选）

A.村党支部、村委会里至少有1名女干部

B.每个村民小组里至少有1名妇女组长

C.丈夫不在家时，村里有事可由妻子代表家里表态

D.村委会每年至少召开1次妇女座谈会，听取妇女对村里建设的意见建议

E. 每年"三八"妇女节、五一劳动节等节日期间，村妇联都组织了1次以上的妇女联谊活动

F. 没有听说过上述任何一项安排

29. 您所在村组是否将妇女的姓名加入土地承包经营、宅基地权证共有人栏目？（   ）

A. 是   B. 否

30. 当您的丈夫不在家时，您家的安全状况是（   ）

A. 很安全   B. 比较安全

C. 常遭外人偷盗   D. 家人常受到流氓地痞威胁

31. 当您的权益受到侵犯时，您的态度是（   ）

A. 依法维权   B. 找村委会维权

C. 找族人维权   D. 默不作声

五、身体、情感状况

32. 您的身体状况（   ）

A. 非常健康   B. 比较健康   C. 不太健康   D. 疾病缠身

33. 您是否患有下列疾病（   ）（可多选）

A. 妇科病   B. 肩周炎   C. 高血压   D. 低血糖

E. 腰酸腿痛   F. 心烦意乱   G. 没有上述疾病症状

34. 您的情感状况（   ）

A. 情感非常孤独   B. 情感比较孤独

C. 情感比较丰富   D. 情感非常丰富

35. 您与丈夫的关系状况（   ）

A. 情投意合，关系和谐   B. 相安无事，关系一般

C. 各行其是，关系冷淡   D. 争吵不休，关系恶劣

36. 您与公婆的关系状况（　　　）

A. 关系非常和谐　　　B. 关系比较和谐

C. 关系有点紧张　　　D. 关系非常紧张

37. 如果您的丈夫在外务工，您与丈夫（视频）电话联系的状况（　　　）

A. 每天都有（视频）电话联系　　　B.2—3 天（视频）电话联系 1 次

C.4—5 天（视频）电话联系 1 次　　　D.1 周（视频）电话联系 1 次

E.2 周（视频）电话联系 1 次　　　F. 基本不联系

38. 如果您的丈夫在外务工，您多长时间才与丈夫团聚 1 次（　　　）

A.1 周团聚 1 次　　　B. 半个月团聚 1 次

C.1 个月团聚 1 次　　　D.2—3 个月团聚 1 次

E.4—5 个月团聚 1 次　　　F. 半年及以上团聚 1 次

39. 您的人际交往范围如何（　　　）

A. 交际范围很广，在省外有些朋友

B. 交际范围较广，在县内外有些朋友

C. 交际范围一般，在乡镇有些朋友

D. 交际范围较窄，在村里有些朋友

E. 交际范围很窄，仅与亲戚和邻居来往

40. 您的人际交往关系如何（　　　）

A. 关系文明和谐，与亲戚朋友和邻里乡亲交往密切、互相帮助

B. 关系比较一般，与亲戚朋友和邻里乡亲有点交往，相安无事

C. 关系相对冷淡，与亲戚朋友和邻里乡亲既不关心，也不帮助

D. 关系十分紧张，与亲戚朋友和邻里乡亲时有争吵，相互攻击

41. 您经常参加的业余娱乐活动主要是（　　　）（可多选）

A. 跳广场舞　　　B. 欣赏音乐或欣赏戏曲表演　　　C. 上网消遣

D. 打麻将或者玩扑克牌　　　E. 看电视　　　F. 与人聊天

六、政府、妇联支持

42.您所在县、乡镇政府对妇女个人创业支持吗？（   ）

A.非常支持，给予了较多的技能培训、资金资助、营销指导

B.比较支持，给予了一定的技能培训、资金资助、营销指导

C.基本没支持，只是号召妇女创业，但没有实际支持的行动

D.没有听说过支持妇女创业的号召，更没有获得过任何创业支持

43.您所在乡镇政府、妇联为妇女事业发展做过哪些工作？（   ）（可多选）

A.组织技能培训　　B.组织文体活动　　C.组织妇科体检

D.组织心理疏导　　E.联系就业岗位　　F.维护妇女权益

G.都没有

44.您所在乡镇的妇女是否享受了以下政策支持？（   ）（可多选）

A.劳动力转移培训政策　　B.创业贷款优惠政策

C.新型农村合作医疗政策　　D.最低生活保障政策

E.住院分娩（生孩子）补助政策

F.计生"两扶"奖励政策（指计划生育家庭奖励扶助、计划生育家庭特别扶助）　　G.都没有

45.您所在的乡镇村妇联组织农村妇女开展过下列哪些活动？（   ）（可多选）

A.政治理论学习活动

B."巾帼心向党，建功新时代"主题教育活动

C."我与中国梦"主题教育活动　　D.优秀成功女性进农村巡讲活动

E."法律明白人"讲座活动

F."最美家庭"或"好媳妇""好妻子"评比活动

G."送文化下乡"活动

H.没有组织过上述任何一项活动

附录二：农村妇女"三孩"生育意愿调查问卷表

亲爱的姐姐、阿姨：

　　您好！我们是湖南科技大学"关爱农村妇女·助力乡村振兴"暑期科技服务团成员。为了解您的"三孩"生育意愿，帮助您排忧解难，并为完善政府"三孩"生育政策及支持配套措施提供参考依据，我们特组织此次调查。此次调查结果仅作为课题组学术研究使用，希望能够得到您的支持和帮助。请您根据自己的实际情况，在每个问题所给出的备选答案中，选择您认为最符合您实际情况的答案，并在相应的位置打"√"。谢谢！

2021 年 7 月

一、个人情况方面

　　1.您的家庭地址：　　　省（自治区、直辖市）　　县（市）　　乡（镇）　　村

　　2.您的年龄属于以下哪个范围（　　）

　　A.18—30 周岁　　B.31—40 周岁

　　C.41—45 周岁　　D.46—50 周岁

　　3.您目前的婚姻状况是（　　）

　　A.未婚　　B.已婚　　C.离异

　　D.丧偶　　E.再婚

4.您的文化程度是（　　　）

A.小学　　　B.初中　　　C.高中或职业中专　　　D.大专

E.本科　　　F.研究生　　　G.没有读过书

5.您的个人月收入为（　　　）

A.无　　　B.3000元及以下　　　C.3000—6000元

D.6000—9000元　　　E.9000元以上

6.您的家庭每月收入为（　　　）

A.3000元及以下　　　B.3000—6000元　　　C.6000—9000元

D.9000—12000元　　　E.12000—15000元　　　F.15000元以上

7.您目前的孩子数（　　　）

A.暂无　　　B.1个　　　C.2个　　　D.3个　　　E.4个及以上

8.您自己是否为独生子女（　　　）

A.是　　　B.否

9.您的身体状况如何（　　　）

A.非常健康　　　B.比较健康　　　C.不太健康　　　D.疾病缠身

10.您教育辅导孩子的能力如何（　　　）

A.十分轻松　　　B.比较轻松　　　C.比较吃力　　　D.十分吃力

二、生育意愿方面

11.若不考虑其他因素，您理想的孩子个数为（　　　）

A.0个　　　B.1个　　　C.2个　　　D.3个　　　E.4个及以上

12."三孩"政策出台后，您是否计划生育"三孩"（　　　）

A.是　　　B.否　　　C.暂未考虑清楚

13.【多选题】您生育孩子的价值观念是（　　　）

A.养儿防老　　　B.传宗接代

C.多子多福　　　D.生孩子是为社会发展提供劳动力

14．您生育孩子的性别观念是（　　　）

A．生男孩比生女孩好

B．生女孩比生男孩好

C．生男生女都一样

15．【多选题】您对孩子的培养观念是（　　　）

A．让孩子吃饱喝足的同时接受义务教育就行了

B．要"优生优育"，为孩子提供良好的生活、教育、医疗条件

C．让孩子接受良好教育紧跟时代发展步伐，不像父辈那样在农村劳累

D．家长既要关注孩子身体的成长，也要关心孩子智力和思想的进步

16．当您生育孩子与事业发展产生冲突时，你更倾向于选择（　　　）

A．生育孩子　　　B．选择事业　　　C．尽可能两者兼顾

17．您的公婆和父母对您生育"三孩"的态度是（　　　）

A．公婆、父母都支持　　　B．公婆支持，父母反对

C．公婆反对，父母支持　　　D．公婆、父母都反对

18．您的丈夫对您生育"三孩"的态度是（　　　）

A．支持　　　B．反对

19．您的孩子对您生育"三孩"的态度是（　　　）

A．支持　　　B．反对

C．孩子还小，不太懂事　　　D．暂未生育

三、影响因素方面

20．【多选题】您认为生育"三孩"的好处是（　　　）

A．没有好处　　　B．满足父辈儿孙满堂的愿望

C．缓解子女赡养长辈的压力　　　D．减轻孩子的孤独感

E．为社会发展提供劳动力　　　F．优化家庭孩子男女比例

21.【多选题】您认为生育"三孩"对您本人的不良影响是（　　）

A.没有不良影响　　B.影响本人事业发展　　C.影响本人学习时间

D.影响本人休闲时间　　E.增加本人经济压力

F.增加本人心理压力

22.【多选题】您计划生育"三孩"的主要原因是（　　）（注：请计划生育"三孩"的作答）

A.家中长辈极力要求　　B.进一步增进夫妻感情

C.身边朋友生育带来的影响　　D.希望自己将来有更多的保障

E.喜欢孩子，孩子多家里热闹　　F.其他_____

23.【多选题】您不想生育"三孩"的主要原因是（　　）（注：请不想生育"三孩"的作答）

A.自己想干一番事业　　B.家庭经济条件不允许

C.父母、公婆年老体衰需要照料　　D.夫妻感情状况不太好

E.三个孩子教育成本过高　　F.三个孩子成家费用过高

G.怕降低现有家庭生活质量　　H.其他：_____

24.您觉得您所在乡镇的幼儿园、中小学条件如何（　　）

A.幼儿园、中小学条件都比较好

B.幼儿园条件比较好，中小学条件比较差

C.幼儿园条件比较差，中小学条件比较好

D.幼儿园、中小学条件都比较差

25.您觉得您所在乡镇的医疗卫生条件如何（　　）

A.很好　　B.较好　　C.一般

D.较差　　E.很差

26.您觉得您所在乡镇的社会养老保障是否完善（　　）

A.十分完善　　B.比较完善

C.不完善　　D.不太清楚

四、支持措施方面

27.【多选题】您认为政府应为"三孩"孕产妇提供哪些免费服务？（　　）

　　A.怀孕早期健康检查　　　B.怀孕中期健康检查

　　C.怀孕晚期健康检查　　　D.产后访视服务

　　E.提供心理咨询服务，防止产后抑郁　　　F.其他：_____

28.您认为新型农村合作医疗应为"三孩"提供下列哪一项优惠条件？（　　）

　　A.免去 1/4 的缴费　　　B.免去 1/2 的缴费

　　C.免去 3/4 的缴费　　　D.免去全部的缴费

29.您认为政府应为农村"三孩"母亲提供一次性产假补贴多少？（　　）

　　A.提供产假补贴 3000—4000 元　　　B.提供产假补贴 4000—5000 元

　　C.提供产假补贴 5000—6000 元　　　D.提供产假补贴 6000—7000 元

　　E.提供产假补贴 7000—8000 元　　　F.提供产假补贴 8000 元以上

30.您认为政府应为农村"三孩"母亲提供一次性营养补贴多少（　　）

　　A.提供营养补贴 3000—4000 元　　　B.提供营养补贴 4000—5000 元

　　C.提供营养补贴 5000—6000 元　　　D.提供营养补贴 6000 元以上

31.您认为政府应为农村"三孩"父亲提供一次性育儿陪护补贴多少（　　）

　　A.提供育儿陪护补贴 4000—5000 元

　　B.提供育儿陪护补贴 5000—6000 元

　　C.提供育儿陪护补贴 6000—7000 元

　　D.提供育儿陪护补贴 7000 元以上

32.您认为政府每年应为农村 3 岁以下的"三孩"家庭提供多少育儿补贴（　　）

A. 提供家庭育儿补贴每年 5000—6000 元

B. 提供家庭育儿补贴每年 6000—7000 元

C. 提供家庭育儿补贴每年 7000—8000 元

D. 提供家庭育儿补贴每年 8000 元以上

33. 您认为农村"三孩"上幼儿园的费用应该由谁缴纳（ ）

A. 应该由"三孩"家长缴纳全部费用

B. 应该由政府缴纳 1/3 的费用，家长缴纳 2/3 的费用

C. 应该由政府和家长各缴纳一半费用

D. 应该由政府缴纳 2/3 的费用，家长缴纳 1/3 的费用

E. 应该由政府缴纳全部费用

34. 您认为义务教育阶段政府每年应为农村"三孩"提供多少生活补贴（ ）

A. 每年为"三孩"补贴 2000 元　　B. 每年为"三孩"补贴 2500 元

C. 每年为"三孩"补贴 3000 元

D. 每年为"三孩"补贴 3000 元以上

35. 您认为政府应为农村"三孩"上高中提供哪项优惠条件（ ）

A. 减免 1/3 的普通（职业）高中学杂费

B. 减免一半的普通（职业）高中学杂费

C. 减免 2/3 的普通（职业）高中学杂费

D. 全部免去普通（职业）高中学杂费

36. 您认为高考招生时是否应对农村"三孩"降分录取（ ）

A. 高考招生时农村"三孩"应与其他考生一视同仁

B. 高考招生时农村"三孩"应降 5 分

C. 高考招生时农村"三孩"应降 10 分

D. 高考招生时农村"三孩"应降 20 分

37. 你对鼓励农村家庭生育"三孩"还有哪些建议？

附录三：农村妇女事业发展和生活状况访谈提纲

1. 您是否了解国家实施的乡村振兴战略？

2. 您更喜欢城市的生活还是喜欢农村的生活？

3. 您主要从事哪些方面的生产经营？

4. 您认为自身在家庭事务和社会活动中有没有发挥应有的作用？

5. 您最期望政府为农村妇女生产生活和事业发展提供什么帮助？

6. 您的丈夫、公婆、父母、子女支持您参政、创业吗？

7. 您对本地乡风文明、生态文明状况的看法如何？

8. 您的身体、心理状况如何？对待身体、心理问题如何解决？

9. 您与丈夫感情如何？

10. 您目前的生育状况和对生育"三孩"的看法如何？您对子女发展有何期待？

后 记

本书是国家社会科学基金项目"乡村振兴战略视阈下农村妇女事业发展研究"（项目编号：18BKS126）成果，是在研读大量文献和进行广泛调研基础上形成的学术专著。其中，第一章、第二章、第六章均由廖和平独立完成，第三章由廖和平、陈攀合作完成，第四章由廖和平、文成豪（华东师范大学马克思主义学院博士生）合作完成，第五章由文成豪、廖和平合作完成。在本书写作过程中，得到了多方人士的支持和帮助，在此表示衷心感谢！

感谢"中国好人"、湖南省社会科学院原院长、湖南省长沙县开慧镇开慧村党总支第一书记朱有志教授对本书撰写贡献的智慧。他凭借在开慧村工作十余年的体会，深感改革开放以来农村妇女成为推动农村经济社会发展的主力军，鼓励我提出并论述农村妇女在改革开放新时期和新时代发挥"超半效应"的学术观点，这也成为本书的重要创新点。

感谢吴怀友教授、赵惜群教授、刘正妙教授、唐小芹教授、宋劲松教授、黄爱英教授、谢忠教授、颜佳华教授、罗渊教授、曾祥炎教授、晏小敏教授、薛光远副教授、雷石山副教授、吴晓蓉副教授、朱湘虹副教授、段斌副处长等专家学者对本书撰写给予的指导和帮助。

感谢湖南科技大学马克思主义学院、商学院、土木工程学院、教育学院、人文学院部分研究生协助课题组成员进行广泛调研。感谢谷峰、乔治、薛鑫、彭景、彭迎庆等校友为相关调研牵线搭桥。感谢博士研究生廖华、李舜和硕士研究生刘翔、秦霞进行数据统计和文献校对。

　　感谢湖南省湘西土家族苗族自治州永顺县车坪乡、芙蓉镇、首车镇，湖南省宁乡市煤炭坝镇、双江口镇，湖南省韶山市杨林乡、清溪镇，湖南省浏阳市张坊镇、古港镇，甘肃省白银市会宁县头寨镇，重庆市梁平区新盛镇、文化镇、龙门镇，重庆市武隆区双河镇，黑龙江省绥化市远大镇，河南省辉县市孟庄镇、占城镇等地的部分女致富能手、女村支部书记、村妇女主任等农村妇女代表对调研的支持与配合。

　　感谢人民出版社许运娜副编审对书稿的辛勤审阅和精心指导。感谢丈夫高文华教授、儿子高照和儿媳邱小婧对我的理解和支持！

　　如同农村妇女追求事业发展充满艰辛和曲折一样，本书的完成亦是这样一个过程，不是终点，仅是一个驿站。由于本人学术水平有限，书中难免存在疏漏之处，敬请各位读者批评指正！

廖和平

2025 年 2 月

责任编辑：许运娜

封面设计：汪　阳

图书在版编目（CIP）数据

乡村振兴战略视阈下农村妇女事业发展研究 ／ 廖和平等著 . -- 北京 ：人民出版社，2025. 3. -- ISBN 978 - 7 - 01 - 027058 - 6

I. D669. 68

中国国家版本馆 CIP 数据核字第 2025ZE9617 号

乡村振兴战略视阈下农村妇女事业发展研究

XIANGCUN ZHENXING ZHANLÜE SHIYU XIA NONGCUN FUNÜ SHIYE FAZHAN YANJIU

廖和平　等　著

人民出版社 出版发行

（100706　北京市东城区隆福寺街 99 号）

北京汇林印务有限公司印刷　新华书店经销

2025 年 3 月第 1 版　2025 年 3 月北京第 1 次印刷

开本：710 毫米 × 1000 毫米 1/16　印张：26

字数：360 千字

ISBN 978 - 7 - 01 - 027058 - 6　定价：116.00 元

邮购地址 100706　北京市东城区隆福寺街 99 号

人民东方图书销售中心　电话（010）65250042　65289539